COMMENT EN EST-ON ARRIVÉ LÀ ?

Du même auteur

Le Monde selon Mitterrand : Combats, pensées, arrière-pensées, piques, polémiques, Tallandier, 2015
Le Rose et le Gris : Prélude au quinquennat de François Hollande, Fayard, 2012
Cahiers secrets de la Ve République, 1997-2007, vol. 4., Fayard, 2011
Mitterrand : Carnets de route, Pluriel, 2011
Cahiers secrets de la Ve République, 1986-1997, vol. 3., Fayard, 2009
Cahiers secrets de la Ve République, 1977-1986, vol. 2., Fayard, 2008
Cahiers secrets de la Ve République, 1965-1977, vol. 1., Fayard, 2007
Politic circus, Archipel, 2004
Carnets secrets de la présidentielle : mars 2001-mai 2002, Plon, 2002
Les Secrets d'une victoire, Flammarion, 1995
Les Miroirs de Jupiter, Fayard, 1986
La Sixième République, Flammarion, 1974
La Collaboration, Armand Collin, 1964

MICHÈLE COTTA

COMMENT EN EST-ON ARRIVÉ LÀ ?

Histoire d'un chaos politique

Robert Laffont

Ouvrage édité par Jean-Luc Barré

ISBN 978-2-221-19110-1

Introduction

Souvent, au cours de ces quatre années, j'ai eu envie d'arrêter ce récit. Tant de temps passé à écrire sur la vie politique, à décrypter les propos de ses dirigeants, à me divertir parfois de leurs mensonges ou de leurs approximations, à aimer, finalement, les débats démocratiques, les discours-fleuves, les campagnes présidentielles, la salle des Quatre Colonnes à l'Assemblée nationale, à faire le tri entre les postures et les convictions, entre l'apparence des hommes politiques et leur réalité. Tout cela pour en arriver là.

Une France divisée, des partis en miettes, une représentation nationale contestée, une classe politique vilipendée, des rapports sociaux dégradés. Sans oublier une Europe au destin incertain, éclatée, ébranlée par l'incessant mouvement migratoire de ces derniers mois, et dont la Grande-Bretagne vient spectaculairement de prendre congé. Tout cela sur fond de guerre, religieuse et politique, qui, venue du Moyen-Orient, s'abat sur la France, première cible des terroristes de Daech. Oui, que s'est-il passé, en quatre ans ?

2012. Tout commence pour François Hollande sous les meilleurs auspices : faiblesse du président sortant, Nicolas Sarkozy, fragilisé tout au long de son mandat par la crise mondiale dont les secousses se font durement sentir en France et en Europe ; ralliement entre les deux tours du candidat centriste François Bayrou ; soutien actif des patrons des organisations syndicales acquis à sa cause, au point que le secrétaire général de la CGT, Bernard Thibault, une première dans l'histoire, a publiquement soutenu le candidat du Parti socialiste, tandis que celui de la CFDT, François Chérèque, ne cesse depuis des mois de lui prodiguer conseils et encouragements ; majorité absolue de députés socialistes à l'Assemblée nationale, élargie par la participation des Verts au gouvernement. Seul bémol dans l'euphorie générale : Jean-Luc Mélenchon, opposant de l'ultragauche à François Hollande, à l'issue d'une campagne menée tambour battant, est resté à l'écart. La victoire électorale courte mais nette à la présidentielle, massive aux législatives qui ont suivi, donne au président élu, au moment où la crise semble s'éloigner, les meilleures chances de réussite.

Quatre ans plus tard, le président de la République atteint des records d'impopularité, le Premier ministre le suit dans sa chute, la majorité est en morceaux, le Parti socialiste à deux doigts de la scission.

Qu'est-ce qui n'a pas marché ? Dès les premiers moments, les Français ont eu, à tort ou à raison, l'impression que la nouvelle majorité et son président prenaient à la légère la crise et ses conséquences. Attendaient-ils qu'ils changent le monde pendant ces fameux cent premiers jours ? En 2007, après l'ère Chirac, Nicolas Sarkozy, en multipliant dès son élection les annonces rapides, avait imposé à l'action politique un autre tempo que son prédécesseur. François Hollande a voulu, au contraire, inscrire son quinquennat dans la durée, annonçant d'emblée pour les deux ans à venir, un temps des vaches maigres, pour renvoyer à plus tard celui des vaches grasses. Les Français ne lui ont pas donné le temps qu'il croyait avoir. Pas plus qu'ils ne lui ont accordé la moindre minute d'état de grâce. Le « Hollande bashing » dès la fin de l'été 2012, s'il sanctionne les cafouillages des premiers mois d'apprentissage, est, dans sa promptitude et sa cruauté mêmes, significatif de la difficulté d'exercer le pouvoir en période de crise, de la rapidité inouïe de l'usure qu'elle entraîne.

La reprise, d'abord, annoncée pour la fin de la première année du quinquennat, est poussive au bout de trois ans. L'inversion de la courbe du chômage, à laquelle François Hollande, imprudemment, avait lié son sort, s'esquisse à peine en 2016. La croissance s'est trop longuement fait attendre. Encore est-elle timide.

La gauche élue n'était pas véritablement celle des promesses – en réalité François Hollande n'en avait pas tant fait – mais celle du partage, clef d'une social-démocratie à la française. Seulement, que partager, alors que la crise a vidé les caisses, alors que les impôts, potion amère, qui ne devaient toucher que les « riches », ont atteint les classes moyennes, et que les entreprises ont sans délai crié qu'elles croulaient sous le poids de leurs charges ? Le président de la République, en disant un peu trop vite et sur un ton trop léger au printemps 2016 que la France allait mieux, a déclenché sarcasmes et indignation. Les premiers effets de la « boîte à outils » présidentielle – CICE (crédit d'impôt pour la compétitivité et l'emploi), pacte de responsabilité et de solidarité – se font sentir, en effet, mais trop tardivement et pas pour tout le monde.

Le mal est certes économique. Et si les résultats de la politique gouvernementale sur ce terrain étaient pleinement positifs, il est certain que les Français seraient enfin sortis de leur morosité. Mais ce mal est surtout politique.

Il n'a pas fallu attendre longtemps, quelques semaines tout au plus, pour que la majorité s'effrite : dès l'automne 2012, les Verts se désolidarisent des socialistes lorsqu'il s'agit de voter pour le pacte européen de stabilité, tout juste négocié pendant l'été par François Hollande avec ses partenaires de Bruxelles.

Ce premier vote sera suivi de tant d'autres, pendant ces quatre ans, divisant, émiettant sans cesse davantage la majorité. Après les Verts, premiers ferments de décomposition, c'est une partie des socialistes qui prend promptement ses distances vis-à-vis du président de la République et du gouvernement. Les frondeurs sont nés. Pas assez nombreux pour faire tomber le gouvernement et déclencher une crise politique, assez pour ralentir, sinon paralyser, les réformes proposées, pour nourrir surtout le procès de « trahison » fait à François Hollande. Qu'il s'agisse de la libéralisation des autocars ou de la réforme du code du travail, annoncée pourtant par Manuel Valls dès son arrivée à Matignon en 2014, de la prorogation de l'état d'urgence après les attentats de novembre 2015 ou du travail du dimanche, les votes se font chaque fois plus serrés et les polémiques ne cessent d'opposer, devant les yeux des Français incrédules ou déboussolés, sociaux-démocrates et socialistes « archéo ». Deux socialismes qui, à l'épreuve du quinquennat, sont devenus irréconciliables. Spirale descendante, dans laquelle chacun plonge en entraînant les autres, président, Premier ministre, frondeurs même, qui croient, en faisant chaque jour la preuve du contraire, détenir seuls la vérité qui sauvera la gauche et ne font que précipiter son déclin.

Et la droite, pendant ce temps ? Le moins qu'on puisse dire est qu'elle n'est pas apparue comme un havre au milieu de la tempête. C'est que l'ombre portée du Front national pèse lourdement sur elle. Le bipartisme, qui a structuré pendant toute la Ve République la vie politique en France, a vécu. Le tripartisme est né, qui donne à Marine Le Pen une sorte de reconnaissance, de légitimité politique qui ont toujours été refusées à son père. Pour résister au Front national, que faire ? Le suivre sur son terrain, s'en démarquer au contraire pour mieux montrer sa différence ? D'une élection à l'autre, depuis quatre ans, municipales, départementales, européennes et régionales, l'UMP devenue LR cherche sa voie, du refus « républicain » à la surenchère sécuritaire.

Elle n'a pas profité des difficultés de la gauche au pouvoir, elle a au contraire retrouvé ses mauvais démons. Face aux tâtonnements, aux couacs, selon la formule consacrée, des premiers mois du quinquennat, elle aurait pu, unie, se préparer, tout naturellement, sans tambour ni trompette, à reprendre le pouvoir, cinq ans après avoir dû le quitter. D'autant que, pour elle, la gauche, qu'elle soit élue confortablement ou de justesse, qu'elle ait fait, comme dans la décennie 1980, la preuve de ses capacités à gouverner, ou qu'elle ait au contraire, en début de quinquennat, trop longuement cherché sa voie, reste illégitime. Elle ne prend jamais le pouvoir, comme l'a dit quelques semaines après l'arrivée de François Hollande à l'Élysée Jean-François Copé, que par « effraction ». Terme évidemment excessif, qui ferait, si l'on écoutait son auteur, de toute victoire électorale de la gauche un défi à la démocratie.

Sûre d'elle-même, et de sa vocation à gouverner, le mouvement des Républicains n'est pourtant pas arrivé à en convaincre les Français. La bataille des chefs y a commencé dès l'été 2012, chacun étant décidé à tourner la page Sarkozy, dont, à titres divers, ils affirmaient, ce qu'ils s'étaient bien gardés de dire avant sa défaite, avoir beaucoup souffert et dont aucun ne voulait le retour. Par leurs divisions et leurs querelles, ils l'ont au contraire précipité, sans toutefois que l'ancien président de la République, devenu président des

Républicains, vienne à bout de la division de son mouvement. La perspective d'une primaire républicaine « ouverte », inédite à droite, qu'il a fini par accepter de mauvais gré, creuse les différences au lieu de les gommer et fait toute sa place au combat des ego.

Et puis il y a les Français, qui, depuis les jacqueries paysannes de l'Ancien Régime, ont l'anarchisme dans leur ADN. Les Français qui veulent les réformes, à condition qu'elles concernent les autres, qui attendent tout de l'État et s'indignent lorsqu'il est trop présent. Ils aiment la concurrence, à condition que leurs acquis soient protégés, réclament la sécurité, sans vouloir renoncer à quelque liberté que ce soit. Ils éreintent la classe politique en général, mais réélisent leurs députés quand ils ont enfreint la loi, attendent de nouveaux visages en même temps qu'ils recherchent, pour se rassurer, des hommes d'expérience. Bref, la France est-elle ingouvernable ? Est-elle devenue tout entière frondeuse ? Entre une gauche malade, une droite de clans et une droite extrême dont elles sont peut-être l'une et l'autre en train de faire le lit, quel avenir pour 2017 ? Quel avenir pour la politique ?

2012

8 mai

On voit d'un seul regard qui a gagné, qui a perdu. Face à l'Arc de triomphe, Nicolas Sarkozy a l'air ravagé, le visage creusé. À ses côtés, François Hollande apparaît tendu à l'extrême, mais rose et lisse. Je me demande à quoi l'un et l'autre pensent pendant qu'un vent glacial balaie la place. Sarkozy n'a sans doute qu'une préoccupation : se retirer dans la dignité. Il l'a déjà fait dans son allocution du 6 mai, à la Mutualité. Sans doute, tel qu'on le connaît, se console-t-il en lisant, depuis ce matin, les analyses des experts électoraux de l'UMP, concluant que le président sortant a été battu, certes, mais de peu, et que, dans le contexte général, celui d'une crise qui n'a pas épargné, dans d'autres pays, les dirigeants qui l'ont vécue, son score n'est pas si mauvais. Quant à François Hollande, probablement imagine-t-il ce qui l'attend, face à l'ampleur des écueils à franchir. Il est, en regard de ses prédécesseurs sous la Ve République, le président élu qui hérite de la situation la plus difficile.

Il s'est présenté comme un homme normal. Normal, a-t-il dit, « parce que tout ce qui s'est passé depuis cinq ans était anormal ». Un quinquennat dans lequel Sarkozy, à l'entendre, n'a tenu aucun cap et s'est livré à un « zigzag terminé par un tête-à-queue ».

Pour ce qui le concerne, on ne peut pas dire qu'il se soit réjoui par avance des perspectives qui risquaient de lui être offertes par son élection. Son leitmotiv a été : « Rien ne nous sera épargné. » Quant à la croissance, il a été tout aussi clair : « Sans croissance, pas de réduction de la dette, et pas de maîtrise de la dette sans croissance. » Et si elle n'était pas au rendez-vous ?

En dehors des phrases de fin de campagne, prononcées pour rehausser les cœurs, en dehors du mépris affiché pour la finance (sans préciser ce qu'il mettait sous ce mot : les patrons du CAC 40, ceux des PME, les grands banquiers, la Banque européenne ?), il m'a paru souligner assez bien que les problèmes de la France ne seraient pas résolus en un jour, et en être sincèrement conscient.

Mais pourquoi diable a-t-il choisi, pour se définir lui-même, cet adjectif : « normal » ?

Tant qu'à s'opposer à Nicolas Sarkozy, il aurait pu choisir « calme » ou « pondéré », s'il estimait devoir dénoncer l'agitation ou l'impétuosité de son adversaire. Mais normal, non. D'abord parce qu'il n'y a pas d'homme moins normal qu'un président de la République. On n'arrive pas à l'Élysée, au terme d'une carrière politique, dans la normalité. Quel homme normal, d'ailleurs, sacrifierait ses jours et ses nuits à la conquête d'un pouvoir qu'on imagine si difficile à exercer, en ces temps de crise ? Depuis 2008, tout ce que Hollande pense, fait, est dicté par un seul objectif, la présidence. Et il est tout sauf mou, quoique parfois, en effet, trop rond.

Les Français veulent non d'un président normal, mais d'un monarque républicain comme l'a été à sa manière François Mitterrand, sans parler de De Gaulle.

Beaucoup pensaient que, face à l'animal politique qu'est Sarkozy, Hollande ne ferait guère le poids, en particulier lors de leur débat télévisé. On évoquait le débat précédent, où Ségolène Royal avait progressivement perdu pied. Très peu d'éditorialistes se risquaient à imaginer François Hollande gagnant. Et moi-même, qui le connais depuis longtemps, je ne donnais pas cher de lui.

Mais il s'est passé quelque chose d'inouï ce soir-là au cours de ces deux heures d'affrontement. Hollande s'est surpassé, tendu comme un arc, bien décidé à ne pas se laisser impressionner, comme si c'était pour lui une question de vie ou de mort. Et politiquement cela l'était, en effet. Sarkozy a paru se comporter comme s'il avait déjà perdu et qu'il y avait quelque chose de fêlé en lui. Les deux adversaires se sont mesurés un long moment, l'un,

Hollande, accusant Sarkozy d'avoir divisé les Français, l'autre, Sarkozy, affirmant, le dos au mur, qu'à aucun moment il n'y avait eu de violence pendant son quinquennat. Et les corps intermédiaires ? a répliqué Hollande. Et le chômage ? Et la croissance ? Et la production ? Pour Nicolas Sarkozy, les chiffres énoncés par Hollande étaient faux et les problèmes français assez clairs : coût du travail, compétitivité des entreprises. Mais pourquoi ne les a-t-il pas mieux combattus, ces maux français, alors qu'il les connaissait ? Hollande a enfoncé le clou sur le thème : il est bien temps, qu'avez-vous fait depuis cinq ans ? D'emblée, il a joué sur du velours, quoique sans parvenir à creuser la différence.

Et voilà que, sans le faire exprès, Laurence Ferrari lui a offert une occasion inespérée de dominer le duel. Elle lui a simplement demandé : « Quel président souhaitez-vous être ? » Il ne s'attendait sans doute pas à la question, car j'imagine mal Laurence Ferrari lui en avoir parlé auparavant, mais cnfin, il s'cn cst saisi pour sc lancer dans une tirade d'au moins trois minutes, montre en main, en utilisant pas moins de seize fois la formule : « Moi, président... » Un président qui ne prétendrait pas tout faire ni tout régenter, qui ne recevrait pas les parlementaires de son parti à l'Élysée, ne traiterait pas son Premier ministre de collaborateur, laisserait la justice indépendante, etc.

Sarkozy, comme assommé, n'a même pas tenté d'arrêter le flot d'éloquence qui a submergé tout le monde sur le plateau et devant les télévisions. Il semblait s'être déjà fait à l'idée de sa défaite, résignation qui pourtant ne lui ressemble pas.

Est-ce la crise qui a eu raison de lui, ou bien son propre tempérament, sa propension à se faire trop d'ennemis, son mépris pour ses collaborateurs, y compris pour le premier d'entre eux, François Fillon ? Ou bien ce qui a été perçu, après le fameux discours de Grenoble, comme sa dérive droitière ? Toujours est-il qu'il aura vécu, depuis le début de l'année, un véritable chemin de croix, d'autant plus douloureux pour lui, qu'il avait été porté aux nues en entrant à l'Élysée. Je souhaite à François Hollande de ne pas connaître un tel acharnement médiatique.

François Hollande, sur les images diffusées le soir de sa victoire, a eu l'air saisi par l'ampleur, la densité de la foule parisienne. Les caméras l'ont montré, à cet instant, se trompant, tournant le dos à l'immense podium dressé sous le génie ailé de la Bastille, entrant d'un côté de la tente pour en sortir aussitôt, comme s'il avait perdu le sens de l'orientation. Il a fini par atteindre la tribune, où il a invité auprès de lui ceux qui avaient contribué à sa victoire. Son discours a été heureusement plus court et musclé qu'en Corrèze. Assez émouvant somme toute, comme lorsqu'il a exprimé sa volonté de mettre fin aux « blessures, ruptures, brûlures » qui venaient de diviser la France ou lorsqu'il a évoqué François Mitterrand.

Comment n'aurait-il pas pensé à lui en cet instant ? Il a fait ses premières classes en politique auprès de Mitterrand, il a étudié des heures durant son comportement, lorsqu'il était, avec Ségolène Royal, conseiller à son cabinet à l'Élysée, au point que pendant toute la campagne, cette année, il a retrouvé le ton, la voix, les gestes, du François Mitterrand de 1965. À onze ans, à l'âge où les enfants jouent aujourd'hui à des jeux vidéo, il s'était passionné, aux côtés de sa mère, pour cette première campagne télévisée. Il n'en avait pas manqué une seule image.

Il ne s'est pas attardé à la Bastille, il y est resté juste le temps de donner l'accolade à ceux des dirigeants socialistes qui avaient participé à sa campagne, d'embrasser plusieurs femmes, dont Ségolène Royal. Qu'y avait-il dans leurs têtes à tous les deux, à ce moment : complicité, émotion, tension ? Puis, à ma grande surprise, comme pour s'excuser de ce baiser rapide, il est allé dans la minute suivante embrasser Valérie Trierweiler. Et l'on a vu, plus qu'entendu, celle-ci lui murmurer quelques mots, dont on a su peu après, en suivant le mouvement de ses lèvres, ce qu'ils étaient : « Embrasse-moi, sur la bouche. » Franchement, elle aurait pu se passer de cette injonction, et lui, tout juste élu, aurait pu ne pas l'entendre. Lui fait-elle peur au point qu'il ne veuille ni ne sache lui dire non ? En tout cas, quelques minutes après, les deux ont quitté la Bastille.

Valérie Trierweiler est sa belle compagne depuis plus de cinq ans. Au début de sa relation avec François Hollande, je la voyais souvent, en ex-consœur de confiance, dans une période où elle devait éviter les journalistes. Je crois même avoir été, avec mon mari Philippe Barret, Tony Dreyfus et sa femme Françoise, parmi les premiers à avoir été reçus à dîner dans l'appartement qu'ils occupent encore aujourd'hui et où ils venaient alors d'emménager. Six couteaux et fourchettes, six verres, quelques assiettes et plats étaient alors, je pense, toute leur vaisselle. Valérie Trierweiler m'avait demandé, quelque temps après ce dîner, alors que nous déjeunions toutes les deux, pourquoi, à mon avis, le couple qu'avaient formé Hollande et Royal avait explosé au bout de trente ans. Je lui avais répondu qu'au contraire, ce qui m'avait étonnée, c'est qu'il ait duré si longtemps : « L'un en Corrèze, l'autre dans les Deux-Sèvres, ne se rencontrant qu'un jour ou deux par semaine, il m'a paru naturel, ou pour le moins prévisible, qu'ils finissent par se séparer, même avec quatre enfants. »

Peut-être cherchait-elle, étant celle par qui la rupture était arrivée, à se rassurer. Cette explication, même banale, l'a sans doute convaincue : depuis lors, elle n'a plus quitté François Hollande d'un pas.

9 mai

Aujourd'hui, je pense à ce que m'avait dit, à l'été 2009, il y a plus de deux ans maintenant, au moment où il était moins atteint qu'aujourd'hui, Jacques Chirac à Saint-Tropez, dans la villa de François Pinault où il nous avait invités, ou fait inviter, à dîner. Rien ne laissait prévoir à l'époque que François Hollande se présenterait. Tout portait à croire que Ségolène Royal tenterait à nouveau sa chance. Après le dîner, où il avait enchaîné rires et critiques sur l'ensemble des convives, Jacques Chirac avait préféré laisser Mme Pinault à ses autres invités, et parler politique avec moi. Retrouvant intégralement son pouvoir d'analyse, il me dit ceci, que je n'ai pas oublié une seconde depuis le début de la campagne : « Le président élu sera un socialiste. Le choix se fera entre celle qui est la plus acharnée, Ségolène Royal, et celui qui est le plus intelligent, François Hollande. »

Jacques Chirac, c'était la vie. Aujourd'hui où sa démarche se fait lourde, sa parole parfois peu maîtrisée, je suis stupéfaite, et heureuse, qu'il ait gardé intact son flair politique.

Pour Matignon, on parle, en dehors de Jean-Marc Ayrault, qui tient la corde, de Martine Aubry et de Pierre Moscovici. Mais

Martine, franchement, cela m'étonnerait beaucoup. Pourquoi ? Tout simplement parce que François Hollande n'a aucune confiance en Martine Aubry, et que celle-ci fait plus que ne pas l'aimer, elle le méprise. C'est une vieille histoire qui tourne autour de la personnalité de Jacques Delors[1] et de ses liens avec François Hollande.

Lorsque Hollande a créé le mouvement des « transcourants[2] », il l'a délibérément mis en ordre derrière Jacques Delors, alors à Bruxelles. Pourquoi ? Parce que chacun y trouvait son compte. Delors était alors coupé de la vie politique française, puisque à Bruxelles ; il était content de voir, en France, une poignée de jeunes énarques de trente ans se ranger derrière sa bannière. François Hollande, lui, a trouvé son mentor, européen de cœur et de raison, avec lequel, enseignant en sciences économiques à Sciences Po, il peut parler, plus qu'avec François Mitterrand, d'économie, de fiscalité et de budget. En vue de l'élection présidentielle de 1995, Hollande s'était totalement investi derrière Delors. Lequel a laissé tomber cette aventure à la fin 1994, et, en même temps que l'aventure, François Hollande qui s'était mobilisé derrière lui. Hollande et ses amis avaient passé cinq ans de leur vie à mettre leur candidat sur orbite, et ils se retrouvaient le bec dans l'eau. Situation inconfortable.

Quant à Martine Aubry, elle a toujours pensé qu'en s'instituant en quelque sorte l'héritier de Delors, François Hollande en faisait un peu trop. Qu'en poussant son père en avant, il pensait d'abord à lui-même, et surtout à sa carrière. Un procès en légitimité d'héritage, en quelque sorte. Difficile pour une femme politique d'être la fille de son père, surtout quand on craint de paraître lui devoir tout. Difficile encore plus quand on a le caractère de Martine Aubry, sa pugnacité et sa dent dure.

Par la suite, battue aux législatives de 2002 dans la foulée de la défaite de Lionel Jospin à la présidentielle, elle a reproché à

1. Jacques Delors, ancien ministre de l'Économie et des Finances de François Mitterrand, est devenu président de la Commission européenne en janvier 1985. (*Toutes les notes sont de l'auteur.*)

2. Avec l'avocat Jean-Pierre Mignard, le député socialiste Jean-Yves Le Drian, député-maire de Lorient, Jean-Michel Gaillard et Ségolène Royal, François Hollande a fondé en 1984 le mouvement des « transcourants », visant à éviter la coupure du PS entre Laurent Fabius et Lionel Jospin, et garantissant au petit groupe une sorte de neutralité entre les différents courants qui, à l'époque, divisaient le PS.

Hollande devenu premier secrétaire du Parti socialiste de n'avoir pas soutenu son investiture en 2007, de lui avoir préféré un autre socialiste[1], proche, lui, de Pierre Mauroy. Cela n'a guère arrangé les choses entre eux[2]. Au congrès de Reims en 2008, Hollande, abandonnant le secrétariat du parti, a soutenu la candidature à ce poste de Bertrand Delanoë, qui a fini par abandonner la partie et c'est Martine Aubry qui a été élue, dans une élection controversée jusqu'au bout, contre... Ségolène Royal.

10 mai

En ce jour anniversaire de l'élection de François Mitterrand en 1981, le gouvernement de François Fillon démissionne par correspondance en quelque sorte, puisque l'ancien Premier ministre se contente de le signifier par écrit, et c'est le moment choisi par Jean-François Copé[3] pour donner sa première conférence de presse de l'après-Sarkozy. Soulagé d'en avoir terminé avec un président qu'il ne portait pas dans son cœur, et d'être tout seul désormais à dire la loi du parti ? Peut-être, mais préoccupé aussi sans doute des élections qui viennent. Copé met l'accent, avec cette sorte d'indifférence qu'il affecte pour tout ce qui n'est pas lui, sur l'indépendance de la France et la nécessité de la sauvegarder. Sous-entendu : François Hollande va immédiatement la brader. Très offensif, feignant de croire que les Français, ayant découvert le 6 mai quel sale bonhomme était Hollande, ne voteront pas pour ses représentants. Il est vrai qu'il a des élections devant lui et qu'il faut bien mobiliser son camp, très affecté par la défaite de son chef charismatique. Tout de même, aurait dit Françoise Giroud si elle était là, il

1. Il s'agit de Bernard Derosier, tenant du titre, qui avait annoncé qu'il ne se représenterait plus, et qui a refusé de laisser la place lorsqu'il a su que Martine Aubry voulait être candidate dans sa circonscription.

2. Pierre Mauroy avait lui-même, pendant le bureau national du PS, exprimé sa préférence pour son ami Bernard Derosier, disant : « Il n'y a pas de problème Aubry dans le Nord, il y a un problème Martine, si vous voyez ce que je veux dire. »

3. Jean-François Copé est alors secrétaire général de l'UMP.

n'a pas la manière. Je ne sais pas s'il est, comme beaucoup le disent, franchement antipathique, je le trouve surtout méprisant, dans le ton et sur la forme. Je suis peut-être injuste. Encore une fois, après une défaite pareille, il faut avoir le cran de se remettre en selle ; Hollande avait bien dû le faire après l'échec de Jospin en 2002.

D'après ce que je sens, si le choc a été rude pour tous les dirigeants de l'UMP, ministres ou cadres du mouvement, au moment où Sarkozy s'éloigne pour retrouver une nouvelle vie, de nouveaux bureaux – et le Conseil constitutionnel, auquel il siégera –, leurs sentiments sont à la fois complexes et différents. Jean-François Copé a la lourde tâche d'organiser les élections législatives, dans un climat forcément difficile. Cet ancien « bébé Chirac », car c'en était un, est apparu longtemps comme le seul à tenir tête à Nicolas Sarkozy, comme président du groupe parlementaire UMP à l'Assemblée nationale. Arrivé au secrétariat général du mouvement sans l'appui de Sarkozy, il est déjà tout entier dans l'élection de 2017, presque maladroit tant son ambition est limpide. Son rêve ? Faire du Sarkozy sans Sarkozy.

Pour François Fillon s'ouvre une nouvelle période : il pourra se sentir plus libre pour marquer ses distances avec Sarkozy, dont il n'a jamais accepté d'être le « collaborateur ». Et en même temps, se revendiquer de sa proximité avec lui pendant cinq ans. Il faut se mettre à sa place : pendant toute sa carrière politique – il a aujourd'hui cinquante-huit ans – il est apparu comme le numéro deux de quelqu'un : de celui qui lui a mis le pied à l'étrier politique, Joël Le Theule[1], et lui a laissé, en mourant, son siège de la Sarthe, faisant de lui le benjamin de l'Assemblée nationale. Puis il y eut Philippe Séguin, dont il a été pendant des années le plus proche des proches. Et enfin Nicolas Sarkozy dont il a été, frôlant parfois la déprime ou

---

1. Joël Le Theule, professeur agrégé d'histoire et de géographie, devenu député gaulliste de la Sarthe en 1956 et maire de Sablé-sur-Sarthe en 1959, mort le 14 décembre 1980, a été plusieurs fois ministre : chargé de l'Information dans le gouvernement de Maurice Couve de Murville, de 1968 à 1969, puis des Transports et de la Défense nationale dans les gouvernements Barre, sous Valéry Giscard d'Estaing. François Fillon a été son attaché parlementaire puis son conseiller politique dans les différents postes ministériels occupés par Joël Le Theule. À sa mort, brutale, François Fillon a repris sans difficulté ses mandats de conseiller général, de maire et de député de la Sarthe.

l'exaspération, le Premier ministre pendant cinq ans. Aujourd'hui, pour la première fois de son existence politique, il est libre.

Les choses vont vite, les pots de départ se télescopent avec les pots d'arrivée. On me raconte ce qui s'est passé hier au QG de Hollande en fin d'après-midi, à l'occasion d'un verre d'adieu dans les locaux de campagne. Julien Dray s'y rend, tout naturellement. Valérie Trierweiler le voit arriver et le met dehors, à la surprise générale : tout de même, jeter sur le trottoir un vieux copain de Hollande, pourquoi ? Parce qu'il était également proche de Ségolène ? Non, non, la vraie raison est ailleurs : elle remonte bien plus probablement à la réception organisée par Julien Dray, en pleine campagne présidentielle pour DSK, réunion où il avait cru bon d'inviter François Hollande, sans lui révéler le nom du héros de la fête. Inutile de dire que les photos d'une rencontre Hollande-DSK auraient valu très cher, et qu'elles auraient eu un effet dévastateur sur la suite des événements. Hollande a pardonné la bêtise de la chose, Valérie n'a pas oublié la provocation. Était-ce à elle de sanctionner l'attitude de Julien Dray ? Un peu fort, tout de même. D'autant que, présent, François Hollande ne s'est pas opposé à l'intervention de sa compagne. C'était lui, pourtant, qui était concerné au premier chef. Silence de mort. Il n'a pas dit un mot.

Pour le reste des festivités, on se perd à suivre Martine Aubry qui, très assurée, annonce au cours du bureau politique du PS, rue de Solférino, ce que va être la politique gouvernementale, et Jean-Marc Ayrault qui offre un autre pot, à d'autres interlocuteurs, à deux pas de là, au Palais-Bourbon. Qui des deux tient la corde pour Matignon ? Chacun s'efforce de regrouper la gauche et pratique la chasse au Mélenchon. Ayrault ne tarit pas sur le rassemblement de toute la gauche : « D'autres suivront, nous devrons nous montrer accueillants », assure-t-il, en forçant sur l'allusion. Martine, elle, précise que les négociations pour une candidature unique de la gauche ont lieu dans cinquante-cinq circonscriptions. À condition bien sûr que le Front de gauche le veuille bien. Sous-entendu : qu'il ait envie d'avoir, grâce aux socialistes, quelques députés au Parlement...

Hollande n'a-t-il que le choix entre Martine Aubry et Jean-Marc Ayrault ? Le choix est dans ce cas restreint, car Jean-Marc Ayrault vient opportunément d'être accusé d'une histoire de cornecul, qui risque bien de gêner Hollande : un site internet rappelle que le maire de Nantes a été condamné en 1997 pour favoritisme – un contrat de communication n'aurait pas été soumis à un appel d'offres. C'est un coup dur pour le nouveau président qui a fait toute sa campagne en affirmant qu'il ne prendrait pas dans son gouvernement quiconque serait marqué d'une condamnation.

11 mai

Je le pressens plus que je ne le sais : la préoccupation première de Hollande est, à partir de maintenant, Angela Merkel. Celle-ci a clairement affiché ses préférences pour Sarkozy pendant la campagne. Elle a refusé de rencontrer Hollande durant cette période. Merkel dit et fait dire qu'elle s'oppose à toute négociation du traité. En outre, la pression exercée par la Commission sur Hollande se précise : Bruxelles a fait savoir aujourd'hui que le plan de réduction des déficits qui lui a été transmis par Nicolas Sarkozy en avril n'est pas suffisant. C'est certes un désaveu, tardif, de Sarkozy, c'est aussi un avertissement pour son successeur. La Commission européenne en profite pour critiquer les hausses d'impôts telles qu'elles sont inscrites à son programme. Tablant sur un déficit accru et un ralentissement de la croissance, Bruxelles réclame plutôt une réduction des dépenses. Hollande n'a pas encore mis un pied à l'Élysée que les coups pleuvent déjà.

14 mai

Dernière apparition de François Hollande au conseil national du Parti socialiste. À l'invitation de Manuel Valls, il revient en quelques mots devant la presse sur sa campagne. « C'est au Bourget, résume-t-il, que tout s'est joué. » Il n'a pas tort. C'est au Bourget que les Français l'ont vraiment découvert. Il faut dire que, de tous les discours que je l'ai entendu prononcer depuis 2002, celui-là était le plus inspiré, le plus mitterrandien. Rythmé, profond puis léger, sérieux, par moments sarcastique, avec du souffle, de l'éloquence. Par la suite, je ne l'ai pas trouvé aussi excellent orateur dans ses meetings.

Pour la dernière fois aujourd'hui, il s'exprime en chef de parti qui dit au revoir aux siens : «Chers camarades, chères camarades...» À ceux qui l'entourent, membres de son équipe, journalistes, il parle de sa prochaine rencontre avec Angela Merkel qu'il verra demain, après son intronisation officielle. Première visite en forme de prise de contact, nous explique-t-il, «occasion de nous dire ce que nous pensons de l'avenir de l'Europe».

Puis il quitte son bureau, descend l'escalier accompagné de Manuel Valls et de Pierre Moscovici, les joues rosies du bonheur d'être à ses côtés. L'image est d'autant plus drôle qu'entre Pierre Moscovici, directeur de campagne souvent indolent, et Manuel Valls, concentré, ride barrant le front, lèvres serrées, qui a en réalité joué ce rôle pendant toute la campagne, l'atmosphère n'a pas toujours été bonne. Oubliées les rivalités d'hier. Place aux places !

15 mai

La journée la plus importante de la vie politique de François Hollande commence par une étonnante gaffe de son ami Jean-Pierre Jouyet au micro de Jean-Michel Apathie sur RTL. Comment croire que le discret et sévère Jouyet[1], si proche de Hollande après

1. Jean-Pierre Jouyet, ami de longue date de François Hollande, a été néanmoins secrétaire d'État chargé des questions européennes dans le gouvernement de François Fillon en 2007. En mai 2012, il est président de l'autorité des marchés financiers (depuis décembre 2008). Interrogé sur le nom du futur Premier ministre, il a déclaré : «Je pense qu'il y a un favori qui est donné par la presse et qui reste le grand favori.»

«Donc, il s'agit de Jean-Marc Ayrault, suggère Apathie, qui ajoute : C'est moi qui le dis, et pas vous.»

Réponse de Jouyet : «Non, c'est vous qui le dites, mais comme vous êtes bien informé, même mieux que moi, si c'est vous qui le dites, c'est vrai.»

l'avoir, il est vrai, un peu oublié en 2007, puisse être l'auteur de la première indiscrétion du quinquennat ? Il a confirmé, ce matin, en réponse à une question habilement tournée d'Apathie, que Jean-Marc Ayrault serait le Premier ministre. Que le copain du président, fût-il haut fonctionnaire paré de toutes les qualités, de toutes les vertus, annonce la nomination de l'occupant de Matignon avant les cérémonies de passation des pouvoirs, voilà qui peut surprendre. Était-ce un secret de polichinelle ? Pas tellement. Car le nom de Martine Aubry était toujours avancé comme possible hier soir. Que s'est-il passé ? Jouyet a probablement dit tout haut, un peu trop tôt, ce que Hollande a négocié tout bas.

Les Français adorent ces cérémonies mi-républicaines, mi-monarchiques. L'un arrive, l'autre s'en va, il a à peine tourné le coin de la rue que le président s'installe dans son bureau, avant de rejoindre, dans la grande salle des fêtes, les corps constitués et ses invités personnels. Comme la plupart des Français, j'assiste à cette séquence devant mon poste de télévision.

Les cérémonies de passation des pouvoirs se ressemblent et sont toujours différentes en réalité. Je revois François Mitterrand, entrant sous le porche du 55 de la rue du Faubourg-Saint-Honoré, marchant sur le tapis rouge de soixante mètres de long, tandis que Giscard l'attendait en haut du perron. Sans bouger, il l'a laissé gravir une à une les marches qui l'amenaient à lui. Après leur conversation, et les quatre secrets transmis entre les deux hommes[1], Giscard est parti à pied, honteusement conspué par les partisans de François Mitterrand massés à la porte de l'Élysée. Je me souviens aussi de la passation des pouvoirs entre François Mitterrand et Jacques Chirac, quatorze ans plus tard : sourires complices, poignée de main chaleureuse, attention particulière.

À l'arrivée de Hollande, avançant lentement sur le tapis rouge, Nicolas Sarkozy a descendu les marches du perron pour l'accueillir.

1. VGE informe Mitterrand de l'opération que prépare le président égyptien Sadate pour renverser le colonel Kadhafi, de l'état de la coopération nucléaire franco-américaine ; il lui communique le nom du probable successeur de Leonid Brejnev en URSS, et la décision du Conseil supérieur de la magistrature sur le cas d'un condamné à mort.

Même taille, même costume bleu, même cravate, même âge. Je me demande ce qu'ils se sont dit pendant les quarante-cinq minutes qu'a duré leur conversation. Lorsqu'ils sont revenus sur le perron, Valérie Trierweiler et Carla Bruni, très enjouées toutes les deux, se sont embrassées devant les photographes. Mais François Hollande, contrairement à Jacques Chirac, n'a pas raccompagné son prédécesseur jusqu'à sa voiture, il l'a salué de la main de loin. La voiture de Nicolas Sarkozy n'avait pas même quitté la cour qu'il rejoignait la salle des fêtes de l'Élysée.

Dans un discours de dix minutes seulement, plus court que celui de ses prédécesseurs, François Hollande n'a pas ménagé le président sortant. Tout ce qu'il a dit est une critique, globale, sans aménité, de son action, et c'est bien en adversaire politique de l'ancien président qu'il s'est exprimé devant les corps constitués, certes, mais surtout devant ses amis socialistes. Je retiens surtout sa volonté de définir les règles du jeu entre son Premier ministre et lui : « Je fixerai les priorités, a-t-il assuré, mais je ne déciderai pas de tout, pour tout et partout. » Au Premier ministre, la gestion des affaires, à lui, président, « l'apaisement, la réconciliation, le rassemblement, la justice sociale ». Je me demande s'il croit possible, sous la Ve République, dans le mandat réduit qu'est le quinquennat, de laisser Jean-Marc Ayrault, puisqu'il semble bien que ce soit lui, conduire l'action politique, pendant que lui pourrait échapper aux contingences, et à la petite cuisine politique. Je le crois sincère. De là à croire qu'il puisse y arriver, surtout avec une personnalité aussi peu charismatique que le maire de Nantes...

L'autre élément que je retiens, en dehors du premier discours présidentiel de François Hollande, c'est le salut du nouveau chef de l'État à l'ensemble des invités, dès son allocution finie, et sitôt entendus les vingt et un coups de canon traditionnellement tirés depuis les Invalides. Tout juste adoubé, il s'en est allé serrer la main des officiels et de ses invités, et, à ma grande surprise, Valérie Trierweiler lui a emboîté le pas. Je crois bien, je suis sûre même, qu'aucune épouse de ses prédécesseurs n'a fait de même. Je n'imagine pas Mme de Gaulle suivre son mari. Anne-Aymone

Giscard d'Estaing était restée sur le côté, pétrifiée, éperdue de timidité. Danielle Mitterrand n'a pas quitté sa sœur[1], laquelle paraissait beaucoup plus à l'aise, au point qu'elle avait l'air d'être la vraie épouse du président. Bernadette Chirac arborait un visage sévère tandis que Chirac épanoui faisait ce qu'il a fait toute sa vie, serrer les mains. Quant à Cecilia Sarkozy, vêtue d'une superbe robe beige, quelle distance elle avait affichée, dès ce jour-là, à l'égard de son président de mari !

Nouveauté, donc, ces premiers pas de Hollande suivi de près par sa compagne, dans la salle des fêtes de l'Élysée. Je suis perplexe devant ce nouvel usage, et me demande ce qu'en a dit le protocole. Que je sache, il n'y a pas, en France, de statut d'épouse ou de compagne du président de la République, ni de première dame. Je comprends, en tout cas, en regardant Valérie Trierweiler, la fermeté de sa démarche, la force de ses poignées de main, qu'elle ne se fera pas oublier, une fois son compagnon installé à l'Élysée.

Je passe sur la remontée des Champs-Élysées, sur le déjeuner qui a suivi, le premier, avec les « camarades » et les amis (pas forcément les mêmes[2]) – langoustines aux agrumes, côte de bœuf vigneronne, fromages et macarons aux fraises, un menu roboratif, comme du temps de Jacques Chirac – et sur les propos tenus, joie pour certains, nostalgie pour les autres. Que se disaient-ils tous dans leur tête, pendant ce déjeuner ? Pierre Mauroy avait défendu (mollement il est vrai) Martine Aubry à la primaire socialiste de 2011, Laurent Fabius n'avait pour Hollande qu'une politesse condescendante, Michel Rocard n'a cessé de multiplier les critiques sur lui pendant toute la campagne ; seule Édith Cresson avait joué le jeu. Hollande me l'a dit souvent : « Il ne faut pas avoir de mémoire lorsqu'on fait ce métier. »

1. Il s'agit de la productrice Christine Gouze-Raynal, sœur aînée de Danielle Mitterrand.

2. Sont présents, autour de François Hollande et de Valérie Trierweiler, les anciens Premiers ministres socialistes, Pierre Mauroy, Laurent Fabius, Édith Cresson, Lionel Jospin et Michel Rocard, qui n'arrivera qu'au café, Jean-Pierre Bel, le président du Sénat, Sylviane Agacinsky, l'épouse de Lionel Jospin, et, symbole parmi les symboles, Yvette Roudy, ancienne ministre des Droits de la femme de François Mitterrand. Autour de cette table ne sont présents que des leaders socialistes, aucun des hommes politiques du quinquennat précédent.

L'après-midi, France 2 m'a conviée à commenter la fin des cérémonies. Autre invité : Lionel Jospin, vers lequel je me précipite pour me faire raconter le premier déjeuner de François Hollande à l'Élysée. « C'était un déjeuner intime mais institutionnel, me dit-il. Nous avons évoqué 1981, et parlé politique, c'est-à-dire des élections législatives qui nous attendent. Nous nous sommes dit, ajoute-t-il, qu'il fallait qu'il dispose d'une majorité au Parlement, sinon que signifierait d'avoir changé de président ? Nous devons maintenant nous mobiliser pour la victoire. » Il me raconte cela sans montrer à aucun moment qu'il pense à son échec de 2002, au succès de François Hollande là où lui, Jospin, a terriblement échoué. Pas de regret ni d'amertume dans sa voix. À lui, ni l'Histoire ni les Français n'ont donné sa chance. Il me semble, cette après-midi, qu'il parvient à n'y pas songer.

A-t-il changé, François Hollande ? À cette question convenue, Jospin me répond, après avoir réfléchi un instant : « Ce qui lui est arrivé le change. J'espère, conclut-il, qu'il goûte ces moments. » Tel que je connais Hollande, goûter ce moment, je ne suis pas sûr qu'il y arrive. À Jospin, je demande aussi, toujours en marge de l'émission, s'il est vrai, comme je l'entends dire, que François Hollande a des problèmes avec Martine Aubry, qui refuserait tout ministère, et affirme sa volonté de rester première secrétaire du parti. Réponse discrète, comme d'habitude, de Jospin : lui aussi, me dit-il, a eu des problèmes avec Martine Aubry quand il était à Matignon. J'en conclus sans difficulté que Martine en a aujourd'hui, elle aussi, avec Hollande.

Plus tard dans la soirée

Que d'eau, que d'eau, mon Dieu ! Cette après-midi a été noyée sous la pluie. Le pauvre Hollande dégoulinait, naturellement, mais il a enchaîné toutes les cérémonies symboliques auxquelles il tenait : Tuileries au pied de la statue de Jules Ferry, hommage à Marie Curie, la séquence se terminant à l'Hôtel de Ville où l'accueillit un Bertrand Delanoë submergé par l'émotion[1]. Peut-être le maire de Paris pense-t-il, sans en dire un mot, que le ministère de la Justice l'attend[2] ?

Encore plus de pluie, si possible, lorsque Hollande est monté dans l'avion prévu pour l'amener, dès le premier jour de son quinquennat, à Berlin auprès d'Angela Merkel. Là encore le symbole est fort. Sous la IVe République, les présidents du Conseil, à peine nommés, s'envolaient pour les États-Unis. Aujourd'hui, crise européenne oblige, la priorité est à l'Allemagne. D'autant que Hollande a beaucoup de chemin à remonter, outre-Rhin : il n'oublie pas l'amicale complicité qui a uni Sarkozy et Merkel, au point qu'on a baptisé Merkozy leur couple improbable. Ni qu'elle s'était portée volontaire pour soutenir la campagne du président sortant, ni encore qu'elle vient de faire la leçon hier à François Hollande en rappelant, comme sans y toucher, que rien n'est mieux, pour réduire la dette française, que de procéder à des réformes structurelles. Personne mieux que François Hollande ne sait qu'il a plaidé pendant toute sa campagne pour la renégociation du pacte de discipline budgétaire qui, selon lui, ne soutient pas assez la croissance. Alors qu'Angela Merkel refusait d'entendre parler d'une renégociation de ce traité, signé par la France en mars dernier.

16 mai

Eh bien, quel voyage ! La France a failli perdre son président moins de dix heures après son intronisation. Lorsqu'il est monté dans son Falcon FX d'une quinzaine de places à bord duquel ses collaborateurs l'attendaient déjà, nul doute que François Hollande s'est laissé tomber dans son fauteuil de cuir, au premier rang de l'appareil, avec un soupir de fatigue et d'extrême contentement. C'est probablement le seul moment de la journée où il eut quelques

1. À Paris, 55 % des électeurs ont voté pour le candidat socialiste.

2. « Il y a des moments, a dit Bertrand Delanoë, des moments où l'émotion ne doit pas être contenue. » François Hollande, dans un court discours, lui a répondu : « J'ai saisi votre émotion, elle m'est apparue empreinte de dignité et de fraternité. »

instants de bonheur pour penser à sa victoire. Entre la constitution du gouvernement, qui attendra demain, et le voyage à Berlin, incontournable, il a choisi la priorité Merkel. Il a tellement plu dans la journée qu'il a dû se changer plusieurs fois. Dans la cabine, enfin, il est au sec.

Pour avoir pris souvent un avion de ce genre, pendant nombre de campagnes électorales législatives ou même présidentielles, j'imagine très bien la scène. À peine est-il assis qu'une hôtesse ou un steward lui propose un rafraîchissement, les pilotes sortent de leur petit cockpit pour le saluer. Les moteurs ronflent déjà. Le temps d'attacher sa ceinture, et l'avion roule sur la piste. À peine a-t-il décollé qu'il est touché par une forte déflagration, c'est du moins ce que décrivent les journaux ce matin. L'appareil a été foudroyé. Foudroyé, quel présage ! Retour à Paris dans l'anxiété, puis redécollage, dans un Falcon 900 cette fois, sans ennuis. La première rencontre avec Angela Merkel a eu lieu, avec retard, mais elle a eu lieu. Il faudra que je sache comment elle s'est passée. Seul François Hollande pourra me le dire. Il est rentré de Berlin dans la matinée.

Ce matin encore, passation des pouvoirs à Matignon entre un Premier ministre au style sobre et un Premier ministre qui l'est plus encore. Fillon part, Ayrault arrive avec « émotion, dit-il, et fidélité ».

Je me pose des questions sur Jean-Marc Ayrault. Hollande a-t-il fait le bon choix ? Il a voulu, je suppose, imiter François Mitterrand nommant Pierre Mauroy, maire de Lille, grand féodal du Nord, dont l'aide avait été essentielle pour le porter à la tête du PS en 1971. Je connais Ayrault depuis longtemps, puisqu'il a été le collaborateur préféré de Jean Poperen. Ayrault, maire estimé et aimé de Nantes, est lui aussi un grand élu de province, un élu de l'Ouest, où l'influence grandissante des socialistes s'est inscrite dans la montée des classes moyennes, diplômées, urbaines. François Hollande, dans un discours de 2002, l'avait décrit, et ces mots prennent toute leur importance aujourd'hui, comme un homme de rigueur. « Sa qualité première, avait-il dit, c'est la rigueur. C'est un homme consciencieux et volontaire. Moi, ce que je peux lui apporter, c'est une sorte de convivialité. »

Qu'apporte-t-il à François Hollande ? Pas grand-chose en réalité. Un Premier ministre ayant déjà une expérience gouvernementale, comme Laurent Fabius, ou Martine Aubry, aurait pu équilibrer le manque d'expérience de François Hollande dans le domaine de l'exécutif. Il faut dire qu'à tort ou à raison celui-ci ne considère pas qu'il lui manque quoi que ce soit pour exercer le pouvoir. Il l'a redit tout au long de sa campagne, où le reproche lui a été fréquemment fait par Nicolas Sarkozy de n'avoir encore exercé aucune fonction gouvernementale : il pense avoir été de 1997 à 2002 une sorte de vice-Premier ministre, associé, en tant que premier secrétaire, à toutes les décisions de Lionel Jospin et, de ce fait, bien connaître les ficelles du pouvoir (preuve de son influence, je me souviens de l'avis fortement négatif de Claude Allègre sur Hollande, qui s'était opposé à lui sur certaines des réformes de l'Éducation nationale, faites ou envisagées).

Ce qui apparaît prioritaire à François Hollande, c'est donc la confiance qui l'unit à Jean-Marc Ayrault et non pas leur complémentarité. S'est-il jusqu'au bout laissé la possibilité de faire le choix d'Aubry ? Tel que je connais Hollande, je suis sûre que non. Trop de défiance, trop de méfiance l'un envers l'autre, et surtout, les séparant paradoxalement, l'image de Jacques Delors, père de l'une, père spirituel de l'autre, référence qui a alimenté entre eux trop de jalousies. Bref, pas de Martine Aubry au gouvernement.

Hollande et Ayrault, on ne sait pourquoi, se sont mis sur les épaules un certain nombre de contraintes difficilement supportables. Hollande voulait, depuis le début de sa campagne, installer la parité totale entre hommes et femmes au gouvernement. Il voulait aussi incarner le changement en limitant le nombre de ministres ayant déjà une expérience gouvernementale. Pas question d'afficher les mêmes têtes qu'en 1997. De ce point de vue, Fabius est l'exception qui confirme la règle. Hollande lui avait assuré depuis plusieurs semaines qu'il aurait bien le Quai d'Orsay. C'était le vœu que Laurent Fabius avait exprimé, jugeant qu'il avait fait le tour de tout le reste : finances, économie, affaires intérieures[1].

1. Seuls cinq ministres du gouvernement Ayrault ont déjà exercé des fonctions ministérielles : outre Laurent Fabius, Marylise Lebranchu a été garde des Sceaux de 2000 à 2002 dans le gouvernement Jospin ; Jean-Yves Le Drian a été secrétaire d'État à la Mer dans le gouvernement Cresson ; Pierre Moscovici, ministre délégué

Enfin l'équipe gouvernementale devait refléter l'ensemble des forces ayant aidé François Hollande à conquérir le pouvoir : les Verts, le Parti radical, et aussi donner un rôle aux hommes qui se sont engagés depuis plus d'un an derrière lui. Une équation difficile à résoudre. Qui se résout pourtant assez vite puisque la composition du gouvernement tombe entre 19 h 10 et 19 h 15. Le secret de cette rapidité ? Hollande avait déjà choisi, dans les jours qui ont séparé son élection de son installation à l'Élysée, les ministres les plus importants. On me dit que les Affaires étrangères, les Finances, l'Intérieur et le Travail étaient attribués depuis longtemps.

17 mai

La seule vraie surprise de ce gouvernement est la nomination de Christiane Taubira. Pourquoi surprise ? Parce qu'elle reste celle qui, en se présentant tardivement à la présidentielle de 2002 sous l'étiquette des radicaux de gauche, a contribué, avec Jean-Pierre Chevènement, à faire battre Jospin en lui enlevant le chouïa de voix qui lui manquaient pour devancer au premier tour Jean-Marie Le Pen. Quelle est la raison de ce retour en grâce ? Ses liens avec Ayrault, auquel l'associe un combat vieux de dix ans : députée de Guyane, c'est elle qui a porté en 2001 la loi qui a fait de la traite et de l'esclavage un crime contre l'humanité. Le maire de Nantes – la ville, avec Bordeaux, symbolique à ce sujet – s'était engagé avec elle dans cette bataille parlementaire. La nécessité où se trouve Hollande de s'assurer la fidélité des radicaux ? Baylet, leur président, ne fait pas partie du gouvernement. En dehors de lui, la seule personnalité forte des radicaux est Christiane Taubira. Va donc pour Christiane Taubira.

Elle n'est pas une inconnue, loin de là. Ancienne militante indépendantiste de Guyane, puis députée, elle a voté en faveur

---

aux Affaires européennes dans le gouvernement Jospin de 1997 à 2002 ; Michel Sapin a été ministre des Finances de 1992 à 1999 dans le gouvernement Cresson, puis chargé de la Réforme de l'État dans le gouvernement Jospin.

d'Édouard Balladur après son discours de politique générale, en 1993. Ce qui, il faut bien le dire, fut une décision assez curieuse au regard de son parcours. Un peu plus tard, c'est Bernard Tapie qui l'a propulsée dans la vie politique à l'occasion des élections européennes de 1994. Candidate du Parti radical en 2002, elle a poussé loin sa volonté d'autonomie vis-à-vis du PS. En tout cas, en la mettant au gouvernement, Hollande évite sans doute qu'elle puisse se présenter contre lui en 2017, s'il sort dans un état convenable de son mandat présidentiel.

Premier acte du gouvernement mercredi : les ministres vont baisser leur salaire, signer un pacte de déontologie : pas de cadeau acceptable au-delà de 150 euros, pas d'invitation privée d'un chef d'État étranger (référence à la visite en Tunisie de MAM à l'invitation de Ben Ali juste avant que n'éclate la « révolution du jasmin »). Pas de cumul entre certaines professions (avocat d'affaires par exemple et poste ministériel). Enfin : tout ministre battu aux élections législatives qui viennent se verra contraint d'abandonner son ministère.

Sur la photo officielle du nouveau gouvernement, hommes et femmes sont côte à côte. Pas question, pour plaire aux journalistes, de faire une photo séparée des « dames » : ce serait incompatible, explique l'une d'elles, avec la notion de parité. C'est vrai, j'ai toujours trouvé ridicule la façon d'isoler les femmes en marge de la traditionnelle image de groupe, comme si elles avaient bien de la chance de jouer dans la cour de récréation des hommes. Je crains hélas que, du premier Conseil des ministres, les gens ne retiennent que l'arrivée de Cécile Duflot à l'Élysée en jeans. Cela a davantage fait écrire et parler que la baisse du salaire des ministres.

Après le Conseil, tandis que le président s'est envolé immédiatement vers les États-Unis, où il doit rencontrer Barack Obama, Manuel Valls s'est rendu au commissariat de Noisy. Pourquoi Noisy ? Parce que le récent malaise des policiers, réel paraît-il, vient de la mise en examen d'un policier tirant dans le dos d'un cambrioleur. On mesure ici le sens de la communication du nouveau ministre de l'Intérieur : à force de se préoccuper de la communication des autres, Rocard, Jospin, Hollande, le temps est venu de penser à lui. Reste à savoir s'il fera preuve de la même efficacité.

18 mai

Premier couac gouvernemental. Vincent Peillon a annoncé, sans aucune concertation et surtout sans en avoir parlé au Premier ministre, la semaine de cinq jours à l'école. Une bonne idée, à ceci près que Peillon aurait pu attendre de consulter les associations familiales, pour la plupart hostiles à cette organisation du temps scolaire. Ségolène Royal (restée, elle, pour le moment du moins, en dehors du gouvernement) ne l'a pas raté. Je me souviens de la façon dont, deux ans après la campagne de 2007, Peillon, qui avait été son lieutenant, l'avait durement condamnée[1]. Ségolène n'oublie rien. Trois ans après, elle lui rive son clou d'une phrase : « Je pense que la journée de passation des pouvoirs, ce n'est pas le moment de faire des annonces. »

On en sait un peu plus aujourd'hui sur ce qui s'est passé entre Hollande et Martine Aubry dans les heures précédant la formation du gouvernement. Martine a dit sur France 2 que c'était « en parfaite entente » avec Hollande et Ayrault qu'elle ne figurait pas dans l'équipe gouvernementale. En réalité, apprend-on aujourd'hui, c'est en parfaite mésentente. À Hollande, qui l'avait rencontrée clandestinement dans un bureau de la questure de l'Assemblée nationale avant de nommer Ayrault à Matignon, elle aurait assené, avec la vigueur qu'on lui connaît : « J'ai remis sur pied un parti que tu avais laissé en miettes [qui "faisait pitié", avait-elle dit en 2011]. Je t'ai soutenu après la primaire, tu me dois Matignon. » Évidemment, ces phrases n'ont pas convaincu François Hollande qui lui a signifié, lundi dernier vers minuit, qu'elle ne serait pas Premier ministre. Elle a aussitôt appelé un proche du président, Faouzi Lamdaoui, qui souhaitait faire acte de candidature aux législatives dans la Somme. En tant que première secrétaire toujours en charge des investitures, elle l'a dégagé d'une phrase : « Tu n'y vas pas », et désigné immédiatement une élue parisienne de ses

1. En décembre 2009, Vincent Peillon, qui l'avait soutenue en 2007, puis au congrès de Reims en 2008, s'est opposé à Ségolène Royal et a créé son propre mouvement, le Rassemblement social, écologique et libéral. « On est en psychiatrie lourde, là ! » avait-il dit à son sujet, lors de leur conflit politique de 2009.

amies pour prendre sa place. Autrement dit, la riposte a été violente et rapide. Voilà pour les quelques jours précédant la formation du gouvernement.

Elle s'est rendue néanmoins à Matignon pour déjeuner avec Jean-Marc Ayrault. « Je viens parler des législatives avec le chef de la majorité », a-t-elle dit aux journalistes qui l'attendaient sur le perron. Lorsqu'on lui a demandé si elle allait conduire la bataille électorale, elle a répété : « Derrière le Premier ministre, chef de la majorité. »

Elle s'y connaît aussi en langue de bois, même si elle ne l'emploie pas toujours. Puisqu'elle n'a pas voulu appartenir à un gouvernement dont Ayrault, qu'elle appelle à l'occasion « ce naze », était Premier ministre.

19 mai

Pour les législatives, la gauche est divisée dans bien des circonscriptions, y compris dans celles où, du fait de la montée du FN, elle peut être éliminée dès le premier tour. PS et Front de gauche se rejettent la responsabilité de cette discorde. Martine Aubry a-t-elle fait tout ce qu'il fallait ? Y a-t-elle mis assez d'ardeur ? Pas sûr.

Déjà, quelques-uns de ceux, pressentis, qui n'ont pas été choisis pour entrer au gouvernement exhalent leur mauvaise humeur. Ainsi Michel Destot[1], qui a cru être ministre pendant toute la journée, longue pour lui, de la formation de l'équipe dirigeante, n'a finalement pas été retenu. On a beau rappeler à tous ceux qui sont restés sur le carreau l'engagement pris pendant la campagne par Hollande du non-cumul des mandats, ils n'en sont pas moins déconfits et le font savoir, tel François Rebsamen (en compétition jusqu'au dernier moment avec Valls pour le ministère de l'Intérieur). André Vallini[2] ne cache pas sa rancœur : être coiffé au poteau par Christiane Taubira alors qu'il a été sur les problèmes de

1. Député-maire de Grenoble.
2. Sénateur de l'Isère.

justice le plus proche du candidat pendant la campagne électorale lui est proprement insupportable. Tous pensent sans doute pouvoir être repêchés après les législatives. Mais ils savent qu'il sera difficile d'expulser du gouvernement ceux qui s'y trouvent déjà. Et je ne parle pas de Julien Dray, Élisabeth Guigou, Jean-Marie Le Guen, Claude Bartolone ou Bertrand Delanoë...

21 mai

Bien qu'on n'ait jamais vu, dans le cas où les deux scrutins se succèdent dans la foulée, des élections législatives contredire une élection présidentielle, le PS part, me semble-t-il, avec un lourd handicap. D'abord parce que le Front de gauche de Mélenchon sera présent dans toutes les circonscriptions. Ensuite parce que le Parti socialiste lui-même ne devrait pas déposer de candidature dans trente-deux circonscriptions attribuées au Parti radical, soixante réservées aux écologistes, et neuf aux proches de Jean-Pierre Chevènement. Si bien qu'il sera absent d'une centaine de circonscriptions. Soixante sièges offerts aux Verts, c'est beaucoup. Martine Aubry, qui a mené les négociations avec eux, s'est-elle montrée aussi généreuse pour embarrasser Hollande ? Le paradoxe est que le candidat désigné par le parti depuis 2011 n'ait rien eu à dire sur le choix fait par la première secrétaire. Les Verts sont certes des alliés – jusqu'à quand ? –, mais leur réserver autant de circonscriptions n'est pas conforme à la réalité de leur poids politique. Une trentaine aurait suffi, à mon avis.

Hier, dimanche, devant le grand jury RTL – *Le Monde*, François Bayrou a souhaité voir apparaître dans notre vie politique une « force de conciliation ». Évoquant l'hypothèse d'une nouvelle cohabitation, il a déclaré : « Ce serait une catastrophe. Il suffit de regarder le climat actuel entre les deux camps ! » Évidemment, pour lui, l'hypothèse serait désastreuse : après son ralliement à François Hollande, il ne pourrait siéger au gouvernement. Il constate que, pour le moment, François Hollande n'a pratiqué aucune ouverture, au sens où on l'entend, c'est-à-dire avec des centristes, et qu'il s'est contenté d'intégrer à son équipe les différentes tendances du Parti socialiste : ce n'est pas un gouvernement, c'est le comité directeur du PS ! Les législatives lui permettront peut-être d'y faire entrer des personnalités d'autres sensibilités.

Martine Aubry vient d'annoncer qu'elle abandonnera son poste à la tête du PS : désapprouvant tout ce que fait Hollande, elle tient à prendre du champ. Que s'est-il passé, véritablement, entre le président, le Premier ministre et elle ? Quand a-t-elle jeté l'éponge ? Si je le lui demande à elle, elle ne me prendra même pas au téléphone.

Le ton des journalistes est inouï. David Pujadas, comme surpris, constate que Hollande a fait ses preuves, ou quelque chose d'approchant, devant les autres grands de ce monde. Partout dans la presse, le même étonnement : eh quoi, ce type que personne ne connaissait, il se débrouille correctement ? C'en est presque injurieux pour lui : comme si l'on s'attendait à ce qu'il bégaie, trébuche ou perde contenance devant ses homologues étrangers.

Mais cette fois, le nouveau président n'aura pas eu d'état de grâce. Les sondages lui donnent aujourd'hui 53 % des voix, soit 1 % de plus, marge d'erreur comprise, que le jour de son élection. Jean-Marc Ayrault, lui, atteint péniblement les 50. Il est vrai qu'il souffre de ce que politologues et sondeurs appellent un « déficit de notoriété ».

Quant à François Hollande, je vois déjà de quelle manière on cherchera à le discréditer, en le présentant comme l'homme des compromis. Donc immobile et mollasson.

22 mai

Premier conflit entre ministres : Pierre Moscovici et Arnaud Montebourg[1] se marchent allègrement sur les pieds. Montebourg écrase tout sur son passage : il reçoit les syndicats avant le Premier

1. Pierre Moscovici est ministre de l'Économie, des Finances et du Commerce extérieur, Arnaud Montebourg est ministre du Redressement productif.

ministre, et sans l'informer. On sent qu'à tout moment la poudrière de Bercy peut exploser. Un seul homme s'y est installé sans prononcer un mot : Jérôme Cahuzac, le ministre du Budget, ancien président de la commission des Finances. Il connaît par cœur les mécanismes parlementaires et gouvernementaux. Il ne dit rien, ne se fait pas voir. Il passe pour être assez sec, caustique, pas toujours gentil avec ses collaborateurs. Lui au moins ne joue pas au petit soldat, c'est déjà ça.

Pendant ce temps-là, Martine Aubry et Jean-Marc Ayrault s'adressent ensemble aux députés socialistes, en partance pour leur campagne sur le terrain. Apparemment résolus à marcher main dans la main... « Ce n'est pas une dyarchie, assure superbement le directeur de cabinet de Martine Aubry : c'est un duo ! » Autrement dit, on a le choix entre le désordre et l'hypocrisie.

Visage lisse, presque trop, voix calme, à la limite de la monotonie, Jean-Marc Ayrault, qui a derrière lui un passé militant imposant, est une personnalité plus complexe que l'on n'a tendance à le croire.

Personne ne se rappelle, sauf moi sans doute et quelques autres, qu'il a été le lieutenant préféré de Jean Poperen[1], ancien communiste passé au Parti socialiste. La différence notable, entre eux, est qu'Ayrault pense que la social-démocratie est la seule forme de projet social et politique, la plus proche possible du SPD allemand que, professeur d'allemand, il a longtemps étudié. Devenu président du groupe socialiste en juin 1997, il a été reconduit deux fois dans ses fonctions : c'est dire qu'il connaît à merveille la géographie parlementaire. Il s'était alors fait une spécialité de guerroyer avec acharnement, à l'Assemblée, contre la majorité sarkozyste. Ce n'est certes pas un tribun mais il a souvent, depuis 2007, mis le gouvernement Fillon dans l'embarras. Dans l'hémicycle, il siégeait à côté de François Hollande. Cette proximité crée des liens. Le voilà donc à Matignon.

« Ayrault, m'a dit un élu UMP, c'est un chat. Vous ne savez jamais quand il va vous tomber dessus. » Mais il a changé : ce

1. Jean Poperen, ancien dirigeant du PS mort tragiquement en 1997, a défendu au sein du PS d'avant Épinay la doctrine dite du front de classe – une forme plus acceptable du dogme communiste de la lutte des classes.

n'est plus du tout l'impression qu'il donne. Comme si le chat s'était laissé domestiquer. Par Hollande ? Ou par Matignon ?

24 mai

À droite, le cadavre n'est pas encore froid que François Fillon vient d'annoncer dans *Le Figaro magazine* qu'il a bien l'intention de présenter sa candidature à la tête de l'UMP, dont Copé est toujours le président. La compétition est désormais ouverte entre les deux. S'ensuit une empoignade que je suis de loin. « C'est une évidence, dit Fillon, que le départ de Sarkozy laisse l'UMP sans leader naturel. » Sous-entendu : si Copé pense qu'il peut rester à la tête de l'UMP, puis devenir son président sans combat, il se trompe. Je suis surprise de la violence qui dresse ces deux hommes l'un contre l'autre, alors qu'ils semblaient jusqu'à présent complémentaires. Le combat dure depuis déjà quelques jours et chacun y prend place : Rachida Dati, qui déteste Fillon depuis que celui-ci a abandonné son fief législatif de la Sarthe pour se déclarer candidat à Paris, y va de plusieurs adjectifs déplaisants. Elle juge l'ancien Premier ministre « déloyal », « désagréable », « ingrat » et « mal élevé »[1].

Pourquoi en effet Fillon a-t-il déclenché les hostilités si tôt ? En pleine campagne législative ? Sans doute ne pouvait-il pas faire autrement. C'était ça ou Copé désigné par ses copains comme président de l'UMP avant même le congrès prévu.

25 mai

Déjeuner avec Jean-Pierre Raffarin. Il vient de publier dans un tweet (il en fait grand usage) son jugement sur l'intervention de François Fillon s'apprêtant à déclarer sa candidature à la présidence

1. Rachida Dati a ajouté : « François Fillon prend le risque, en divisant l'UMP, de faire perdre la majorité sortante les 10 et 17 juin. »

de l'UMP, comme si elle lui revenait de droit : « Annonce inopportune », juge-t-il. Il s'en explique d'une phrase assez dure : « Ce n'est pas dans l'échec qu'on a des ambitions personnelles. »

Entre Fillon et Copé, il soutient plutôt le second, qu'il juge « assez ancré sur la droite de l'UMP, et assez ouvert sur l'autre côté pour être dans l'équilibre ». Il estime cependant que Fillon est parti trop tôt, qu'il n'a pas de réseaux. Après avoir été le fidèle exécutant de Sarkozy à Matignon, mieux vaudrait pour lui qu'il se replie sur son rôle d'ancien Premier ministre, au lieu de vouloir si vite briguer la présidence de son parti. François Fillon n'est pourtant pas le seul à prendre ses distances : tous les leaders de l'UMP, à quelques exceptions près, mettent en cause la « droitisation » de la campagne présidentielle, la stratégie dite « de Grenoble[1] » qui a échoué sur tous les plans : non seulement elle n'est pas parvenue à faire réélire le président sortant, mais elle a permis à Marine Le Pen de réunir sur son nom près de 18 % des voix, plus que son père en 2002.

Lorsqu'on lui parle de l'échec de Nicolas Sarkozy, Jean-Pierre Raffarin l'impute d'abord à l'intéressé lui-même, à son comportement : « Sarkozy a tendance à mépriser les gens, il s'est fait beaucoup d'ennemis de circonstance, en blessant inutilement beaucoup de gens. Le débat télévisé a été raté : il s'est mis, lui, en position de roquet, laissant François Hollande revêtir l'habit présidentiel. Sarkozy a d'abord été victime de sa personnalité. »

Il ajoute cette phrase sans aménité : « Je ne souhaite pas qu'il revienne. Je l'aime bien, poursuit-il, mais il ne faut pas avoir de relations hiérarchiques avec lui. »

Il pense surtout qu'une autre stratégie que celle adoptée par Sarkozy était possible : il aurait pu être élu si, pour pêcher dans les rangs du FN, il n'avait pas « droitisé » sa campagne. Je lui demande quel avenir il voit à Sarkozy.

« Je ne pense pas, me répond-il, qu'il puisse abandonner la politique. Pour lui c'est l'art supérieur. Une fois qu'on a connu cela,

1. Par référence au discours prononcé par Nicolas Sarkozy à Grenoble le 30 juillet 2010, discours qui suivait le braquage d'un casino et plusieurs nuits de violences urbaines.

on ne peut plus s'en détacher. Il a tort de dire qu'il n'y reviendra plus. Il va terriblement s'ennuyer, même avec sa femme dont le genre de vie est si différent. Rien ne le satisfera. S'il redevenait populaire, il n'échapperait pas à la tentation de retrouver son destin. »

Paradoxalement, Raffarin a confiance en Ayrault : « C'est quelqu'un de très sérieux, qui connaît bien le pays. C'est une pièce maîtresse solide. »

Raffarin m'a toujours surprise par son jugement nuancé sur les gens, même lorsqu'ils n'étaient pas de son camp. Mais peut-être n'est-ce qu'une apparence. En revanche, il est plus dur sur les autres ; il n'a aucune confiance en Pierre Moscovici, doute de la fiabilité de Fabius, et surtout a la dent très dure pour Ségolène Royal : « On fera tout, dit-il avec fermeté, pour qu'elle soit battue. »

Tout ? C'est-à-dire ? Il me répond, sans détour, avec une violence qui tranche sur la douceur avec laquelle il m'a parlé d'Ayrault : « Ça veut dire qu'au deuxième tour, notre candidat centriste ne sera pas présent et que ses voix se reporteront sur Falorni[1]. Elle sera donc battue. » Autrement dit : il fera voter ses électeurs pour le concurrent de Ségolène dès le premier tour.

Question subsidiaire : que ferait l'ancienne majorité si, contre toute attente, elle l'emportait aux prochaines élections législatives ?

Il m'explique qu'hier, jeudi, les six survivants de l'UMP : lui-même, Copé, Fillon, Juppé, Accoyer et Jacob, se sont réunis pour se poser la question : « Qu'est-ce qu'on fait si on gagne ? Deux hypothèses pour Matignon, dans ce cas. Soit Jean-François Copé, numéro un de l'UMP, soit Alain Juppé, le plus ancien dans le grade le plus élevé. Mécaniquement, dit-il, on ne peut pas gagner, mais notre électorat reste groupé, la crise demeure, la Grèce en est le signe, et enfin il y a une vraie menace sociale sur le pays. »

Bref, tout est possible en politique. Mais il n'y croit guère.

---

1. Olivier Falorni est candidat contre Ségolène Royal en Charente-Maritime. Socialiste, il a pris une étiquette dissidente après la désignation par le PS de celle-ci comme candidate dans la circonscription où il pense être mieux placé, la première circonscription du département.

26 mai

Il y a déjà de quoi s'interroger sur la cohésion du gouvernement. Manifestement, Vincent Peillon est convaincu que lui seul connaît les problèmes de l'Éduction nationale et qu'Ayrault n'y comprend rien. À Bercy, les trois ministres qui y résident ont chacun dans leur tiroir des bombes à retardement. Si Moscovici est un complice de longue date de Hollande, avec lequel il avait écrit une sorte de bréviaire du keynésianisme, Arnaud Montebourg, venu de la gauche du PS, donne l'impression de chercher comment laisser sa marque personnelle sur un ministère dans lequel il vient d'entrer, baptisé d'un drôle de nom : « redressement productif ». Quant à Jérôme Cahuzac, qui vient compléter ce trio explosif, franchement, c'est un personnage. Je ne le connais pas mais, comme tout le monde, je suis sensible à son aisance dans le traitement de matières budgétaires et financières pour lesquelles, médecin plasticien, il n'était guère préparé et sur lesquelles il a acquis en peu d'années une maîtrise que personne ne lui conteste. Il me semble qu'il prend tout le monde, sauf Hollande, peut-être, à contre-pied. Il est tout à fait favorable à plus de rigueur dans les dépenses et prêt à l'imposer. Pendant toute la campagne de Hollande, il n'a cessé de marquer des réserves vis-à-vis des engagements du candidat. Sur la promesse des soixante mille postes dans l'Éducation nationale et celle de l'imposition à 75 % sur les plus hauts revenus.

On raconte sur lui quantité de choses à la fois sympathiques (il fait du sport, il est champion de boxe amateur, il va à la piscine deux ou trois fois par semaine) et très antipathiques : on le dit dur, facilement méprisant, trop beau (c'est vrai) en quelque sorte pour me paraître suspect. Il passe en tout cas pour l'homme de l'austérité.

La cohabitation de ces trois hommes a mal commencé. Lorsqu'il est arrivé dans le bureau traditionnellement occupé par le ministre du Budget, Cahuzac y a trouvé, déjà installé, Montebourg. Explication entre eux, à l'issue de laquelle Cahuzac a gagné la partie.

29 mai

François Hollande apparaît pour la première fois au journal de 20 heures. En 2007, Nicolas Sarkozy avait attendu, avant de s'exprimer, d'avoir gagné les élections législatives. Hollande voulait sans plus tarder faire « la pédagogie de la séquence internationale qui s'achève ». C'est aussi qu'il entend montrer dès maintenant qu'il est là et bien là. Même s'il parle beaucoup de politique étrangère, il n'en profite pas moins pour revêtir son habit de président. L'actualité internationale le sert : il parle du départ « coordonné, préparé avec nos alliés » des troupes françaises d'Afghanistan ; il n'exclut pas une intervention en Syrie, à condition qu'elle se fasse dans le respect du droit international. Quant aux relations avec Angela Merkel, elles sont, selon lui, plus harmonieuses qu'on ne le dit, affirmant dans une de ces phrases consensuelles dont il a le secret : « Mme Merkel admet le principe de la croissance comme j'admets la lutte contre le déficit. » En réponse à la question inévitable sur la présidence « normale », il répond que deux avions étant prévus par les services compétents pour se rendre à Bruxelles, il a choisi d'y aller en train. « Je préfère faire simple. »

30 mai

À force d'entendre parler de l'état catastrophique de la Grèce, du financement de l'Espagne, des exigences de la Commission qui demande à la France de faire des efforts supplémentaires pour parvenir à la réduction au niveau de 3 % de ses déficits, j'avoue que je perds pied dans ce brouhaha européen où le ministre allemand de l'Économie tape sur les doigts des mauvais élèves, tandis que le Premier ministre français déclare à *L'Express* : « Les peuples sont fatigués de ce climat d'austérité sans perspective, qui crée des arguments pour le populisme. »

Beaucoup de Français attendent de François Hollande qu'il résiste à la pression européenne. Avec quelles armes le ferait-il ? Celles de ses promesses. Peut-il, suivi par les dirigeants italiens, espagnols et grecs, réussir à imposer une autre politique à l'Allemagne ? Ses chances de réussite me paraissent minces.

François Fillon sur France 2 met fin d'une phrase à cinq ans de compagnonnage avec Nicolas Sarkozy : « J'ai appris des choses avec lui, déclare-t-il, mais je ne revendique aucun héritage et ma filiation est différente. » Il avait déjà dit, il y a deux ans : « Nicolas Sarkozy n'a jamais été mon mentor[1]. »

Dans sa stratégie de prise de distance vis-à-vis de l'ancien président, il enfonce le clou : il n'y a pas ou plus de leader naturel à l'UMP, même si Nicolas Sarkozy manque à la droite républicaine : « Il laisse un vide que personne ne peut combler. » Mais enfin, tout cela c'est du passé. Les leaders de l'UMP sont unis pour faire la campagne législative. Après ? On verra. Sous-entendu : la bagarre interne, c'est pour après les législatives, qu'on les perde ou qu'on les gagne.

31 mai

Première apparition de Manuel Valls en tant que ministre de l'Intérieur au journal de 20 heures de France 2. Il n'a pas changé physiquement d'un iota depuis qu'il assurait, il y a dix ans, la communication de Lionel Jospin. Mais, depuis la primaire et durant la campagne de Hollande, il a acquis une dimension nouvelle. Il ne s'est pas occupé seulement de l'image du candidat. Il a pris une part active à l'organisation de cette campagne, irritant souvent par là même Moscovici dont c'était le rôle auprès de Hollande.

Le ministère de l'Intérieur, Valls en rêvait. Il l'a conquis de haute lutte contre Rebsamen, autre complice de Hollande, sûr de sa nomination Place Beauvau. Pourquoi ? Sur les thèmes de la sécurité, de la laïcité, de la nation, Valls s'exprime, depuis longtemps, dans un sens contraire à celui de la majorité des socialistes. Au point d'être accusé pratiquement de dérive sécuritaire dans la

1. Le 26 septembre 2010.

compétition interne de 2011 et de n'obtenir que 5 % des votes. Il avait été le seul ou presque, en 2002, au moment de l'échec de Jospin, à affirmer que le PS n'avait pas assez pris en compte les craintes des Français face à la délinquance, pas la grande, mais la petite, celle quotidienne des banlieues que Valls connaît bien puisqu'il est le maire d'Évry depuis longtemps. Et puis, il enrageait à l'idée que la patrie, le drapeau, la France, soient abandonnés au Front national. Il m'a dit se reconnaître dans la façon dont Chevènement, de 1997 à 2001, avait exercé ses pouvoirs dans ce ministère. Le ministère de l'Intérieur étant également celui des cultes, Valls entend faire prévaloir son exigence de laïcité, dont à vrai dire plus personne ne trace les contours. Ce n'est pas un hasard s'il a fait son premier déplacement le 21 mai à Marseille, pour prendre part au dîner du Conseil représentatif des institutions juives. « Dans la République, a-t-il dit, tout le monde doit avoir sa place. » Ce matin, sur je ne sais quelle antenne, il a ajouté : « On peut être musulman sans que chaque jour quelqu'un vous montre du doigt. » De ce côté-là, compte tenu du désordre qui règne au sein du Conseil français du culte musulman, de l'expulsion de certains imams et de la question du voile, il aura beaucoup à faire.

Ce soir, il m'a paru bien dans sa peau. Quoique assez sévère. Il déclare se sentir d'autant plus français qu'il a été naturalisé à l'âge de vingt ans : « J'aime ce pays, dit-il avec un plaisir évident, sa langue, son drapeau... » Il rappelle, pour que nul n'en ignore, sa démarche que ses opposants au PS jugent trop « sécuritaire » : « Tous les Français, martèle-t-il, ont le droit à être protégés. » Il y mettra les forces qu'il faut. Quant à l'immigration, cœur de la préoccupation de tout ministre de l'Intérieur désormais, il résume sa position d'une phrase : « Maîtriser l'immigration, mais surtout favoriser l'intégration. » Plus difficile à faire qu'à dire, cependant.

L'attente des Français à ce sujet est énorme. Elle fait presque peur, tant on espère du nouveau pouvoir qu'il mette fin, comme d'un coup de baguette magique, à toutes les craintes. La popularité de Hollande est très haute, 62 % dans le sondage publié aujourd'hui, celle de Jean-Marc Ayrault également. Les Français comptent sur eux pour relancer la croissance, éviter un trop grand nombre de plans sociaux, améliorer la situation de l'Éducation nationale.

1er juin

Rencontre Poutine-Hollande. L'objectif de Paris est d'amener Moscou à soutenir l'opération de l'ONU en Syrie. Il n'en est pas question aux yeux de Poutine, Hollande parlera en vain. Le dirigeant russe continue, et à mon avis continuera longtemps, à dire, non sans raison, qu'on ne peut rien obtenir par la force en Syrie.

À vrai dire on se demande pourquoi Hollande y est allé aussi fort dans sa première intervention télévisée à propos d'une éventuelle opération militaire sur Damas. Pour plaire au *Monde*, ou au *Nouvel Obs*, à Bernard Guetta et à Laurent Joffrin ? Pour satisfaire aux objurgations de Bernard-Henri Lévy, le mettant en demeure de s'en aller faire la guerre en Syrie, même si l'ONU n'était pas d'accord ? Est-ce la première erreur de Hollande, d'avoir succombé à ses émotions ?

J'écrivais ces lignes avant la conférence de presse Hollande-Poutine que je viens de regarder à la télévision. Hollande ne me semble pas à l'aise, Poutine est à l'affût, tendu, yeux de loup dans son visage triangulaire. Leurs positions paraissent toutefois s'être (un peu) rapprochées. Même s'il précise d'entrée de jeu avoir rappelé à Poutine que Bachar el-Assad ayant commis des actes qui le disqualifient, la seule solution est son départ, François Hollande laisse entendre qu'il préfère, bien sûr, une solution politique. Vladimir Poutine réaffirme, de son côté, qu'il est nécessaire d'entreprendre une action commune afin que les différentes forces présentes en Syrie se réconcilient, en vue d'une solution politique. « Nous ne pouvons pas résoudre le problème de l'État à la place des Syriens. Personne ne peut le faire, insiste-t-il. Si on écarte le pouvoir actuel, sommes-nous sûrs des résultats ? » a-t-il conclu en faisant allusion au désordre et à l'instabilité résultant, en Irak, de l'intervention occidentale.

En les regardant, je me demande ce que chacun pense de l'autre. Derrière les mots, plutôt amènes, on sent que ces deux personnages n'ont rien en commun. Pas seulement parce que l'un est rond et l'autre raide. Mais parce que chacun des deux évite le regard de son voisin.

4 juin

Présentation de la photo officielle du président de la République par le photographe Raymond Depardon. Comment diable n'en a-t-il pas fait de meilleure ? On y voit François Hollande, dans le parc de l'Élysée, comme s'il passait là par hasard. Au loin, dans le flou, la façade arrière de l'Élysée, et un drapeau français qui pend à une fenêtre, comme une serviette de plage. Un homme normal ? Non, un passant sous les arbres.

5 juin

Les plans sociaux, si longtemps contenus dans la dernière période du quinquennat précédent, explosent les uns après les autres, au point qu'Ayrault a dû préciser sur BFM, le 1er juin, que dans chaque territoire, le préfet allait désigner une personne chargée sur le terrain d'aider à trouver des solutions...

Douche froide aussi sur la hausse du SMIC, que les électeurs socialistes espéraient : le Premier ministre a prévenu qu'il ne fallait pas s'attendre à une augmentation supérieure à 5 %.

Rencontre avec Bartolone. J'en retiens que Jean-Marc Ayrault savait depuis plusieurs semaines qu'il serait Premier ministre. Hollande avait tenu à ce qu'il soit présent à Marseille pour un de ses derniers meetings.

« Ayrault a toutes les qualités pour Hollande, me dit-il : il ne lui fait pas d'ombre, il connaît bien l'Assemblée nationale et le groupe socialiste. Important, si le président entend réaffirmer le poids du Parlement.»

Je lui demande si on peut parler d'amitié entre les deux hommes. Il n'hésite pas longtemps : «Non, c'est le bon vieux syndrome des chaussures de marche. La partie va être rude, le chemin long. Il faut une bonne paire de chaussures.»

Dans le cabinet de Hollande à l'Élysée, me glisse-t-il encore, il n'y pas de politiques et seulement des énarques «parce que la politique, c'est lui. Il est l'inspirateur, l'organisateur. Ayrault exécute».

Nous revenons sur le refus de Martine Aubry d'entrer au gouvernement. «Elle est égale à elle-même. Elle ne demande rien mais souhaite tout. Elle s'est comportée de la même manière lorsqu'elle est devenue premier secrétaire du PS. Elle traînait les pieds, puis elle s'y est faite. Hier, c'est tout juste si elle ne voulait pas rempiler! J'ai su qu'elle perdrait la primaire en 2011 quand j'ai appris qu'elle était partie en vacances au Québec tandis que François consacrait son été à se faire des alliés.»

À quand fait-il remonter l'ambition présidentielle de François Hollande? Il est formel : «Je me souviens d'une conversation en 2004 après la nomination de Zapatero à la tête du gouvernement espagnol. Ce jour-là, il m'a dit : "Tu vois bien qu'on peut être Premier ministre sans jamais avoir été ministre."» Il conforte donc ce qui, pour moi, est une évidence. Si François Hollande a lancé le référendum interne au Parti socialiste sur la Constitution européenne en 2004, c'est qu'il pensait plus ou moins confusément en tirer les bénéfices. Mais les choses n'ont pas tourné comme il le voulait. Les Français lui ont donné tort quelques mois après. Dès lors, il a remisé ses ambitions pour plus tard.

9 juin

Outrée par l'attitude des socialistes à l'égard de François Bayrou, que j'ai eu ce matin au téléphone. Certes, pour cette présidentielle-ci, il n'a pas fait une campagne aussi brillante que les fois précédentes : il se présentait pour la troisième fois, semblait ressurgir en 2012 d'une éclipse politique qui durait depuis cinq ans. De plus il n'a cessé de jouer à Cassandre tout au long de ses meetings, en soulignant sans arrêt que la France était dans un état critique, qu'elle serait le prochain des pays menacés par la tourmente. Bref, il a promis « du sang et des larmes » mais les Français ne sont pas des Anglais, et lui-même n'est pas Churchill. Mais enfin, entre les deux tours de l'élection, il a donné un sacré coup de pouce à Hollande, en faisant le « choix personnel » de voter pour lui. Choix personnel, mais aussi historique : pour la première fois sous la Ve République, un centriste a appelé à voter pour le candidat de la gauche, refusant la « surenchère » de Nicolas Sarkozy vis-à-vis du FN. Il méritait bien de voir le PS dans les Pyrénées-Atlantiques retirer sa candidate à son profit.

Eh bien non ! Pierre Moscovici avait bien laissé envisager une solution de ce genre. Martine Aubry a mis un holà immédiatement : la représentante socialiste dans la circonscription ayant déjà commencé la campagne, impossible de lui ordonner de céder sa place.

Dans le cadre des consultations ouvertes par François Hollande pour le prochain sommet du G20, François Bayrou, comme tous les dirigeants de parti, à l'exception de Marine Le Pen, a été reçu par le chef de l'État. Que se sont-ils dit ? La rencontre, a déclaré Bayrou en sortant de l'Élysée, a été chaleureuse. Je n'en doute pas. J'ai cependant demandé ce matin à François Bayrou s'ils avaient parlé de sa situation électorale délicate, coincé entre la candidate socialiste et ses électeurs de droite qui hurlent à la trahison. Non, pas un mot. Hollande l'a raccompagné sur le perron, en lui faisant force amabilités devant les journalistes. Ce qui pouvait être interprété comme une forme de soutien, non ?

« Oui, c'était fait pour ça, me répond-il, et ça a marché. »

Je comprends bien que Bayrou, sans le dire, ne se sent pas soutenu. J'ai même l'impression qu'après cette rencontre, il n'attend rien en récompense ou en retour de sa prise de position si courageuse qu'elle en était presque suicidaire : « Le problème, c'est le sectarisme du PS », ajoute-t-il avant de raccrocher.

10 juin

Le Monde a compris la situation de Bayrou, et le refus des socialistes de l'aider. Son titre aujourd'hui : « C'est un meurtre qui se commet ».

Quant à Hollande, au milieu du tourbillon, il distribue le travail à ses conseillers. Il n'a pas changé de numéro de téléphone portable, gardera son logement du 15e arrondissement, tout près de Canal Plus, où paraît-il la sécurité est particulièrement difficile à assurer. Valérie Trierweiler, de son côté, continuera comme si de rien n'était à exercer son métier de journaliste à *Paris-Match*. Cela me paraît être une bien mauvaise idée : que pourra-t-elle écrire qui ne soit passé à la loupe, disséqué, pour en tirer des conclusions sur la pensée du président ? Ambivalence de la « normalité » : un président, une compagne de président ne sont plus des gens comme les autres.

Pendant ce temps-là, Place Vendôme, les choses ne vont pas très bien entre Christiane Taubira et Delphine Batho[1]. Ça ne m'étonne pas. Delphine Batho doit se dire que, venue de l'entourage le plus proche du président, elle est plus légitime que Christiane Taubira. Quant à celle-ci, autant que je puisse en juger par la façon dont elle a su présenter sa candidature à la présidentielle de 2002 contre Jospin, quitte à le faire battre, elle me semble avoir une extrême résolution dans tout ce qu'elle entreprend.

Cécile Duflot quant à elle soutient sur la libéralisation du cannabis une position diamétralement opposée à celle de François Hollande. On voit bien que, si elle n'est pas mise en demeure, sur un sujet aussi symbolique, de quitter le gouvernement sur-le-champ, c'est que le rapport de force joue en sa faveur : à la veille du premier tour des législatives, que se passerait-il si un ministre vert était chassé du gouvernement pour indiscipline ?

---

1. Venue de SOS racisme et du syndicalisme étudiant, Delphine Batho a succédé à Ségolène Royal qui ne se représentait pas, dans la deuxième circonscription des Deux-Sèvres. Elle a été porte-parole de la campagne de Hollande, puis a été nommée ministre déléguée à la Justice dans le premier gouvernement Ayrault.

10 juin, dans la soirée

Premier tour des législatives. Confirmation de la victoire de François Hollande. Le Parti socialiste peut envisager d'obtenir la majorité à lui tout seul, sans avoir à recourir à ses alliés. Ce qui m'inquiète, derrière ces chiffres, c'est l'abstention qui a atteint un niveau record sous la Ve République : plus de 40 % en métropole, près de 60 % outre-mer. Les quartiers pauvres et les jeunes ont manqué au rendez-vous[1]. Quant à Mélenchon, il n'a même pas obtenu dans le Pas-de-Calais le nombre de voix nécessaires pour se maintenir au deuxième tour contre Marine Le Pen et le candidat socialiste qui n'avait, lui, aucune notoriété. Le vote utile a prévalu à gauche pour le PS, à droite pour l'UMP.

12 juin

Tout est déjà en train de se dérégler... Cherchez la femme. En intervenant de manière plus qu'incongrue, révoltante, dans le conflit qui oppose au second tour Ségolène Royal et le dissident socialiste Olivier Falorni, Valérie Trierweiler a porté lourdement atteinte à l'image de François Hollande. On lui reprochait de manquer d'autorité. Le voilà accusé de ne pas savoir « tenir » sa femme. À vrai dire, on a du mal à comprendre cette intervention (du jamais-vu, sous aucune République) doublée d'une extraordinaire indélicatesse vis-à-vis de l'ex-compagne du président de la République.

Dimanche, contre toute attente, sauf celle (voir plus haut) de Jean-Pierre Raffarin, Ségolène a été largement distancée à La Rochelle,

1. Autres enseignements du vote : échec du Front de gauche qui, avec 7 %, n'a pas transformé l'essai de Mélenchon à la présidentielle. Bonne tenue de l'UMP, avec 26,96 % des suffrages. Avec 13,79 % des voix, les candidats Bleu Marine atteignent un score très supérieur à celui de 2007. Le FN reste au second tour dans 61 circonscriptions, pénalisé par l'abstention : il n'a pu acheter son « ticket d'entrée », 12,5 % des inscrits. Le Rassemblement Bleu Marine, sans retrouver son niveau de voix de 1997 (14,9 %), où il avait pu se maintenir dans 133 circonscriptions, dépasse largement son niveau de 2007.

où elle avait tenu à présenter sa candidature, par son rival socialiste Olivier Falorni. Le centriste n'ayant pu se maintenir, elle se retrouve seule face à lui dans un affrontement qui peut être mortel pour elle. On se demande pourquoi elle a accepté d'abandonner son siège des Deux-Sèvres, où elle avait par quatre fois été élue, pour se présenter en Charente-Maritime, à l'instigation du député-maire de La Rochelle[1]. Elle a laissé imprudemment sa place à Delphine Batho, pour s'apercevoir, trop tard, qu'elle était tombée dans un panier de crabes, que ledit maire n'avait pas que des amis et que, surtout, elle allait trouver sur son chemin Olivier Falorni, l'ancien secrétaire fédéral du PS en Charente-Maritime. Et s'il n'avait été qu'ancien secrétaire fédéral ! Il est devenu, depuis lors, adjoint au maire de la ville. Opiniâtre, têtu comme un bouledogue, cheveux gris coupés court, mâchoire carrée, il n'a rien voulu entendre lorsqu'on l'a prié de se retirer au profit de Ségolène Royal et il l'a donc talonnée, dimanche dernier. Pour ajouter à l'imbroglio, Falorni est un ami de François Hollande : il a été particulièrement proche de lui pendant toute la période, après 2008, de sa traversée du désert. Évidemment ceci expliquant cela, il a été l'un des premiers intimes du couple défait Ségolène-François, si longtemps inséparable, à avoir rencontré Valérie Trierweiler.

Sans doute, en se présentant dans un secteur où Olivier Falorni se sentait plus légitime, Ségolène n'a-t-elle pas pris les précautions nécessaires envers lui. Elle pensait probablement que François Hollande pourrait obtenir de son ami qu'il s'efface, mais apparemment Hollande n'a pas voulu le faire (au nom de l'exemplarité, de la non-intervention de l'exécutif sur le législatif, etc.) et Falorni est resté.

Il est donc arrivé ce qui devait arriver : Ségolène Royal est en passe d'être battue au second tour. Ce qui n'aurait pas dû arriver, en revanche, c'est que Valérie Trierweiler intervienne dans ce conflit comme elle vient de le faire : de façon certes très moderne – un tweet –, mais à peine imaginable, je dirai même d'autant plus effarante qu'il s'agit de la femme à laquelle elle a succédé auprès de Hollande. Je comprends bien son souci de démontrer qu'elle est

1. Il s'agit de Maxime Bono.

libre, libre de penser, d'aller et venir, d'écrire même. Mais de faire de la politique ? Et de cette façon-là ? Le mélange des genres est complet : étant journaliste, elle n'avait pas à accorder son soutien à un candidat, fût-ce contre Ségolène Royal. Et en tant que compagne du président, elle devait tout juste se taire, elle qui avait répondu au *Monde*, après l'élection : « Première dame, c'est un second rôle, et je dois veiller à ce que cela le reste. Ma parole ne doit pas se substituer à celle du président, elle ne doit pas gêner la parole du président. » Encore moins la contredire, ce qu'elle vient pourtant de faire.

On voit d'ici les commentaires des adversaires politiques de Hollande : comment faire confiance à un homme qui ne sait pas mettre de l'ordre dans son propre couple ? Comment penser qu'il résistera à Angela Merkel s'il est incapable de résister à sa compagne, et la laisse n'en faire qu'à sa tête ?

Cela aurait pu n'être qu'un vaudeville. Ce n'en est pas un. Pour toutes sortes de raisons, cet épisode est haïssable[1].

13 juin

On me raconte que François Hollande était dans son bureau, en compagnie de Lionel Jospin, lorsque Pierre-René Lemas[2] a été prévenu du tweet de Valérie Trierweiler. Comment avertir le président ? Qui serait le porteur de la nouvelle ? Hésitations, embarras. Bref, Lemas s'est dévoué. « Je m'attendais à des crises gouvernementales, a dit, paraît-il, un plaisantin de l'entourage

1. Commentaire de Marine Le Pen dans la journée du 12 : « Mme Trierweiler réglant ses comptes avec l'ex de son compagnon, accessoirement président de la République... Pitoyable ! Ça promet. » De Jean-Louis Bianco, ancien secrétaire général de l'Élysée sous Mitterrand, proche de Ségolène Royal dont il a fait la campagne en 2007 : « Les Français ont élu François Hollande, nous n'avons pas élu Valérie Trierweiler. Je trouve ça purement et simplement indigne. » Claude Bartolone, le lendemain, parle de « faute », tandis que Rebsamen invite Valérie Trierweiler à la « réserve ».

2. Pierre-René Lemas est secrétaire général de l'Élysée.

présidentiel [Aquilino Morelle ?], mais je ne m'attendais pas à des crises conjugales. »

Le pire est que ce message de soutien est proprement inutile : à l'heure où Valérie Trierweiler envoie son tweet, Ségolène est déjà pratiquement battue.

Conflit féminin, ai-je lu ce matin dans la presse. Mais enfin, il ne s'agit pas d'un drame de sous-préfecture, il s'agit, j'ai du mal à écrire tant je suis indignée, de l'autorité du président de la République. D'où la stupeur qui frappe, littéralement, toute la classe politique. Comme moi, lorsque Robert Namias me l'a annoncé au téléphone, beaucoup ont pensé, dans tous les partis, qu'il s'agissait d'une mauvaise plaisanterie, d'un faux tweet, d'un compte piraté. Lorsque l'AFP a confirmé l'authenticité de ces cent trente-sept petits signes, un peu plus tard, le doute n'était hélas plus possible. D'autant que Falorni s'est prévalu lui-même d'avoir reçu le message.

Lionel Jospin était-il encore présent dans le bureau présidentiel lorsque Lemas a fait sa pénible démarche ? J'imagine sans mal sa tête ! En tout cas, Hollande était en partance pour le Conseil économique et social, où son discours était attendu. Il a eu à peine le temps d'accuser le choc et de se composer un visage. Pour un homme qui ne souhaitait pas que sa vie privée soit rendue publique !

Ségolène, pendant ce temps-là, était à La Rochelle en compagnie de Martine Aubry et de Cécile Duflot, venues toutes deux lui porter secours. Les images la montrent prenant sa tête à deux mains, avant d'échapper aux journalistes. Lorsque ceux-ci la retrouveront, après le déjeuner, elle dira simplement que c'était « délicieux ». Elle ne parlait sans doute, avec une assez grande dignité, que du menu.

Comment François Hollande a-t-il réagi à l'annonce du tweet ? Agacé ? « Embarrassé », corrige-t-on à l'Élysée. Au PS, Alain Bergounioux[1], que je viens d'appeler comme souvent au téléphone, essaie de mettre de l'humour : « Il devrait faire comme Louis XIV, la répudier. »

1. Alain Bergounioux, ancien membre du cabinet de Michel Rocard, est inspecteur général de l'Éducation nationale. Il est conseiller auprès du premier secrétaire du PS, et dirige, au PS, *La Revue socialiste*.

14 juin

La première conséquence du tweet est que le discours de François Hollande au Conseil économique, social et environnemental – adjectif ajouté il y a peu – est passé pratiquement inaperçu. Il était pourtant important. Les ministres qui attendaient François Hollande dans le hall d'entrée du palais d'Iéna ont joué à cache-cache avec les journalistes, et refusé, bien sûr, de leur répondre. « C'est quoi, Twitter ? » aurait demandé Michel Sapin. Lorsque Hollande est arrivé, il s'est enfermé quelques minutes avec Jean-Marc Ayrault, qui l'attendait lui aussi sur le perron. Le Premier ministre, carré, sans apparente émotion, s'est contenté, quelques minutes plus tard, de dire qu'il venait de parler au président : « Sa position est claire, il soutient la candidature de Ségolène Royal[1]. »

Passée inaperçue aussi, dans l'après-midi – la vie continue –, l'arrivée à l'Élysée des trois leaders du SPD allemand[2]. Rencontre qui a dû singulièrement énerver Angela Merkel – mais c'était sans doute la réponse du berger à la bergère – et qui s'est terminée par une conclusion commune : Hollande et ses hôtes lutteront ensemble pour redonner de la croissance à l'Europe, et définiront une position commune pour le sommet, capital à leurs yeux, des 28 et 29 juin.

Dîner avec Jean-Pierre Chevènement hier soir. Il a pris conscience assez tôt du destin présidentiel que se fixait François Hollande. Il retrace le long parcours de celui-ci depuis 2007, et le coup politique de Ségolène prenant le large et annonçant sa candidature alors que son compagnon était empêtré dans les résultats du référendum européen, où, soutenu par le PS, il avait été désavoué par les Français.

Chevènement parle de François Hollande d'une façon chaleureuse, qui n'est pas toujours dans sa manière.

1. Plus tard, Jean-Marc Ayrault a une fois encore mis les choses au point, sur BFM : « Je pense que c'est un rôle discret, qui doit être le sien, et que ce n'est pas facile à trouver. Je veux bien comprendre que les débuts sont toujours un peu compliqués, mais chacun doit être à sa place. »

2. Il s'agit de Sigmar Gabriel, Frank-Walter Steinmeier et Peer Steinbrück.

« La synthèse est un art, me dit-il, et il en fera la preuve en politique intérieure et extérieure. C'est un homme qui ne ferme jamais les portes. Aussi bien ne les a-t-il jamais fermées pour moi. » Ce dont à l'évidence il lui sait gré.

Bien qu'il n'aime guère entrer dans l'intimité des cœurs, il a ces mots qui me surprennent : « Hollande crée des situations dont il est ensuite obligé de sortir. Il ne dira jamais à Valérie Trierweiler de partir, mais lui fournira toutes les occasions de faire sa valise », prédit-il.

Politiquement, Chevènement décrit Hollande non comme un social-démocrate, mais comme un pragmatique : « Dès qu'il verra une solution à la crise, il dira : voilà la porte de sortie qu'il me faut prendre. Il ne faudrait pas, ajoute-t-il en riant, faisant allusion aux hausses d'impôts annoncées, qu'il se contente de pratiquer le socialisme du prélèvement. »

L'estime qu'il porte à François Hollande n'empêche pas Jean-Pierre Chevènement de douter plus que jamais de l'avenir de l'Europe. La Grèce et l'Espagne lui ont déjà coûté 500 milliards d'euros. Et l'effondrement continue : hier l'Espagne, aujourd'hui l'Italie. Après-demain, la France ?

Trierweiler à la une du *Point* et du *Nouvel Observateur* ce matin. Avec un luxe de détails sur la dispute qui aurait opposé le couple le 12 au matin, peu après que François Hollande eut annoncé son désir de soutenir Ségolène : « Tu vas voir ce dont je suis capable ! » l'aurait prévenu Valérie. Je n'ai aucun moyen, pour le moment, de vérifier toutes ces rumeurs. Je suis convaincue cependant, encore que tout s'oublie, que ce 12 juin marquera un tournant dans l'histoire de ce quinquennat qui ne fait que commencer. Un doute s'insinue déjà dans les esprits concernant François Hollande. Il est, selon moi, qui le connais depuis longtemps, à l'opposé de ce qu'il paraît : déterminé, obstiné, imperméable aux attaques, tout en ne fermant jamais les portes, comme me le disait Chevènement. Reste cette plaisanterie, que je glane dans les couloirs de la rue de Solférino : « Elle avait dit qu'elle ne serait pas une potiche. C'est Hollande qui paie les pots cassés. »

Cette journée de folles rumeurs sur la vie privée du président s'achève par la cérémonie publique aux Invalides en l'honneur des soldats tombés en Afghanistan : « Les troupes combattantes, dit Hollande, après quelques mots sur la paix et les valeurs de la France, entameront leur départ du sol afghan dans les prochaines semaines. Il n'est pas sans danger, ce retrait se fera dans l'ordre et la sécurité, je m'y engage. »

Puis le président s'envole pour Rome, où il a rendez-vous avec Mario Monti. Lors de la conférence de presse commune des deux hommes, un journaliste l'interroge sur ce qu'il pense du tweet de Trierweiler. « Je ne pense pas que le président Monti puisse répondre à cette question, esquive-t-il, et je n'y répondrai pas non plus. Ce n'est pas le lieu. »

Pour ma part, j'ai envie de faire de même. Ne plus parler de ce tweet navrant.

17 juin

Deuxième tour des législatives. La séquence Trierweiler n'a finalement pas fait perdre une voix aux socialistes, qui obtiennent la majorité absolue. Jamais le total des voix de gauche n'a été aussi haut, depuis 1981[1]. Aujourd'hui, plus de doute. François Hollande a, pour cinq ans, les coudées franches. Il dispose d'une incontestable légitimité. Y aura-t-il une ouverture politique vers les centristes ? On voit mal comment le PS, qui a tout fait à la base pour barrer François Bayrou dans les Pyrénées-Atlantiques, serait prêt à l'accueillir, lui, ou un de ses semblables, au gouvernement.

1. Sur les 577 sièges de l'Assemblée, le PS en détient, avec ses alliés de gauche, 302. Les Verts ont obtenu 18 sièges sur les 63 mis à leur disposition par le PS. Les communistes se taillent une petite place sur les travées. En tout, la gauche totalise, dans sa diversité, 343 députés. 144 d'entre eux sont de nouveaux élus. L'UMP a perdu une centaine de sièges : elle ne conserve que 229 députés. La stratégie du ni-ni n'a pas marché. Le Front national, enfin, montre ses limites par rapport au système majoritaire : Marine Le Pen a été finalement battue par son adversaire socialiste, trois candidats du Front seulement font leur entrée à l'Assemblée : Marion Maréchal-Le Pen, élue dans le Vaucluse ; l'avocat Gilbert Collard, dans le Gard. Et un ancien du FN exclu puis à nouveau soutenu par le parti de Marine Le Pen, le maire d'Orange, Jacques Bompard.

Et François Bayrou lui-même ? Depuis une semaine, sa défaite était programmée. Comme celle de Ségolène Royal, qui désirait si fort être élue à la présidence de l'Assemblée nationale et n'est tout simplement plus députée aujourd'hui.

Quant à François Hollande, qui sait si bien mettre de côté ce qui pourrait l'ennuyer (la défaite de son ex-compagne précisément), il ne pense plus maintenant qu'à une chose : le sommet de Bruxelles qui vient. De ce côté-là, la situation ne s'arrange pas avec l'Allemagne. Angela Merkel a déclaré hier que la vraie question était celle des « différences croissantes entre les économies française et allemande », en faisant une allusion peu aimable à la perte de compétitivité de la France.

Ce qui n'empêche pas Arnaud Montebourg, qui ne doute de rien, de consacrer une interview à *Usine nouvelle*, dans laquelle il fait la leçon à la chancelière : il dénonce tout simplement son « aveuglement idéologique », réfutant que la solution soit dans des coupes budgétaires, et demandant que la Banque centrale européenne fasse son travail. Pourtant, il est évident que le ralentissement économique va contraindre Hollande à freiner les dépenses. Il n'a pas besoin, se préparant à cela, que le ministre du Redressement productif dessine un autre chemin que celui de la maîtrise de la dépense publique. La divergence entre Hollande et Montebourg n'est pas secondaire : elle résume au contraire toutes les difficultés de la gauche pour proposer une autre politique.

Même si Hollande est décidé à ramener le déficit public à 4,5 % cette année, et à 3 % en 2013, on a l'impression qu'en France ou à Bruxelles, personne n'y croit, et encore moins à Berlin.

18 juin

Rencontre à l'Élysée avec David Kessler, que je connais bien car il a été, dans l'entourage de Marc Tessier, chargé de la culture à France Télévisions. Il occupe aujourd'hui le poste de conseiller culture et communication auprès du président de la République. Nous parlons de la composition du cabinet présidentiel. C'est

Jean-Pierre Jouyet, le vieux copain de Hollande et de Ségolène, un temps casé dans le gouvernement de François Fillon, qui a constitué l'équipe élyséenne. Pierre-René Lemas a reçu, lui, tous les prétendants pour leur faire passer une sorte d'examen. « La seule question qu'il m'a posée avant de m'accepter, me raconte Kessler, a été : "Considérez-vous que votre présence à l'Élysée est un marchepied pour autre chose, le CSA ou une présidence de chaîne par exemple ? — Moi, a répondu Kessler, qui, n'étant pas tombé de la dernière pluie, avait tout de suite reniflé le piège, je suis tenté par l'idée de participer à une expérience nouvelle" », sous-entendu : je n'en profiterai pas tout de suite pour chercher ailleurs. C'était la bonne réponse.

Lui aussi ayant été « rabattu » par Jean-Pierre Jouyet, j'en profite pour lui demander comment Hollande avait pris, dans le temps, le départ de son meilleur ami pour le gouvernement Fillon et les affaires européennes.

« Hollande a trouvé cet éloignement très dur, me dit-il, mais, dès que Jouyet a quitté son poste, ils ont retrouvé, comme si rien ne s'était passé, leurs relations de jeunesse. Il n'y a pas seulement, entre eux, l'appartenance à la même promotion de l'ENA, mais quelque chose de plus fort, de vrais sentiments fraternels. Par exemple, sitôt connus les résultats de la primaire socialiste, en 2011, c'est Jouyet que Hollande a appelé, et personne d'autre. »

David Kessler ne me cache pas que l'organisation du cabinet est encore erratique. François Hollande participe à une réunion par semaine mais son agenda international chargé va l'obliger à y assister moins souvent[1].

Je lui demande pourquoi Hollande, selon lui, a été méconnu si longtemps, ou même méprisé par certaines des grandes figures du PS. Je ne cite pas Laurent Fabius, pour ne pas faire dévier la conversation, mais c'est à lui essentiellement que je pense, ainsi,

1. Quatre pôles ont été constitués à l'Élysée : une cellule diplomatique, un pôle Intérieur, un pôle économique et financier, un pôle sur les politiques publiques. L'organigramme de l'Élysée s'établit ainsi au début : Sylvie Hubac, directeur de cabinet, Pierre-René Lemas, secrétaire général de la présidence de la République. Deux secrétaires généraux adjoints, Emmanuel Macron et Nicolas Revel, sont en charge chacun de deux pôles.

bien sûr, qu'à DSK. « À cause de sa gentillesse, répond David, de sa simplicité. Même maintenant, il reste accessible. »

Je pense qu'il y a peut-être une autre explication à cette erreur d'appréciation qu'ont commise tant de gens autour de lui : chacun de ces grands hiérarques socialistes, Fabius, Jospin, Mauroy, Aubry, Chevènement, animait une tendance différente. Le seul qui ne dirigeait pas un courant, qui n'ait pas même cherché à en créer un, c'était François Hollande : « C'est parce qu'il n'arrivait pas à choisir, m'avait dit il y a quelques années Henri Weber, qu'il a fini par créer le courant des "transcourants", où il s'est réclamé de Delors. » Pas de courant, donc pas d'école de pensée. Ni d'excès d'autorité...

19 juin

Ambivalence de la présidence « normale ». François Hollande a présidé, pour la première fois, la cérémonie anniversaire de la Libération en Normandie. Il s'y est rendu en voiture, en respectant les feux rouges et les limitations de vitesse. Jusqu'au moment où le chauffeur, en retard, a foncé à 180 kilomètres à l'heure, vitesse à laquelle les journalistes l'ont enregistré pour en faire des gorges chaudes. De la difficulté d'être exemplaire.

Il a pris un train l'autre jour pour aller à Toulouse, mais vingt gardes du corps l'ont accompagné. Tout compte fait, la modestie n'est pas plus sympathique aux Français que le bling-bling.

20 juin

Après avoir lu, dans *Le Parisien*, le mea-culpa de Valérie Trierweiler – « J'ai commis des erreurs » –, je rencontre au café Le Bourbon Jean-Christophe Cambadélis. J'aime son esprit sans cesse en éveil, sa façon de décrire les choses, et peut-être d'en inventer ou d'en enjoliver d'autres pour analyser des heures durant les comportements des caciques du parti. Il n'est pas au gouvernement, n'occupe que des fonctions secondaires au PS, c'est pourtant un des plus fins connaisseurs de la gauche : je me souviens que c'est lui qui, pour le compte de Jospin, s'était évertué à constituer une majorité plurielle.

Visiblement, il n'est pas un inconditionnel de François Hollande, qu'il a regardé longtemps fonctionner à la tête du parti : « C'est un homme, me dit-il, qui n'a pas d'affect en politique. Il voit d'abord ce qui est utile, à lui, en particulier. » Un homme normal ? Il rigole : « Un superprésident débonnaire, plutôt. » Il m'explique qu'en réalité, c'est Hollande qui a composé le gouvernement et non Ayrault sauf pour quelques secrétaires d'État. « Quand Jean-Marc Ayrault est arrivé, il n'avait aucune idée de l'équipe gouvernementale : il s'en est remis à François. Même Mitterrand procédait autrement : le Premier ministre désigné faisait la liste des membres de son gouvernement, François Mitterrand rayait ou rajoutait un nom. Pas de ça avec Hollande, je te le garantis. »

Longtemps, les artisans de la campagne électorale de Hollande, Moscovici, Valls, ont été persuadés que Martine Aubry accepterait d'être numéro deux dans le gouvernement Ayrault. Mais, comme on le sait, son refus a bouleversé la combinaison prévue.

« Un refus en deux temps, me raconte Cambadélis. Lorsqu'ils se sont rencontrés le jeudi précédant sa prise de fonction, François Hollande a révélé à Martine Aubry que son choix était fait pour Matignon : Jean-Marc Ayrault. Martine l'a très mal pris. “J'en étais sûre depuis le début, lui a-t-elle dit. Tu préfères travailler avec quelqu'un que tu connais, c'est ton choix !” Sous-entendu : tant pis pour toi !

« Hollande a insisté : “Accepte un grand ministère Culture-Éducation, lui a-t-il dit. Tu prendras une nouvelle dimension sociétale. — Pas possible, lui a rétorqué Martine, si je suis dans le gouvernement, je vais tout de suite apparaître comme celle qui met des bâtons dans les roues à Ayrault. Très peu pour moi. J'en ai marre d'être la méchante. — Tu ne peux pas rester en dehors du gouvernement”, a insisté Hollande, très surpris, interloqué même, par son refus.

« À ce moment, poursuit Cambadélis, une grande partie du dispositif prévu pour le prochain gouvernement s'effondre. Il lui faut trouver un autre numéro deux : ce sera Laurent Fabius, au ministère des Affaires étrangères. Moscovici, qui imaginait pour lui le Quai d'Orsay, a alors insisté pour un grand ministère de l'Industrie, avec droit de regard sur le Budget. Il a refusé que Jérôme Cahuzac devienne ministre du Budget. Bref, la crise... Mais il a fallu aussi trouver une place à Michel Sapin, en charge d'un ministère du Travail dont il ne voulait pas. »

Les vrais problèmes pour la constitution du gouvernement, toutefois, Hollande les a eus avec ceux qui étaient le plus proches de lui, les amis de toujours qui, après tout, pourraient bien attendre : Le Drian, par exemple, à qui François Hollande avait déjà téléphoné pour lui dire que, comme Stéphane Le Foll, il ne serait pas ministre cette fois-ci, n'a pas apprécié la perspective d'être écarté. Rebsamen est allé plaider leur cause dans le bureau de Hollande, en lui disant qu'on ne pouvait pas traiter de la sorte des gens, fussent-ils ses amis, qui s'étaient à ce point investis dans la campagne présidentielle. « J'ai sauvé deux ministres », a, paraît-il, triomphé le maire de Dijon en quittant le bureau présidentiel !

Il y a eu aussi ce quiproquo avec Bertrand Delanoë : il était presque déjà ministre de la Justice, c'est pour cette raison (et d'autres aussi peut-être) qu'il avait accueilli Hollande à l'Hôtel de Ville avec tant d'émotion et de chaleur. Mais, quelques heures plus tard, dans la soirée, Hollande s'est aperçu qu'après le refus de Martine Aubry, il n'y a plus aucune femme dans des fonctions régaliennes. Voilà comment Christiane Taubira a fait son entrée comme garde des Sceaux dans le gouvernement de Jean-Marc Ayrault.

La formation d'un gouvernement laisse toujours des traces : Delanoë s'est apaisé, mais Bartolone en a été très mécontent (la balle perdue dont il m'a parlé l'a atteint de plein fouet).

Reste à savoir qui succédera à Martine Aubry à la tête du PS. François Hollande, me glisse Cambadélis, n'a pas encore tranché. On pense à Harlem Désir, mais celui-ci est si maladroit qu'alors qu'il était loin d'être officiellement investi de quelque poste que ce soit, il a présenté au conseil national un calendrier d'actions dont il n'avait parlé à personne. Et Camba lui-même ? Il reste prudent : « Je ne suis pas certain que Martine veuille vraiment abandonner le secrétariat du PS. Elle peut le faire sans difficulté : c'est Hollande qui, dans ce cas, serait coincé, pas elle. C'est elle qui a la main. En même temps, elle voudrait bien choisir celui qui, éventuellement, la remplacerait. Mais, comme elle a laissé croire qu'elle était sur le départ, sans le savoir elle-même, les candidats à la direction du parti se font déjà connaître. Dans le même temps Ségolène Royal, Rebsamen restent sur la réserve lorsqu'ils s'aperçoivent que Martine n'a pas encore pris sa décision. À ce jeu, bientôt, il n'y aura plus en piste pour la remplacer que Harlem Désir et moi. »

Est-ce ce qu'il souhaite ? « Je suis suspendu à une équation que je ne maîtrise pas, me dit-il, sans essayer de prétendre le contraire. Supposons que je me sois mis dans la file d'attente. »

Je pense qu'il aurait le bon profil : il connaît l'histoire de la gauche comme personne, son passé trotskiste lui a donné à la fois l'acuité de vision et la distance vis-à-vis des autres. Il a retissé, pour Lionel Jospin, entre 1995 et 1997, tous les liens avec les radicaux, les communistes, la première gauche, la seconde gauche. Une seule question se pose, que je ne peux pas résoudre à sa place : Hollande le considère-t-il comme quelqu'un de sûr ? Un peu trop libre peut-être vis-à-vis de lui, pas tout à fait « fiable », comme disent les hommes politiques lorsqu'ils craignent ceux auxquels cet adjectif s'adresse. Cambadélis est trop intelligent et trop rapide pour plaire à tout le monde.

Comme s'il suivait ma pensée, il formule la sienne en ces termes : « Pour François Hollande, la direction du PS n'est pas un enjeu majeur. Le président du Sénat est socialiste, le président de l'Assemblée nationale le sera. Avec ça, il tient la majorité. François Hollande, répète-t-il non sans une certaine satisfaction à l'idée d'avoir trouvé la formule, c'est un galet. Lisse à l'extérieur, dur à l'intérieur. »

Autre jugement, sans doute intéressant pour la suite : « Il ne s'enferme jamais, contrairement à Mitterrand, dans la vengeance. Il trouve que c'est une perte de temps. »

21 juin

Nouveau gouvernement Ayrault 2 : dix hommes, dix femmes, parité oblige.

Chacun de ceux que je rencontre prend plaisir à me raconter « son » François Hollande.

Ainsi Bernard Cazeneuve, qui a exercé pendant toute la campagne le rôle de porte-parole de Hollande sur les problèmes économiques et qui se retrouve ministre délégué aux Affaires européennes auprès de Laurent Fabius. C'est la première fois que je le rencontre. Maire de Cherbourg, on ne peut pas dire que jusqu'ici il ait cherché à se faire connaître. Il parle doucement, d'une voix d'église. Il n'est pas grand, mais c'est un homme chaleureux sous son air d'extrême politesse, habile dans ses propos. Il me raconte sa première rencontre avec François Hollande. En 1989, Cazeneuve avait invité le nouveau député de Corrèze pour une soirée-débat d'un club qu'il avait fondé. « Il m'était apparu plein d'humour, merveilleux dans l'art de l'autodérision. »

Le rôle de Cazeneuve, auprès de Hollande cette année, a été, me dit-il en plaisantant, de lui raconter la campagne : « Un *storytelling* permanent. Nous n'avons pas besoin de parler pour nous comprendre. »

Il ne l'a cependant plus vu à partir du 6 mai, à l'exception du pot de départ donné au QG de campagne. C'est Jean-Marc Ayrault qui l'a appelé, le jour de la constitution de son gouvernement, mais, « pour être honnête, me dit-il, Laurent Fabius m'avait contacté en premier à la fin de la semaine précédente, afin de me dire que l'on pensait à moi pour les Affaires européennes ».

François Hollande l'a accueilli lors du premier Conseil des ministres en faisant remarquer, le sourire aux lèvres, que, Cherbourg n'étant pas loin de l'Angleterre, il était normal, somme toute, que son maire se voie confier les Affaires européennes.

Bernard Cazeneuve me raconte ce premier Conseil des ministres : « Nous étions tous très impressionnés, car pour certains d'entre nous, c'était la première fois que nous siégions dans un gouvernement. Le moment était émouvant et fort. »

François Hollande est entré dans la salle du Conseil avec, me dit-il, « un mélange de solennité réelle et d'espièglerie », que le président a résumé d'une phrase, mettant d'emblée une certaine distance vis-à-vis de ses anciens camarades dans son propos liminaire : « L'amitié, leur a-t-il précisé, sera toujours présente, mais la familiarité n'aura pas sa place. »

« Tout le monde, raconte encore Cazeneuve, était dans ses petits souliers, personne n'a dit un mot jusqu'au moment où nous sommes sortis sur le perron pour la traditionnelle photo de famille. Là, il y avait une nuée de photographes, comme des criquets, Hollande les a laissés faire un moment, puis leur a dit, aimable : "Parmi toutes ces photos, j'espère qu'il y en a une bonne." Ce qui a mis fin à la séance. »

22 juin

Premiers sondages : Hollande chute déjà. Il a perdu deux points depuis son élection[1].

25 juin

Être sénateur de l'Essonne à quarante-six ans, passe encore. Être sénateur vert, c'est plus original. Avoir au surplus été adopté, après être né à Séoul, par une famille de droite normande, et, dit-il, « productiviste », et s'être lancé dès le plus jeune âge dans le bain du radicalisme de gauche, puis des écologistes, voilà qui fait de Jean-Vincent Placé quelqu'un de très singulier.

Pendant que le gouvernement est réuni en séminaire, je le rencontre au Sénat. Avec son visage plat, perpétuellement éclairé

1. Sondage Ifop pour le *JDD*. 59 % des Français sont satisfaits de l'action du président de la République contre 61 en mai. Jean-Marc Ayrault reste stable avec 65 % d'indice de satisfaction.

d'un sourire ambigu, ses yeux réduits à une fente étroite, il me parle de ses relations avec Hollande, pas toujours au beau fixe. Placé a toujours fait partie des écologistes proches du Parti socialiste dans la banlieue parisienne. C'est d'ailleurs ainsi, dans une coalition locale avec Claude Bartolone et François Lamy, qu'il a fait son entrée d'abord au conseil régional d'Île-de-France puis au Sénat, en 2011, à une époque où François Hollande était dans sa traversée du désert. C'est donc avec Martine Aubry qu'à la fin de l'hiver, Jean-Vincent Placé avait négocié les soixante-trois sièges abandonnés aux Verts par les socialistes. François Hollande, qui n'était alors que le vainqueur de la primaire, avait jugé que c'était trop. Mais il n'avait pas voulu à l'époque déclencher de crise avec Martine Aubry. « Dans la perspective de la campagne présidentielle, il ne voulait pas risquer de rendre plus difficiles encore leurs relations, déjà dégradées. »

Placé ne me cache pas que ses relations avec l'actuel président ont toujours été bonnes, mais affectées par le fait que « Hollande ne s'intéresse pas à l'écologie ». Affectées aussi, je crois le comprendre, par le fait que dans certaines fédérations, les hollandais se sont mis en travers des ambitions des Verts. À propos d'ambition, Jean-Vincent Placé n'en manque pas, disent les mauvaises langues. Peut-être a-t-il légèrement été handicapé, comme Hollande en 2007, par ses liens personnels avec Cécile Duflot. Pourquoi n'a-t-il pas été ministre ? Il avait fait le calcul politique exact avant la formation du gouvernement : si François Hollande avait opté pour trois ministres Verts dans le gouvernement Ayrault, « j'aurais pu m'y glisser », dit-il.

Mais deux ? « Nous n'aurions pas échappé aux commentaires de nos camarades : le couple est entré au gouvernement, c'est lui qui touche tous les dividendes de la direction du mouvement. Cécile, normal qu'elle y fasse son entrée. »

Je sens qu'il a néanmoins des regrets de ne pas faire partie du premier convoi.

27 juin

Au Quai d'Orsay, pour rencontrer Laurent Fabius, cette fois. Je ne l'ai pas vu pendant la campagne, à laquelle il a pourtant été étroitement associé, puisqu'il avait été chargé par Hollande d'élaborer le programme à mettre à exécution dès la victoire. Il a l'air taillé tout exprès pour ce ministère : complet impeccable, cravate toujours un peu trop large, élégance naturelle, sourire permanent, et cet air de tout savoir, de tout comprendre. Tout, au Quai d'Orsay, paraissait l'attendre : dorures, moulures, silence ouaté, huissiers distingués.

Il a toujours su, me dit-il, qu'il serait à cette place, parce que, ayant occupé tous les autres premiers postes, Matignon, Bercy, il ne lui manquait plus guère que celui-là. Et pourtant, même s'il avait obtenu l'accord de Hollande depuis plusieurs mois, Dieu sait si le secret avait été bien gardé. Au point que les journalistes ont souvent annoncé, avant, pendant et après la campagne, l'arrivée de Moscovici au Quai d'Orsay. « Il n'a jamais été question que j'aille ailleurs », assure Fabius d'une phrase claire : il est donc celui qui a choisi son poste plutôt qu'il n'a été choisi.

Tout de même, après tant de frictions et d'oppositions, et depuis si longtemps, entre Hollande et lui, quelle affaire de le voir ici ! Je me rappelle ce que m'avait raconté François Hollande, après avoir remporté la primaire. Il avait lui-même pris rendez-vous avec Fabius, qui s'était rangé dans le camp de Martine Aubry.

« Lorsque nous nous sommes rencontrés, m'avait-il confié pendant l'hiver 2011-2012, je lui ai dit : "Nous nous sommes beaucoup disputés, toutes ces années. Soit nous restons séparés, ce que je regretterais, soit, ce qui aurait ma préférence, tu participes à ma campagne." » Fabius avait immédiatement accepté, mais j'ignorais alors que Hollande s'était, à cette occasion, engagé à lui donner, en cas de victoire, ce qu'il souhaitait, le ministère des Affaires étrangères.

En regardant Fabius assis à son bureau, je pensais à tout ce qui l'avait opposé à François Hollande, depuis des années. Lorsqu'on parlait, en 2002 ou 2007, d'espérances élyséennes, c'était celles de Lionel Jospin, de Laurent Fabius, de Martine Aubry et même assez tôt celles de Ségolène Royal. Personne au PS n'évoquait son nom. On le prenait pour un apparatchik d'envergure modeste, alors que son élection triomphante en Corrèze chiraquienne, en 2002, aurait dû alerter toute cette galerie. À dire le vrai, il n'était guère apprécié par les «historiques» qui raillaient volontiers son manque de charisme et même d'idées personnelles. «Il était intelligent, rapide, mais jamais il n'est apparu comme un éventuel successeur de François Mitterrand, me rappelait Alain Bergounioux[1]. Il faut dire que ce qui est frappant dans ce parti, c'est que ses dirigeants ont tous une doctrine. Hollande n'a jamais été au PS, contrairement à Laurent Fabius et Lionel Jospin, un chef de guerre. Il s'est faufilé entre eux, il a eu au surplus beaucoup de chance. Il a pris son risque, mais au bon moment.»

En tout cas, tous ces gens, mieux placés que lui dans le saint des saints, ne l'ont pas vu venir. Pas plus Fabius qui s'était écrié avant la primaire de 2011 : «Hollande à l'Élysée, c'est une blague», que Jospin qui pourtant, entre 1997 et 2002, lui avait confié les rênes du parti. D'autres parlaient de lui comme d'un édredon, placé sur le PS pour cacher ses déchirures, un édredon qui, finalement, risquait de l'étouffer.

J'en reviens à Laurent Fabius. Il me raconte le marathon international auquel il vient de participer – Washington, Chicago, Los Cabos, puis le G8, l'OTAN, le G20 – et ces rencontres dans les quelques jours qui ont suivi l'installation de Hollande à l'Élysée avec tous les grands de ce monde, Obama, Poutine, Merkel, Rajoy.

D'emblée, Hollande a été bien accueilli, «contrairement, précise Fabius, à Nicolas Sarkozy, qui indisposait tout le monde». (Erdogan[2], notamment, aurait dit à Hollande : «Je suis ravi que vous soyez venu, et pas votre prédécesseur», en raison probablement du refus de la France d'intégrer pleinement la Turquie dans l'Europe, et à cause de sa position sur le génocide arménien.)

---

1. Rencontré le 6 juin 2012.
2. Recep Tayyip Erdogan est Premier ministre de la Turquie depuis 2003. Il deviendra président en 2014.

Nous parlons du sommet de Bruxelles, qui se tient dans les jours à venir.

« Nos relations sont bonnes, mais nos positions sont différentes. Il y a une dimension morale chez Angela Merkel : elle pense que ceux qui ont fauté doivent payer. »

Dont la France, sans doute. Fabius ne le souligne pas.

« En même temps, poursuit-il, elle est amenée à faire des concessions sur le thème de la croissance. Hollande est porteur de ce message, que beaucoup de pays voudraient voir accepter par Mme Merkel. »

Un mot sur la Grèce : « Au début, c'était une affaire de rien. On aurait pu régler ça avec 5 milliards. » Il pense que la façon qu'ont eue à la fois Merkel et Sarkozy d'en faire une question de morale politique, de psychologie, a singulièrement aggravé le problème. Il insiste sur le côté moraliste, austère, de cette fille de pasteur qui a grandi en Allemagne de l'Est. D'autant, me dit-il, que « les dimensions humaines sont très importantes dans les relations internationales ». Venant de lui, dont la chaleur n'est pas immédiatement perceptible, c'est beaucoup dire !

29 juin

Je rencontre à l'Élysée l'un des responsables de la communication présidentielle, Christian Gravel. Un « bébé Valls », selon la presse. Il a consacré, en effet, dix ans de sa vie à la direction de la commune d'Évry. Valls passe, auprès de Hollande, pour être un tel génie de la communication qu'il était naturel, somme toute, qu'un de ses proches s'installe à ce poste à la présidence.

Il revient, tant il a été marqué par l'événement, sur le fameux voyage à Berlin de François Hollande, le soir même de son installation à l'Élysée. On sait que l'avion avait été touché par la foudre, mais la façon dont il me raconte ce vol me fait froid dans le dos.

L'avion décolle à 17 h 15, lorsque, cinq minutes plus tard, alors qu'il est stabilisé, les passagers entendent une forte déflagration.

« Dans la seconde qui suit, me raconte Gravel, encore visiblement ému, un rayon lumineux traverse l'avion de bout en bout. Le steward est venu nous avertir, avec embarras, que l'avion avait été foudroyé. »

Personne, pas même Hollande, n'a eu envie de faire de l'humour. Le protocole, dans ce cas, exige le retour au tarmac, et un changement d'appareil. « Vous êtes sûr ? » a simplement demandé Hollande, s'en remettant à l'avis du protocole et du commandant. Il s'en est fallu de peu que son mandat présidentiel ne s'achève le jour où il avait commencé.

Gravel me raconte aussi l'accueil militaire à la chancellerie, le 6 mai dernier. De l'avis de ceux qui l'accompagnaient, Hollande n'a pas paru impressionné par la solennité et la démesure des lieux. Le « Kohllosseum » est d'une taille impressionnante : huit fois celle de la Maison-Blanche. « Il était, me dit Gravel, tellement porté par la première journée de son mandat, tellement absorbé par ce premier contact avec la chancelière allemande, qu'il semblait marcher sur l'eau. »

Angela Merkel lui a fait faire le tour du propriétaire, si on peut dire, souriante mais ferme, le prenant au besoin par le coude pour le ramener sur le bon chemin, c'est-à-dire sur le tapis rouge, lorsqu'il a paru prendre une autre direction.

La conférence de presse commune, m'assure-t-il, n'a pas posé de problème. François Hollande tenait à mettre en avant son objectif de croissance, sur laquelle sa détermination, il l'a dit à la chancelière, était totale. Celle-ci, « politique hors pair », a reformulé, sans broncher, son plaidoyer en faveur de la stabilité. Comme si chacun avait laissé l'autre marquer son territoire.

« Cette première rencontre a été fondatrice. Les objectifs sont atteints : du côté français, accord pour une intégration européenne accrue ; du côté allemand, on a bien entendu le plaidoyer français en faveur de la croissance. Chacun a fait un pas en avant. »

Je trouve ce communicant bien optimiste.

2 juillet

Ce sommet, finalement, a-t-il été pour François Hollande un succès ? Est-il parvenu à changer le pacte de stabilité, comme il s'y était engagé pendant sa campagne ? A priori, non, même si l'Élysée se réjouit de ce qu'un texte sur la croissance ait pu être ajouté au pacte signé par Merkel et Sarkozy avant mars 2012. J'interroge Aquilino Morelle, qui suit le président comme son ombre et revient pour moi sur les événements d'avant-hier.

Il avait été prévu entre Hollande et Mario Monti, en conciliabule précédant les débats, que François Hollande plaiderait son dossier en faveur de la croissance et que le président du Conseil italien lui apporterait son soutien dans la suite de la discussion.

« Cela a très bien marché pour le volet croissance, mais, à l'instant de passer (tardivement) à table, Mario Monti a dit calmement, ce qui a étonné tout le monde, y compris Hollande et Merkel, qu'il ne voterait pas le texte sur la croissance si des mesures immédiates d'aide à l'Italie n'étaient pas adoptées pour desserrer l'étau des marchés financiers sur son pays. »

Les négociations ont donc repris et se sont prolongées jusqu'à 4 heures du matin. À cette heure-là, Angela Merkel a fini par céder à Mario Monti, donnant son accord pour des mesures d'aide rapides en faveur des pays du Sud.

« *I lift my blocage* » : c'est en ces termes que Monti a levé son veto. Furieuse d'avoir été contrainte de céder, la chancelière est repartie immédiatement pour Berlin, sans, me précise Morelle, avoir salué ses partenaires[1]. Ce qui a laissé tout loisir à François Hollande de développer le lendemain devant la presse les thèmes de l'accord : le pacte de croissance figurera en annexe du traité budgétaire. Un plan de 120 milliards sera mis en œuvre pour relancer la croissance.

Il n'empêche que François Hollande avait assuré, pendant sa campagne, qu'il renégocierait le pacte paraphé par Sarkozy il y a

1. Accord surprise de Bruxelles dans la nuit : Mme Merkel accepte la possibilité de recapitalisation des banques et le rachat des obligations souveraines via le Fonds de secours européen et le mécanisme de sécurité européenne.

quelques mois. Il ne l'a pas renégocié, en réalité, il a ajouté tout au plus au texte tel qu'il avait été signé un volet sur la croissance. «L'Europe a été réorientée comme il convenait», s'est réjoui Hollande à l'issue du Conseil européen.

Les Français prendront-ils cela comme un recul ou un succès ?

Le rapport rendu aujourd'hui par la Cour des comptes (250 pages) révèle qu'il pourrait bien manquer à la fin de l'année, pour le budget, entre 6 et 10 milliards d'euros. Si le gouvernement veut sauvegarder sa prévision de déficit à 4,4 % du PIB à la fin de l'année, il n'a qu'une solution : «des mesures fiscales rapides et d'un montant significatif». Voilà peut-être qui marquera davantage les Français que les conclusions de Bruxelles. Il faudrait aussi, toujours selon Didier Migaud, le premier président de la Cour des comptes, prévoir une baisse d'effectifs des fonctionnaires.

Jean-Louis Bourlanges m'a raconté, en marge d'une émission télévisée, que la remise du rapport a été retardée à la demande de François Hollande qui ne souhaitait pas que sa publication bouleverse les conditions de la négociation européenne[1]. Le rapport ne tombe pas mieux aujourd'hui.

3 juillet

Discours de politique générale de Jean-Marc Ayrault.

Comme toujours, tandis que l'hémicycle se remplit, j'observe le manège des uns et des autres. Les vedettes du jour, à n'en pas douter, sont les deux députés du Front national, l'avocat Gilbert Collard et Marion Maréchal-Le Pen, la petite-fille de Jean-Marie et nièce de Marine. Le premier a traversé la salle des Quatre Colonnes, escorté par une forêt de caméras. Marion Maréchal-Le Pen, surtout, est le point de mire des journalistes : elle est calme,

1. Autre mise au point de la Cour des comptes : la dette dépassera 90 % à la fin de l'année et atteindrait, s'il n'y a pas de redressement, 100 % en 2017. Dans une interview au *Monde* datée du 3 juillet, Didier Migaud recommande d'augmenter la CSG ou la TVA pour réduire le déficit. Ce que refuse immédiatement le ministre du Budget, Jérôme Cahuzac.

souriante, exactement comme il faut pour changer l'image du FN. Elle porte un jean, eh oui, avec des talons très hauts, ce qui ne choque personne, tant sa silhouette est élégante. Ce n'est pas un hasard si elle a surgi dans les couloirs de l'Assemblée nationale vers 14 h 15, c'est-à-dire largement avant l'ouverture du débat, calculant son petit effet. Une vraie Le Pen. Si j'étais Marine, je me méfierais.

Ayrault n'est arrivé que quelques minutes après l'ouverture de la séance. Je ne dirai pas que son discours a été prononcé avec une éloquence et une ferveur démesurées. Jean-Marc Ayrault est ce qu'il est : sincère, déterminé, et pas ramenard. Faut-il l'être, désormais, pour être écouté par les députés de l'opposition ? Tout au long de son discours, je suis outrée par la tournure que prend la séance. Il n'y a pas que dans l'équipe de France de football que les joueurs sont mal élevés. À entendre les injures proférées depuis les travées de l'opposition – parmi lesquelles un « salaud » dont on se demande qui l'a crié, et surtout en quoi Ayrault mériterait ce qualificatif –, on mesure la difficulté, que dis-je, l'impossibilité de l'exercice.

Plutôt sage dans son apparence, costume bleu marine et chemise d'un bleu plus clair, Ayrault n'est pourtant pas un homme qui peut susciter les indignations. Lorsque l'insulte tient lieu de réponse, c'est que la mécanique de la démocratie se grippe. Tout se passe cette après-midi comme si la présidentielle n'avait pas eu lieu, comme si, une fois de plus, la gauche qui a pourtant gagné était illégitime.

Quand elle ne chahute pas le Premier ministre, l'opposition ricane, entre autres lorsque Ayrault, se refusant à parler de « tournant de la rigueur », emploie le mot « effort ». Le gouvernement est à peine installé, on voit mal comment il pourrait déjà y avoir un tournant. Débité sur un ton monocorde, dans un brouhaha inimaginable, le discours de Jean-Marc Ayrault n'a pas été un discours irresponsable. Je le relis ce soir, loin de l'invraisemblable tumulte dans lequel il l'a prononcé. J'y lis des phrases de bon sens, qui n'avaient vraiment pas de quoi mécontenter la majorité sortante, devenue minorité bruyante : la réduction de la dette est le premier objectif (pas de redressement du pays sans redressement des comptes publics), priorité à la jeunesse, qui ne peut être un thème contesté par la droite, pas plus que la lutte contre le chômage et la vie chère.

Ce chahut a une explication politique. Il s'inscrit dans le droit fil des commentaires de Sarkozy sur l'élection présidentielle : il a été battu de peu, l'UMP a été battue de peu. De là à conclure que la légitimité du président, celle de son gouvernement et du PS, peut être remise en cause il n'y a pas loin. Je suis sortie de l'Assemblée en me demandant ce que j'aurais fait à la place de Jean-Marc Ayrault. Partir, rester, riposter en disant qu'un chef de gouvernement ne pouvait pas être traité de la sorte ? Accélérer son allure ? Il me paraît en tout cas qu'il aurait dû, d'une manière ou d'une autre, marquer le coup[1].

J'ai constaté que Bartolone ne faisait pas grand-chose pour atténuer les hurlements de l'opposition. Quant aux députés socialistes, ils ont assisté en spectateurs plus qu'en véritables supporters à la prestation de leur Premier ministre. Sans doute parce que la plupart d'entre eux sont de nouveaux députés, qui n'ont pas encore l'habitude des joutes parlementaires. Dans quelques mois, je gage que l'opposition ne pourra plus se conduire de cette façon si, en face, la riposte est organisée.

4 juillet

Une expression nouvelle dans les journaux et les conversations : les « couacs » gouvernementaux. Que Valls et Peillon fassent entendre leurs voix, passe encore. Ils ont le coffre nécessaire. Mais que tant d'autres ministres y aillent de si bon cœur dans le non-respect de la solidarité gouvernementale, c'est à peine concevable. J'ai déjà évoqué la gaffe de Duflot, ou plus exactement l'expression exacte de sa pensée, sur la dépénalisation du cannabis, en pleine campagne législative. Entre Jérôme Cahuzac et Aurélie

1. Le discours de politique générale de Jean-Marc Ayrault a recueilli 302 voix pour, 225 contre, sur 544 votants et 527 suffrages exprimés.

Filippetti, le premier accroc a eu lieu en ce début de mois. La ministre de la Culture envisage une taxe sur les écrans d'ordinateur pour les foyers qui n'ont pas de téléviseur. Hoquet de Cahuzac, qui tombe des nues et dément, en termes secs.

Du coup, Jean-Marc Ayrault a beau déclarer dans *L'Express* : « J'impulse, je délègue, je tranche », chacun s'interroge sur son autorité. Il faut dire que Hollande prend beaucoup de soin à montrer que, contrairement à ce qui se passait du temps de Sarkozy, c'est le Premier ministre qui détermine et conduit la politique, comme dit la Constitution de 1958. Mais qui peut croire en France que le président, élu au suffrage universel, n'est pas responsable de tout ?

6 juillet

Passé la fin de l'après-midi dans le bureau de Christiane Taubira, place Vendôme. C'est dès novembre 2011 qu'elle a rencontré François Hollande en tête à tête. Celui-ci voulait la sonder par avance sur ses intentions (il ne tenait sans doute pas à la voir présenter sa candidature en 2012, comme elle l'avait fait en 2002 au détriment de Lionel Jospin !). Elle l'a devancé : « Cette campagne, lui a-t-elle dit, je vais la faire. Mais tout de suite après, je quitterai la politique, et je ne serai pas candidate aux législatives en Guyane. »

« J'ai tenu parole, ajoute-t-elle, je l'ai accompagné partout outre-mer. Et aussi en France, dans le Nord et à Paris. » Elle n'a pas ménagé son soutien au futur président de la République, insiste-t-elle.

Elle était à Cayenne le jour de l'élection quand elle a entendu vaguement parler par un ami du ministère de la Justice qui lui serait attribué. Venue à Paris pour la cérémonie du 10 mai, elle n'avait pas l'intention d'y rester, ayant pris son billet de retour pour le 17. Hollande l'a appelée le 13 en lui disant : « J'ai envie de faire un acte fort, qui ait du sens, un acte fort pour la justice. » Elle en a été « émue, très émue, ce qui n'est pas mon genre, me confie-t-elle. On a encore le droit d'éprouver des émotions fortes, non ? Je lui ai dit, en bredouillant presque : honorée, très honorée ».

Sait-elle qu'elle ne doit sa nomination qu'à la défection de Martine Aubry à qui ce poste fut d'abord proposé et qui l'a refusé ? Comme Laurent Fabius il y a quelques jours, elle ne veut pas entendre parler de cela. « Pas possible. Hollande n'est pas un improvisateur », m'assure-t-elle. Deux heures plus tard, Jean-Marc Ayrault, avec lequel elle a mené la bataille sur la reconnaissance de l'esclavage, l'appelle à son tour, pour lui soumettre les décrets d'attribution. « J'ai commencé à comprendre que ce qui m'arrivait était grandiose quand j'ai entendu le soir à la télévision la composition du gouvernement. » Après un temps de silence, elle ajoute : « J'ai eu un puits qui me montait aux yeux. »

À dire le vrai, sa réaction me surprend tant elle m'avait donné plusieurs fois l'impression d'une femme dure, âpre, politique au sens plein du mot, avec des idées, de la conviction, de l'éloquence, et aussi un fort degré de certitude et de confiance en elle.

« François Hollande est quelqu'un que j'ai plaisir à connaître de mieux en mieux, insiste-t-elle. C'est un homme d'une finesse époustouflante. Son sens politique est panoramique, son champ visuel large. Un homme de sang-froid, qui maîtrise la marche des choses. »

Comment explique-t-elle qu'il ait été à ce point méprisé par les ténors du PS ? « Peut-être parce qu'il n'est pas brutal, qu'il n'a pas besoin de mots blessants, ni de hausser le ton. »

La voilà donc au premier plan, d'autant que c'est elle, et elle d'abord, que la droite a choisie pour cible quand elle a annoncé son intention d'alléger les sanctions pour les moins de dix-huit ans. « Je ne m'y attendais pas, me dit-elle simplement. Que Jean-François Copé en personne, que les députés de l'opposition se déchaînent contre moi avec cette violence, non, en effet, je ne le pressentais pas. Mais, ajoute-t-elle immédiatement en relevant la tête, je ne me suis pas effondrée. »

Cette annonce, conforme aux engagements du candidat socialiste, a retenti comme une déclaration de guerre à la majorité précédente, qui avait tout fait pour aligner les juridictions des mineurs et des majeurs, elle ne l'ignorait pas, sans penser que, « à partir de là, les choses partiraient dans tous les sens ».

Elle, la lionne, qui n'a rien à voir avec la *mamma* débordante de sollicitude que décrit Nicolas Canteloup au petit matin sur Europe 1, n'a pas bougé face à l'énorme bronca suscitée par ses détracteurs. « La violence des coups était telle, m'explique-t-elle, que Jean-Marc Ayrault a pensé qu'il valait mieux que je ne réponde pas. » Sans doute, connaissant son éloquence, le Premier ministre avait-il peur de la vigueur de ses propos qui n'aurait fait qu'envenimer les choses. Elle m'assure en tout cas avoir été « inondée », sur le sujet, de messages de solidarité et de confiance.

Elle est partie pour mener à bien, avec conviction, ce qu'elle appelle de « belles réformes » ; sur la justice des mineurs, d'abord : « Rien à voir avec le laxisme, comme le clament nos adversaires, il faut arracher autrement les mineurs à la délinquance. » Sur le mariage entre personnes du même sexe, ensuite : « La société doit prendre conscience du pas qu'elle a à franchir. Il ne faut pas bâcler cette loi-là, c'est le code civil qui est à transformer à cette occasion. » Sur la refonte du système judiciaire, enfin – je la cite au mot près : « Je veux réussir le repositionnement du service public de la Justice dans l'épine dorsale de la société de droit. » Diable ! Une façon de confirmer qu'elle n'a pas l'intention d'abandonner un pouce de son autorité, notamment pas la direction de l'administration pénitentiaire – ce qui explique que Delphine Batho, qui en était chargée, ait été vite débarquée.

Pendant qu'elle parle, je trouve en elle quelque chose de majestueux – son visage, son phrasé, sa voix, peut-être – et de poétique à la fois. Parce qu'elle évoque des questions que chacun croit connaître avec des mots inattendus et des expressions insolites.

Peu de responsables politiques de profession s'expriment comme elle. J'ignore si cela lui nuira ou non dans l'exercice de sa nouvelle fonction. Mais on sait depuis qu'elle a écrit ce merveilleux livre, *Mes météores*, que l'éclat de son talent donne à sa personnalité une dimension particulière. Ardente, brûlante, dangereuse peut-être au poste où elle est. La patience de Jean-Marc Ayrault, qui la soutient tant, risque d'être mise à dure épreuve.

7 juillet

Manuel Valls m'a fixé rendez-vous ce samedi matin à 11 heures. La place Beauvau est déserte, et la pluie tombe à seaux. Il est là, depuis le matin, dans ce bureau que je connais bien, celui occupé jusqu'en 2001 par Jean-Pierre Chevènement.

Nous revenons ensemble sur la période du combat pour la présidence. Il n'a jamais douté du fait qu'il aurait, dans le gouvernement, une place essentielle. Il pensait depuis longtemps, depuis l'automne dernier en tout cas, que Jean-Marc Ayrault serait Premier ministre. Parce que Hollande et lui avaient été pendant des années assis côte à côte sur les bancs de l'Assemblée et qu'ils s'étaient bien entendus dans leurs fonctions respectives de premier secrétaire et de président de groupe. Cela signifie-t-il que l'hypothèse Aubry n'a jamais été envisagée pour Matignon? Jamais, me rétorque Valls avec une conviction telle que je comprends tout de suite que Martine Aubry n'est pas non plus son amie. Il me raconte comment celle-ci a commis à Lille, pendant la campagne, un de ces «actes manqués» qui ne s'oublient pas.

«Le Zénith de la ville aurait été plein, mais l'équipe de Martine Aubry a recommandé le choix d'une salle plus vaste. Pour cette raison, le meeting prévu le vendredi a été avancé au mardi. Lorsque nous arrivons, la salle est à moitié vide. Martine Aubry fait un discours sans enthousiasme. Après elle, François Hollande parle longuement. Lorsqu'il a terminé, elle est déjà partie.»

Valls pense que Hollande, après son élection, n'a fait des propositions à Martine Aubry que pour qu'elle les refuse. «Sa présence au gouvernement aurait été un cauchemar pour Jean-Marc Ayrault», résume-t-il.

Avec François Hollande, ses propres relations ont été longtemps tendues, et souvent conflictuelles.

Cela ne les a pas empêchés de se retrouver en 2012, par réalisme ou nécessité? Le 15 mai, entre la remontée des Champs-Élysées, sous la pluie, en voiture décapotable, et l'hommage à Jules Ferry aux Tuileries, le président lui a confié qu'il serait ministre de l'Intérieur. Le voilà désormais à l'endroit où il avait vraiment envie de se trouver : place Beauvau. Un poste que vise depuis longtemps

François Rebsamen, vieil ami de François Hollande. Mais si ce dernier a choisi de nommer Manuel Valls à l'Intérieur, c'est en récompense des services rendus tout au long de la campagne électorale, où Valls ne s'est pas seulement occupé de l'image, de la communication de Hollande, mais de tout : l'organisation des meetings, le «timing» des émissions télévisées, les dossiers à glisser dans les mains du candidat, tous les détails d'une campagne présidentielle.

Ne pas oublier non plus que Valls est apparu dès 2011 – c'est ce qui lui a donné sa force – comme l'héritier de Michel Rocard et de toute cette deuxième gauche pour qui les fondamentaux socialistes sont dépassés. Il juge le mot «socialisme», pas l'idée, suranné, il pense, il me l'a dit un jour chez Tony Dreyfus, que les 35 heures sont à déverrouiller, que l'immigration doit être régulée, et que l'absence de réflexion de son parti sur les problèmes sécuritaires est une des raisons du désastre de 2002. Je lui demande avant de partir si François Hollande est en accord avec lui sur tous ces points et il me renvoie à un article du *Monde*, où le président, insiste-t-il, a été très ferme sur l'immigration. Pour le reste, il me dit qu'après la primaire ils s'étaient trouvé deux autres points de convergence : la nécessité d'une conduite budgétaire rigoureuse et le maintien du nucléaire. Telle est donc la base de leur accord.

«Je me dis, sourit Valls en me raccompagnant au rez-de-chaussée du ministère, que c'est formidable ce qui m'arrive ! »

Nous nous quittons sur ces mots : il ne sourit pas souvent, sa bouche carrée est réduite à une simple ligne lorsqu'il se fâche, son visage parfois trop sombre, ses cravates trop claires. N'empêche : lorsqu'il parle, plus lentement que Michel Rocard, en employant des mots plus simples aussi, ce qui ne gâte rien, je me dis que petit Valls deviendra grand, si Dieu ou la politique lui prête vie.

9 juillet

Le sommet européen n'est-il qu'un soufflé vite retombé? Hollande a obtenu quelques avancées, certes, mais les marchés recommencent d'être attaqués. En France, et ailleurs, les économistes jugent étriqué ce plan de croissance, avec ses 120 milliards. Le Fonds de secours européen et le mécanisme de stabilité sont capables d'aligner 800 milliards d'euros, ce qui est beaucoup mais pas suffisant.

Les Français estimeront-ils, puisqu'il n'a pas mis à bas le pacte budgétaire européen, que Hollande a perdu la partie ? Ou, au contraire, qu'il l'a gagnée en ayant réussi à ajouter un volet sur la croissance ? Le problème est qu'il ne dit rien, pas un mot. Peut-être attend-il la traditionnelle intervention du 14 Juillet. En attendant, on est dans le flou.

Aujourd'hui, début de la « grande conférence sociale », ainsi baptisée par Hollande et Ayrault : sept tables rondes sont prévues, sur la méthode et le calendrier des réformes sociales. Deux cents responsables syndicaux et patronaux seront présents au Conseil économique, social et environnemental, devenu le lieu central de la réforme sociale. Emplois d'avenir, contrat de génération sont à l'ordre du jour. Et aussi flexibilité du travail, sur laquelle Hollande voudrait avancer vite. « Pas d'annonce concrète, dit-on à Matignon, mais le lancement d'une réflexion sur les accords compétitivité-emploi, les licenciements abusifs, le financement de la protection sociale... »

Dans son allocution liminaire, Hollande se démarque au maximum de Nicolas Sarkozy en insistant sur sa volonté de rendre leur force de négociation aux syndicats, et de façon plus générale aux corps intermédiaires « sans qui la France ne serait pas ce qu'elle est. [...] Je n'admettrai pas qu'un pays comme le nôtre se résolve au chômage... Cette période exige des réponses fortes et nouvelles... Chacun est prêt à consentir des efforts, mais à une condition, que les Français en comprennent le sens... » Au milieu de ces phrases qui passent bien dans l'auditoire, je retiens celle-ci que personne ou pas grand monde ne remarque sur le moment : « Un ajustement fiscal est indispensable pour 2012. » Pour le reste, il parle de l'agenda des négociations entre partenaires sociaux, et de la volonté – son credo – d'« inscrire cette conférence dans la durée ».

Il est manifestement attentif à affirmer son autorité. L'emploi du «je» est significatif : «je veux», «j'affirme», «j'entends»... Les dirigeants syndicaux ont l'air d'apprécier le nouveau type de démocratie sociale qu'il entend instaurer. Pourquoi suis-je saisie, en écoutant Hollande s'adresser à tous ceux qu'il est convenu d'appeler les partenaires sociaux, d'une véritable angoisse ? Si ça marche, me dis-je, ce sera formidable. Si ça rate ? Si ça rate, ce sera une catastrophe.

10 juillet

De ces deux jours de palabres qui se terminent, je retire une impression dans l'ensemble positive, mêlée de quelques inquiétudes. La longue, très longue énumération faite par Jean-Marc Ayrault des réformes à entreprendre risque de donner un sentiment de lenteur, peut-être même d'impossibilité d'agir. Comme si on avait tout le temps de régler les problèmes, pour peu qu'on y mette de l'intelligence et de la bonne volonté. Mais au-dehors, ce sont les urgences qui fondent sur Matignon, les plans sociaux, bloqués pendant toute la durée de la campagne, commencent à faire sentir leurs effets, le chômage ne baisse pas, la crise n'a pas disparu avec l'élection de Hollande et l'opposition ne cesse de gronder. Illusion ou pas, la conférence peut néanmoins être considérée comme un succès.

Rencontre avec Vincent Peillon, le ministre de l'Éducation nationale. Je le vois dans son bureau, volets clos, presque dans une pénombre. Il est à quelques mètres de moi, mais je l'entends à peine, tant sa voix est basse. Je me dis qu'enfin un ministère est confié à quelqu'un qui en connaît par cœur les détours, les contours et les méandres. Il planche sur ces problèmes depuis plusieurs années, il en a le goût. C'est pourtant de politique que nous parlons. Vincent Peillon a dans ce domaine une réputation sulfureuse, celle de trahir souvent ses compagnons de route. Je me rappelle sa rupture avec Ségolène Royal dont il avait été pratiquement le bras droit en 2007 et qu'il a voulu, deux ans plus tard, expulser du mouvement qu'ils avaient créé ensemble.

Je suis frappée de voir qu'il ne cherche pas le moins du monde, en ce début de règne, à ménager François Hollande. Lorsque je lui demande, question classique, pourquoi celui-ci a toujours été, d'une certaine façon, méconnu des barons de la gauche, dont Peillon fait partie, sa réponse est claire : «Parce qu'il n'a pas cherché, après le départ de Jospin en 2002, à structurer le parti. Il a été le point d'équilibre de forces différentes, parfois opposées. Idéologiquement, on peut dire ce qu'incarnent Michel Rocard, Laurent Fabius, Jean-Pierre Chevènement. Mais que représentait Hollande à ce moment-là ? Il était englouti par le PS, tout simplement.»

Peillon, à l'époque, préférait Strauss-Kahn. C'est d'ailleurs lui, ironie des choses, que DSK avait chargé d'aller persuader Hollande de retirer sa candidature, en lui laissant entendre qu'il serait, dans ce cas, son Premier ministre. Mission sans lendemain : Peillon n'a pas même eu le temps de joindre Hollande au téléphone que DSK tombait, le 15 mai 2011, dans l'affaire du Sofitel de New York. «François, se rappelle-t-il, avait de la considération pour DSK, mais nourrissait des doutes sur son engagement politique. Inversement, DSK avait un large complexe de supériorité vis-à-vis de lui.»

Je m'en étais, en effet, aperçue ! Mais envers qui DSK n'éprouvait-il pas quelque complexe de ce genre ?

Peillon n'a pas une passion pour son collègue de la place Beauvau, Manuel Valls. Il aime bien, en revanche, Pierre Moscovici. «Manuel, me raconte-t-il, a "tapé" sur Moscovici tout au long de la campagne électorale. [Il veut dire qu'il n'a cessé de contester son rôle d'organisateur, au point de se substituer à lui.] Il est vrai qu'il ne peut pas s'empêcher de porter des coups de couteau !»

«Hollande a fait une campagne exceptionnelle, continue Peillon, il a géré les problèmes politiques, lu toutes les notes que nous lui donnions. Et puis, quelle résistance ! À Saint-Dié, on lui a fait faire huit réunions dans la même journée. Une honte, la façon dont il était traité, rien à manger, rien à boire. Eh bien chaque fois qu'il remontait dans la voiture, il rigolait !»

« Nos querelles se sont apaisées, conclut-il comme s'il parlait du premier secrétaire du PS, et non du président de la République. Je pense honnêtement qu'il respectera ce qu'il me dit. Ce n'est pas un tordu. »

11 juillet

Denis Jeambar a suivi de plus près que moi la passation des pouvoirs entre Sarkozy et Hollande. Il vient de publier un article dans *Marianne* sur la transition entre les deux présidents. Je le vois rapidement dans les couloirs de la Chaîne parlementaire. C'est lors d'un déjeuner en tête à tête avec Hollande, dans le restaurant parisien de Denise Fabre, qu'il a, à l'automne 2008, compris que Hollande allait se lancer dans la campagne présidentielle. Comme moi, cela ne l'a pas surpris. Un peu plus tard, en octobre 2010, alors que DSK avançait à petits pas, en essayant justement de décourager ses compétiteurs, François Hollande, qui faisait mine de ne pas entendre ses appels, assurait à Jeambar, parlant de l'élection présidentielle à venir : « Je ne peux pas perdre, Sarkozy ne peut pas gagner. » « Un jour, ajoute Jeambar, je lui ai demandé ce qui se passerait si Sarkozy n'était pas candidat : "J'espère qu'il ne t'écoutera pas, m'a-t-il répondu, car lui, je suis sûr de le battre." »

La passation des pouvoirs entre les deux hommes ? Un échange plus courtois que prévu, lui confie le nouvel élu.

« Tu connais Sarkozy, m'a dit Hollande : il ne parle que de lui... En dehors du dossier envahissant des otages, il a parlé quarante-cinq minutes sur les cinquante qu'a duré notre entretien. Il a aussi évoqué sa vie privée, tellement malmenée par la presse tout au long de son quinquennat. Il m'a même mis en garde en me disant : "Fais attention à toi."

« De toute façon, a ajouté Hollande, en m'installant ici, je savais deux choses, la première est que la politique internationale risquerait de m'aspirer ; la seconde est que l'Élysée est une fausse tranquillité. »

12 juillet

La brusque sortie d'Arnaud Montebourg contre le président de PSA réveille tout le monde en cette veille de vacances. Certes, celui-ci, Philippe Varin, aurait pu différer son annonce, huit mille licenciements dans l'industrie automobile, de quelques jours. Mais cela méritait-il une si agressive admonestation d'Arnaud Montebourg contre lui ? Comme s'il s'agissait d'une offense personnelle, le ministre a revêtu son habit de Superman, avec quelques phrases éloquentes dites de sa voix aristocratique, pour refuser tout net le plan social chez PSA, ce qui était sans doute dans son rôle. Mais fallait-il traiter pour autant son président de « malade imaginaire » et l'accuser de dissimulations de bénéfices ?

Face aux industriels en crise, Montebourg est certes le plus brillant. Est-il le plus efficace ?

14 juillet

Hollande n'a pas voulu prendre ses distances avec la traditionnelle allocution du 14 Juillet dont François Mitterrand avait fait un incontournable rendez-vous. De cette heure télévisée, je garde un sentiment alarmé. Le président a voulu traiter de tous les sujets, internationaux, européens, sociaux, économiques, et j'en passe. Sur tout cela, que pouvait-il au bout de quelques semaines apporter de nouveau ? De cette longue intervention, les Français ne retiendront, je le crains, que ses réponses à l'affaire Trierweiler. Rien ne pouvait être pire. On veut changer la France, et on parle de première dame. « Les affaires privées, a plaidé Hollande, se règlent en privé. Valérie veut garder son activité professionnelle, je comprends. À partir de là, elle sera présente à mes côtés lorsque le protocole l'exigera. » Outre que cela ne veut pas dire grand-chose, le protocole étant contraint de s'adapter à une situation inédite, je doute, comme tous les Français, que, lorsqu'on est président, la vie privée puisse rester la vie privée.

Le temps passé au cours de cette émission sur le statut de sa compagne m'a paru interminable.

17 juillet

Michel Sapin me parle du Hollande qu'il a connu à l'ENA et de celui qu'il est devenu. Cet homme, qui rit et plaisante facilement, n'est pourtant pas, me dit-il, un joyeux luron. Il sait, au contraire, maintenir une vraie distance avec ceux qui passent pour être ses compagnons de longue date. Sapin et lui ont été ensemble trois mois à Angers, pendant leur service militaire, dans une école d'officiers. Leurs vies ne se sont jamais véritablement éloignées, l'un, Sapin, élu député de l'Indre en 1981, l'autre, Hollande, choisissant les cabinets ministériels.

« Nous n'avons jamais eu de véritable intimité, jamais passé de vacances ensemble par exemple. D'ailleurs il déteste évoquer ce qui le concerne. Jamais, depuis nos vingt ou vingt-cinq ans, nous n'avons parlé de filles, jamais un mot sur les femmes qui nous accompagnaient. Je ne parle pas seulement de conversations intimes, inconcevables avec lui, mais je ne l'ai jamais entendu dire, tout ce temps-là, "Je suis heureux" ou "C'est bien". Le faire parler de sentiments est impossible. Je n'ai compris qu'il était avec une jeune femme de notre promotion, Ségolène Royal, que le jour où il est arrivé chez moi, pour un week-end. Je lui ai simplement demandé : "Une chambre ou deux ?" Il m'a répondu sobrement : "Une seule suffira." »

Plus tard, bien plus tard, en 2007, lorsque Ségolène s'est lancée dans la campagne présidentielle et que son couple battait sérieusement de l'aile, Sapin a choisi de la soutenir. François Hollande, pourtant freiné dans ses propres ambitions par l'envol politique de sa compagne, l'y a encouragé : « Vas-y, suis-la, plus il y a de gens intelligents autour d'elle et mieux ce sera. »

Il me raconte aussi ce premier Conseil des ministres où le nouveau président « a laissé circuler son regard, en s'attardant sur quelques-uns d'entre nous. J'étais alors en face de lui, à deux places du Premier ministre, lorsqu'il nous a dit : “J'ai ici devant moi des gens que je connais depuis très longtemps, d'autres que je connais moins. L'amitié perdurera ici, mais pas la familiarité” ».

20 juillet

J'ai rendez-vous avec Jean-Marc Ayrault à Matignon dans l'après-midi. Je retrouve le décor que j'ai connu au temps de Lionel Jospin, dix ans plus tôt. Jean-Marc Ayrault n'est pas d'une grande gaieté, mais il est vraiment sympathique et sa réussite politique ne lui a pas tourné la tête. Nous parlons un peu du passé : de notre ami commun Jean Poperen, le théoricien du « front de classe », terme qui ne dit plus rien à personne. Puis de ces petits déjeuners ici même autour de Lionel Jospin, avec François Hollande, lorsque le premier était chef du gouvernement.

« C'est là que j'ai appris à connaître Hollande, me dit-il. Nous avions parfois des désaccords avec Lionel Jospin : sur les 35 heures par exemple. Nous pensions, et nous l'avons dit, que leur application devait être nuancée selon les endroits. À l'hôpital, par exemple, cela nous paraissait tout bonnement inapplicable en l'état. »

Je songe au succès que je remporterais si je révélais ce scoop demain dans un journal : que le président et son Premier ministre sont plus que nuancés, très circonspects, à l'égard des 35 heures.

Jean-Marc Ayrault a des convictions solidement établies. « Je suis persuadé, insiste-t-il, qu'on ne peut pas tout décider au niveau de l'État. Le fait d'avoir une majorité à l'Assemblée nationale ne dispense pas de l'obligation du dialogue avec la société et les forces sociales qui la composent. »

Je le sens préoccupé par le conflit, brutal, entre Arnaud Montebourg et le président de Peugeot. Les mots du ministre ont été, à son image, flamboyants, mais inutiles et même contre-productifs. Ayrault recevra seul Varin la semaine prochaine.

« Montebourg a mis la pression, mais maintenant il faut recadrer les choses. Je vais essayer d'arriver à un compromis, mais il ne faut surtout pas diaboliser les patrons. »

Il a vu hier le patron de Total et a eu avec lui ce qu'il appelle « un dialogue de qualité ». Il est évident que Jean-Marc Ayrault a été choqué par le ton de Montebourg, lui qui parle de « compromis » là où son ministre s'est empressé de renverser la table.

Il est clair sur les défis qui l'attendent, le redressement de la production, si possible sans conflit ouvert avec les chefs d'entreprise, la mise en place d'une plus grande décentralisation, l'amélioration du dialogue social.

« Toute notre mission est là, remettre les choses en mouvement », insiste-t-il. Il a un air, rare chez les politiques, de sincérité absolue. Et d'optimisme aussi.

Quoique... À la fin de notre entretien, Jean-Marc Ayrault ajoute : « Je ne veux pas être le Premier ministre qui, au bout de six mois ou d'un an, devra opérer le tournant de l'austérité. » Il est lucide sur la suite : « À gauche, nous n'avons jamais gagné un scrutin législatif après avoir exercé le pouvoir. » Sur ces mots, il referme doucement la porte capitonnée de son bureau.

21 juillet

Après quatre jours de débats, toujours à la limite de l'invective entre majorité et opposition, le projet de loi de finances rectificative présenté par ses auteurs comme la « première marche du redressement dans la justice » a été adopté à 5 h 40 du matin.

Très à l'aise au banc du gouvernement, le nouveau ministre du Budget Jérôme Cahuzac fait front. Il avait tous les chiffres en tête, consultait à peine ses fiches, répondant toujours avec clarté. Je note que l'opposition, le sachant compétent, se tient à carreau en sa présence. Je comprends que Hollande l'ait imposé à Moscovici qui, dit-on, encore qu'il le démente, n'en voulait pas à Bercy.

23 juillet

Je pensais, compte tenu de l'actualité, que mon rendez-vous serait annulé. Eh bien non. Le secrétariat particulier de François Hollande m'a rappelée hier soir pour le confirmer. Pas une once de fatigue sur son visage. Après le régime inhumain auquel il s'était soumis avant sa campagne, il a repris du poids. Mêmes lunettes, mêmes yeux malicieux, même «normalité», si l'on peut dire. Toujours très difficile de parler à quelqu'un qu'on a connu jeune, à ses débuts, devenu des années plus tard chef de l'État. Longtemps, j'ai voussoyé Chirac tandis que lui me tutoyait... Aujourd'hui, je fais de même vis-à-vis de François Hollande qui, lui, se débrouille pour éviter les phrases nécessitant voussoiement ou tutoiement.

Il revient, à ma demande, sur la façon dont il a résisté à DSK avant le 15 mai 2011, quand tout était prêt pour la candidature du patron du FMI, et que la presse entière était acquise à cette idée. Première rencontre entre les deux hommes en février : «Je l'ai senti candidat sans réserve, et je lui ai simplement dit que je l'étais aussi.» Dominique Strauss-Kahn avait alors passé un accord avec Martine Aubry – discrètement conclu dans l'appartenant de l'écrivain Dan Franck, boulevard du Montparnasse. Lui, Hollande était, selon sa formule, «dans une phase haussière» : il n'attendait que d'être réélu président du conseil général de Corrèze pour déclarer sa candidature. Sur ce, DSK repassant par Paris, tenta de persuader Jean-Marc Ayrault, Jean-Pierre Bel, François Rebsamen, entre autres, de dissuader Hollande de faire acte de candidature. «Jean-Marc Ayrault m'a rendu compte loyalement de la démarche de DSK. Quant à Rebsamen, il en a profité pour publier une tribune le 14 mai en ma faveur. Un jour avant l'affaire du Sofitel.»

A-t-il appris cette tragique nouvelle avec soulagement? «Non, me répond-il [mais il n'est pas obligé de me dire la vérité], j'en ai été au contraire bouleversé. Dans le schéma prévu, j'étais candidat à la primaire, et DSK l'était lui aussi. S'il sortait du jeu, le risque était que Martine Aubry soit considérée comme plus légitime que moi...»

Ce qui a joué en sa faveur, c'est d'apparaître, après avoir abandonné la direction du PS depuis 2008, comme un homme libre, et non comme le candidat d'un parti. « Le fait que Martine Aubry soit devenue première secrétaire dans des conditions discutables et n'ait cessé, immédiatement, de critiquer tout ce que j'avais accompli pendant près de dix ans m'a rendu encore plus libre », insiste-t-il.

François Hollande, je le sais, n'est pas homme à se confier. Il me parle de sa mère pourtant, qui, malade depuis l'été 2007, est morte après une longue agonie en 2009. Cette période a été l'une des plus tristes de sa vie. N'ayant eu avec son père que des rapports distants, il adorait sa mère : « Je l'ai vue très souvent, je l'ai accompagnée jusqu'à la fin. Sa disparition a eu sans doute une importance capitale dans ma décision de faire acte de candidature. Lorsqu'elle est morte, je me suis longuement demandé ce que j'allais faire de ma vie. J'ai ressenti une douleur terrible, et en même temps ma résolution s'est affermie. »

Nous évoquons ce qui s'est passé le jour de son élection : « Nicolas Sarkozy m'a téléphoné dès les résultats connus, me raconte-t-il. Il m'a dit que c'était dur, mais qu'il avait conscience d'avoir fait son devoir et n'éprouvait pas de regrets. Il a conclu en me disant de l'appeler si j'avais le moindre problème. J'ai trouvé cela plutôt sympathique : après tout, on s'en était mis plein la tête tous les deux ! Lors de la passation des pouvoirs, Sarkozy m'a redit avoir beaucoup souffert de cette période où il était attaqué de toutes parts, et sa femme avec lui. "Protège-toi", m'a-t-il recommandé, en m'assurant que sa décision était prise : il ne ferait plus de politique. »

Pourquoi, dans ces conditions, ne pas avoir raccompagné Nicolas Sarkozy jusqu'à sa voiture, selon la tradition ? Il se défend : « Je l'ai accompagné jusqu'au perron, où Valérie et Carla Bruni nous ont rejoints. Lui avait raccompagné Jacques Chirac, mais ils étaient dans le même camp. Pour moi, aucune fraternisation d'aucune sorte n'était possible, surtout avant les législatives qui allaient suivre. J'ai fait les choses de façon naturelle et Sarkozy n'en a pas paru surpris. »

Je suis obligée de le contredire. Non seulement son prédécesseur en a été pour le moins « surpris », mais ses amis ont regardé avec stupeur, puis irritation, la manière à leurs yeux désinvolte dont Hollande lui a immédiatement tourné le dos pour gagner la salle des fêtes. Personne d'autre que moi, apparemment, ne lui en a parlé. Il paraît presque étonné de cette version des faits qui n'a pourtant rien d'un secret d'État.

Nous changeons de sujet pour évoquer ses relations avec Angela Merkel. La chancelière a été la première à l'appeler au soir du deuxième tour, le 6 mai, pour le féliciter. Quelques phrases très simples, précises : « J'espère avoir les meilleurs rapports avec vous et la France. » Lors de leur conversation rapide, mais claire, qui a suivi, à Berlin, Merkel lui a rappelé que le pacte monétaire avait été signé par Nicolas Sarkozy, qu'il n'était donc plus à rediscuter, d'autant que le mot croissance y figurait. « Le mot, peut-être, lui a répondu Hollande, mais pas l'esprit. »

Au sommet de Bruxelles, malgré les engagements de campagne du candidat Hollande, le pacte a été bel et bien signé, certes flanqué d'un volet additif sur la croissance. Les Français qui avaient voté pour lui ont interprété cela comme une reculade.

« Pour faire évoluer Angela Merkel, m'explique-t-il, il me fallait une pression forte sur l'Allemagne. Si je m'étais contenté, pendant la campagne électorale, de parler d'un simple volet, je n'aurais rien obtenu d'elle. Il fallait que je demande davantage pour obtenir le rajout d'un texte sur la croissance. C'est vrai, ajoute-t-il, que les Allemands sont ceux qui paient le plus pour l'Europe. Mais il est tout aussi vrai que l'Allemagne n'a qu'une peur, être isolée en Europe. C'est pourquoi Merkel tenait beaucoup à préserver le couple qu'elle formait avec Sarkozy, garantie précisément qu'elle ne serait pas isolée, puisqu'ils se voulaient indissociables. Moi, j'ai choisi une stratégie différente : ne pas avoir avec l'Allemagne une relation exclusive pour mieux l'encercler. Mais attention : il est important pour elle, même si elle craint l'isolement, de ne pas avoir l'air, auprès de ses compatriotes, d'abandonner si peu que ce soit des intérêts de l'Allemagne. C'est pourquoi il faut se méfier des réactions de Merkel et ne pas en faire trop, aller à petits pas, ne jamais se glorifier d'avoir gagné contre elle. »

D'une certaine façon, Hollande a remporté une victoire sur Merkel, certes petite par rapport à ce que laissaient espérer ses promesses. Mais une victoire, tout de même, qu'il aurait pu davantage souligner qu'il ne l'a fait. « Cela aurait été une erreur, me répond-il. Avec elle, il ne faut pas triompher trop fort. »

La presse française sur le moment a souligné une « avancée majeure », jugée néanmoins insuffisante, je le crains, par la population.

24 juillet

On aurait pu croire, en ce début de quinquennat, que la droite ferait front. Elle se divise au contraire, à moins de deux mois de sa défaite. François Fillon et Jean-François Copé ont déjà pris leur départ dans la course à la présidence de l'UMP. De son côté, Jean-Pierre Raffarin, dans *Le Monde*, distribue les bons et les mauvais points à droite. Je ne le savais pas aussi vachard. À propos de Fillon : « Il ne me semble pas avoir le profil d'un chef de parti. » Quant à Nicolas Sarkozy : « Je dirais que son quinquennat a été un brillant exercice solitaire du pouvoir. »

Bref, Raffarin se rallie à Jean-François Copé, dans la lutte au couteau qui ne fait que commencer entre Fillon et lui.

26 juillet

Rencontre avec Jean-Pierre Jouyet qui m'a donné rendez-vous à la Caisse des dépôts dont il est le directeur général depuis le début de ce mois. Je me suis toujours demandé comment un personnage aussi austère pouvait être dans la vie l'ami d'un homme drôle et vivant comme François Hollande, dont il fut à l'ENA le camarade de promotion avec Ségolène Royal. Ancien chef de cabinet de Jacques Delors à Bruxelles, il avait contribué à faire de Hollande le premier des « deloristes », dans les années 1990. Puis est venu le temps de la rupture quand Jean-Pierre Jouyet a accepté, en 2007, le poste de secrétaire d'État aux affaires européennes dans le gouvernement Fillon. À ce moment-là, François Hollande m'avait dit le chagrin, véritable, que lui avait causé cette défection inattendue. Après le départ de Jouyet du gouvernement, les deux hommes se sont retrouvés et ne se sont plus quittés. Organisé, méthodique, il occupe aujourd'hui une responsabilité décisive à la tête de la Caisse des dépôts dans une période où il va falloir injecter de l'argent, soutenir les entreprises, observer les mouvements financiers, en France et ailleurs.

Selon tous les proches de Hollande, c'est lui qui a construit le cabinet présidentiel, en choisissant avec soin des collaborateurs, souvent des énarques ou des compagnons d'énarchie du président. David Kessler, Olivier Lyon-Caen, Sylvie Hubac, Emmanuel Macron, entre autres, ont rejoint l'Élysée grâce à lui.

Il semble plus inquiet de la situation que je ne le pensais. Après l'annonce de nouveaux plans sociaux, le comportement des entreprises françaises face au pouvoir socialiste le préoccupe. «Les entreprises veulent savoir quelles décisions vont être prises après la conférence sociale. Elles ne savent pas s'il existe un vrai consensus sur le financement de la protection sociale, ni quelle est la position du gouvernement sur la réduction du temps de travail. Or c'est en ce moment, à la fin juillet, qu'elles élaborent leur budget. Elles ne connaissent pas les charges qu'elles auront à payer, ni leurs marges de manœuvre. Face à ces incertitudes, le réflexe d'un chef d'entreprise est de ne pas se lancer dans de nouveaux investissements. De gauche ou de droite, les patrons sont logés à la même enseigne : ils s'interrogent sur les fameux 75 %. La mesure sera appliquée, mais comment et pour combien de temps ? Si on attend l'année prochaine, il faut le dire vite. C'est un univers où si vous ne dites pas rapidement ce que vous faites, vous effrayez tout le monde. Le président, c'est son style, donne du temps au temps. Mais il n'y a plus d'appétit pour investir dans la zone euro, et surtout en France. Ceux qui investissent le moins en France sont d'ailleurs les Français. Il faut aller vite», répète-t-il, en me précisant que la Banque publique d'investissement, dont parle Hollande, sera opérationnelle à l'automne : avec comme mission d'aider à la fois les PME et les grands groupes.

Une seule lueur d'espérance, la sortie de Mario Draghi sur sa volonté de défendre l'euro à tout prix : «Les Allemands vont sans doute dire qu'il va trop loin, le ministre des Finances allemand va faire la grimace. Mais enfin, ce qui a été dit par le président de la Banque centrale européenne a été dit. »

27 juillet

Je suis dans le bureau de Pierre Moscovici, à Bercy. Il est souriant, de ce sourire distant qui est le sien, et a l'air enchanté de se trouver là. À quelques-unes de ses phrases, je comprends que ses relations avec Manuel Valls dans l'équipe électorale de Hollande en 2012 n'ont pas toujours été au beau fixe. (Il me rappelle que celui-ci avait laissé entendre dans une interview au *Monde* qu'il jugeait Moscovici « dévalorisé ».)

Montebourg partage un bureau proche du sien. L'attelage a de quoi surprendre. Entre un Moscovici si discret, si dilettante, ou du moins qui semble toujours détaché, ailleurs, qui cache si bien sa vie privée qu'on se demande s'il en a une, et un Montebourg au verbe facile et haut, l'éloquence classique, passionné, qui cultive l'art de la polémique, comment s'articule la cohabitation ?

« Je n'en dis rien, répond Moscovici sans s'émouvoir. Car je suis assez bon camarade, et je préfère m'abstenir. Montebourg a dans la tête l'image de Jean-Pierre Chevènement, le grand colbertiste. Mais vous savez ce que disait Karl Marx : l'histoire se répète, la première fois en tragédie, la seconde en farce... »

Montebourg, farceur aux yeux de Moscovici ? Un farceur, en tout cas, qui ne semble pas le faire rire...

« Il couvre mon flanc gauche, poursuit-il. Moi, je n'empiète jamais sur le terrain des autres, je ne fais pas de coups tordus. Lui, c'est un expansionniste. Il m'agace, mais ne réussit pas à m'énerver. »

Voilà qui promet.

13 août

Centième jour du quinquennat de Hollande. Cent jours déjà. Le changement d'atmosphère en France est saisissant. Les vacances, et surtout celles que prend Hollande en ce moment, ont soudain cassé l'ambiance des premiers cent jours. Le gouvernement est accusé d'immobilisme.

Le président a pourtant satisfait à quelques-unes de ses promesses électorales : détricotage de la loi TEPA, baisse des salaires et des émoluments des ministres et de leurs cabinets, augmentation de la prime de rentrée scolaire, retraite à soixante ans pour certaines catégories de travailleurs[1], coup de pouce au SMIC, cependant la rentrée s'avère difficile : persistance du chômage de masse, récession menaçante, scepticisme sur l'euro, désindustrialisation, charges des entreprises, immigration clandestine, sécurité... commc un rctour brutal à la réalité.

19 août

Jean-Luc Mélenchon, mal remis de son double échec à la présidentielle et aux législatives, s'épanche dans le *JDD*. Les cent jours ? Une session de temps perdu, « cent jours pour presque rien. Quand je regarde le creux de ces cent jours, et la multiplication des commissions, dit-il, j'en conclus que nous étions mieux préparés que les socialistes à exercer le pouvoir ».

Il raille les premières actions : le « détricotage de la loi TEPA », par exemple, lui apparaît comme un emplâtre sur une jambe de bois, la disparition de la TVA sociale et le durcissement de l'impôt sur la fortune aussi. Et la future ratification du pacte budgétaire européen, volet sur la croissance ou pas, se résume pour lui à une pure et simple « capitulation ».

1. La retraite à soixante ans concerne entre 110 000 et 120 000 salariés, ceux qui, ayant commencé à travailler à dix-huit ou dix-neuf ans, peuvent partir à soixante ans à condition d'avoir cotisé pendant quarante et un ans. Elle coûte de 1 à 3 milliards d'euros.

En revanche, il souligne que la nouvelle majorité n'a pas fait voter de loi interdisant les licenciements. Il sait très bien que l'État n'a pas sur les entreprises privées le pouvoir de le faire. Il a choisi simplement d'appuyer là où ça fait mal.

En réalité, on ne comprend rien au comportement de Mélenchon si on ne mesure pas la profondeur de la haine qu'il nourrit pour François Hollande. Lequel a toujours été pour lui l'incarnation de ce qu'il déteste au PS : trop raisonnable, trop consensuel, trop européen, trop social-démocrate. Cet ancien trotskiste, né au Maroc d'un père receveur des PTT et d'une mère institutrice, élu sénateur socialiste de l'Essonne à trente-cinq ans, resté trente ans membre du PS, a fini par s'y sentir étranger : trop d'Europe, trop de libéralisme, social ou socialiste. Son conflit avec Hollande remonte au congrès de Brest, en 1997, où Mélenchon a été le seul candidat à se mesurer à lui pour la succession de Lionel Jospin à la tête du parti. Il a fait à cette occasion un discours d'une éloquence extraordinaire, en rendant un hommage appuyé à François Mitterrand. Je le vois encore à la tribune du congrès, arpentant l'estrade de bout en bout, parlant du « Vieux » dont il a fait, ce jour-là au moins, son maître à penser. Éloquence exceptionnelle, vraiment, mais, le discours terminé, il recueillit 10 % seulement des suffrages ! Cela ne se pardonne pas.

J'ai demandé, il y a quelques jours, au président du Sénat, Jean-Pierre Bel, qui a beaucoup de considération pour Mélenchon et beaucoup d'amitié pour Hollande, comment les relations entre les deux hommes ont pu prendre ce tour hostile. « Jean-Luc, m'a-t-il répondu, s'estimait insuffisamment écouté par le premier secrétaire. Ils ont pourtant tous les deux de l'humour, mais pas le même. On aurait dû les laisser ensemble toute une journée, a-t-il ajouté – avec drôlerie –, comme on le fait chez moi en Ariège pour les chiens tueurs de poules. On met un chien et une poule dans un sac toute une journée, ça se bagarre un peu, mais on peut être sûr après cela que plus jamais le chien n'attaquera une poule. »

24 août

Oui, tout a bien changé en cette rentrée. Comme si les Français reprochaient à Ayrault, et surtout à Hollande, d'avoir pris des vacances en août, au moment où ils attendaient qu'ils mettent fin à tous leurs problèmes d'un coup ou de plusieurs coups de baguette magique. Si bien que tous les deux viennent de passer, dans les sondages, au-dessous de la barre des 50 %. Du jamais-vu, après trois mois de pouvoir.

Jean-Marc Ayrault a beau, toutes affaires cessantes, annoncer le programme du gouvernement, manifestement cela n'a pas les effets escomptés. Comme s'il parlait dans le vide. Il est pourtant question de programmation des finances publiques, de réforme de la fiscalité, de la ratification par l'Assemblée du traité budgétaire européen, volet sur la croissance compris, de contrats jeunes, du fameux contrat de génération, de sécurisation de l'emploi. Que peut-il dire de plus, que peut-il dire d'autre ? Les Français attendent tout et ils ont l'impression que leur situation n'a pas progressé d'un pouce depuis le changement de pouvoir.

25 août

Arnaud Montebourg est un des premiers à qui j'avais demandé rendez-vous en juin dernier. Il me reçoit enfin ce matin. Beau visage angélique sur lequel glissent les années, il a un art inné de la polémique. Député de Saône-et-Loire, il s'était distingué, au Parlement, en voulant traduire Jacques Chirac, alors président de la République, en Haute Cour pour l'affaire des emplois fictifs de la ville de Paris. Avocat, il a pourfendu l'injustice de la justice, celle des castes et des clans. Élu local, il a combattu la « dictature des élus locaux ».

De tous ceux qui se sont ralliés à Hollande après la primaire de 2011, je suis sûre que Montebourg a été le plus réticent. En grande partie parce que les deux hommes n'ont absolument rien en commun : l'un est clivant, l'autre consensuel. Montebourg a une grande tendance à piétiner tout le monde, Hollande s'évertue à ne mécontenter personne. Le premier est colbertiste, interventionniste, dirigiste, inlassable adversaire et dénonciateur de la mondialisation. Le second, européen, se réclame de la social-démocratie, même s'il ose à peine, aujourd'hui, employer ce terme. Ce n'est donc qu'après des tergiversations et des conversations avec ses proches et ses militants que Montebourg a résolu de rejoindre, mollement, François Hollande, in extremis, et à titre personnel, tout en comprenant très bien ceux de ses alliés qui reporteraient leurs voix sur Martine Aubry. On ne pouvait pas être plus ambigu ni apporter un soutien plus faible.

Cependant lorsque François Hollande l'a appelé en mai dernier pour lui proposer le ministère du Redressement productif – il s'est borné à demander : «Pourquoi productif? — Parce que le terme est plus fort», lui a répondu Hollande –, Montebourg a accepté sans même prendre le temps de la réflexion. Il est encore, aujourd'hui, malgré la dépression que traverse le gouvernement – et malgré PSA – tout feu tout flamme. Il m'énumère, des minutes durant, tout ce qu'il a à faire pour réussir l'objectif à cinq ans qu'il s'est fixé et juge le pays «plein de Français qui veulent monter leurs boîtes et débordent de vitalité. Ils ont besoin d'encouragement. Je suis leur leader».

Il résume d'une phrase la farouche compétition qui s'est installée à Bercy entre les trois ministres qui y ont leur cabinet. «Il y a, me dit-il, le Bercy d'en haut [autrement dit Moscovici et Cahuzac], qui gère la crise, et le Bercy d'en bas [lui, évidemment], qui se préoccupe de la vie des entreprises.»

Quand je lui demande si, dans l'affaire PSA, il n'a pas été trop impétueux, il écarte ma question d'un geste ample : «Je ne cherche à séduire personne. Je n'ai pas été nommé ici pour faire des cocottes en papier. Je n'ai pas de temps à perdre en ronds de jambe, et mon ministère n'est pas celui des mondanités. Je pense, oui, qu'il est nécessaire de rappeler aux financiers leur rémunération excessive.»

Avec lui, je me dis que Moscovici ne doit pas s'amuser tous les jours.

« Nous n'avons ni la même culture ni la même trajectoire, me confirme-t-il. Si François Hollande m'a mis à l'endroit où je suis, c'est qu'il le voulait. »

Nous revenons sur Peugeot. Pas le moindre remords ni regret concernant ses propos : « J'ai dit aux actionnaires de PSA qu'ils étaient incompétents, qu'ils n'étaient pas des patriotes et se préoccupaient plus de leur profit que des investissements nécessaires, qu'ils avaient agi de façon inconséquente... Non, je ne peux pas laisser Peugeot partir dans de mauvaises directions. J'aurai réussi si Peugeot, dans quatre ans, est capable de réembaucher. Mais mon problème, à moi, aujourd'hui, est de limiter les dégâts sociaux. »

Je sors néanmoins de son bureau en me demandant, après l'avoir entendu vitupérer pendant de longues minutes contre la direction de PSA, s'il n'en a pas trop fait dans cette histoire. Fallait-il rendre public son affrontement avec le patron de l'entreprise, le 23 juillet dernier ? Était-il efficace, pour tenter de sauver des emplois par ailleurs menacés par la réelle mauvaise santé du groupe, de livrer bataille pendant plusieurs jours, avant que Jean-Marc Ayrault soit finalement contraint de reprendre le dossier en main ? Si belles que soient les grandes envolées – certains disent : les moulinets – du ministre, elles n'ont fait que démontrer l'ampleur des plans sociaux dans tout le pays, et l'impuissance de l'État face à cette déliquescence du tissu industriel français. À Hayange, à Sochaux ou ailleurs, l'illusion s'est perpétuée selon laquelle l'État peut tout faire, et s'il ne le peut pas, il lui suffit de nationaliser, alors que Bruxelles s'y oppose, et la vie économique aussi. Le temps du programme commun de la gauche est passé. Nous sommes aujourd'hui, qu'on le regrette ou s'en félicite, dans un autre monde.

3 septembre

Jérôme Cahuzac, le Bercy d'en haut qui martyrise le Bercy d'en bas, Arnaud Montebourg. Difficile d'éprouver de la sympathie pour cet homme quand j'entre dans son bureau. J'ai l'impression que tout y est sombre, la grande table sur laquelle s'empilent les dossiers, les fauteuils. Et lui, si raide, qui ne voit pas l'intérêt de me recevoir. Chemin faisant, ou plutôt conversation faisant, il me raconte pourtant sa nomination au Budget, l'émotion qu'il a ressentie à son premier Conseil des ministres. Rocardien de souche, il me dit avoir toujours eu de bonnes relations avec François Hollande, dont il s'est rapproché lorsque DSK a été éliminé. Pourquoi pas de Martine Aubry ? « Parce qu'elle a un problème avec le suffrage universel, tranche-t-il. Parce qu'elle a hérité de Lille plutôt qu'elle ne l'a conquise. Parce qu'elle a perdu sa circonscription, une des plus sûres de France en 2002. Bref, nous avons des relations exécrables. » Je l'avais bien compris.

S'il n'a pas eu de mal à entrer dans son personnage de ministre du Budget, c'est qu'il était familiarisé à l'extrême avec les chiffres et les comptes depuis la présidence de la commission des Finances à l'Assemblée nationale. Il me raconte l'élaboration de la première loi de finances rectificative. Il manquait 7 à 10 milliards d'euros, il les a trouvés en sollicitant les ménages et les entreprises, sans, m'assure-t-il, compromettre les investissements. Dégradation en août : la crise européenne s'approfondit, la croissance est à 0 en France, l'Espagne plonge, l'Italie vacille. Des économies supplémentaires sont nécessaires, une augmentation des impôts aussi. Il a cette conviction que ne partage pas le Premier ministre ou que, du moins, il n'exprime pas, selon laquelle « on ne peut arriver à l'équilibre que si tous les Français y contribuent par l'impôt. L'effort doit être universel. Il faut simplement qu'il soit ressenti comme juste ».

Comment s'entend-il avec ses collègues ? « Avec Pierre, pas de heurts. Il a notamment refusé, sur le budget, d'être une instance d'appel sur mes décisions. Cela simplifie les choses. Nous sommes sur la même ligne, Mosco et moi, on ne leur fera pas le cadeau de nous disputer. » Et avec Montebourg ? Il botte en touche : « J'ai peu de dossiers communs avec Montebourg », me répond-il. Il n'a pas dit : « heureusement ».

Nous parlons de François Hollande. Est-il selon lui un président trop normal, trop faible ? Comment expliquer sa baisse récente dans les sondages ? « Oui, convient-il, il a un virage à prendre : il doit passer de la normalité à la simplicité, sans récuser ni les attributs ni les apparences du pouvoir. Sans refuser les honneurs et les devoirs de la charge.» A-t-il dit cela, en ces termes, au président? «Je le lui ai dit, me répond-il, aussi clairement que je viens de vous le dire.» Il le lui a même écrit dès le mois de juillet. En lui fixant une sorte de feuille de route, ce qui n'a peut-être pas été du goût de François Hollande. Qu'y avait-il dans cette lettre? Une liste des réformes à accomplir vite, le plus vite possible, pour remettre la machine économique dans le bon sens : la réforme des collectivités territoriales; celle, essentielle à ses yeux, de la formation professionnelle; la suppression des aides aux entreprises, à remplacer par la baisse de leurs taxes. Sur la formation professionnelle, il a eu un violent échange avec Michel Sapin bien décidé à laisser en l'état un système qui a fait pourtant la preuve de son inefficacité. Je crois sans peine ce qu'il me dit : il a dans les yeux une détermination évidente. Peut-être un peu immodeste, Cahuzac, mais direct, assurément.

4 septembre

Jusqu'au 14 juillet, Hollande et les siens étaient portés par la victoire. Mais la rentrée a changé le rythme de l'action gouvernementale, sans que ni Ayrault ni le président ne l'aient sans doute bien mesuré. Moins 11 pour Hollande, dans le dernier sondage Ipsos. Et quarante mille chômeurs en plus. D'où vient cette impression, que Hollande s'est effacé? Ayrault est sur le devant de la scène, mais les Français sont ainsi faits qu'après l'élection du président de la République au suffrage universel, ils pensent, et ils ont raison, que tout procède de lui. Je vois bien qu'il a voulu prendre le contre-pied de l'omniprésence pratiquée par Nicolas Sarkozy. Mais il a eu tort. C'est même une grave erreur, à vrai dire inexplicable.

Les Français attendent de Hollande qu'il les rassure. Ou du moins qu'il ne les inquiète pas. D'un côté, je me dis que tout ne pouvait pas changer en quelques semaines; de l'autre, je continue de croire que les cent premiers jours d'un mandat présidentiel sont essentiels. Ce que le pouvoir ne fait pas durant cette période, peut-être ne le fera-t-il plus jamais.

5 septembre

François Chérèque est un homme réfléchi. Il est à la tête d'un syndicat réformiste, et ne craint pas, s'il le faut, d'affronter la CGT sur ce terrain. Il m'a raconté tout ce qu'il avait apporté comme réflexions et informations à François Hollande lorsque celui-ci était candidat. Il ne s'est pas spectaculairement rallié à Hollande, comme l'a fait imprudemment Bernard Thibault. Mais enfin, il connaît son camp, et n'en changera pas. Aujourd'hui, Chérèque, qui ressent l'urgence des réformes, prend les devants et propose d'agir sur la compétitivité, et surtout d'ouvrir la discussion sur le coût du travail, qui doit impérativement baisser. Qu'est-ce qui a changé depuis juillet pour que le leader de la CFDT prenne le risque de sonner la charge face aux autres syndicats, moins réformateurs que lui, en adressant ce message au gouvernement : « Allez-y, nous serons derrière vous » ?

La démarche est inédite : je n'ai pas le souvenir d'avoir entendu un syndicat presser le gouvernement de faire des réformes. Quant à l'abaissement du coût du travail, les autres syndicats ne l'entendent pas de cette oreille. Bernard Thibault ne peut pas donner à ses troupes le sentiment qu'il comprend le gouvernement. Il appelle donc à une manifestation pour le 9 octobre, préférant, quant à lui, mettre l'accent sur la sécurisation du travail.

9 septembre

Comme s'il avait entendu l'appel de Chérèque, à moins que la chose n'ait été décidée entre eux, François Hollande s'est invité au journal télévisé ce soir sur TF1. C''est la troisième intervention présidentielle depuis l'élection de mai. Le président comprend bien l'attente, l'impatience, les inquiétudes, le désamour même des Français. Il plaide face à cela en affirmant que le gouvernement n'a pas perdu son temps. Ayant compris que les Français attendaient tout de lui, et de personne d'autre, il multiplie les : «j'ai dit», «j'ai fait»... Ce qui doit être terrible pour ce pauvre Jean-Marc Ayrault, lequel s'échine de son côté. (Il ne sera ni le premier ni le dernier Premier ministre à qui pareil traitement aura été réservé.)

Hollande tente de démontrer à ceux qui l'écoutent qu'il les a entendus mais qu'il a besoin de temps : deux ans lui seront nécessaires pour le redressement. Il «accélère», dit-il, sur l'emploi, il promet cent mille emplois d'avenir à la fin de l'année, parle de réforme bancaire, de la Banque d'investissement qui doit aider les entreprises dans leurs projets, de compétitivité et de croissance ainsi que du financement de la protection sociale. Il ne cache pas qu'il lui faut trouver 30 milliards pour la sécurité, la Justice et l'Éducation. Il ne touchera pas aux niches fiscales mais parle de prélèvement de 10 milliards sur les grandes entreprises, dont les charges sont paradoxalement plus légères que pour les petites[1]. Et remet l'accent sur le prélèvement de 75%... Mon attention faiblit. Elle revient avec la phrase sur l'inversion de la courbe du chômage : Hollande pense qu'elle aura lieu «d'ici un an». C'est peu pour les spécialistes, qui n'y croient guère. Mais, un an, c'est déjà beaucoup pour les Français.

En résumé, il est venu – il était temps –, il a vu, mais il est loin d'avoir vaincu. L'Audimat est cruel : 8 millions de téléspectateurs l'ont suivi. En novembre 2007, six mois après son arrivée à l'Élysée, Nicolas Sarkozy avait frôlé les 19 millions. Mais c'était avant la crise de 2008, une époque où la situation paraissait si prometteuse et où l'on croyait encore à la capacité d'action des gouvernements.

1. François Hollande insiste : «Les PME seront sauvegardées, je crois à la force de la petite et moyenne entreprise.»

19 septembre

La partie qui s'ouvre aujourd'hui risque bien de bouleverser fortement, pendant de longues semaines, le monde politique : il s'agit de l'adoption du pacte de stabilité, qui porte maintenant un nom plus compliqué[1]. Ce pacte que Hollande a accepté en juin dernier, en ayant obtenu un volet sur la croissance après le sommet de Bruxelles, le voilà aujourd'hui sur la table du Conseil des ministres, avant la discussion au Parlement.

François Hollande espère sans doute pouvoir convaincre les Français en leur disant qu'il a gagné sur bien des points face à Angela Merkel, qu'il a amené la chancelière à parler de croissance, sans la caricaturer, comme elle l'avait fait juste avant, en la présentant comme une « croissance au rabais », et qu'enfin, il n'a pas été pour rien, quoique la BCE soit indépendante, dans l'intervention de Mario Draghi pour imposer aux gouvernements le rachat illimité des dettes des États européens.

C'est sur ce sujet que l'on mesure à quel point la cassure avec la gauche de la gauche, personnifiée par Jean-Luc Mélenchon, peut être périlleuse pour la majorité socialiste. Je parle de Mélenchon, mais je pense que ce schisme sur l'Europe va plus loin. Au PS, ceux qui ont refusé de voter la Constitution européenne de 2005 n'ont pas désarmé. Ils n'ont plus Laurent Fabius comme porte-drapeau, mais ils sentent bien que, quelque part, la machine est grippée. Et puis il y a les Verts, qui, malgré le plaidoyer proeuropéen permanent de Daniel Cohn-Bendit, se montrent dans l'ensemble hostiles au nouveau traité.

24 septembre

C'est fait, même si je ne pouvais me résoudre à y croire : les Verts ont voté avant-hier à 70 % contre le traité. Dany, tu les as laissés faire ? Depuis quand les Verts sont-ils antieuropéens, eux

1. Traité européen sur la stabilité, la coordination et la gouvernance.

qui sont si longtemps allés chercher leur foi et leur inspiration auprès de leurs collègues allemands ? Mystère. Est-ce uniquement pour chercher noise à leurs propres ministres verts, Cécile Duflot en tête ? En tout cas, c'est un premier coup, très grave, porté à la cohésion de la majorité. D'autant que ses collègues ont demandé à Cécile Duflot de quitter le gouvernement, et qu'elle-même n'a pas eu l'air franchement décidée à défendre le traité contre ses petits camarades... tout en faisant savoir aujourd'hui, par *Paris-Match* interposé, qu'elle ne démissionnerait ni de son parti ni du gouvernement.

Curieuse Cécile Duflot. À la fois chef de clan puisqu'elle a gouverné, et gouverne encore, les Verts, et Dieu sait qu'ils sont ingouvernables, et mi-militante, mi-midinette, soucieuse de montrer aux Français qu'on peut arriver à son premier Conseil des ministres en jeans – ce qu'elle n'a plus jamais fait par la suite.

Je n'arrive pas à éprouver de véritable sympathie pour elle, même si je la trouve coriace et décidée. Il paraît que François Hollande l'aime beaucoup, qu'ils échangent des SMS – mais avec Hollande le fait est coutumier.

Tout de même, quel coup, ce lâchage des Verts sur le projet porté par le président lui-même ! Jean-Vincent Placé que j'appelle au téléphone me résume l'état de ses troupes, divisées en trois courants. Celui des écologistes traditionnels derrière Cohn-Bendit, pour qui l'écologie du futur ne peut se développer que dans l'espace européen. Mais Dany le Rouge est devenu minoritaire dans le parti qu'il a contribué à créer. Deuxième courant : les partisans d'un rapprochement avec Jean-Luc Mélenchon. Le grand soir leur paraît non seulement souhaitable mais possible dans les plus brefs délais. Et puis un troisième groupe, celui des élus, qui ont bénéficié des largesses de la gauche aux dernières législatives, où Martine Aubry leur a accordé soixante-trois circonscriptions, pas moins, et qui voudraient bien, comme l'a dit Cohn-Bendit, le beurre, l'argent du beurre et les attributs de la crémière. C'est-à-dire rester au gouvernement, et pouvoir se désolidariser de lui quand ça leur chante.

27 septembre

Jean-Marc Ayrault est invité de l'émission de France 2 *Des paroles et des actes*. C'est son premier grand oral audiovisuel devant les Français qui le connaissent mal ou même pas du tout. Costume bleu strict, cheveux blancs, l'allure sobre et correcte, il commence par évoquer ses origines modestes, et l'ascenseur social qui pour lui a joué à plein. C'est vrai qu'il n'est pas, comme il le dit lui-même, un « danseur de claquettes ». Cela se voit. On diffuse même une intervention d'une de ses opposantes UMP à Nantes, qui lui « trouve autant de charisme qu'à son frigidaire ». Il prend cette réflexion dans la figure, sans que cela le désarçonne. Bien qu'il s'exprime à la veille d'un Conseil des ministres consacré au budget (avec l'ardente obligation de trouver 30 milliards d'économies ou de recettes supplémentaires), il affiche son ambition, déclarée d'emblée, de redonner de la force, de l'élan au projet français, et même de « réenchanter le rêve français ».

C'est donc qu'il mesure que, quatre mois après l'élection, le gouvernement et le président sont loin du compte. Lorsqu'il convient que « la période est très difficile », on sent qu'il ne s'attendait pas à ce qu'elle le soit autant. François Hollande non plus probablement.

Verdict mesuré des éditorialistes après cette première difficile : Ayrault ne s'en est pas mal sorti, même s'il n'est pas apparu comme Superman.

28 septembre

Ce matin, une fois n'est pas coutume, un peu d'air frais grâce à Bernadette Chirac : interviewée par Bruce Toussaint, elle a réussi à défendre Hollande tout en annonçant le retour, un jour ou l'autre, de Nicolas Sarkozy. « Il y a combien de temps qu'il est président de la République ? Vous jugez un homme au bout de quatre mois ? » s'est-elle exclamée en parlant du chef de l'État, ce qui ne l'a pas empêchée, fidèle à elle-même, de vanter les grandes capacités de son prédécesseur.

Elle a raison de rappeler que Nicolas Sarkozy est un animal trop politique pour se retirer à son âge : elle s'y connaît, étant mieux placée que quiconque pour constater que son mari ne s'est jamais remis d'avoir quitté le pouvoir. Certes, Sarkozy a affirmé qu'il voulait gagner de l'argent, mais les hommes comme lui préfèrent le pouvoir à l'argent. Quant à tous ceux, à l'UMP, qui déclarent qu'il ne peut pas revenir, que la page est tournée, que les dés roulent sans lui, ils feraient bien de s'apercevoir que personne dans leur parti n'a comblé le vide qu'il a laissé...

Le plus sincère, le plus terrible dans la bouche de Bernadette Chirac est venu à la fin de l'interview. Bruce Toussaint lui demande des nouvelles de Jacques Chirac. « La vieillesse, répond-elle sans prendre de gants, le général de Gaulle l'avait dit, est un naufrage. Et je continue à le penser. »

6 octobre

Croissance : pas le moindre redémarrage, 0,2 % prévus pour l'année prochaine au lieu de 0,4. Taux de chômage à 10,2 %. Pouvoir d'achat en recul de 0,5 % selon les calculs des experts, résultat combiné du ralentissement des activités et des hausses d'impôts. Les chiffres qui tombent ne sont jamais bons. Terrible ambiance.

10 octobre

Première bonne nouvelle depuis la fin de l'été, pour François Hollande : le traité sur la stabilité et la croissance a été ratifié par une très grande majorité de l'Assemblée nationale. Pour le président, l'objectif politique est atteint. Il craignait qu'une grosse poignée de députés socialistes ne lui fasse défaut, condamnant sa stratégie européenne, et que le traité ne soit accepté qu'avec l'appoint des voix de l'opposition. Cela étant, il y a tout de même eu vingt-neuf élus du PS, soit l'aile gauche dans sa totalité, pour s'abstenir ou voter contre. Si l'on ajoute les parlementaires verts, qui ont voté de manière négative aussi, conformément à la ligne incohérente qu'ils ont décidée, et le « non » généralisé du Front de gauche, on mesure la fragilité de la majorité élue en juin dernier[1].

25 octobre

Incroyable mais vrai, le débat entre François Fillon et Jean-François Copé sur France 2 dans l'émission de David Pujadas. Un débat inouï, entre deux prétendants à la présidence d'un même parti, qui se mesurent l'un à l'autre depuis le début de l'été. Tout cela avait beau être balisé, les deux adversaires ayant affirmé quelques jours plus tôt qu'ils n'en viendraient pas aux mains, c'était tout de même un spectacle saisissant, le dernier avant le vote des militants, dans les jours à venir.

Entre Fillon et Copé, le combat n'a pas révélé sur le fond une nouvelle stratégie de l'opposition. Ni l'un ni l'autre n'ont apporté d'éléments nouveaux dans l'analyse de la crise, pas plus que sur la façon d'en sortir. Tous les thèmes chers à Nicolas Sarkozy ont fait l'objet d'un consensus entre les deux, comme si la bataille présidentielle n'avait pas été perdue. L'un, Copé, avec sa « droite décomplexée », a tenté de coincer l'autre sur les relations à établir avec le Front national : il ne choisira pas, quant à lui, entre un candidat FN et un candidat socialiste sous le prétexte que le PS est allié avec... Jean-Luc Mélenchon, même s'il est bien le seul à les penser sur la même ligne. Fillon, en revanche, récuse le ni-ni. Mais il me semble qu'il le dit moins haut qu'auparavant.

Ils divergent aussi sur la façon d'appréhender un éventuel retour de Nicolas Sarkozy. Visiblement, Fillon ne veut plus entendre

1. Le projet a été adopté par 477 voix contre 70. 282 socialistes ont voté pour, 20 contre et 9 abstentions. Claude Bartolone n'a pas pris part au vote. Sur 17 parlementaires écologistes, 3 seulement ont voté le texte. 167 députés UMP ont voté pour (17 contre et 6 abstentions).

parler de lui, tandis que Copé ménage ses arrières, se déclarant prêt à laisser sa place à Sarkozy s'il désirait reprendre la présidence de l'UMP[1]. On ne va pas passer chaque journée d'ici à la fin du quinquennat en se demandant si Sarkozy va revenir ou pas, répond Fillon avec désinvolture. Aucune hésitation : Copé, peut-être plus habile sur ce plan que Fillon, est en train de se concilier les bonnes grâces de Sarkozy, cela peut toujours lui servir. Aucun calcul de cette nature pour Fillon : Sarko, pour lui, c'est du passé.

La vraie différence entre les deux hommes est dans leur tempérament : plus accrocheur, plus agressif, Jean-François Copé s'efforce de ressembler au Sarkozy façon 2007. François Fillon, lui, affiche davantage la sagesse et la compétence d'un homme qui en a déjà beaucoup vu et beaucoup fait. Derrière leur affrontement, il ne faut pas être grand clerc pour deviner que la présidence de l'UMP n'est pas leur but ultime. C'est mon tour, semble dire Fillon en pensant à la présidentielle de 2017. Pourquoi pas le mien ? lui répond Copé à mots couverts... pour l'instant.

29 octobre

Martine Aubry a été la vedette du congrès socialiste. Elle a réussi haut la main son examen de sortie. Parce qu'elle a tout de même contribué avec un certain fair-play à la victoire de Hollande, qui l'a battue à la primaire. Mais aussi et surtout en raison de son éloquence, de sa connaissance des problèmes sociaux, du rôle qu'elle a joué dans les 35 heures, comme de son personnage, tour à tour méchant et drôle, insupportable et finalement attachant, qu'elle a su rendre incontournable après des débuts incertains au premier secrétariat en 2008.

Alors qu'elle prend congé du PS et de ses dirigeants, après avoir refusé d'entrer au gouvernement, à quoi pense-t-elle ? Quel avenir se fixe-t-elle ? Elle a aujourd'hui soixante-deux ans. Croit-elle pouvoir revenir dans la course présidentielle dans cinq ans, à

1. « Quels que soient les choix de Sarkozy, dit Jean-François Copé, je serai à ses côtés. »

soixante-sept ans, tous les « nazes » – terme par lequel elle aime à désigner ses ennemis au sein du parti – ayant été balayés ? Attend-elle que François Hollande fasse d'elle le second Premier ministre de son quinquennat ? Se replier sur Lille lui suffira-t-il ? Il est vrai que les femmes politiques ne sont pas aussi accrochées au pouvoir que les hommes, et peuvent très bien, contrairement à eux, y renoncer et passer la main. Il est loin le temps où Jacques Chirac me disait, avant l'élection présidentielle de 1995 dont il allait sortir vainqueur : « Jacques Delors ne me fait pas peur, la candidate la plus dangereuse pour moi, ce serait sa fille... »

7 novembre

Atmosphère inouïe, aujourd'hui, à l'Assemblée : pour la droite, la gauche au pouvoir est toujours illégitime. Rien à faire à cela. À cette nuance près qu'elle n'osait pas le dire trop haut quand Mitterrand était à l'Élysée. Avec Hollande, elle ne se gêne pas.

Je suppose néanmoins qu'il y a autre chose derrière cette pugnacité de l'opposition : dans la foulée de Sarkozy, la droite pense qu'elle a perdu de peu, de très peu, la dernière présidentielle et cette certitude l'amène à croire à tout moment qu'elle n'est pas loin du pouvoir. C'est une situation inédite sous la Ve République. Lorsqu'il a été battu, Valéry Giscard d'Estaing n'a jamais cherché à analyser l'écart qui le séparait du vainqueur. Il s'est contenté de partir en adressant un « adieu » inoubliable aux Français. La droite, l'UDF, son propre parti, comme le RPR ont accusé le coup. Il leur a fallu des années avant de remonter la pente. Il en a été de même lorsque Jacques Chirac a perdu en 1988, anéanti par sa défaite, au point de songer à abandonner le combat politique. Face à cette dépression inattendue de son leader, la droite a mis des mois à se rétablir. Ce fut encore le cas aussi après la dissolution de 1997 où gaullistes et chiraquiens regardèrent Lionel Jospin et les siens s'installer à Matignon avec une totale résignation.

Tout cela pour dire qu'aujourd'hui, la droite n'a pas, au contraire, dételé une seconde. Elle est revenue au Parlement avec un espoir immédiat de reconquête. Les hésitations, les couacs de la gauche, ses difficultés, ses échecs alimentent bien sûr cet état d'esprit, qui explique en partie que Hollande n'ait pas connu d'état de grâce et que le pilonnage de la gauche ait commencé dès le lendemain de sa victoire.

9 novembre

Après les « cadeaux » faits aux entreprises, Hollande est empêtré aujourd'hui dans la question des 10 milliards d'économies qu'il doit trouver de toute urgence. Jamais un plan d'une telle ampleur n'avait été préparé. Il y avait bien eu celui de François Fillon en 2011, mais de moindre importance. Il faudra donc réformer le fonctionnement de l'État et celui des collectivités territoriales, à moins que les économies ne portent que sur la défense. D'autant que l'urgence s'impose, ne serait-ce que pour Bruxelles qui tord le nez. La croissance française ne serait que de 0,4 % l'an prochain, et non de 0,8 %, comme le gouvernement l'espérait.

Tout cela, cette alternance d'économies à trouver et de dépenses à faire pour rétablir la compétitivité, cette fichue croissance en baisse, et ce chômage toujours au plus haut mouliné sans relâche par les radios et les télévisions, relayé des millions de fois par les réseaux sociaux, crée une atmosphère terrible de désenchantement pour les uns et de colère pour les autres. L'impression que la fatalité du déclin nous menace jour après jour devient de plus en plus lourde, très lourde pour tout le monde. Il semble qu'un puissant pessimisme descende sur le pays.

14 novembre

Hier, première conférence de presse du quinquennat pour François Hollande, six mois après son investiture. On l'attendait de pied ferme en se demandant s'il serait à la hauteur de l'exercice et pourrait soutenir la comparaison avec ses prédécesseurs.

Dès les premières minutes, la messe, si j'ose dire, était écrite : il a été lui-même, un peu plus grave que d'habitude, mais ni solennel ni jovial. Dans la dernière partie, celle des questions, il a eu du mordant, de l'humour. L'exposé liminaire, lui, est resté sur le ton sérieux de bout en bout. Autre épreuve à franchir pour lui : celle du temps. Trop court, cela souligne le manque d'idées. Trop long, cela prouverait qu'il ne sait pas conclure. Il a choisi le trop long, peut-être pour montrer son endurance.

Comment fixer un cap à un pays quand il va mal ? Il me semble qu'il ne s'en est pas trop mal sorti, sur le thème : « Une alternance change le pouvoir, elle ne change pas les réalités. » Après l'énumération des réformes faites par décrets, et, sitôt faites, passées par pertes et profits dans l'opinion publique, il s'est pour une fois, la première depuis sa campagne, défini simplement comme un social-démocrate européen. Pas de tournant, chez lui, mais la continuité sur la réorientation de l'Europe, sur la réduction des déficits, « à marche forcée ».

Sur la lenteur de cette « marche forcée », Hollande, comprenant qu'on lui reprochait plutôt le surplace que l'accélération, a jugé nécessaire de s'expliquer : il a parlé de pacte, plutôt que de « choc de compétitivité », de crédit d'impôt plutôt que de baisse des charges, de sa volonté de rassurer les PME, de la loi visant à réglementer les activités bancaires.

Mais une conférence de presse ne se juge pas seulement par les mesures annoncées. Il y faut quelque chose de plus. C'est ce que Hollande a voulu faire en parlant de social-démocratie à la française. Bref, en essayant de définir ce que pourrait être le... hollandisme. Il n'y a réussi que partiellement.

18 novembre

En marge du duel Copé-Fillon, le congrès de l'UMP vient d'entériner la création de courants à l'intérieur du mouvement en vue de l'organisation de la primaire. Les difficultés, les indécisions de la gauche au pouvoir, les divisions de la majorité entre Verts et socialistes, entre socialistes et « mélenchoniens », tout cela devrait être pain bénit pour l'opposition. Eh bien non ! La division s'étale en son sein avec complaisance, avec volupté presque.

Les hommes politiques n'ont pas encore compris que plus rien désormais, depuis que ces sacrées chaînes de télévision en continu existent, ne peut se passer comme avant. Hier, bien des affrontements, les plus sévères en tout cas, restaient entre quatre murs, entre quatre paires d'oreilles, personne n'entendait les épithètes peu glorieuses, les noms d'oiseaux qu'échangent parfois les politiques dans le demi-secret de leurs officines ou de leurs réunions prétendument à huis clos. Il arrivait souvent que des assistants, plus ou moins bien intentionnés, répètent plus tard aux journalistes les phrases, les injures échangées. Aujourd'hui, tout est ouvert dans l'immédiat, tout s'expose, tout est répété, minuscule événement ou petites phrases, des dizaines de fois dans la journée.

Qui a vu cette nuit François Fillon, le toujours correct, le sage François Fillon foncer comme une furie, les yeux hors des orbites, au siège de l'UMP pour contester les résultats prématurément annoncés par Copé, a tout compris, en moins d'une seconde, de la violence qui les oppose. À 23 h 30 en effet, au terme d'une journée agitée, où le mot « fraude » était sur toutes les bouches, partisans de l'un et de l'autre se reprochant à tour de rôle des irrégularités, Jean-François Copé s'est déclaré élu, avant que la commission de contrôle ad hoc[1] n'ait fini de décompter les votes. Dix-neuf minutes plus tard, François Fillon, revenu précipitamment au siège de l'UMP, faisait de même. Les deux candidats ont donc revendiqué leur victoire, quasiment en même temps, devant des téléspectateurs restés, à cette heure tardive, devant leurs postes sans en croire leurs yeux.

Ladite commission de contrôle, la devenue fameuse COCOE, a pris quelques heures pour rendre son verdict : Copé a été finalement déclaré vainqueur, dans un climat lourd de suspicions, assassin pour

1. Commission baptisée COCOE (commission de contrôle des opérations électorales).

une prise de fonction. Quatre-vingt-dix-huit voix d'avance, 0,3 % de différence avec son compétiteur.

20 novembre

Le feuilleton UMP continue : Fillon a finalement renoncé, compte tenu de son score trop serré, à la présidence. Il en appelle à l'arbitrage d'Alain Juppé. Drôle d'attitude que de s'en remettre à un troisième homme quand on veut être le premier. Cette présidence était son but ultime depuis six mois. Il s'est jeté dans la bataille quelques jours seulement après l'échec de Nicolas Sarkozy, au point que sa précipitation a choqué. On l'a vu se traîner, à l'automne, avec cannes et béquilles d'une fédération à l'autre, après un accident de moto qui lui a cassé la hanche pendant l'été. Et voici que, ayant en mains la victoire, ou du moins en état de la revendiquer, il la laisse échapper. Incompréhensible. À croire qu'il n'a pas vraiment ou pas assez envie du pouvoir, moins déterminé, moins armé que son concurrent, plus facilement touché dans son amour-propre. Fillon éternel numéro deux ? Pour une fois qu'il pouvait devenir le numéro un...

22 novembre

François Bayrou, avec lequel je passe une heure aujourd'hui, rentre d'un long voyage en Chine. Il n'est ni amer ni désabusé envers Hollande.

Il voudrait bien l'aider, mais pour cela, me dit-il, « il aurait fallu qu'il ait le cran de me faire élire. Il ne l'a pas fait, je ne peux pas lui rendre de vrais services en dehors du Parlement. Productivité, temps de travail, droit du travail, poursuit-il, il lui faudra bien s'attaquer à tout cela. Dans la situation où il est, il ne peut plus éluder. Il est obligé d'assumer ».

Je note avant de le quitter cette autre phrase sur Hollande : « Sa discipline olympique, c'est le slalom. Mais ce n'est pas une discipline historique. »

25 novembre

Échec de la médiation d'Alain Juppé entre Copé et Fillon. Ils étaient deux à s'être noyés dans le marigot, ou la mafia, comme dit Fillon, de cette élection. Aujourd'hui, ils sont trois à en sortir amochés ou dévalués. Beau résultat.

26 novembre

Jean-François Copé n'a pas attendu longtemps pour prendre acte des énièmes conclusions de la COCOE. Le voilà élu président de l'UMP avec neuf cents voix d'avance sur Fillon. Fin d'un des plus incroyables feuilletons politiques de la Ve République. Comment une élection primaire préparée depuis longtemps a-t-elle pu virer au cauchemar ? Après tout, les deux concurrents s'étaient plutôt ménagés jusque-là. Le débat télévisé en octobre dernier n'avait rien d'une foire d'empoigne, François Fillon avait affirmé qu'il n'avait « pas d'adversaire », et Copé que la campagne se passait « remarquablement bien ». Ce n'est qu'au dernier moment que le premier a rappelé qu'il y avait deux lignes dans le mouvement : une ligne « droitière », incarnée par Copé, adaptant à sa sauce les thèmes du FN, et une ligne à droite, certes, mais plus centriste en quelque sorte, celle qu'il représentait. Toujours est-il que les quelque neuf cents voix d'avance de Copé, dans ces conditions de comptage et de recomptage pour le moins discutables, ne donnent pas au proclamé gagnant la légitimité suffisante aux yeux de tous les militants.

La vérité est que l'ombre de Sarkozy domine toujours l'UMP, qui n'arrive pas à tourner la page. Ce n'est pas un hasard si celui qui a fini par gagner s'est réclamé, d'un bout à l'autre de la campagne, de cet ancien président qu'il n'appréciait guère. Il l'a fait pour toucher le cœur des militants, qu'il savait toujours fidèles à Sarkozy. Du coup, pas de « droit d'inventaire » sur le bilan du quinquennat, pas de remise en cause, publique en tout cas, de la « ligne Buisson », pas de discussion sur les erreurs possibles du « grand chef». Copé ne l'a pas fait, et Fillon ne pouvait pas le faire. Il était même le moins bien placé pour cela, après avoir été cinq ans Premier ministre. Nicolas Sarkozy reste ainsi présent, omniprésent à l'UMP.

Celui-ci a-t-il joué Copé contre Fillon ? Il est, lui, trop habile pour s'y être risqué sans précaution. Il est sûr en tout cas, cela me revient de tous les côtés, qu'il est furieux contre son ancien Premier ministre qui se permet, après cinq ans de docilité, de passer son ancien patron par profits et pertes. Mais enfin, il a gardé ses remarques acides pour ses proches. À peine rentré d'une conférence lucrative à Shanghai, il a déjeuné rapidement à son QG avec François Fillon, passé de nombreux coups de fil à Copé, tenté de s'interposer entre eux. Ce qu'il craignait avant tout, j'en jurerais, c'est que la médiation d'Alain Juppé réussisse et permette à celui-ci de revenir au centre du jeu politique. Une place que Sarkozy veut sans doute laisser vacante le plus longtemps possible. Dans l'hypothèse de son propre retour, il sait qu'il aura besoin d'un mouvement uni, et pas d'une droite en lambeaux.

2013

1er janvier

Après le trimestre qui vient de s'écouler, j'ai l'impression que nous roulons vers l'abîme. Pourquoi un tel pessimisme ? Ce n'est pas seulement l'idée que ce gouvernement, comme le dit la droite, parfois à juste titre, est un gouvernement d'amateurs. Plus que de gaffes, il s'agit de sérieux dysfonctionnements. Prenons Florange, et Arcelor Mittal, de loin l'épisode le plus incompréhensible et, hélas, le plus significatif de la première année de la présidence. Le résultat du cafouillage a été sévère : le sauvetage des emplois chez Arcelor Mittal – une réussite en soi – est apparu comme une catastrophe. Un échec éclatant du gouvernement et du président. Le 28 décembre encore, le dirigeant CFDT, Édouard Martin[1], devenu la vedette médiatique du conflit, qualifiait Jean-Marc Ayrault de « traître », envoyait une lettre ouverte à François Hollande et hurlait sa colère.

À cela s'ajoute la guérilla autour de l'aéroport de Notre-Dame-des-Landes qui donne une image pitoyable de la majorité. Elle écorne sérieusement, là aussi, l'autorité du Premier ministre, à la pointe du combat pour cet aéroport depuis des années.

Pour une bonne nouvelle, comme la commande d'un ou peut-être deux paquebots géants à Saint-Nazaire, combien de plans sociaux annoncés, combien d'hommes et de femmes mis à pied !

---

1. Édouard Martin, quarante-huit ans en 2012, est le leader CFDT de l'usine Arcelor Mittal ; il a pris la tête de la lutte contre la fermeture des hauts-fourneaux de Florange en 2009, et s'est opposé au plan de fermeture, avec licenciement de plus de 600 ouvriers en 2012. Il est depuis 2014 député européen de Lorraine.

Et puis cette atmosphère exécrable entretenue par la droite qui, pourtant, loin d'avoir donné un spectacle réjouissant ces temps-ci, multiplie les conseils et mises en garde, jusqu'à voter contre les lois qu'elle a elle-même proposées. Il faut entendre Jean-François Copé, élu président de l'UMP dans les conditions que l'on sait, affirmer qu'en matière de chômage, on ne doit pas s'y prendre de cette façon. Il en sait quelque chose : le chômage n'est pas né d'hier, me semble-t-il. Il faut entendre aussi François Fillon promettre le pire : « Crise politique, crise sociale, violences. »

C'est la rengaine de la presse : Hollande a aussi perdu le contact avec les Français qui l'ont élu. Qu'est-ce que cela signifie exactement ? Qu'il n'est plus en campagne électorale, à les caresser dans le sens du poil ? Qu'il laisse une trop grande place à son Premier ministre, alors que nos institutions font que les Français attendent tout de leur président ? En fait, l'augmentation des impôts, seule, explique la mauvaise humeur de ceux qui sont touchés, et ils sont nombreux. Hollande a fait du remboursement de la dette l'axe de sa politique. D'où une pression fiscale qui ne s'abat pas seulement sur les riches, comme l'avait laissé entendre Ayrault en 2012, mais aussi sur les classes moyennes, cœur de son électorat. Si le lien s'est distendu entre le président et les Français, ce n'est pas pour des raisons psychologiques. Les avis d'imposition ont suffi.

2 janvier

Avec Sylvie Pierre-Brossolette, qu'il a reçue longuement pour *Le Point*, Hollande est revenu sur l'état de sa majorité. Avec une certaine tranquillité. L'aile gauche du PS ? « Ils votent tout, dit-il. Il faut voir ce qu'on leur a fait avaler : pacte de compétitivité, budget européen, baisse des dépenses. Alors il faut les ménager. »

Quant aux couacs gouvernementaux, il minimise les choses. Selon lui, Arnaud Montebourg n'est pas allé trop loin, il a simplement utilisé l'arme de la nationalisation. « Le bon résultat de la négociation a donné le sentiment de ne pas avoir atteint son objectif », constate-t-il. En effet.

Le reste ? Des broutilles. Et Jean-Marc Ayrault a toujours la cote, rappelle-t-il.

À noter que pour la première fois, le président évoque la situation de Jérôme Cahuzac. Le si brillant ministre du Budget est harcelé depuis plusieurs semaines par Médiapart qui l'accuse de détenir un compte numéroté en Suisse. Je n'imagine pas un instant que le ministre du Budget ait été assez imprudent pour avoir pris le risque d'une fraude fiscale. Il faudrait être fou. Il n'a pas l'air de l'être.

8 janvier

Coup dur pour le gouvernement, juste après les mises en garde disciplinaires du président de la République aux ministres. « L'exemple vient toujours d'en haut », leur a-t-il dit. « Vous devez agir en équipe. »

Le parquet de Paris vient d'annoncer qu'il ouvre une « enquête préliminaire au chef de blanchiment et de fraude fiscale » contre Jérôme Cahuzac. Comme tout le monde, je me rappelle cette scène à l'Assemblée nationale, le 5 décembre dernier, où, répondant aux questions d'un député UMP, Cahuzac, pâle, concentré, droit comme un I, a déclaré, en appuyant sur chaque mot : « Je n'ai pas, je n'ai jamais eu de compte à l'étranger, ni maintenant, ni avant. » Sur le moment, je n'ai pas douté de la véracité de sa réponse. On ne saurait mentir de cette façon à la représentation nationale, surtout au moment des questions d'actualité, lorsque la télévision filme tout.

Aujourd'hui je m'interroge. Le parquet, tout de même, ce n'est pas Médiapart, même si Plenel a lui-même envoyé une lettre au juge pour demander une enquête. Mais Edwy Plenel n'est pas Dieu le père. Le parquet n'a pas décidé cette enquête pour lui faire plaisir. Y a-t-il été autorisé ? Cela ne peut être que par Hollande. Celui-ci a beaucoup soutenu Cahuzac. Un élément nouveau l'a-t-il fait changer d'avis ? Comment croire que sur une affaire aussi sensible, le parquet a agi seul ?

Je me souviens avoir demandé un peu naïvement à Marc Tessier, fin décembre, s'il était grave pour un ministre du Budget d'avoir un jour possédé un compte en Suisse. L'ancien inspecteur des finances qu'est Marc a eu un haut-le-cœur. « Pour un ancien président de la commission des finances, ministre du Budget ? Tu n'y penses pas ! Il ne peut pas rester une seconde de plus à son poste, si c'est vrai. »

12 janvier

Hollande chef de guerre. Face au péril islamiste au Mali, François Hollande a décidé hier soir, vendredi, à la demande du président par intérim du pays, l'intervention de la France aux côtés des troupes loyalistes de Bamako contre les islamistes, installés dans le nord du Mali. Depuis l'Élysée, à 17 heures, vêtu de sombre, devant les drapeaux français et européen, Hollande a, hier soir, changé de visage. Il était presque pâle, déterminé ; pas d'hésitation dans ses phrases, bien calibrées, énergiques, une allocution carrée, sans un mot de trop. On découvre, je, moi, tout le monde, un autre François Hollande au langage sans équivoque, mû par une fermeté nouvelle. Mais l'hommage de la presse est à double tranchant : chacun s'étonne que le président manifeste une telle autorité, façon de dire qu'il n'en a guère eu auparavant.

Le plus réjouissant est la surprise de ses adversaires politiques : Sarkozy, pensent-ils, n'aurait pas été plus vite. Dans leur bouche, ça doit être un compliment.

13 janvier

Drôle de semaine pour Hollande. Avant-hier, il revêtait le rôle de chef de guerre, incarnant l'unité de la nation. Aujourd'hui, les adversaires du mariage pour tous, qu'ils ont baptisé « mariage gay » – un million de personnes, une marée humaine sur Paris –, ont gagné leur pari. Cette mobilisation de masse, je ne l'imaginais pas un seul instant. D'abord parce qu'il s'agissait d'un engagement pris par Hollande pendant sa campagne. Ensuite parce que, partout ailleurs, y compris en Espagne, pays catholique, le mariage pour tous ne s'est pas heurté à de telles résistances. Apparemment, les catholiques français ne s'y résignent pas.

La manifestation a été organisée par eux, et sans doute relayée à l'occasion de tous les prêches de villages, avec promesse d'excommunication à la clef pour le président et pour Christiane Taubira, qui, ministre de la Justice, portera cette loi. On y a vu défiler tout ce que la bourgeoisie catholique de province peut révéler d'elle-même : des couples, hommes en loden vert, femmes en talons plats, défendant la famille comme si, en France, une grande partie des foyers n'était pas désunie.

16 janvier

Vœux de François Hollande à la presse.

Pendant tout le temps qu'il évoque les opérations à venir au Mali, l'attention des journalistes ne faiblit pas. En revanche, lorsqu'il change de sujet, pour parler emploi ou jeunesse, leur écoute est plus distraite. Hollande le sent, étant, comme on dit d'une vedette du show-biz, de ceux qui suivent au plus près les réactions de ses auditoires.

Après avoir évoqué la révolution du numérique, il conclut assez vite par une plaisanterie : « Bonne année pour la presse, bonne année pour le président. Ce n'est pas incompatible. »

25 janvier

Hier, nouvelle mobilisation des opposants au mariage pour tous. Cette fois, ils ne devaient pas défiler sur les Champs-Élysées, mais avenue de la Grande-Armée. Ils sont mieux reçus, en effet, dans les beaux quartiers que dans le 19e arrondissement. Curieux personnage, tout de même, que cette Frigide Barjot. Rien ne laissait pressentir que cette femme d'un hurluberlu, Basile de Koch (on voit l'astuce !), autrefois nègre de Charles Pasqua, deviendrait la pasionaria de ce mouvement. Je l'imaginais anar, exubérante, rigolote. Rien à voir avec les cathos. Aujourd'hui elle ne se sent plus, appelant la France entière à manifester entre la Grande Arche et l'Arc de triomphe.

On pouvait penser que, l'Assemblée nationale ayant adopté le texte en première lecture, le moral des troupes antigay aurait été affaibli. Au contraire, il est au plus haut, attirant à la fois Henri Guaino, remonté comme une pendule contre le mariage gay sous le prétexte qu'il a été élevé uniquement par des femmes et qu'il a souffert de l'absence d'un homme, et Hervé Mariton, à l'affût des médias. Jean-François Copé, lui, jamais en retard d'un train, a appelé les Français à venir en masse. Seule, c'est à noter, Marine Le Pen se tait. Sans doute à cause de certains de ses lieutenants les plus proches, favorables, comme Florian Philippot, au mariage en question.

En tout cas, les images de la manifestation d'aujourd'hui sont encore plus spectaculaires que celles du 13 janvier. Un public encore plus nombreux, un service d'ordre interne encore mieux organisé, huit mille jeunes vêtus de tee-shirts rouges et jaunes.

Ce qui me choque, c'est le silence incroyable des organisations homosexuelles, qui, depuis des années, réclament la reconnaissance de leurs droits. Au moins pourraient-elles, sans descendre dans la rue, multiplier les pétitions et les soutiens au gouvernement. Rien de tout cela. On ne les entend pas. Totale absence de courage.

26 janvier

Je m'amuse à compter le nombre de rapports, de contre-rapports, de textes, d'états généraux qui, depuis 2012, ont afflué sur le bureau du Premier ministre et du gouvernement. Dans le seul mois de janvier, encore n'est-il pas fini, je note au hasard : le dépôt, mi-janvier, du rapport de Jean-Yves Le Déaut sur l'université, qui reprend les conclusions des états généraux de l'enseignement supérieur et de la recherche. Un rapport sur la fiscalité numérique, puis celui relatif à l'éducation artistique. Il eût été à mon avis plus judicieux de dresser d'entrée de jeu un bilan du quinquennat de Nicolas Sarkozy, si le gouvernement socialiste souhaitait démontrer qu'il était meilleur et plus efficace que celui de François Fillon. Hollande n'a pas voulu le faire dans un souci de « décrispation ». Aujourd'hui, l'abondance de ces rapports semble démontrer que tout doit être repris dans la maison France, de la cave au grenier. C'est trop tard, huit mois se sont écoulés depuis l'élection. On ne peut plus rendre la majorité antérieure responsable de tout. Quant à solliciter tant d'avis de tant de commissions, n'est-ce pas aux ministres, à leurs cabinets, de faire ce travail ? J'exagère ; je n'aurais pas écrit cela ni sur le rapport Attali, du temps de Sarko, ni sur le rapport Gallois sur la compétitivité. Mais trop, c'est trop. On attend encore pour février un rapport sur la création d'un organisme chargé de l'égalité des territoires, et un rapport sur les politiques d'intégration.

27 janvier

Dernière enquête du CEVIPOF, étayé sur un sondage Ipsos. Jamais la défiance vis-à-vis des hommes politiques n'a été plus forte. La France a certes un vieux fond anarchiste, c'est le pays des chansonniers et la dérision est une part de la liberté de la presse. Mais la défiance à l'égard de la classe politique (et j'ajoute : médiatique) est à un degré record : les hommes politiques ne pensent qu'à leurs petits intérêts, la corruption y est habituelle, le système démocratique fonctionne mal. Pour près de 90 % des Français, la puissance économique de la France n'a fait que décliner depuis les dix dernières années. Derrière tout cela, une revendication : le besoin d'autorité – « une valeur trop souvent critiquée » –, l'avènement d'un « vrai chef ». Autre aspect, non moins inquiétant, de l'enquête : deux tiers des Français estiment qu'il y a trop d'étrangers en France, jugent que l'islam est intolérant et incompatible avec la société française. Mondialisation, Europe, tout fait peur. Le paradoxe est que les Français ne font confiance à personne, mais ils attendent tout de ceux qui les dirigent, qu'ils ne cessent de vilipender par ailleurs. L'idéal pour eux serait un chef qui effacerait la dette sans que les citoyens en souffrent, qui réussirait à exporter massivement nos produits à l'étranger tout en fermant nos frontières, qui instituerait la retraite à cinquante-cinq ans en puisant on ne sait où l'argent pour la financer.

À la lecture de l'enquête du CEVIPOF, je me dis que le Front national a de beaux jours devant lui.

8 février

On savait bien que l'Europe n'allait pas fort. Mais ce n'est pas le fiasco, hier, du dernier Conseil européen qui démontrera le contraire. En question, le budget de l'Union de 2014 à 2020. Les 27, puisque 27 il y a, ont entériné une baisse de 3 % du budget prévu. C'est un recul considérable et, à mon humble avis, la fin d'une certaine aventure. Je ne peux pas dire que cela me fasse de la peine, je n'ai jamais cru que les nations puissent se dissoudre dans l'Europe. Aujourd'hui, tous les inconvénients s'additionnent et l'Europe perd sur tous les tableaux. Le plus comique est que chacun fait semblant d'être content du compromis trouvé à grand-peine. Cameron le premier, qui avait fait savoir, de plus en plus fort, avant la rencontre, qu'il s'opposerait à un budget dispendieux. D'ailleurs, il s'interroge sur le maintien de l'Angleterre au sein de l'Europe. Difficile de négocier avec quelqu'un qui a son billet de retour en poche.

Cet accord boiteux entre parcimonieux et partageux est en réalité un échec pour Hollande. À Strasbourg, la semaine précédente, il avait plaidé pour que le budget européen « prolonge le pacte de croissance adopté en juin dernier ». En fait chaque pays a tiré la couverture à lui. L'Europe n'est plus aujourd'hui que l'addition des égoïsmes nationaux.

10 février

Fin de la discussion parlementaire sur le mariage pour tous. Et découverte, au bout de ce long chemin, d'un formidable orateur, au charisme inouï, aux phrases amples, regorgeant de citations littéraires, lancées avec une voix de tonnerre. Présente à son banc de ministre pendant tout le temps du débat à l'Assemblée nationale, de jour ou de nuit, et Dieu sait qu'il y en a eu, des séances nocturnes, Christiane Taubira étrille ses adversaires, ayant réponse à tout sans jamais consulter une note. Son discours final après le vote solennel était extraordinaire : rien n'y a manqué, y compris cette remarque faussement enjouée adressée aux députés de l'opposition : « Il restera toujours, toujours beaucoup de femmes pour vous regarder, messieurs, essayer de percevoir derrière vos carapaces la tendresse qui parfois vous habite. »

Elle est, pour les conservateurs, le comble de ce qu'ils détestent : une femme, noire de surcroît, douée comme le sont peu d'hommes, y compris à l'Assemblée ; une femme de gauche, libre, dans sa vie comme en politique, où elle s'est toujours voulue incontrôlable.

Ses adversaires comme ses amis politiques l'ont baptisée « la chancelière Taubira ». C'est tout dire.

13 février

Petite phrase d'Alain Juppé, glissée comme sans y toucher au cours d'une émission sur LCP : « Nicolas Sarkozy suit l'actualité politique avec attention, on se téléphone, je vois qu'il est très vigilant. C'est à lui, maintenant, de faire ses choix. » Il n'exclut pas qu'il puisse envisager de se présenter à la présidentielle de 2017.

Costume gris, cravate bleu roi, Juppé paraît en pleine forme, sans aucune ride, plein d'autorité. On ne peut pas dire qu'il est souriant, ça non. Je l'avais un peu perdu de vue depuis sa tentative, avortée, de rapprochement entre Copé et Fillon, l'été dernier. Je n'avais pas l'impression que sa démarche, celle d'un sage, ait enthousiasmé Sarkozy, lequel n'a aucun intérêt à voir un autre arbitre que lui se mêler de régler les problèmes de l'UMP.

Politique mise à part, depuis plus de neuf mois, la vie de l'ex-président est au beau fixe : conférences bien payées, qui le seraient plus encore s'il parlait anglais, vie de famille avec Carla, balades dans le monde entier... Un soupçon de barbe au menton lui donne même un air décontracté qui sied à son nouveau statut d'homme libre.

Il n'empêche : les hommes comme lui s'ennuient, en dehors de ce qui a toujours dominé leur existence ; il y a quelques jours, il n'a pas résisté au plaisir d'aller faire un petit tour dans les rues, où il a été chaleureusement applaudi.

Sarkozy n'a jamais fait dans sa vie autre chose que de la politique depuis ses vingt ans où il s'est fait remarquer, pour la première fois, par Jacques Chirac au congrès du RPR de Nice.

21 février

Parcours sans faute de Manuel Valls, que la presse appelle maintenant « le vice-président » ou « le vice-Premier ministre » selon les cas. Voilà quelqu'un qui sait organiser sa communication. Il est apprécié des policiers, de leurs syndicats surtout depuis qu'il a enterré, à leur demande, les propositions de Jean-Marc Ayrault sur les récépissés obligatoires en cas de contrôle d'identité. Dans un pouvoir pilonné de tous côtés, Manuel Valls fait mieux que tirer son épingle du jeu : il est au plus haut dans les sondages. Les hommes politiques ont beau dire qu'ils se fichent des sondages, je n'en connais pas un qui ne s'en soucie pas. Lui, en tout cas, les regarde. Avec attention même : il a passé les vingt premières années de sa vie politique à analyser ceux des autres, de Michel Rocard à Lionel Jospin. Il le fait aujourd'hui, non sans plaisir, pour lui-même.

Aujourd'hui, Valls ne songerait-il qu'à Matignon ? Oui, selon ceux qui ne l'aiment guère, et font de lui le portrait d'un homme ambitieux et pressé. Je ne l'ai pas vu depuis quelques mois, mais je le crois plus habile que cela. Il savait bien qu'il ne serait pas le premier Premier ministre du quinquennat. En revanche, étant homme à ne se fixer qu'un but à la fois, pour avancer plus vite, il a obtenu de Hollande, pour services rendus pendant la campagne, le portefeuille de ministre de l'Intérieur.

Aujourd'hui, Manuel Valls n'a qu'une idée en tête : incarner une gauche sécuritaire et républicaine, deux mots rarement conçus par les socialistes comme allant de pair. Il a toujours été sur cette ligne et on doit au moins lui reconnaître une constance sur ce point depuis 2002.

Il n'est pas sectaire, non plus, qualité rare en politique : il lui est arrivé d'approuver telle ou telle mesure de Nicolas Sarkozy, la TVA sociale par exemple. Il était même favorable à l'adoption de la réforme constitutionnelle proposée par l'ancien président en 2008[1], en finissant par se ranger, au dernier moment et de mauvaise grâce, à l'avis de la majorité du PS. Tout cela fait de lui un homme politique nouveau, ouvert, énergique surtout, même s'il déteste qu'on parle de lui comme d'un Sarkozy de gauche. Énergique oui, plaisante-t-il à l'occasion, agité non.

Se considère-t-il comme une sorte de vice-président sous le prétexte qu'il a largement contribué à l'élection de François Hollande, qu'il a formé avec lui un véritable tandem en 2007 ? Il a gardé, me dit-on, ses habitudes avec le chef de l'État : SMS, coups de téléphone, visites en voisin depuis la place Beauvau. Mais François Hollande n'est pas homme à accepter un vice-président. Vice-Premier ministre, en revanche, cela pourrait se concevoir davantage. Qu'Ayrault aille jusqu'à s'en irriter, ça ne doit pas empêcher Valls de dormir. Ni Hollande, d'ailleurs.

1. La révision constitutionnelle du 23 juillet 2008, dite loi de modernisation des institutions de la Ve République, est basée sur les conclusions du rapport remis au président de la République en octobre 2007 par Édouard Balladur. Le groupe socialiste a voté contre cette révision. La révision introduit notamment le référendum d'initiative partagée, un nouveau rôle des commissions parlementaires pour les nominations effectuées par le chef de l'État et surtout la saisine du Conseil constitutionnel par voie d'exception, appelée question prioritaire de constitutionnalité. Chez les socialistes, seuls Jack Lang, qui avait participé à la commission Balladur, et Albert Likuvalu ont émis un vote favorable.

27 février

Mort de Stéphane Hessel. Quelle histoire que sa vie ! Ce que je retenais de lui avant tout, c'est qu'il était le fils, si je peux dire, de Jules et Jim, l'enfant du trio porté à l'écran par François Truffaut. Sa mère (Jeanne Moreau dans le film), superbe, avait rencontré Franz Hessel au café du Dôme, à Montparnasse. Stéphane parlait rarement de sa mère, pour laquelle il nourrissait un grand amour, et presque jamais de sa vie d'enfant entre ses deux pères, ou considérés comme tels.

De nos voyages pendant que nous siégions à la Haute Autorité de l'audiovisuel, je retiens une scène qui m'avait bouleversée. Nous nous étions rendus ensemble à Berlin, sa ville natale, pour rencontrer les patrons de la télévision publique allemande. Hessel n'était plus jamais retourné en Allemagne depuis l'avant-guerre. Nous avons recherché la maison de sa grand-mère providentielle qui l'avait élevé, rue après rue, dans le quartier de Tiergarten, sans jamais la trouver : elle avait été détruite, comme tout Berlin ou presque en 1945. Je me rappelle avec émotion cette marche dans Berlin, où, pour la première fois, il me parla de sa famille. Il en était le seul survivant, tous les siens avaient disparu, il n'en restait rien, pas même la maison de sa grand-mère.

C'est lui qui, à la Haute Autorité, s'était occupé des centaines de radios libres, florissantes après l'élection de Mitterrand en 1981. Il fallait le voir face à ces jeunes gens décoiffés et sans cravate qui venaient demander l'autorisation d'émettre à l'institution chargée de la délivrer. Il était avec eux très Quai d'Orsay, souple et ferme à la fois. Son plus grand souci, pendant des semaines, fut de convaincre les lesbiennes et les gays d'accepter la même fréquence, puisqu'une seule était disponible, quitte à ce que le matin, les lesbiennes soient à l'antenne tandis que les gays les ralaieraient l'après-midi. Les deux communautés étaient en passe d'en découdre lorsqu'il parvint à leur imposer une trêve.

2 mars

Dix mois après l'arrivée de François Hollande, ce titre à la une du *Point* : «Hollande le louvoyeur». Ce n'est pas cela qui me trouble le plus, car après tout, pour gouverner, il faut bien parfois savoir louvoyer. Ce qui me gêne, c'est le désordre dans lequel réformes et lois défilent, à toute allure, comme sous Sarkozy : retraite, impôts, TVA, abolie puis rétablie pour un autre usage. Tout cela pour répondre à des attentes successives et se concilier, souvent en vain, les bonnes grâces des uns et des autres.

13 mars

Heureuse surprise : l'accord entre les partenaires sociaux sur les retraites complémentaires du secteur privé[1]. Intéressant de voir que trois syndicats seulement l'ont signé : CFTC, CFDT et CGT-FO. Preuve que les négociations sociales, à quelques jours du congrès de la CGT, se déroulent mieux qu'on ne pouvait le penser. Syndicats réformistes et patrons peuvent-ils travailler ensemble de manière apaisée ? C'est le pari de Hollande. La semaine dernière, le texte sur la sécurisation de l'emploi, adopté en Conseil des ministres, reposait lui aussi sur un accord national interprofessionnel[2]. Le gouvernement veut y voir le fruit d'une méthode, la réforme par le dialogue social.

Élection du pape François, qui succède à Benoît XVI. Le Nouveau Monde, dans lequel on compte le plus grand nombre de catholiques, arrive au Vatican. Ce pape a l'air sympathique, il a dit gentiment, lors de sa première intervention, «*Buona notte*» aux foules qui emplissaient la place ; il a la réputation de refuser le luxe et a préféré, depuis longtemps, au beau palais de l'archevêché

1. Le texte supprime l'indexation des retraites complémentaires, jusque-là revalorisées tous les 1er avril sur la base de l'inflation.

2. Accord conclu le 11 janvier 2013, dans le droit fil, dit le communiqué du Conseil, de la volonté du président de la République de «mobiliser les forces vives de notre pays vers des solutions nouvelles sur l'emploi».

de Buenos Aires un petit appartement de trois pièces ; il a fait des inégalités son combat. Il n'a pas l'air plus ouvert que ceux qui l'ont précédé sur l'ordination des femmes, le divorce ou l'interruption de grossesse. Mais il est jésuite, tout peut arriver.

17 mars

Premier tour de l'élection législative partielle dans l'Oise dimanche dernier : cruel pour le parti socialiste. Le résultat est sans surprise : dix mois après l'élection de François Hollande, la première partielle de 2013 est à l'image des difficultés de la majorité socialiste. Avec neuf points de moins qu'en juin 2012, la socialiste n'a pu se maintenir au second tour[1], au profit de l'UMP et du FN.

À cela s'ajoute une abstention massive : 70 % des électeurs de la circonscription, à gauche comme à droite, sont restés chez eux. Il y a parmi eux beaucoup de mécontents, mélenchoniens ou communistes, déçus par la trajectoire sociale-démocrate de François Hollande, donc démobilisés. La conclusion de ce premier tour calamiteux pour le PS est que la candidate du Front national reste, elle, en piste.

20 mars

Nouveau tournant, cette fois déterminant, dans l'affaire Cahuzac : ouverture, hier, d'une information judiciaire, succédant à l'enquête préliminaire de janvier. Le ministre a dû démissionner. Le remaniement a été annoncé ce matin. Par un hasard inouï, je dîne chez des amis où il est attendu avec sa nouvelle compagne, Laura Vernier. Nous pensons qu'il ne viendra pas et passons à

1. Elle n'a pas obtenu le nombre de voix légalement nécessaire pour rester dans la course.

table lorsque la sonnette retentit. Il est là, affecte une grande sérénité, explique qu'il profitera de son départ du gouvernement pour faire la preuve de son innocence. Il laisse entendre que beaucoup des accusations proférées contre lui ont été largement inspirées par son ex-femme, et qu'en l'état actuel, il juge normal que Hollande lui ait demandé de se retirer. D'ailleurs, pour lui, ce n'était plus tenable. On le voyait perdre de sa superbe, en séance à l'Assemblée nationale, où il n'a pas son égal pour renvoyer aux pelotes les députés de l'opposition.

Le dîner fini, Laura et lui prennent congé. Nous restons quelques instants encore autour de la table. Je l'ai trouvé, pendant ces deux heures, convaincant, combatif, énergique. Ce n'est pas l'avis de tous. Nous nous séparons en proie au doute. Et s'il nous avait menti, à nous aussi ? Information judiciaire, ça ne sent pas bon.

2 avril

Cahuzac vient de reconnaître les faits qu'on lui reproche, et qu'il niait, depuis six mois, devant les juges d'instruction. Comment a-t-il pu oser jurer les yeux dans les yeux aux députés en parcourant l'hémicycle de son regard hautain que jamais, au grand jamais, il n'avait disposé de compte en Suisse, ni ailleurs, ni ici, ni aujourd'hui, ni hier ? Il fallait vraiment qu'il se sente invulnérable, qu'il pense son secret inviolable, ou qu'il se sente pris dans un engrenage infernal, pour mentir tout à la fois au président de la République et à la représentation nationale. J'ai l'impression d'être moi-même insultée. En même temps que j'écris ces mots, je me surprends à penser : pourvu qu'il ne se suicide pas. Je comprendrais qu'il le fasse pour éviter le déshonneur.

Crise morale sans précédent : le mensonge et l'argent mêlés, le mensonge sur l'argent, l'argent du mensonge.

6 avril

Le jeune espoir de l'UMP, Bruno Le Maire[1], a reçu le prix du Livre politique[2] pour son livre *Jours de pouvoir*. Je n'ai pas voté pour lui, malgré le style que j'ai trouvé beau. Deux choses m'ont gênée. D'abord, le plaidoyer pro domo, de la première à la dernière ligne. De l'agriculture, ce normalien ministre a immédiatement tout compris, tout su, tout géré. Sa science vient de lui seul... Bref, j'ai trouvé ce livre à la limite de l'arrogance. On sent trop en le lisant qu'écrire, pour son auteur, ne sert qu'à peaufiner son personnage politique et à faire avancer sa carrière. Cela dit, je ne connais pas Bruno Le Maire, mes préventions contre lui sont peut-être injustes.

9 avril

Incroyable et médiocre spectacle. L'après-affaire Cahuzac retombe lourdement sur le gouvernement, et sur François Hollande avant tout. Savait-il ? Depuis quand ? A-t-il fermé les yeux ? Avoir confié ce poste à Cahuzac relève de l'aveuglement, voire de la complicité. Chacun y va maintenant de son témoignage : mais bien sûr, tous ses électeurs « savaient », et l'enregistrement effectué par un potentat local, plus ou moins adversaire politique de Jérôme Cahuzac, circulait depuis longtemps. Comment ses amis politiques auraient-ils pu ignorer ce dont la population était informée, dit-on. Passe encore qu'ils n'aient pas vu ou voulu voir la vérité, mais après la demande d'enquête préliminaire, cette cécité est proprement inimaginable.

1. Ancien ministre de l'Agriculture de Nicolas Sarkozy dans le gouvernement Fillon, Bruno Le Maire est député UMP de l'Eure.

2. Le prix du Livre politique, dont c'était la 22e édition, a été créé en 1991.

10 avril

Hollande, en réaction à l'affaire Cahuzac et pour s'efforcer de désamorcer les critiques, a décidé de contraindre les responsables publics, les ministres surtout, à publier leur patrimoine. Je pensais que c'était le cas depuis longtemps, puisque les hauts fonctionnaires, les hauts cadres des entreprises nationales le font déjà. En Allemagne, tous les élus au Bundestag font état, depuis belle lurette, de leurs déclarations d'impôts et de leurs intérêts financiers. Même en Italie, les citoyens qui le désirent peuvent consulter le patrimoine des ministres. Eh bien en France, il paraît intolérable de demander aux élus une pareille transparence. Argument avancé par la droite et une partie de la gauche : les Français n'ont pas avec l'argent la même relation qu'ailleurs. Ils éprouveraient à son égard un sentiment trouble, mélange de répulsion, de jalousie et de fascination. Dans les pays anglo-saxons, l'argent passe pour avoir quelque chose de naturel, de sain. En France, c'est le contraire. Donner en pâture aux électeurs français les avoirs de leurs élus, ce serait risquer d'entretenir chez eux une méfiance atavique envers les présumés privilèges du pouvoir.

En réalité, ce que l'opposition suggère ou affirme, est que le président cherche à entourer d'un écran de fumée le scandale déclenché par l'affaire Cahuzac. Polémique inutile au moment où tous les élus, sans distinction de classe ni d'appartenance, devraient s'entendre pour en finir avec ce type de scandale, que les médias eux-mêmes sont soupçonnés de couvrir.

Mais l'opposition accuse à la fois le président de n'avoir rien fait pour empêcher le mensonge de Cahuzac, et, en même temps, s'indigne qu'on exige plus de transparence de nos élus.

Les dégâts de l'affaire Cahuzac sont considérables. Moscovici a eu raison de dire qu'après cela, toute parole politique est désormais suspecte. Mélenchon en profite pour réclamer l'avènement d'une VIe République. Marine Le Pen, à l'inverse, est assez habile pour ne pas en rajouter. Elle pense que le temps joue pour elle, et qu'elle n'aura qu'à se baisser pour ramasser les débris.

11 avril

Claude Bartolone s'en mêle. Dans *Le Figaro* de ce matin, il prend la défense des parlementaires, en estimant qu'il ne faut pas pointer du doigt les députés dans leur ensemble. Il marque donc ses distances avec François Hollande et le gouvernement. Il faut dire qu'il n'avait pas été prévenu de l'opération blanchiment et transparence. D'où une note au picrate, qu'il s'est débrouillé pour faire fuiter, où il regrette de n'avoir pas été prévenu de l'initiative avant qu'elle soit amenée et désapprouve toute la publication des déclarations de patrimoine qui ne serviraient, selon lui, qu'à alimenter les « dérives populistes ». C'est un nouveau coup porté à l'autorité de François Hollande. Toute la question est là : le chef de l'État a, comme diraient les sondeurs, un « déficit de présidentialisation ». Bien des socialistes, y compris des ministres, sont les premiers à ruer dans les brancards et aussi les premiers à reprocher à Hollande son manque d'autorité. Je ne peux pas croiser un ou une socialiste sans qu'il, ou elle, me dise : « Il faut qu'il montre qu'il est le président. » Si les uns et les autres commençaient par lui rendre la vie plus facile, ce serait déjà beaucoup.

Au fond les socialistes eux aussi regrettent que Hollande ne soit pas Sarkozy.

15 avril

Obsèques d'Antoine Veil, mort le 12 avril. J'avais pour lui de la tendresse. On ne m'ôtera pas de l'idée qu'il est parti si brutalement parce qu'il ne supportait pas, physiquement, moralement, que sa femme soit malade. Il la soignait, depuis plusieurs mois, avec un dévouement dont on ne croit personne capable. Il luttait contre la tristesse, regardant avec une peine infinie décliner, chez sa femme, la beauté et l'esprit. Ceux qui, comme Philippe Barret et moi, les ont approchés longtemps et souvent, en vacances, chez eux dans le sud de la France, ou encore en Chine, où nous sommes allés plusieurs fois ensemble, s'étaient habitués entre eux à une sorte de

« chamaillerie » permanente, affectueuse. Nous le comprenions. Simone est un personnage merveilleux et complexe. Sa vie en a fait un exemple de courage et de liberté pour tous. Mais elle est sûrement plus dure qu'elle n'en avait l'air, plus armée aussi, faute de quoi elle n'aurait pas résisté au pire. Déterminée à vivre, aimant la vie, les amis, le soleil, le pouvoir aussi, le pouvoir surtout, conçu comme une revanche constante sur les camps de sa jeunesse. Antoine savait tout cela, et il lui pardonnait de l'avoir relégué dans l'ombre, lui qui avait voulu si fortement faire de la politique et qui aurait eu, sans elle, une tout autre carrière. Antoine croyait en une Europe fédérale, pensait que le centre avait un grand avenir en France, malgré la Ve République et malgré François Bayrou qu'il n'aimait pas. Il était curieux de tout. Il était gai, ne reculait pas devant le calembour, que Simone écoutait en haussant les épaules, en riant parfois. Il lui arrivait, sûr de ses jugements et de ses idées, d'être aussi donneur de leçons, ce que ne supportait pas Simone, qui pouvait en donner bien d'autres. Tels qu'ils étaient, ils s'aimaient, se comprenaient. Il l'admirait et elle ne pourra pas vivre sans lui.

L'enterrement, à Montparnasse, était bouleversant. Simone avait à peine l'air de comprendre qu'elle ne le verrait plus jamais, au moment où elle avait le plus grand besoin de lui, au moment où il lui était le plus cher. Il y avait là Chirac, marchant avec peine, et puis Sarkozy, pour qui elle avait tant d'indulgence. La mine grave dans l'allée où le cercueil était déposé : Balladur, Fillon, Douste-Blazy. Et puis, bien sûr, ses fils Jean et Pierre-François, si proches de leur père. Celui-ci a exercé une influence déterminante sur ce qu'ils sont devenus, ne serait-ce que parce que Simone était souvent absente, au Parlement européen ou dans ses ministères. Il était avec eux exigeant, aimant.

27 avril

Au début, j'avoue que cela m'a fait rire. Les noms de dizaines de personnalités de toutes provenances politiques – en majorité de droite, pour être exacte – punaisés sur un mur, dans les locaux du

Syndicat de la magistrature, sous une sorte d'écriteau présentant le « mur des cons ». En bas du mur, une seconde affiche avertit ceux qui seraient tentés de compléter la sélection : « Avant d'ajouter un con, vérifiez qu'il n'y est pas déjà. »

Blague de potaches, ai-je d'abord pensé, tout au plus. J'ai mesuré, je dois dire, avec un certain retard, non seulement le tohu-bohu provoqué par l'affaire, mais aussi les interrogations que cela pouvait susciter, alors qu'on attend des magistrats réserve, neutralité et impartialité, plutôt que ricanements et persiflages.

Il faut dire que la révélation de ces photos affichées coïncide avec la mise en examen de Nicolas Sarkozy il y a quelques jours. On voudrait faire apparaître le syndicat en question comme un repaire de « juges rouges » qu'on ne s'y serait pas mieux pris. « Mur de la honte », clame la droite, pour marquer son indignation. Tout juste si elle ne sous-entend pas que c'est Christiane Taubira qui a punaisé elle-même les noms des réprouvés. Elle a pourtant dit ce qu'il fallait dire, sur le droit de réserve qui s'impose aux magistrats[1], et immédiatement saisi le Conseil supérieur de la magistrature. Mais sa réaction n'a en effet pas été aussi sévère que l'auraient sans doute souhaité les « punaisés ».

Le plus fort est qu'au lieu de faire le dos rond en attendant des jours meilleurs, le Syndicat de la magistrature s'est retourné contre la garde des Sceaux, en l'accusant de vouloir réglementer l'expression syndicale. Il fallait y penser ! Le culot de ces magistrats me stupéfie. D'autant qu'on a appris depuis lors que les noms de parents d'enfants assassinés figuraient aussi sur ce « mur des cons ». Du coup, l'affaire tourne à la farce de très mauvais goût et se retourne contre ses auteurs.

5 mai

Manifestation des amis de Mélenchon et de l'ultragauche. Drapeaux rouges au lieu des drapeaux tricolores. C'est étrange à la

1. Christiane Taubira a estimé que « le devoir de réserve des magistrats suppose de la retenue, même dans le cadre de l'expression syndicale ».

longue d'entendre cet homme de talent qu'est Mélenchon ne s'en prendre qu'à ses anciens amis du PS. Il assaisonne, toujours avec la même verve, François Hollande. « Rien ne va, la période d'essai, dit-il, est terminée, le compte n'y est pas. » Il ne cite pas une seule fois le président de la République, mais emploie assez de mots désagréables pour qu'on devine facilement de qui il parle, quand il brocarde un « petit monarque hors de tout contrôle», ou s'en prend à une « monarchie verticale qui permet à la finance d'étendre ses tentacules ». Beaucoup de passages de son discours auraient pu figurer dans celui de Marine Le Pen. Notamment celui-ci : « Si vous ne savez pas comment faire, nous, nous le savons. »

Mélenchon fait des dégâts à gauche. Se rend-il compte de la responsabilité qu'il prend face à cette expérience d'une gauche qui se veut justement capable d'exercer la sienne dans un sens plus social-démocrate ? Sans doute sait-il ce qu'il fait, persuadé que la social-démocratie est sans avenir en Europe, et qu'il est temps de passer à un autre modèle. Mais lequel ? Toute la question est là.

9 mai

François Fillon a annoncé sa candidature « quoi qu'il arrive » à la présidentielle de 2017 depuis Tokyo, où il recevait des mains de l'empereur en personne une distinction éblouissante, le grand cordon de l'ordre du Soleil levant (pareil à celui que reçoit Tintin, dans les albums d'Hergé). 2017 ? Quid de la primaire de 2016, qu'il a lui-même imposée et qui vient tout juste d'être décidée, après un tête-à-tête mémorable entre Jean-François Copé et lui ? Il a aussitôt rectifié dans un tweet pour affirmer que ses propos n'avaient rien de nouveau, et que bien sûr, tout le monde l'avait compris, il parlait de sa candidature, « quoi qu'il arrive », à la primaire, afin de ne pas paraître faire fi des accords conclus. Mais qu'il ait d'abord parlé de 2017 est un lapsus significatif. En réalité, sa déclaration était bel et bien préméditée. C'est sa réponse à la « bande à Copé », qui ironise depuis des mois sur son indécision et son manque d'audace politique. Quant à Sarkozy, Fillon, me disent ses proches, vient de mesurer le rôle qu'il a joué dans la victoire de Copé. Il ne craint plus désormais d'afficher ses différends avec l'ancien président. Qu'il n'a pas hésité à comparer, dans un documentaire de France 3, au petit lapin Duracell, électrique et énervé.

16 mai

La conférence de presse de François Hollande a duré deux heures quarante, battant tous les records de la Ve République ! Costume bleu sombre, chemise blanche, cravate bleue, le président est vraiment à l'aise dans ce genre d'exercice. Tellement à l'aise qu'on ne comprend pas comment il n'en use pas plus souvent. Quatre cents journalistes s'entassent dans la salle des fêtes de l'Élysée, mais rédacteurs en chef et chefs de service n'ont pas fait le déplacement : les « ténors » du journalisme suivent désormais les grandes cérémonies de la République derrière leur écran de télévision. Pourtant, il reste un peu de cette solennité d'antan, qui fait de toute conférence de presse élyséenne un genre particulier. Rien à voir avec une interview. Cela reste un spectacle, pas comparable sans doute à ceux qu'offrait le général de Gaulle, mais François Hollande n'est pas de Gaulle. S'il aime cet exercice, c'est qu'il lui permet d'apparaître sous son meilleur jour : disert sans être bavard, disponible et habile, éventuellement drôle. Comme au temps de la rue de Solférino.

Sa prestation a été réussie, encore que son exposé se heurte à deux handicaps de taille : le président mise sur l'Europe. Il la voit convalescente, est-ce si sûr ? Et sur quelle majorité peut-il s'appuyer pour faire adopter les nombreuses réformes qu'il annonce ? Celle de l'Assemblée nationale, certes, mais quelle sera l'attitude des Verts, de la gauche de la gauche, de la CGT ? Les incertitudes politiques s'accumulent déjà en cet an II du quinquennat.

24 mai

Intéressant, cet épisode qui n'a pas intéressé grand monde à part moi, et quelques spécialistes, dont Alain Bergounioux avec qui je viens de m'entretenir au téléphone. Hollande, dans sa dernière conférence de presse, n'a pas voulu se reconnaître social-démocrate, comme s'il craignait de hérisser la gauche du PS. Il a botté en touche. « Je suis socialiste, a-t-il réaffirmé, mais je suis devenu président, donc je suis un socialiste qui veut faire réussir la France. »

Je viens de lire le discours qu'il a prononcé hier à l'occasion du cent cinquantième anniversaire du SPD allemand, dont il était l'hôte d'honneur. Devant l'ancien chancelier Gerhard Schröder et le vieux leader SPD Helmut Schmidt, et en présence d'Angela Merkel, il s'est lancé dans un vibrant éloge de la social-démocratie allemande, depuis sa création en 1959 jusqu'à aujourd'hui. Il a ainsi marqué sa proximité idéologique avec Schröder, sa volonté de procéder aux mêmes réformes, pour, a-t-il dit, « préserver l'emploi et anticiper les mutations sociales ».

Le vrai Hollande, j'en suis sûre, est là. Le problème est pour lui de faire du Schröder avec les socialistes français : il sait bien qu'un certain nombre d'entre eux, certes minoritaires, sont farouchement hostiles à cette démarche sociale-démocrate. Il cherche comment les y entraîner. Et pour cela, il se donne du temps. C'est probablement l'une des raisons de ses hésitations, de sa lenteur parfois. A-t-il la capacité de convaincre les parlementaires socialistes de le suivre sur un chemin qui n'est pas le leur ?

Son erreur ou sa faiblesse est de ne pas avoir mis à profit les onze ans passés à la tête du PS pour tenter une clarification politique. Il a tourné autour du pot, comme on dit, en attendant l'occasion propice. Il ne l'a pas trouvée après l'échec de Jospin en 2002, puis au moment de l'envol de Ségolène, ni dans les mois qui ont suivi la défaite de celle-ci. Mais s'il avait clarifié les choses à temps, aurait-il été élu ?

31 mai

Troisième rencontre officielle entre François Hollande et Angela Merkel à Paris cette semaine. Ils ont visité ensemble l'exposition « De l'Allemagne », au Louvre, consacrée à la peinture allemande sous Hitler, puis, à l'Élysée, se sont attelés, toujours ensemble, à la préparation du futur sommet européen, où ils doivent, ensemble encore, présenter une contribution pour renforcer la sécurité et la croissance.

Pendant la conférence de presse qui a suivi, les deux ont présenté un visage souriant, confiant. Pas le moindre hiatus apparent entre eux. Ils sont vraiment forts, ces gens, pour cacher leurs véritables pensées. La veille, les représentants de la CDU avaient violemment critiqué l'attaque de Hollande contre la commission de Bruxelles, en la trouvant « inappropriée ». Quelques jours auparavant, Hollande ne s'était pas gêné pour critiquer durement l'immobilisme supposé d'Angela Merkel. Sont-ils donc ennemis ou complices ? Continue-t-elle à regretter Nicolas Sarkozy ? Hollande a-t-il oublié que, pendant la campagne présidentielle, Merkel n'a pas hésité à donner quelques coups de main, publics ou privés, à son prédécesseur ?

A priori, tout les sépare : Angela Merkel réfléchit longuement, mais dans l'action elle va droit au but, sans s'embarrasser de formules de précaution. François Hollande déteste prendre quelqu'un de front. Son autorité, elle la porte sur son visage. On la cherche encore sur celui de François Hollande. Dans leur comportement, un seul point commun : ils raffolent des SMS. Ils en envoient tout le temps à leurs conseillers ou amis, au point qu'outre-Rhin, paraît-il, le SMS est appelé « Short Merkel Service ».

Ils ont pourtant en commun le plus important : l'un et l'autre sont chacun dans leur genre des animaux politiques. On ne devient pas chancelière de l'Allemagne réunifiée, quand on est une petite jeune femme venue de l'Est, sans régler leurs comptes à quelques adversaires, et même à celui qui a fait sa carrière, Helmut Kohl. On ne devient pas président de la République française sans savoir comment éliminer ses concurrents, même en gardant le sourire aux lèvres. Ils ont beau appartenir à deux formations politiques idéologiquement opposées, ils ne veulent, ni l'un ni l'autre, l'effondrement du capitalisme. Ils ont des divergences sur l'Europe, Hollande parlant croissance et relance, Merkel stabilité et compétitivité. Il n'empêche : ils savent l'un et l'autre que l'Europe ne peut pas, ne doit pas rester celle de l'austérité. Que l'un flanche, l'autre risque bien de tomber avec lui. Cela crée des liens, comme on dit.

4 juin

Nathalie Kosciusko-Morizet a gagné hier la primaire pour les municipales à Paris. Sans contestation possible. Je n'arrive pas à me faire une idée exacte de cette femme. J'ai déjeuné récemment avec elle en compagnie de journalistes et d'écrivains rassemblés par Denis Tillinac, et je l'ai trouvée ouverte, rapide, intelligente, pas sectaire. Elle était comme toujours coiffée d'un chignon trop austère, et je lui ai dit qu'elle devrait laisser ses cheveux tomber sur ses épaules. Suggestion qu'elle n'a pas retenue. Dommage, cela l'aurait adoucie.

Elle n'est pas aimée à l'UMP, sans doute parce qu'elle se tient à l'écart des différentes factions. Elle a été porte-parole de Sarkozy, en 2012, mais sans jamais être aspirée dans le petit cercle des sarkozistes à tout crin. C'est qu'elle croit, peut-être trop, en elle-même, et ne se laisse dicter sa conduite par personne avec originalité dans le parti auquel elle appartient. Favorable au mariage pour tous, elle a su résister à tous ceux qui lui démontraient à quel point il était dangereux pour elle de rester sur ses positions. Entre Fillon et Copé, elle ne balance pas, elle est ailleurs. Elle joue « perso », comme on dit des sportifs. Derrière son visage préraphaélite se dissimule un vrai tempérament politique. Elle aime la politique, croit en elle, et pense, sans le dire évidemment, qu'elle est promise à une grande carrière. Elle paraît aussi fragile physiquement qu'intellectuellement sûre d'elle, et d'une pugnacité qui frise l'arrogance, défaut impardonnable pour une femme dans un monde où seuls les hommes ont le droit de l'être.

Son histoire dynastique n'est pas pour rien dans son tempérament. Fille d'un ancien ambassadeur devenu secrétaire national du

RPR aux affaires internationales, et d'une mère issue d'une famille socialiste, elle est naturellement portée à franchir les lignes entre droite et gauche. J'ai appris, il y a peu, que son arrière-grand-père, André Morizet, fut l'un des membres fondateurs du Parti communiste après la scission de 1920. Elle a pris une autre route, certes. Mais se serait-elle lancée dans la politique si l'image du grand-père, consciemment ou inconsciemment, ne s'était imposée à elle ?

6 juin, dans la nuit

Je viens de regarder Fillon, visage sage, éclairé parfois d'un sourire en demi-teinte, timbre de voix égal, éloquence posée, à l'émission *Des paroles et des actes*. Bizarre qu'il paraisse à la fois si convaincu et si peu assuré. Convaincu, lorsqu'il affirme vouloir suivre maintenant son chemin, après cinq ans passés à côté de Sarkozy. Il considère que son tour est venu et qu'il ne doit pas le laisser passer. Mais emprunté, faux, lorsque, se disant qu'il a peut-être montré une trop grande détermination, il corrige aussitôt son propos, et croit utile de souligner que, s'il est candidat à la présidentielle, c'est « par devoir ». Pour suppléer au vide laissé par la défaite de Sarkozy et son éloignement de la politique, vide dans lequel lui, Fillon, s'est engouffré. Tout juste s'il ne dit pas que le sortant lui a donné sa permission.

Curieux, cette peur de se montrer tel qu'il est, avec son appétit et sa volonté. Le seul moment de vérité a été celui où il a rappelé les conditions de la victoire ou plutôt de la non-victoire de Copé en novembre 2012 : à ce seul souvenir, il a rougi presque de colère. Il convient d'avoir réagi avec trop de rage à ce scrutin « truqué », donnant l'impression que c'est lui qui divisait le mouvement, et non son rival. Les militants gaullistes n'aiment pas que leurs chefs s'étripent. Il sait qu'ils lui en ont voulu.

Il n'empêche qu'il est le seul, aujourd'hui, à proposer les grandes lignes d'un programme d'alternance : suppression de la durée légale du travail, recul de l'âge de départ à la retraite, alignement de tous les régimes de retraite, réduction de l'immigration, pas d'ISF mais taxation des revenus de la fortune, pas d'abrogation, mais réécriture du texte sur le mariage gay. Autant il est difficile de cerner son personnage, qui se dérobe devant les questions personnelles, autant il est aisé de voir que, sur son programme, il est décidé à ne rien laisser dans l'ombre.

Il se sent prêt, déclare-t-il. Mais les électeurs UMP sont encore loin d'être conquis : 70 % d'entre eux lui préfèrent toujours Sarkozy.

Au fond, Fillon n'a devant lui que deux obstacles. Le premier, c'est lui-même. Sa difficulté à parler de lui, de ce qu'il aime, de ce qu'il déteste – en dehors de la course automobile, qu'il pratique. Je n'aime pas que les hommes politiques exhibent leur vie privée. Mais il faut bien savoir quelque chose d'eux, de leur personnalité, de leurs envies. Il a fini par paraître terne à force de réserve. Le plus dur, pour lui, sera de montrer qu'on peut à la fois rester discret, s'abstenir de tout activisme et de tenter la démagogie, et réussir dans le même temps à séduire les Français. Il ne serait pas le premier à ne pas y arriver.

Le deuxième ennemi de Fillon n'est autre que Nicolas Sarkozy. Il est manifestement irrité par les ambitions de son ancien Premier ministre, même s'il affiche son scepticisme sur le personnage. Qu'arrivera-t-il si dans trois ans Nicolas Sarkozy se décide à se représenter ? Il en brûle d'envie, chacun le sait. Il vient de se déclarer prêt à revenir « si l'on avait besoin de lui ». Phrase terrible qui gomme d'un coup François Fillon du paysage politique. Personne, dans l'esprit de Sarkozy, n'a besoin de Fillon.

7 juin

Pierre Mauroy est mort aujourd'hui. Tristesse de ne pas l'avoir revu avant. Je le savais fatigué, malade. Après avoir été opéré d'une tumeur au poumon l'année dernière, il avait repris quelques forces, mais pas assez pour participer à la campagne de François Hollande. À l'Institut Jean-Jaurès dont, jusqu'au bout, il est resté le président, il était présent, mais déjà ailleurs.

J'ai réalisé sa dernière longue interview, pour France Culture, en 2006 : l'enregistrement devait durer près de cinq heures, mais j'imaginais que cela prendrait beaucoup plus de temps, que nous allions être obligés de nous arrêter à plusieurs reprises, compte tenu de l'état de fatigue que je supposais. Sa voix n'avait pas changé et il fut fidèle à lui-même, refaisant, de mille façons, l'histoire du socialisme en France et celle de son propre parcours de petit-fils de forgeron et de fils d'instituteur.

Tant de souvenirs affluent à ma mémoire que j'ai du mal à écrire ces lignes. Je le revois, dans sa voiture, en mai 1981. Il m'avait invitée à l'accompagner pendant le court laps de temps qui séparait la traditionnelle visite à l'Hôtel de Ville – où le maire, Jacques Chirac, s'était montré plus qu'aimable en recevant les nouveaux venus au pouvoir – de la fameuse cérémonie du Panthéon. Les mauvaises nouvelles, notamment celles relatives à la situation du franc, lui étaient communiquées de minute en minute. Mauroy trouvait que ses débuts à Matignon prenaient déjà des allures de chevauchée tragique. Je lui demandai s'il avait parlé du problème avec François Mitterrand. Oui, il l'avait fait. «Pas aujourd'hui, Pierre, pas aujourd'hui», lui avait répondu celui-ci avec lassitude. En d'autres termes : fichez-moi la paix le jour de mon intronisation !

Je repense aussi à son arrivée à Matignon, aux membres de son cabinet prenant possession de leur bureau dans le désordre et les éclats de rire, sous le regard des huissiers, stupéfaits par ces hordes nouvelles, courtoises mais sans manières.

Militant sans cesse sur le terrain, Pierre Mauroy était un formidable tribun, aux phrases amples et d'une chaleureuse éloquence. Convaincu de la vocation du socialiste à changer le monde, du moins à améliorer le sort des plus pauvres, il se méfiait des utopies de la gauche. Il entendait inscrire le socialisme dans la durée, démontrer que la gauche était capable de gouverner, autrement que par intermittence le temps d'un Front populaire.

«Le look, ce n'est pas mon fort», répondait-il à ses conseillers qui lui suggéraient de changer de lunettes, pour adoucir son visage carré. Il n'avait pas envie d'être différent de ce qu'il était. Il n'était pas avide de pouvoir, non plus, et considérait avec sagesse qu'être Premier ministre de la Ve République et celui de François

Mitterrand était déjà un honneur pour lui. Il aurait pu se poser, plus tard, en 1994, lorsque Delors a déclaré forfait, la question de sa propre candidature à l'élection présidentielle. Il a refusé, avant même qu'on lui en fasse la proposition. Je crois bien qu'il aurait pu la gagner.

Cet homme rare ne devait son imposante carrière qu'à lui seul. Pas de parents célèbres, pas d'argent. La seule force de ses convictions, l'incessante attention portée aux autres, l'intelligence politique (il lui en a fallu pour survivre à la bagarre Mitterrand-Rocard), l'amour du Nord, de Lille, la vision d'une Europe sociale-démocrate, la chaleur, les amis. Il n'y aura pas deux Mauroy dans l'histoire de la gauche.

Un souvenir encore : ce dimanche matin de 1990 où le congrès de Rennes se terminait. Mauroy, alors premier secrétaire, n'avait pas pu éviter la cassure, féroce, sanglante, entre Lionel Jospin et Laurent Fabius. Le congrès finissait en lambeaux. Lorsqu'il est monté, tout seul, à la tribune, désolé, meurtri par ce qu'il considérait être son échec, Pierre Mauroy tenait à la main une rose. La rose pendouillait, la tige cassée. Il ne s'en était pas aperçu et regardait entrer la foule des congressistes, prête à se diviser une nouvelle fois pour la dernière séance, avec cette pauvre rose brisée, devenu malgré lui le symbole d'un parti déchiré.

17 juin

Incroyable, le brouillon de la lettre adressée par Christine Lagarde à Nicolas Sarkozy, saisi à son domicile lors d'une perquisition effectuée à propos du dossier Tapie. On ne sait pas, au juste, quand elle a été écrite, mais on a peine à croire que l'actuelle présidente du FMI ait pu en être l'auteur. L'aveu d'un aplatissement complet, d'un asservissement ridicule : «Utilise-moi pendant le temps qui te convient, et convient à ton action et à ton casting. Si tu m'utilises, j'ai besoin de toi comme guide et comme soutien. Sans guide je risque d'être inefficace, sans soutien je risque d'être peu crédible. Avec mon immense admiration.»

A-t-elle osé envoyer cette lettre ? On l'ignore, elle l'a écrite en tout cas, et c'est déjà bien assez. Hâtons-nous d'en rire, même si on devrait en pleurer.

12 juin

À l'UMP, les dirigeants défendent Sarkozy, confronté à plusieurs déboires judiciaires dont l'affaire Bettencourt, comme la corde soutient le pendu. Formellement, tout le monde le soutient dans ses ennuis judiciaires, et condamne à grand bruit le « tir croisé » de la justice cherchant à l'abattre. Dans les faits, chacun prend ses distances : Fillon continue de se préparer, il l'a redit ce matin, à la primaire de 2016. Xavier Bertrand pousse Sarkozy vers le départ, en rappelant son retrait de la vie politique. François Baroin l'encense, mais ajoute : « Il a été battu aux législatives, il a ouvert une nouvelle tranche de sa vie. » Et Luc Châtel porte en quelque sorte le coup de grâce : « Il a pris une décision courageuse, il s'est retiré de la vie publique. » À la retraite, Sarkozy. Leur propos subliminal est clair.

13 juin

Hommage de Lille à Pierre Mauroy, à la cathédrale Notre-Dame-de-la-Treille. Hervé Bourges, Pascal Josèphe et moi décidons d'y aller ensemble. Martine Aubry a voulu faire les choses en grand, l'archevêque aussi : la cathédrale est bondée, les assistants, croyants ou pas, ont les larmes aux yeux au moment de l'Évangile : « Ce soir-là, le jour venu, il dit à ses disciples, passons sur l'autre rive », puis lorsque le premier violon de l'Orchestre national de Lille, si cher à Mauroy, interprète un extrait de la *Partita en si mineur* de Jean-Sébastien Bach. Plus encore lorsque résonne, longuement, à la fin de la cérémonie, le bourdon de la cathédrale.

Je connaissais Mauroy depuis plus de trente ans. Jamais nous n'avons parlé de religion, je ne le savais pas croyant.

16 juin

Huitième élection législative partielle depuis les législatives de l'année dernière, huitième élection perdue pour le PS. Il faut dire que c'était à Villeneuve-sur-Lot, dans l'ancienne circonscription de Jérôme Cahuzac. Le pauvre candidat socialiste qui a pris sa place a été liquidé dès le premier tour. Un score catastrophique : l'UMP est arrivée en tête, le Front national tout près, et le PS loin derrière eux – vingt points perdus depuis 2012. Bien sûr, l'affaire Cahuzac a pesé sur l'issue du scrutin et l'on comprend comment le FN s'en est servi à outrance pour démontrer la corruption de la classe politique.

Mais ce qui est aussi évident, c'est que la gauche unie aurait peut-être pu l'emporter, si les Verts et le Front de gauche n'avaient pas présenté de candidat. Le jeu de Cécile Duflot, décidément, est trouble ou pervers. Elle siège toujours au gouvernement, mais en refusant de jouer le jeu de la majorité. Les Verts veulent avoir à la fois un pied dans le gouvernement et un pied dehors.

Quant au FN, il surfe sur trois vagues à la fois : celle de la crise, évidemment, celle des affaires, et sur la houle antieuropéenne, plus forte que jamais. De toute façon, il a déjà gagné une grande bataille en devenant pratiquement un parti comme les autres. Ce n'est plus le diable. On ne dit plus, même à gauche, que le FN est un rassemblement de fachos, ce qui rend plus difficile la nécessité d'un front républicain. L'UMP fait déjà semblant (à travers Jean-François Copé) de considérer que Front national et Front de gauche, c'est du pareil au même. Argument totalement fabriqué qui aboutit surtout à banaliser plus encore le parti d'extrême droite.

20 juin

Deuxième conférence sociale du quinquennat. J'y suis allée, pas longtemps, assez pour pouvoir comparer les rencontres d'aujourd'hui avec celles de l'année dernière. Onze mois ont passé, mais dans ce même grand hall art moderne, l'atmosphère a changé. Je me souviens de Chérèque plaisantant sur les patrons, de Bernard Thibault qui s'apprêtait à laisser sa place en affectant un air tranquille à un moment où les coups fourrés ne manquaient pas à la CGT.

Aujourd'hui cette grand-messe m'a paru moins spectaculaire que la première : on ne parle plus de lancer tous les chantiers à la fois, dans une sorte d'euphorie qui m'avait impressionnée il y a un an. La magie est tombée. Ce qui se dessine, c'est la cassure entre les syndicats réformistes, telle la CFDT, et les syndicats qui ne le sont pas, comme la CGT. Dès que le gouvernement fait un pas en direction de Laurence Parisot, les cégétistes crient à la collusion entre le pouvoir et le patronat. Peut-on faire bouger la CGT ? Sans Bernard Thibault, difficile. Avec lui, ce l'était déjà, ses troupes renâclaient, il l'a payé assez cher. Mais sans lui ?

Sur le dossier des retraites, il reste manifestement un long chemin à parcourir : allongement de la durée de cotisation ou report de l'âge légal du départ ? Hollande privilégie la première solution, « mesure la plus juste, a-t-il dit, à condition qu'elle soit appliquée à tous ». Le rapport élaboré par Yannick Moreau conclut à une durée de cotisation de quarante-quatre ans. Si l'on considère que les jeunes entrent de plus en plus tard dans le cycle du travail, la proposition du gouvernement est assez rude. On tiendra compte de la pénibilité, mais CGT et FO sont vent debout. De son côté, le Medef persiste à réclamer le report de l'âge légal de la retraite. Les uns hurlent que c'est trop, le patronat que ce n'est pas assez. Le gouvernement est au milieu du gué.

Difficulté supplémentaire, les prévisions de l'INSEE, tombées jeudi soir, confirment une hausse du chômage à 10,7 % à la fin 2013. Mais François Hollande se veut optimiste. Il ne se laisse pas abattre, en soulignant majestueusement qu'il y a une différence entre le pronostic et la réalité. Il est confiant dans la possibilité d'une inversion de la courbe du chômage. Le temps, dit-il, n'est pas « au doute, à la défiance, au désarroi ». Dans le grand hall, pendant la pause, ce sont pourtant bien les impressions que je recueille. Le doute ? Il est partout. La défiance ? Il suffit de regarder la tête des représentants de la CGT pour la constater. Seul le mot désarroi est excessif. Pour combien de temps ?

27 juin

Qui a eu cette drôle d'idée? Les sénateurs ont invité hier Dominique Strauss-Kahn dans le cadre de la commission d'enquête sur le rôle des banques et des acteurs financiers dans l'évasion des capitaux. Drôle d'idée, mais peut-être pas dénuée d'intention maligne, lorsqu'on sait que le président de la commission en question est UMP et que le rapporteur est communiste. On aurait voulu embarrasser les socialistes qu'on ne s'y serait pas pris autrement.

L'ancien président du FMI revenait pour la première fois depuis le 14 mai 2011 dans un palais de la République. Lorsqu'il est arrivé dans la salle de la commission, il y avait, paraît-il, trois fois plus de journalistes que de sénateurs. Tous ont été frappés par le nouveau visage, très marqué, de DSK, cheveux blancs, paupières fatiguées, souriant néanmoins à l'assistance avec un plaisir retrouvé et faisant preuve du même bonheur d'expression, d'un même sens de la formule et de la pédagogie. Il a eu, m'a dit Gilles Leclerc, qui assistait à la séance, une ou deux phrases désagréables pour Hollande. Est-ce le deuxième signe qu'une chance s'offre à lui ? Qu'un homme politique n'est jamais mort avant qu'il ne le soit vraiment ? « La condition humaine, elle, peut faillir ou défaillir » a été sa dernière phrase, en forme de réflexion sur sa propre carrière politique. Il est sorti de son audition une heure et quart après y être entré, sans cacher sa satisfaction, et, cette fois, sans éviter la cour d'honneur du Sénat.

Par une coïncidence à peine croyable, Jérôme Cahuzac était au même moment entendu par la commission d'enquête de l'Assemblée nationale le concernant. Il était arrivé devant l'annexe du

Palais-Bourbon sans passer, lui, par le parking, au volant de son scooter, fendant, casqué, la foule des photographes. Il en est sorti sans le sourire triomphant de DSK. L'audition, qui a duré plus de deux heures, a montré un homme aux traits creusés, au visage tendu, se disant avant tout la victime de lui-même et parlant, avec une sincérité triste, quoique tardive, de ses mensonges passés. S'ajoute à cela l'annonce simultanée de la prolongation de la garde à vue de Bernard Tapie, dans l'enquête sur l'arbitrage du Crédit lyonnais. Les Français doivent penser, en mélangeant ces différentes affaires, que morale et politique ne font décidément pas bon ménage.

5 juillet

Le Conseil constitutionnel a invalidé, hier, les comptes de campagne de Nicolas Sarkozy en 2012. Le rejet va coûter 11 millions d'euros à l'UMP, qui ne sera pas remboursée de cette somme. Un vrai séisme. Nicolas Sarkozy est furieux, ses amis en colère.

De quelque bord qu'ils soient, les hommes politiques ne changent pas : lorsque le Conseil leur donne raison, ils l'encensent, louent son indépendance, se félicitent de ce que les neuf sages soient restés indifférents aux pitoyables arguments de leurs adversaires, ils se félicitent même que le Conseil existe et qu'il fasse entendre sa voix. Mais s'il leur donne tort, c'est la guerre.

En réalité, les sages, dont trois seulement ont été nommés par la gauche, se sont bornés à suivre la décision, rendue en décembre dernier, de la commission des comptes de campagne – indépendante de l'institution. Ils s'en sont tenus à une appréciation juridique de la situation.

En attendant, c'est une catastrophe pour l'UMP, confrontée à de graves problèmes financiers après avoir perdu cent vingt députés, et donc la dotation correspondante, dont la dette s'élevait déjà à 55 millions d'euros.

8 juillet

Vraiment, il en a à revendre de l'énergie, de la détermination, Nicolas Sarkozy. Il aurait pu courber la tête, s'interroger sur la façon dont il aurait dû écouter au moment opportun la mise en garde de la commission des comptes électoraux. Il a réussi tout au contraire, devant le bureau politique, à apparaître comme une victime d'un système tout entier fait pour lui barrer la route. Il a lancé le « Sarkothon », sorte de quête gigantesque pour retrouver les 11 millions perdus, de son fait. Et puis il est reparti, ni coupable ni responsable. Soit. Mais un ex-président de la République, surtout qui espère le redevenir, peut-il ainsi mettre en cause la légitimité d'une institution à laquelle il participait, de surcroît, avant de s'en retirer, bien que membre de droit, le 5 juillet ? Peut-il, sur un coup de tête, faire sa rentrée politique, avec, comme principal argument, son refus de la sentence du Conseil constitutionnel ?

11 juillet

Trop cuisant, trop insupportable pour François Fillon, ce retour intempestif de Nicolas Sarkozy. Il a renvoyé hier, depuis La Grande-Motte, quelques boulets incandescents en direction de celui qui, assure-t-il, n'a jamais été son « mentor ». L'attaque tient en quelques phrases, soigneusement soulignées par tweet à l'instant même où elles sont prononcées. 1. « L'UMP ne peut vivre immobile, congelée, au garde-à-vous dans l'attente d'un homme providentiel. » 2. Chacun a le droit d'être candidat à la primaire. 3. Concernant le Front national, pas question pour Fillon (qui ne cite pas Sarkozy mais pense à lui si fort que tout le monde l'entend) d'« additionner toutes les colères, épouser toutes les démagogies, s'allier avec n'importe qui pour promettre n'importe quoi ». 4. Sur le dépassement des comptes de campagne : « On ne peut exiger des Français qu'ils respectent les règles, si nous-mêmes nous les réfutons »... Et enfin, dernière salve : « Rester sur son piédestal en attendant que la gauche s'effondre, et en espérant être plébiscité par les Français, c'est l'assurance de l'échec. »

Fillon se révèle enfin tel qu'il est, plus déterminé qu'on ne le croit, plus agressif aussi. Je ne sais pourquoi il tient tellement à s'abriter derrière ce masque de gentil garçon. Ni ce qui, dans son parcours personnel, intime, explique qu'il semble enfermé dans un corset dont il ne se délivre jamais. Il est en train de s'en libérer, semble-t-il, en marquant sa volonté d'aller jusqu'au bout sans craindre de transgresser le culte du chef, culte fondateur depuis cinquante ans du mouvement gaulliste.

10 août

Retour à Paris après de courtes vacances romaines et florentines.

Hollande, lui, a travaillé sans arrêt cet été. En fait-il trop ? Seine-Saint-Denis, Dordogne, Gers, Vendée, Yvelines, il aura accompli en quelques jours son tour de France de l'emploi. C'est assez pour que, d'une façon inattendue, on se pose aujourd'hui la même question pour Hollande que pour Sarkozy : quand l'activité devient-elle activisme, quand l'exposition aux médias devient-elle surexposition ? Décidément, rien ne passe : l'année dernière, il avait pris trop de vacances ; cette année, n'en prendrait-il pas assez ? La polémique s'est inversée par rapport à 2012 : trop de présence, trop de parole, trop de bains de foule. Et, naturellement, trop peu de résultats, comme des anonymes n'ont pas hésité à le souligner devant les micros tendus et les caméras gourmandes.

Hollande serait-il allé se reposer trop tôt, qu'on aurait crié à la fumisterie, ou, plus grave, à l'abandon de poste. Il est parti sur les routes de France, et le voilà accusé de masquer la réalité des choses derrière un optimisme de façade.

15 août

L'opposition ne désarme pas elle non plus. Contre Hollande? Non. Bizarrement, contre Sarkozy. Quelle mouche a piqué Laurent Wauquiez? Il vient de parler de devoir d'inventaire, à l'égard du quinquennat précédent qui, déclare-t-il au *Point*, «n'a pas su interrompre la menace du déclin». Un tir à boulets rouges sur Chirac, de 2002 à 2007, mais avant tout sur Sarkozy, les cinq années suivantes : incompréhensible, selon lui, qu'on n'ait pas mis fin aux 35 heures, qu'on n'ait pas corrigé les «dérives de l'assistanat». Le Grenelle de l'environnement aurait donné lieu à des rafales de normes administratives, «jusqu'à étouffer le pays». Quant aux réformes sur la formation professionnelle, les régimes spéciaux, les contrats de travail, elles ont tourné court, constate encore Wauquiez. Conclusion : la «réformette» est insuffisante dans ce système sclérosé.

Cette attaque serait celle d'un tireur isolé, passe encore. Laurent Wauquiez est un jeune homme qui piaffe, quoi de plus naturel, dans son cas, que de prendre ses distances vis-à-vis de celui à qui il veut, à terme, succéder. Mais la tendance, à droite, est de tuer le père désormais. D'Hervé Mariton (des «erreurs» ont été commises) à Patrick Devedjian (le bilan de Sarkozy est «mitigé»), sans oublier l'appel solennel de François Fillon lors du meeting de La Grande-Motte en juillet, à «méditer le passé».

Le mot «inventaire» ne fait pourtant pas partie du vocabulaire de l'UMP, ni surtout de tous les mouvements gaullistes qui l'ont précédée. Le culte du chef était tel que le mot lui-même serait apparu sacrilège.

19 août

Le gouvernement, pour sa rentrée, précoce cette année, a choisi de parler de la France en 2025, en sachant que les prévisions ont déjà des chances d'être fausses. Qui aurait prévu, par exemple, une croissance de 0,5 % au second trimestre en France? Les ministres ont donc rempli sagement leurs cahiers de devoirs de vacances, comme le leur avait demandé Ayrault. Aujourd'hui, c'était la remise des copies. On en voit bien l'objectif : faire sortir les Français de leur désenchantement, les convaincre que les moments qu'ils vivent sont pénibles, mais pas éternels. Cependant l'optimisme de Hollande est apparemment sans effet sur la morosité des Français. Il faudrait qu'aux bons chiffres du second trimestre s'ajoutent ceux des troisième et quatrième trimestres 2013, pour que la France reprenne des couleurs. Que la zone euro fasse de même, pour que la bonne humeur revienne. Projeter l'action gouvernementale jusqu'en 2025, au moment où on accuse le couple exécutif de ne pas «montrer le cap», part d'un bon sentiment. Pourtant c'est un exercice finalement peu convaincant, car il n'est pas toujours possible de transformer des ministres voués à agir dans l'immédiat en spécialistes de la prospective, surtout quand on sait que lesdits prospectivistes se trompent plus souvent qu'à leur tour.

25 août

L'université d'été de La Rochelle vient de s'achever. Pour une fois, Ayrault a tenu son vrai rôle, celui de chef de la majorité qu'il est sans l'être depuis l'année dernière. Ségolène Royal, jouant la puissance invitante, dans un endroit où elle a été sévèrement battue l'année dernière, a ouvert la séquence, Jean-Marc Ayrault l'a conclue. «Tout a été prévu pour éviter un étripage collectif à La Rochelle», m'a confié l'autre jour Jean-Christophe Cambadélis. En effet, le Premier ministre y a été accueilli avec les honneurs dus à son rang. Il a, cette fois, affirmé son rôle : en 2012, c'est Martine Aubry, encore première secrétaire du PS, qui avait parlé en dernier. Dimanche, ce fut lui. Et, grosso modo, il s'en est plutôt bien tiré. La stratégie de déminage entre Matignon et le parti, pour une fois, a fonctionné.

Autre grande vedette de La Rochelle : Christiane Taubira. L'ennemie publique numéro un de la droite a été reçue ici comme une véritable star. Le débat sur le mariage pour tous, qu'elle a mené avec éloquence, lui assure, à gauche, une extraordinaire popularité. Lorsqu'elle est tombée dans les bras de Martine Aubry, la ferveur était à son comble. Significatif, tout de même : les deux personnalités sont aujourd'hui cataloguées le plus à gauche, même si cela n'a pas toujours été le cas pour Christiane Taubira. Martine Aubry, qui a refusé de participer au gouvernement l'année dernière, depuis lors, en public ou en privé, ne se prive pas de critiquer vertement le Premier ministre et le président. Christiane Taubira, elle, n'a cessé de clamer qu'elle «ne supportait pas d'avoir un patron». Elle a «exigé» que la réforme pénale soit discutée au Parlement avant les municipales de 2014. Elle s'est affirmée comme un électron libre, à qui sa conscience seule dicte ses règles : une attitude à la limite de ce qui est toléré, en pareil cas, par les chefs de l'exécutif. On ne m'ôtera pas de l'idée qu'acclamer ainsi Christiane Taubira, en faire un symbole, alors qu'elle a passé une bonne partie de l'été à expliquer qu'elle n'avait ni Dieu ni maître, c'est, tout de même, malgré la réception faite à Ayrault, une façon, pour les militants, de mettre en garde Hollande et son Premier ministre contre la tentation du socialisme de la réalité, face à celui de l'utopie.

6 septembre

Manuel Valls seul contre tous? Son conflit avec Christiane Taubira s'est envenimé durant l'été. Le ministre de l'Intérieur a envoyé une note à François Hollande en juillet, dans laquelle il lui demandait d'arbitrer entre Taubira et lui sur la réforme pénale en cours de concertation. Il n'en avait pas prévenu Christiane Taubira, celle-ci n'ignorant toutefois pas l'étendue des réserves, le mot est faible, de Manuel Valls. Crainte de l'opinion publique sur les récidives, remise de peine et plus largement insécurité, on touche là à un domaine plus idéologique que politique. Manuel Valls n'a jamais caché que, pour lui, le laxisme de la gauche avait été, et de loin, la raison de l'échec de Lionel Jospin en 2002. Du coup, pendant la campagne présidentielle, il avait convaincu Hollande de ne pas trop insister sur l'abrogation des peines planchers.

D'où la phrase un peu contournée de celui-ci, lorsqu'il s'est dit favorable à leur disparition, mais pas avant d'avoir trouvé un autre système qui évite la récidive.

Lors du séminaire gouvernemental qui s'est tenu fin août, Manuel Valls a évoqué l'immigration, et surtout la montée de l'islam en France. À peine le séminaire était-il fini qu'une grande partie des ministres, ses « collègues », ont jugé bon de s'épancher auprès des journalistes. L'islam incompatible avec la République ? Oui, oui, c'est bien ce qu'avait dit Valls, selon eux. Ces confidences, forcément explosives, sur les convictions du ministre de l'Intérieur n'ont pas été faites par hasard. Elles reflètent d'abord l'agacement des Verts et de certains socialistes, au gouvernement ou pas, face à l'activité, certains disent l'activisme, de Valls. Présent sur tous les fronts cet été, il a multiplié les interventions, sur les feux de forêts, sur les catastrophes naturelles, sur la criminalité, et, sortant de son terrain précis de compétences, sur la politique pénale. D'où le reproche que lui font ses adversaires au sein de la gauche de viser Matignon ou même l'Élysée en 2022. Tout en se construisant déjà un socle solide d'électeurs. Une sorte de jalousie politique, en somme.

Pas seulement. Ce n'est pas seulement une question de personnes. Il y a une vraie cassure au sein de la gauche sur ces sujets, et notamment sur la sécurité et l'immigration. Il y a ceux qui pensent que les deux sont liées, ou à l'inverse qu'on n'est pas forcément délinquant quand on est immigré. Il y a ceux des socialistes qui pensent, comme Michel Rocard, que la France ne peut pas accueillir toute la misère du monde, ceux qui, comme François Mitterrand à son époque, se demandent s'il y a un « seuil » de tolérance des Français à l'égard des immigrés, et ceux qui s'indignent à la seule évocation de quelque « seuil » que ce soit.

9 septembre

Gaffe ou changement de cap ? François Fillon, le pur et dur Fillon, qui avait condamné sans le dire, il l'a avoué depuis, le discours de

Grenoble de Sarkozy dont il était toujours Premier ministre, celui que l'on croyait le plus hostile au Front national, voilà qu'il se déclare aujourd'hui, entre un candidat FN et un PS, prêt à voter « pour le moins sectaire ». Surpris, un des journalistes qui l'interrogent lui demande : « Le PS peut-il être plus sectaire que le FN ? — Oui, répond-il, ça peut arriver. »

En une phrase, François Fillon, oui le Fillon de Philippe Séguin, vient de dire clairement que le vote Front national n'est plus tabou, qu'il est possible, et même souhaitable contre la gauche. Qu'est-ce qui a pu amener Fillon à un pareil revirement ? Personne d'autre que lui à l'UMP n'est allé aussi loin dans l'ouverture au FN. Jean-François Copé, Nicolas Sarkozy eux-mêmes sont dépassés.

Je me souviens qu'en 2011, au lendemain d'élections cantonales, le FN ayant pu se maintenir dans quatre cents cantons, Nicolas Sarkozy et Jean-François Copé avaient élaboré la stratégie dite du ni-ni. Fillon, presque dégoûté, avait pris ses distances : il fallait soutenir sans réserve le seul candidat dont on partageait les valeurs républicaines, autrement dit s'opposer au FN. En octobre 2012, lors d'un débat avec Jean-François Copé, alors que les deux hommes briguaient la présidence de l'UMP, il assurait ne pas mettre « le PS et le FN sur le même plan ».

Qu'est-ce qui peut amener un homme à se déjuger à ce point-là ? Quel calcul politique absurde, quel objectif électoral ? Fillon pense sans doute que le FN, si rien n'est fait en sa direction, finira par conquérir les électeurs de la droite classique, les frontières entre les deux partis étant en train de s'estomper ? Mais que ce soit lui, François Fillon, qui en prenne acte !

26 septembre

Catherine Nay et moi avions invité Édouard Balladur à déjeuner. Il n'a pas changé, pas même vieilli, sa voix a toujours ses inflexions onctueuses, il mange toujours aussi peu, mais bien. Son analyse est toujours aussi aiguë, circonspecte et sans illusions. Nous parlons de Sarkozy bien sûr, qui donnera demain à la mairie de Cannes sa première conférence rémunérée, à l'invitation du géant indien Tata. Les élus locaux se le disputeront. Le maire de Cannes, Bernard Brochand, l'accueillera avec la chaleur du Méridional qu'il n'est pas. Son homologue niçois, Christian Estrosi, l'a invité, avec les parlementaires du cru, à la fameuse Petite Maison, restaurant préféré, à Nice, des hommes et femmes politiques de passage.

Reviendra, reviendra pas ? L'entourage est formel : c'est non, ou pas tout de suite. Rien avant les élections municipales et européennes, en tout cas. C'est le conseil que lui donne Édouard Balladur : se taire. Surtout ne pas aller trop vite. Nous sentons que, derrière ces formules polies, l'ancien Premier ministre juge qu'un retour en politique serait difficile pour Sarkozy. Il est vrai qu'il s'est fait beaucoup d'ennemis dans son camp, en cinq ans de pouvoir. Et que, dans l'autre camp, l'antisarkozisme reste un puissant facteur de rejet. Que Sarkozy songe à reprendre sa place, Balladur n'a aucun doute là-dessus. Pourtant, sa position aujourd'hui n'est pas loin de celle de Raffarin : il estime difficile pour lui de revenir d'aussi loin.

Je me demande, pendant qu'il parle, quels sont ses sentiments réels, profonds, qu'il se cache peut-être à lui-même, à l'égard de Nicolas Sarkozy. Celui qui fut son ministre le plus proche, le plus actif, est devenu président de la République. Lui, Balladur, ne l'a jamais été. Pendant le quinquennat précédent, Balladur est resté dans l'ombre. Sarkozy l'a ménagé, bien traité, il a nommé Balladur président d'une commission sur la réforme des institutions, mais il n'en a pas fait son père Joseph. Balladur, même s'il a de l'estime, peut-être même de l'affection pour son ancien lieutenant, peut-il s'empêcher de se demander, après l'échec de 2012, s'il n'aurait pas été un meilleur chef de l'État que lui ? Pense-t-il qu'il aurait été élu, s'il avait été à sa place ? Inutile de lui poser ces questions, il n'y répondrait pas.

27 septembre

Il s'appelle Éric Doligé. Sénateur du Loiret. Un sénateur tranquille, qui ne fait pas parler de lui, comme la plupart de ses pairs. Il a pourtant tenu la vedette au cours des journées parlementaires de l'UMP. Ce qu'il a dit : tout simplement qu'il pouvait fournir à ses amis et collègues «une liste des gens sur qui il faudrait tirer. Il y en a une quarantaine, c'est tous ceux du gouvernement». Il a revendiqué l'«instinct meurtrier» qui l'anime à l'égard de la «bande à Hollande». Et, comme si cela ne suffisait pas, Jean-Claude Gaudin a ajouté une bonne blague marseillaise : «Je peux, a tenu à préciser le maire de Marseille, fournir les Kalachnikov.» C'est d'un goût!

Misère de la vie politique française, ces temps-ci. Au même moment, Angela Merkel et son concurrent social-démocrate, Sigmar Gabriel, après une campagne très durement menée, cherchent un compromis qui les amènerait à gouverner ensemble. La France est-elle condamnée à la violence politique, à la fureur dans les propos et sur les tréteaux? À la cassure en deux blocs irréductibles?

4 octobre

Jean-Louis Debré apporte aujourd'hui une démonstration contraire à celle du médiocre sénateur Doligé. Si Jean-Louis Debré n'existait pas, il faudrait l'inventer. Il a réuni hier, au Conseil constitutionnel, pour le cinquante-cinquième anniversaire de la Ve République, plus de deux cents ministres ayant appartenu à tous les gouvernements depuis 1958. Seuls absents notables, Jacques Chirac, si cher à Jean-Louis Debré, trop fatigué, et Nicolas Sarkozy, furieux de l'invalidation par le Conseil constitutionnel de ses comptes de campagne.

Tous ces anciens ministres ou Premiers ministres, de gauche et de droite, ont devisé gaiement sous les ors du Palais-Royal, échangé leurs souvenirs, souvent proches, avec bonhomie. Et se sont immobilisés comme un seul homme pour écouter le président de la République exhumer l'idée du référendum populaire – engagement pris par Nicolas Sarkozy en 2007. Faut-il y voir le signe d'une démocratie courtoise et tolérante, d'une République ouverte, de type anglo-saxon, ou ne s'agit-il que d'un accord de façade entre gens que tout sépare ? Quand les hommes politiques sont-ils sincères ? Au Conseil constitutionnel ou à l'Assemblée nationale ? À la buvette du Palais-Bourbon, lorsqu'ils se retrouvent pour un petit café, ou dans leurs meetings, où ils alternent menaces et provocations ? Les deux sans doute, c'est ce qu'on appelle des sincérités successives.

7 octobre

Premier tour de l'élection cantonale de Brignoles, hier : 40 % pour le candidat FN ; élimination du candidat de la gauche, un communiste soutenu mollement par les socialistes ; disparition des écologistes et net recul de la représentante UMP. Tout cela dans une circonscription remportée par la gauche en 2012. Si l'on additionne les voix du candidat officiel du FN et celles d'un dissident, on arrive à plus de 50 % des suffrages pour le parti frontiste ! La gauche et la droite ont de quoi s'inquiéter. Bilan : après le scrutin de dimanche, la gauche aura perdu huit législatives partielles depuis un an, et trois cantonales.

Marine Le Pen a eu raison de dire, en se fondant sur le scrutin de Brignoles, que le FN est le premier parti de France. Il cumule désormais les déçus de la gauche et ceux d'une droite en miettes.

10 octobre

Signe des temps : Alain Juppé a un blog. Il y écrit peu, mais ses interventions ne passent jamais inaperçues. Pourquoi avoir choisi ce mode de communication ? Modernité oblige. Il est essentiel, pour Juppé, de montrer qu'il vit avec son temps.

Son message hier a pris une dimension particulière. L'année dernière, Alain Juppé était intervenu sans succès pour rabibocher François Fillon et Jean-François Copé. « Il n'y avait, expliquaient ses proches, aucune chance alors que la médiation réussisse. Pour une simple raison : Fillon faisait confiance à Juppé, mais pas Copé, qui craignait que les deux ne s'entendent sur son dos. C'est de lui, et de lui seul, qu'est venue la rupture. »

Au début de cette année, les deux avaient conclu une trêve. Celle-ci a été rompue de tous côtés à l'automne. Conséquences : les militants UMP sont perdus, comme on vient de le voir au premier tour de la cantonale de Brignoles. Certains ont voté FN dès le premier tour, tandis qu'une forte proportion des autres se réfugiait dans l'abstention, qui a atteint 67 %.

« Sommes-nous devenus fous ? » demande, en une interrogation presque provocante, Alain Juppé, qui, lui, a gardé son bon sens. Son propos est simple comme bonjour : le gouvernement enchaîne les erreurs, l'opposition a tout pour offrir une « alternative convaincante ». Au moment où tout pour elle semble ouvert, elle se complaît dans les chicayas internes et les rivalités de personnes. Elle perd des voix du côté centriste, et de l'autre « décomplexe » son propre électorat, qui cède à la tentation du FN.

Juppé a beau dire qu'il est à Bordeaux et décidé à y rester, son message marque bel et bien un tournant. Il n'adresse pas aux leaders du mouvement une menace, mais c'est tout comme : continuez comme cela et l'UMP sera en danger de mort. Et lui ? Au milieu de tous ces chefs en proie à une véritable passion destructrice, est-il le sage qui s'apprête à prendre la barre ?

Juppé n'ignore rien des ambitions rentrées de Sarkozy. Est-il prêt à le prendre de vitesse ? Il est le seul, à mon avis, qui puisse le faire aujourd'hui. En a-t-il envie ? Jouer les sages est plus facile, et peut-être davantage dans sa nature, que de monter à l'assaut.

11 octobre

Comment comprendre la frénésie qui, une fois de plus, s'empare de la gauche ? L'affaire baptisée Leonarda, du nom de cette jeune fille kosovar qui a été expulsée de France avec sa famille il y a deux jours, amplifie les divergences en son sein sur l'immigration. Ce n'est pas nouveau. L'immigration est au cœur d'une division profonde, presque intime du PS. Dès qu'il est question de maîtrise de l'immigration, une certaine gauche, de Mélenchon à Benoît Hamon, pour ne citer qu'eux, entre en insurrection. Une autre gauche, incarnée aujourd'hui par Manuel Valls, est favorable à une immigration contrôlée, faute de quoi, au-delà d'un certain seuil, la situation deviendra intenable. On a pu observer tout récemment l'exaspération que les déclarations du ministre de l'Intérieur sur les Roms ont suscitée chez les socialistes. François Hollande n'ignorait pas les convictions de Manuel Valls quand il l'a nommé : s'il l'a fait, c'est qu'il les partage. Valls m'a raconté l'an dernier comment Hollande et lui ont scellé un accord à ce sujet en 2011, entre les deux tours de la primaire socialiste.

19 octobre

Le cyclone Leonarda a fait cette semaine de nombreuses victimes.

En premier lieu, le président de la République. Pourquoi a-t-il fini, au bout d'une semaine d'intenses combats internes au PS, la plupart dirigés contre Manuel Valls, par se risquer à une intervention télévisée ? Risquer, car je sais qu'il n'était pas chaud pour la faire, Aquilino Morelle me l'a dit. Il a longtemps hésité. Une double pression n'a cessé de peser sur lui, médiatique et politique. Pas un jour ne s'est passé pendant cette semaine sans qu'on lui fasse le reproche de laisser son gouvernement aller à hue et à dia, à propos de l'expulsion de Leonarda. Quant à la majorité, malgré les sondages qui montrent que plus des trois quarts des Français sont favorables à cette décision, c'est peu de dire qu'elle s'est déchaînée. Bruno Le Roux, le président du groupe socialiste à l'Assemblée nationale, a été le premier à désavouer l'arrêté d'expulsion pris par le préfet, donc par le ministère de l'Intérieur. Claude Bartolone a affirmé quelques heures plus tard qu'il y a des principes sur lesquels on ne saurait transiger « sans perdre son âme ». La bronca dans les rangs socialistes a été si forte que Jean-Marc Ayrault s'est engagé mercredi dernier à ce que la famille puisse revenir en France s'il y a eu faute. Faute ? De qui ? Du préfet du Doubs, du ministre de l'Intérieur ?

Je sais, de la bouche du cheval, que Manuel Valls aurait démissionné si le Premier ministre avait décidé, comme certains le lui recommandaient, de sanctionner le préfet. Valls et Ayrault sont donc aujourd'hui au plus mal. Ils ne se réconcilieront pas de sitôt. Bref, au bout de cette semaine de pugilat, le président de la République a fini par se convaincre que lui seul, dans une intervention télévisée jugée nécessaire, pouvait ramener de l'ordre au sein du gouvernement et de sa majorité.

Je l'ai regardé, cette après-midi, avec un sentiment confus, entre tristesse, angoisse et consternation. Tristesse, à l'idée qu'il doive à ce point s'empêtrer dans les détails pour justifier, à usage de ses propres troupes, l'expulsion de la famille Dibrani, laquelle n'était pas plus kosovare que moi et dont le passé se révélait plus trouble qu'on ne voulait bien le dire. Aucune règle de droit n'a été enfreinte, plaide longuement le président ; les conclusions de l'enquête administrative sont formelles, il n'y a pas eu de faute, même si la loi a été interprétée sans grand discernement. Les valeurs de la République, c'est le respect de la loi. L'école est et doit rester « sanctuarisée ». Pas question de revenir sur la décision du gouvernement, pas question, serait-ce pour plaire à quelques lycéens en colère, de rapatrier en France la famille qui vient tout juste d'être réexpédiée au Kosovo.

Mais l'angoisse m'a saisie quand je l'ai entendu essayer inutilement de mettre tout le monde d'accord : sitôt après avoir justifié l'expulsion, François Hollande propose à la jeune Leonarda de revenir en France, seule, pour achever ses études. Geste humanitaire ? Volonté de ménager tout le monde, au risque de tenter de concilier l'inconciliable ? Hésitation entre deux décisions contradictoires : la sortie du territoire national de la famille, le retour en France de

Leonarda ? Veut-il donner aux uns et aux autres le sentiment d'avoir été compris ? Cette recherche d'un compromis sera interprétée comme de l'irrésolution.

La consternation est venue quand, quelques minutes après l'intervention du président, Leonarda, de l'endroit où elle se trouvait, a refusé la main tendue de Hollande. Impensable que personne, à l'Élysée, n'ait vu venir le coup. À peine Hollande avait-il terminé que BFM tendait en direct son micro à la jeune fille, interviewée depuis le Kosovo. Elle a rejeté en quelques phrases, avec force, désinvolture et quelque chose comme du mépris la proposition du président. Elle se trouve bien avec ses parents, elle ne veut aller ni en foyer, ni dans une famille d'accueil en France. Bref, elle renvoie Hollande dans les cordes, d'égale à égal. « Je ne suis pas une chienne », dit-elle pour signifier qu'on ne la tiendra pas en laisse. Sa mère va jusqu'à ajouter à l'adresse du président français : « S'il veut des enfants, il n'a qu'à les faire lui-même. » Oui, terrible séquence.

Terrible, imparable et pourtant prévisible, le piège tendu par BFM.

La journée se termine dans un invraisemblable tohu-bohu. Pour avoir proposé, en gage de bonne volonté, à Leonarda de revenir en France, Hollande est accusé d'être « inhumain », « cruel » et même « abject ». Ces adjectifs sont ceux du Front de gauche.

Encore une fois, la gauche fait la démonstration de son extrême embarras, de sa gêne extrême, de son incapacité à traiter le problème de l'immigration, légale ou pas. La maîtrise de l'immigration, les députés socialistes y sont favorables. À la reconduite aux frontières aussi. À condition que l'application de la loi soit discrète, et si possible secrète. Dans le non-dit.

Qui sortira le PS de ses contradictions ? Aujourd'hui, après Leonarda, elles apparaissent plus violentes que jamais. Je me demande comment François Hollande peut reprendre la main, après cet épisode. Le temps finira par faire son œuvre évidemment, mais non sans laisser des traces. Le problème est qu'aujourd'hui, François Hollande n'abuse pas de son autorité. Au contraire, il n'en montre pas assez.

27 octobre

Juppé remis en selle par son blog. Si tout le monde est fou, lui ne l'est pas. Comme c'était prévisible, le voilà en piste, quoi qu'il dise, pour 2017. Je ne vois d'ailleurs pas pourquoi il s'en serait privé. Après tout, pourquoi pas lui ?

Je me souviens de la dernière conversation un peu décontractée que j'ai eue avec lui le 11 septembre 2001, quelques instants avant l'attentat contre les deux tours de Manhattan. Ce qu'il disait alors, il pourrait sans doute le dire aujourd'hui. Lorsque je lui avais demandé s'il visait une candidature en 2007, il m'avait répondu, avec une grande simplicité, qu'il ne se fermait aucune porte. Il aurait pu, m'avait-il dit, quitter la politique en 1997, après la dissolution décidée par Jacques Chirac. Il y avait pensé, sérieusement. Pour y renoncer bien vite. Puisqu'il était resté dans la vie politique, il ne s'interdisait pas d'y jouer un rôle, plus tard, après Chirac. Mais 2007 lui était passé sous le nez.

Je l'écoute aujourd'hui, devant le grand jury RTL – *Le Figaro* – LCI. Très à l'aise, il sourit peu, ne cherche pas à plaire à ses interlocuteurs, domine sans difficulté les sujets, dénonce l'improvisation fiscale permanente du gouvernement, son défaut de professionnalisme, souligne ses incohérences avec un plaisir non dissimulé. De tous ces sujets, il parle en homme convaincu qu'il a compté, qu'il compte, et comptera dans la politique française.

Il connaît trop bien la vie politique, Alain Juppé, pour ne pas avoir en tête l'idée qu'il n'est pas le plus mauvais à droite, après tout, pour prétendre à la présidence de la République. En même temps, il a bien mesuré, tout au long de sa vie, la longueur, les aléas, les malchances ou les erreurs qui ponctuent la longue marche vers l'Élysée. Aussi ne se conduit-il pas en matamore, considérant avec ironie ceux qui annoncent trop tôt, ou mal à propos, leurs ambitions élyséennes. C'est qu'il en a eu des réussites et des échecs, lui ! Depuis sa sortie de l'ENA, école dont il a avoué beaucoup plus tard qu'elle l'avait « déçu », rien ou pas grand-chose ne lui a été épargné. Je me souviens de Juppé, jeune, ambitieux, parfois cassant, à la mairie de Paris. Je revois la période où, ministre de Balladur, il devait être fidèle à Jacques Chirac. Je me rappelle le Premier ministre de Chirac qu'il est devenu en 1995, confronté dès la fin de l'année à une vague de grèves sans précédent, pour avoir voulu, déjà, rétablir les comptes de la Sécurité sociale, en allongeant les durées de cotisation. Je n'ai pas oublié sa condamnation, en 2004, dans l'affaire des emplois fictifs de la ville de Paris, à dix années, bientôt commuées en un an d'inéligibilité, abandonnant tous ses mandats, dont la mairie de Bordeaux, et s'envolant, amer, pour le Québec où il a passé plus d'un an.

Et pourtant le revoici aujourd'hui, après l'échec de Nicolas Sarkozy dont il a été ministre brièvement en 2007, plus longuement de 2010 à 2012, comme neuf, ou l'étant redevenu, sage au point d'avoir été chargé d'une mission de conciliation impossible entre Copé et Fillon.

Bref, depuis cette date, Alain Juppé fait partie de ceux qui peuvent, mieux que d'autres, envisager une campagne présidentielle en 2017. Si candidature il y a, il n'est pas le plus mal préparé. Son grand défaut : il aura soixante et onze ans en 2017. Je suis payée pour savoir que ce n'est pas une tare insurmontable. Son problème : Nicolas Sarkozy. Je me suis souvent demandé comment ils se sont, si longtemps, supportés en faisant bonne figure. L'un impétueux et énergique, l'autre doutant, parfois, de son avenir ; l'un habité par l'unique tentation du pouvoir, l'autre, parfois, par la tentation de Venise, tout plaquer, tout abandonner pour relire ses classiques. Si les militants et les cadres de l'UMP lui préfèrent encore Sarkozy, les sondages montrent que Juppé devance déjà François Fillon dans les intentions de vote des Français.

Le Juppé d'aujourd'hui n'est plus tout à fait celui d'hier. Plus jeune, il lui arrivait de passer pour arrogant ; aujourd'hui, la vie l'a fait humble face aux aléas de la politique, plus ironique vis-à-vis de lui-même et des autres. Avec un nouvel atout : il a réussi à ne pas s'enfermer dans l'étroitesse de son parti. En Michel Rocard, par exemple, avec lequel il a dirigé, en 2010, une commission chargée du grand emprunt, il a trouvé un partenaire précieux. Au point d'avoir écrit avec lui, à quatre mains, un livre qui m'avait enthousiasmée, au titre étrange : *La politique telle qu'elle meurt de ne pas être.* Alain Juppé y assurait, peut-être tombé sous le charme de Rocard, qu'entre social-démocratie d'un côté, synthèse entre le socialisme et la liberté de Rocard, et libéralisme de l'autre, la synthèse entre liberté et justice sociale ne pouvait mettre, assurait-il, « qu'une feuille de papier à cigarette entre nous ».

Prudent, car souvent échaudé, Alain Juppé ne se dévoilera pas de sitôt. Pourrait-il être candidat à la primaire républicaine ? Il ne dit pas non. Tout dépendra, dit-il, des « circonstances ».

« C'est quelque chose que vous n'excluez pas ? » insiste un des interviewers. Silence. Ne pas répondre à une question, c'est déjà y répondre.

4 novembre

Grands dieux, qu'attend-il pour frapper sur la table ? Voilà maintenant que Cécile Duflot, avec laquelle François Hollande ne cesse de correspondre gentiment par SMS, Arnaud Montebourg, Benoît Hamon, trois ministres de son gouvernement dénoncent sa politique d'austérité, exigent un changement de cap. Comment les Français pourraient-ils se retrouver dans cette cacophonie ?

À un moment où tous les sondages traduisent l'angoisse de nos compatriotes face au manque de cohésion du gouvernement, les trois compères ajoutent la confusion à l'inquiétude.

7 novembre

Il n'a pas tapé du poing sur la table mais François Hollande a parlé. À sa manière, sans dire tout en disant, à l'occasion de la commémoration du centenaire de la guerre de 14-18. Intéressante, et assez réussie, la façon dont il a utilisé la Grande Guerre pour ramener la France à sa situation désenchantée d'aujourd'hui. Le discours prononcé à l'Élysée visait à rendre hommage à ces millions de Français morts pendant ces quatre longues années. Il me semble bien pourtant qu'il s'adressait plutôt aux vivants, dans la

France du présent. Union nationale, réconciliation, l'Europe, la paix : tout cela allait bien au-delà de la guerre de 14.

Le candidat Hollande avait assuré, de manière un peu téméraire, qu'il apaiserait les conflits et rétablirait un consensus oublié. Dix-huit mois plus tard, les partis politiques restent divisés ; mieux, ils se divisent entre eux, les intérêts particuliers dominent, France de droite et France de gauche ne se reconnaissent plus, et la Bretagne, à travers les « Bonnets rouges », s'élève contre Paris. À se demander si le seul consensus existant en France n'est pas l'union nationale contre l'impôt.

12 novembre

Sachant que Manuel Valls et Taubira se rendraient ensemble au colloque de la gauche forte, aujourd'hui, salle Victor-Hugo, à l'Assemblée nationale, j'ai voulu y assister pour prendre en quelque sorte le pouls de leurs relations. Sorte de club interne au parti socialiste, la gauche forte est, à l'origine, une cellule de riposte aux arguments du FN, et à la « droitisation » d'une partie de l'UMP.

Manuel Valls est arrivé, dans un état de tension extrême, comme de plus en plus souvent maintenant. Il faut dire qu'il y avait de quoi : la veille, à l'occasion de la commémoration de l'armistice du 11 novembre 1918, quelques dizaines de jeunes réunis sur les Champs-Élysées ont longuement conspué François Hollande, transformant ce qui devait être une promenade tranquille pour le chef de l'État en une sorte d'échauffourée abondamment médiatisée. Les responsables ? Le ministre de l'Intérieur a tout de suite désigné les auteurs du chahut anti-Hollande : des sympathisants de l'extrême droite, Front national, Renouveau français, Action française et autres petits groupes s'étant tous donné rendez-vous par Twitter ou Facebook. Soixante-treize interpellés, quatre gardes à vue. Marine Le Pen a assuré, bien sûr, que le Front national n'était pas concerné. Si ce n'est toi, c'est donc ton frère...

Tandis que les organisateurs offrent à Christiane Taubira, arrivée, elle, à l'heure, un bouquet tricolore («Tu n'as pas de couleur, lui dit-on, tu es un arc-en-ciel»), les orateurs, politologues, historiens ou élus, analysent la composition de cette nouvelle extrême droite, parallèle, mais pas toujours confondue avec le Front national. L'un explique comment le FN a changé depuis 1990, année où il a opéré sa mutation sociale, critique du capitalisme, des États-Unis et de la mondialisation : il recrute, désormais, dans les endroits où la désespérance gagne du terrain. Après lui, Jean-Yves Camus souligne que la gauche a préféré, depuis des années, affirmer le droit à la différence, au lieu de s'atteler à la construction d'une collectivité républicaine. «La droite extrême nous dit : la démocratie, ce n'est pas le droit à la différence.»

Manuel Valls prend la parole à son tour. Il est solennel, les lèvres minces, les traits durs. «Ça suffit», dit-il. Qu'est-ce qui suffit? Les agressions verbales contre Taubira, les gestes déplacés vis-à-vis du président élu par les Français, l'«augmentation [près du quart] d'actes racistes, antisémites ou antimusulmans». Il dénonce l'«émoussement des consciences face aux paroles racistes».

Ce discours lui ressemble : il décrit les dangers, quitte à terrifier ceux qui l'écoutent. Il les désigne pour ce qu'ils sont : le communautarisme qui monte, le discours sur l'exclusion, l'immigration irrégulière. On pourra dire ce qu'on veut de cet homme, qu'il n'est pas bon camarade, qu'il apaise moins qu'il ne dissèque au scalpel. Ce qu'on ne pourra jamais dire sur lui, c'est qu'il n'est ni sincère ni convaincu. Lorsqu'il déclare pour finir : «La nation, ne l'abandonnons pas, elle est à nous. Ne laissons pas ce talisman à d'autres», chacun dans la salle, moi y compris, est traversé d'un frisson. Sacré discours.

Différente est l'éloquence de Christiane Taubira, plus ample, imagée, romantique. Mais le discours aujourd'hui est à peu près le même. Reconquérir l'usage des mots dont nous nous sommes laissé déposséder et, avant tout, du mot «nation». Reprendre ce qu'elle appelle notre bien, la République. Oui, il y a des actes racistes, xénophobes, conclut-elle, mais ce n'est pas la voix de la France. Applaudissements assurés.

25 novembre

Je rencontre aujourd'hui Éric Ciotti, à l'Esplanade, au milieu de l'après-midi. Ce qui m'intéresse chez lui, ce n'est pas seulement qu'il est député des Alpes-Maritimes, et que, chargé à l'UMP des problèmes de sécurité, il s'adresse souvent, lors des questions au gouvernement, à Christiane Taubira, soupçonnée de laxisme évidemment, sans craindre l'acidité de ses réponses. C'est son parcours entre Sarkozy et Fillon, au sein d'une UMP déboussolée. Il s'est rallié au second, depuis la rentrée 2012, et je lui demande pourquoi il a fait ce choix alors qu'on le savait sarkozyste. « Cela s'est fait, m'explique-t-il, un peu par hasard. » Ou plus exactement sur un autre sujet : le jour où l'austère Fillon, alors Premier ministre, s'est fait reprocher par les députés, au cours d'une séance de questions d'actualité, son voyage en Égypte, en plein « printemps arabe », Ciotti a croisé, salle des Quatre Colonnes, Lavrieux, le Lavrieux de Copé, hilare. Ciotti a trouvé cette attitude « dégueulasse », c'est son mot, et exprimé sa colère devant les caméras de télévision. Le soir, Fillon lui a téléphoné, Ciotti est allé le voir à Matignon.

« Ce jour-là, nous étions en 2011, Fillon m'a dit : “Si Sarkozy perd les élections, je ne pourrai pas ne pas être candidat UMP pour 2017.” »

Après les élections législatives de 2012 perdues par l'UMP, Nicolas Sarkozy a demandé ce qu'il comptait faire. « Je m'engagerai derrière François Fillon, lui a répondu Ciotti, sauf si vous me dites de ne pas le faire.

— Ça me va, a répondu Sarkozy, j'ai besoin d'amis dans les deux camps. »

Ciotti en a immédiatement conclu que l'ancien Président n'avait qu'une envie, celle de reprendre le combat.

« Fillon a fait une erreur d'analyse, il était persuadé que Sarko avait renoncé à la vie politique, qu'il était désormais dans une autre vie, une autre logique d'affaires.

— Mais comment a-t-il pu le croire ?

— Parce que Sarkozy le lui a assuré. Il a même conseillé à Fillon d'en faire plus, de se démener davantage. Fillon ne pouvait douter de ses paroles. Il lui a même dit qu'il lui souhaitait bien du plaisir. »

Il est vrai que la défaite aux législatives ne datait que de quelques jours, et que l'humeur de Sarkozy était alors chagrine.

Lucide et courageux, c'est ainsi que Ciotti me décrit Fillon, sans faire la moindre mention de son incompréhensible sortie sur le FN.

Je retiens de cette rencontre que Fillon ne reculera pas, et que Sarkozy reviendra.

8 décembre

Hier, fête des Lumières à Lyon. Nous nous promenons à l'invitation du maire dans les rues de cette belle ville, de la place Bellecour, évidemment, à celle des Terreaux. Quatre heures de marche au milieu de centaines de milliers de personnes, hilares, joyeuses, vin chaud, crêpes, saucisses, rien n'y manque. Le maire, Gérard Collomb, n'a pas l'air de douter de son élection aux prochaines municipales.

Je suis à côté de lui, Carole Barjon à sa gauche, au dîner qui suit, à l'hôtel de ville, vers 22 heures. Nous le sentons prudent au début du repas, il s'enhardit au fur et à mesure que nous passons du foie gras au poisson et patates douces, suivis d'un délice aux pommes, tout cela arrosé de multiples vins, quatre au moins. Il est évident que Gérard Collomb est ravi d'être là où il est. Il a gagné Lyon de justesse la première fois, a été réélu à la majorité au premier tour, six ans plus tard. Il l'a fait avec l'aide de Raymond Barre, qui l'a préféré au candidat de la droite, et reste fier de son coup. Son secret, explique-t-il, tient dans la mise en commun, à Lyon, du privé et du public. Il y a introduit des entreprises, engagé des partenariats, avec le Japon hier, la Chine aujourd'hui. Son calcul : pour un euro investi par le public, sept euros sont investis par le privé, sur les mêmes objectifs. « Faites le calcul, nous dit-il, la ville a un budget de 4 milliards d'investissements, le privé y collabore à hauteur de 28 milliards, voilà comment ça marche ! »

En réalité, tout au long du dîner, il ne cesse de faire un antiportrait de François Hollande, incapable, justement, d'instituer avec les entreprises un dialogue positif. Il enchaîne par la description d'un gouvernement d'incompétents (« La loi de finances, les taxes, dans tous les sens, n'importe comment, ç'a été le plus beau ! ») et d'un président dépassé, sans autorité, incapable de fixer un cap car il n'en a pas, enfermé dans son ancien rôle de premier secrétaire du Parti socialiste. Il n'aimait pas Mitterrand, il lui a préféré Rocard et Mauroy. Mais Hollande, « c'est le bouquet ».

Il croit possible un retour de Sarkozy, et pense qu'en attendant, il rénove l'UMP. Pas un instant François Fillon ne lui semble pouvoir prétendre à le remplacer.

— Et Juppé ? lui demandons-nous.

— Ah oui, Juppé, c'est autre chose. Mais il aura soixante-dix ans, et quel intérêt aurait-il à s'opposer maintenant à Sarkozy ? En aurait-il le désir qu'il n'en aurait peut-être pas la possibilité.

Il y a chez lui beaucoup de ressentiment à l'égard de sa propre famille politique, cette gauche qui l'a toujours sous-estimé, ne l'a pas même aidé à s'implanter localement, et lui a longtemps préféré Jean-Jack Queyranne. Il n'a rien oublié de l'histoire des congrès socialistes : il évoque celui de Metz, où Mitterrand s'était allié à Chevènement contre Rocard et Mauroy. L'épouvantail, à ses yeux, à ce moment, c'était Jean-Pierre Chevènement. Aujourd'hui, c'est Montebourg.

18 décembre

Je suis allée écouter Henri Weber parler, rue de Solférino, des droits en France. Étonnée et franchement tourneboulée du nombre des militants socialistes dans la salle qui s'opposent aux réformes proposées par le gouvernement socialiste. Je ne sais pas comment François Hollande va trouver une voie dans ce monde qui devrait être le plus proche de lui et qui s'en éloigne au contraire à grande vitesse. Henri Weber n'a pas l'air, lui, d'en être surpris.

20 décembre

Avec Laurent Fabius au Quai d'Orsay, tôt dans la matinée. On le sent heureux ici. Lorsqu'il était président de l'Assemblée nationale, il lui arrivait de paraître en proie au plus profond ennui. Je me rappelle la phrase de Chevènement à son égard : « Lorsqu'il me serre la main pour me dire bonjour, je souffre pour lui de l'effort qu'il fait. »

Ce matin, il a l'air plutôt passionné de tout ce qu'il découvre à travers le monde. Le poste, manifestement, lui semble à sa mesure. « Le monde a changé, me dit-il, avec l'émergence des BRIC, de la Chine, il faut le dire aux Français. Ils sont tout à fait prêts à entendre ce discours, à condition qu'on le leur tienne. » Critique en creux de Hollande ? Il ne s'attarde pas, il revient à la France, et pendant l'heure que nous passons ensemble, c'est davantage de la politique intérieure qu'il parle que de la politique étrangère.

« Je vois tellement de gens à l'étranger, poursuit-il, que je mesure bien les lacunes de ce qui se passe en France : la fiscalité éloigne les grands groupes, nous sommes passés de ce point de vue de l'autre côté du cheval. »

Que faut-il faire maintenant, selon lui ? « Changer d'équipe d'abord. Et infléchir sérieusement la politique économique, et notamment réduire les dépenses. »

Où en est la social-démocratie française, c'est la question que je lui pose, à lui, qui a des éléments de comparaison avec les autres pays européens. Par rapport à l'Allemagne, par exemple. « Schröder, m'explique-t-il, a accompagné ses réformes de mesures spécifiques : notamment le chômage partiel. Les réformes de fond ont été de pair avec les dispositions sociales qui ont maintenu en vie les entreprises. Les difficultés de la France d'aujourd'hui, c'est que les impôts ont déjà été augmentés, on ne peut les augmenter davantage. Le plus grave est que le corps social est dans un état d'esprit négatif. »

Il ajoute : « Toute une série de réformes est plus difficile à faire maintenant. Il faut des structures de décision plus claires, un gouvernement plus resserré. »

Il parle comme si cela ne le concernait pas vraiment. Comme s'il était observateur de ce qui se passe en France parce que trop occupé désormais par le monde.

Il reprend, l'air songeur : « Il est plus difficile de gouverner aujourd'hui que cela ne l'était il y a quelques années. Les paramètres sont plus nombreux. La presse, les médias sont omniprésents. Je reste positif, ajoute-t-il sur un ton pourtant sceptique. Mais quand je rencontre les leaders politiques français, je les vois très critiques vis-à-vis d'eux-mêmes. »

Il n'imagine pas François Hollande changeant de Premier ministre au bout d'un an et demi. Même si, me dit-il, « le changement ne se fait jamais quand on le pense ».

« Je ne sais pas comment cela se passe entre Hollande et Ayrault. Lorsque François Mitterrand m'a nommé Premier ministre, en 1984, j'ai eu une conversation avec lui. Je lui ai dit que je devais avoir une existence autonome. François Mitterrand m'a répondu : "Moi, je m'occuperai de la défense et de l'international. Pour le reste, je ne ferai aucun arbitrage sur l'économie. Quand un Premier ministre a des ministres qui ne cessent de voir le président, c'est un vrai handicap pour lui." »

Je comprends les reproches rentrés qu'il fait au couple exécutif et les changements qu'il attend : Hollande doit changer de Premier ministre, et changer de modes de décision.

2014

7 janvier

Le « tournant » de François Hollande prend tout le monde de court. D'autant que, dans les heures qui ont suivi, Pierre Gattaz a accepté la main tendue par l'Élysée. Il s'agit du pacte d'entreprise proposé par le président dans ses vœux du 31 décembre. Un donnant-donnant assez simple que l'on pourrait résumer ainsi : je baisse les impôts, vous embauchez. Pourquoi, étant donné la simplicité de la formule, Hollande ne l'a-t-il pas proposée plus tôt ? Sans doute, certainement même, parce qu'il connaît les obstacles auxquels il se serait heurté à l'intérieur de sa majorité. Oui, il y a toujours au Parti socialiste des militants que le mot « entreprise » suffit encore à choquer et qui parlent des patrons comme au siècle d'Émile Zola. Ce n'est pas le cas de Hollande, ni de Moscovici, comme ce ne l'était pas de DSK...

C'est pourquoi cette formule de « tournant » choisie par la presse me paraît abusive. J'y vois plutôt une évolution assez logique. Après avoir tenté de respecter ses promesses électorales – ce qui à l'évidence, ne lui a pas assuré le soutien des masses révolutionnaires –, François Hollande entre aujourd'hui dans une phase où il s'efforce, un soupçon de croissance revenant, de mettre en place enfin une social-démocratie.

La droite est restée sans voix devant ce pacte d'entreprise. Pour des gens qui, comme Jean-François Copé, persistent à affirmer que Hollande défend la gauche la plus rétrograde, il sera difficile de s'adapter à ce changement de cap et d'en prendre le contre-pied.

10 janvier

Closer publie des photos sur la nouvelle idylle de François Hollande avec l'actrice Julie Gayet. L'affaire n'est sans doute pas sortie par hasard : à quatre jours de la conférence de presse du président, au moment où il infléchit sa politique dans un sens que l'opposition le mettait en demeure d'adopter depuis plusieurs semaines.

Il faut entendre toute la droite lui donner des leçons, comme si dans ce domaine Chirac et Giscard, sans parler de Sarkozy, n'avaient eu, à l'Élysée, que des comportements rectilignes. Quelle hypocrisie ! Il est vrai que ses prédécesseurs n'ont jamais agi de cette façon, en adolescent qui croit qu'il peut tout se permettre, qu'il échappera à tout le monde, reporters et photographes, pour aller passer une nuit avec une demoiselle, au demeurant fort jolie...

12 janvier

Je ne décolère pas. Comment Hollande a-t-il pu se mettre dans une telle situation ? J'enrage à l'idée qu'il n'ait pas su prendre les précautions nécessaires pour échapper à la curiosité des paparazzis, s'agissant de sa vie privée. Était-ce trop lui demander que de s'imposer plus de discrétion ? Il savait à quoi il s'exposait et les risques qu'il encourait à une époque où il est devenu si difficile, voire impossible, pour un homme politique, et à plus forte raison le chef de l'État, de passer inaperçu.

Je repense à ce que nous disait, l'année dernière, Jean-Pierre Chevènement lors d'une conversation entre amis. Nous évoquions le tweet de soutien de Valérie Trierweiler au concurrent heureux de Ségolène Royal à La Rochelle. Nous pensions, les uns et les autres, que jamais François Hollande ne pourrait pardonner à sa compagne de lui avoir porté un coup aussi rude, en confirmant en quelque sorte ce que les Français lui ont reproché d'emblée : son absence d'autorité, son côté hésitant, incertain.

Oui, je suis outrée par tant de légèreté, si ce n'est d'irresponsabilité, lui qui est aujourd'hui en charge de la fonction suprême. Un président doit veiller à ne jamais faire étalage de sa vie privée, à garder dans ce domaine une retenue exemplaire. Et voilà que la France entière l'a découvert casque de motard sur la tête, pour aller retrouver une actrice dans un appartement à quelques centaines de mètres seulement de l'Élysée !

14 janvier

Déjeuner avec Jean-Christophe Cambadélis quelques heures avant la conférence de presse de François Hollande, que je dois commenter sur le plateau de France 2.

J'aime beaucoup converser avec Cambadélis, mais je me méfie de ce qu'il me dit, tant ses propos restent marqués par une certaine aigreur envers Hollande. Il n'a toujours pas compris comment l'ancien premier secrétaire pour lequel il n'avait guère de respect a pu faire pour arriver jusqu'à l'Élysée.

Il juge son discours de vœux, le 31 décembre, « significatif de sa démarche, celle des petits pas. Ce n'est pas un révolutionnaire, il se donne du temps ». Beaucoup ont cru jusqu'au 5 décembre, poursuit-il, qu'Ayrault allait partir. Car, la situation étant chaotique, François Hollande avait devant lui plusieurs possibilités. Notamment celle de changer de Premier ministre. Il s'est demandé un moment s'il allait faire appel à Valls. Il y a finalement renoncé.

Ce qui a opposé Hollande à Ayrault, à la fin de l'année dernière, c'est la réforme fiscale, annoncée par le chef du gouvernement. Certes, ils en avaient parlé ensemble, mais par téléphone, un vendredi pendant le voyage du président en Israël. Rien n'était encore décidé et le Premier ministre a précipité les choses : « Hollande a eu l'impression qu'Ayrault lui tordait le bras pour rester et il n'a pas du tout aimé cela. »

Je ne sais ce qui est vrai dans le récit de Cambadélis, mais celui-ci corrobore en tout cas les quelques phrases sibyllines de Tony Dreyfus fin décembre, parlant à mots couverts de sa rencontre avec Ayrault, lequel avait dit : « Tant qu'à tomber, tombons pour quelque chose ! » Selon Cambadélis, Hollande, prenant consience qu'il était combattu par les siens, chaque fois qu'il s'exprimait, en aurait conclu que le mieux qu'il avait à faire était de ne pas réagir.

« C'est ainsi qu'il a préparé seul son discours du 31 décembre et sans doute aussi cette conférence de presse qu'il va tenir dans quelques heures. L'exercice sera difficile, qu'il soit question ou non de sa vie privée. En trente minutes, il devra trouver la bonne attitude, les mots adéquats, une distance et une perspective. »

J'avoue qu'en le quittant pour me rendre sur le plateau de France 2, j'attendais le pire pour Hollande. Tiendrait-il le coup face à des journalistes qui n'allaient cesser de l'assaillir de questions sur ses frasques amoureuses ? Dès les premières phrases, tout le monde a compris que cet homme, que l'on dit parfois – ses adversaires le serinent tout le temps – faible, en tout cas devant les femmes, et irrésolu, a fait preuve d'une détermination, d'une résolution sans faille. Il a commencé par une intervention de trente minutes sans une hésitation, sans le moindre bredouillage. Lorsqu'il est apparu sur l'écran, ce sont ses traits tirés qui ont attiré mon regard, mais surtout sa pâleur. Et aussi le timbre de sa voix, presque voilée. On a d'abord senti une sorte d'embarras qui s'est très vite estompé. Sauf quand il a évoqué, un peu plus tard, les « épreuves » traversées par son couple.

L'exercice était plus que périlleux. Un cas d'école en tout cas : comment parler des nouveaux chantiers à ouvrir, des inflexions économiques à imposer, du calendrier de l'action gouvernementale pour les prochains mois, avec toute la conviction nécessaire, lorsqu'on est dans le même temps empêtré dans un imbroglio sentimental révélé à la terre entière par des photos volées ?

Jamais aucun président de la Ve République, sauf peut-être Valéry Giscard d'Estaing avec son laitier, n'a eu pareille situation à affronter. François Hollande a réagi en animal politique, révélant à ceux qui en doutaient encore que, derrière l'homme souvent affable et parfois flou, se cache un caractère plus aguerri, plus dur qu'on ne le pensait. Les six cents journalistes qui ont afflué à l'Élysée, dans l'attente d'on ne sait quel scénario digne de la téléréalité, sont repartis bredouilles.

En quelques phrases, assez dignes, sans chercher à masquer la vérité – comment aurait-il d'ailleurs pu le faire? –, François Hollande a contourné le problème, sans avoir l'air de l'éviter, ni le résoudre. Il a d'abord évoqué, sous une forme analogue à celle qu'avait employée Nicolas Sarkozy lorsque sa femme Cecilia avait pris ses distances, les «épreuves» de sa vie personnelle, puis affirmé en termes sobres qu'il dirait, avant le 11 février, date de son départ pour les États-Unis, quelle serait la nouvelle organisation de sa vie. Il n'a pas cherché à botter en touche, ni à se retrancher dans un silence offusqué. Il a dit les choses sans ruser, comme il le fait parfois, de façon assez apparemment sincère pour pouvoir embrayer sur un discours plus politique, celui qu'il s'apprêtait à tenir aux Français avant que la presse tabloïd ne le rattrape. Sans doute ses adversaires, ou ceux que sa conduite a sincèrement choqués, ne seront-ils pas convaincus par la démonstration. Sans doute ses amis politiques craindront-ils longtemps encore que les dégâts de l'affaire privée ne rejaillissent sur la vie politique et la majorité tout entière. Toujours est-il que les propos du président de la République ont été assez bien pensés, prononcés, pour que ce qu'ils contenaient d'essentiel pour l'avenir du pays n'ait pas été pollué, comme on dit, par sa romance avec Julie Gayet.

Cela dit, le changement politique d'aujourd'hui est bien plus dans la forme que sur le fond. François Hollande n'a pas attendu d'être président pour savoir qu'il vaut mieux écouter les chefs d'entreprise que les dénigrer. Il ne vient pas non plus de découvrir le pouvoir de l'argent.

La conférence a duré plus de deux heures, deux heures durant lesquelles je suis restée immobile sur un tabouret de plexiglas. Tandis que je m'apprête, à la demande de David Pujadas, à faire quelques phrases de commentaire, Hélène Hug, la journaliste de France 2 qui court après les membres du gouvernement pour recueillir leurs premiers commentaires, pose ainsi sa question à Ayrault : «Comment avez-vous trouvé le président?» Croyant mon micro fermé, je m'esclaffe en disant «Moche, minable!», comme si le Premier ministre pouvait faire autre chose que de trouver le président formidable, impeccable, concret, dynamique, etc. Pujadas me fait signe que mon micro est ouvert et que les téléspectateurs ont entendu ma petite moquerie. Nous vérifions auprès de la technique. Oui, on m'a bien entendue. Pour une gaffe, c'est une gaffe de débutante. Mais on me dit que, personne n'ayant réagi sur le moment, la phrase est peut-être passée inaperçue. Ouf. Tout le monde aura compris, je l'espère, que je répondais, pour rire, à la place du Premier ministre.

16 janvier

J'ignorais jusqu'ici ce qu'étaient exactement les réseaux sociaux, Twitter et autres. Maintenant je suis fixée. Toute la journée, mes deux malheureux adjectifs « moche » et « minable » ont suscité des commentaires, comme si je les avais prononcés au premier degré. Déchaînement inouï des partisans et des adversaires de Hollande, les uns pour suffoquer à l'idée que j'aie pu, sur une antenne nationale, traiter le président de cette façon, les autres pour me féliciter tout en s'étonnant que ces critiques virulentes viennent de moi.

Misère : je ne sais même pas comment marche Twitter, et c'est ma fille qui me prévient du barouf que je viens de déclencher malgré moi. Elle a passé toute la journée d'hier à répondre, sans me dire exactement la teneur des réactions, par peur de me faire de la peine. Elle ne m'a consultée qu'une seule fois : lorsqu'une charmante personne, apprenant que j'allais m'expliquer le soir sur Canal Plus, est allée jusqu'à tweeter : « Ah bon, et elle va raconter ses turpitudes avec Giscard, Chirac et Mitterrand ? » Ma fille lui a rétorqué à ma place : « Non, je n'en aurai pas le temps ! »

Grandiose ! J'en ai ri toute la soirée.

23 janvier

Hollande n'avait pas fini de parler qu'une partie de la gauche – Jean-Luc Mélenchon, le secrétaire général de la CGT, le PCF – rejetait déjà le pacte de responsabilité qu'il proposait aux entreprises. De l'opposition de Mélenchon, personne ne doutait. Ce qui est plus surprenant, c'est la division de la droite, qui tombe décidément dans tous les panneaux. Jean-François Copé est immédiatement dans le refus et la négation. Il me semble que l'opposition aurait mieux fait de manifester ses doutes, au lieu de condamner en bloc la proposition du chef de l'État. Mieux valait pour elle se contenter d'ironiser sur le changement de cap du président, ou revendiquer la paternité de ses mesures. C'est d'ailleurs ce qu'ont fait, plus finauds, François Baroin et les centristes : très bien, bravo, mais peut-on croire Hollande aujourd'hui alors que, depuis dix-huit mois, il fait le contraire de ce qu'il annonce à présent ?

La CGT dépitée, le patronat satisfait... quelque chose a changé depuis la conférence de presse du président de la République. En particulier dans les relations entre les différents protagonistes du grand compromis social qu'il a proposé le 14 janvier dernier.

En fixant les contours de la future négociation sociale sur le pacte de responsabilité, François Hollande est entré dans la démarche qui devrait rester la sienne tout au long de la seconde partie de son quinquennat. On imagine mal comment il pourrait désormais revenir sur ses aveux « sociaux-démocrates » après avoir attendu plus de dix-huit mois pour les faire. S'il n'est pas quotidiennement à la manœuvre, le chef de l'État suivra la négociation de bout en bout avec l'attention qu'on imagine : de sa réussite dépend désormais le succès ou l'échec du quinquennat tout entier. Et sa possibilité de se représenter en 2017, comme ses chances de l'emporter.

Du côté du patronat, qui aurait pensé, il y a seulement six mois, que le nouveau leader des patrons, Pierre Gattaz, aurait une partie à jouer avec François Hollande ? À peine désigné en remplacement de Laurence Parisot, que l'on savait ouverte au dialogue social, Pierre Gattaz avait délibérément affiché son intention de prendre le contre-pied de celle qui l'avait précédé et de bien marquer la distance, un abîme alors, qui le séparait de la politique gouvernementale, et de celle du président. C'est pourtant le même homme qui, dès le mois de janvier, après les vœux présidentiels du 31 décembre, a dit « Chiche » à François Hollande, en lui laissant ainsi la voie libre vers le pacte de responsabilité.

Quant aux quatre principales centrales syndicales, elles avaient rendu public, quelques instants seulement avant la conférence de presse de François Hollande, un texte commun pour demander plus de clarté dans le financement des aides aux entreprises, et préciser qu'en aucun cas il ne saurait y avoir de « cadeau » fait au patronat sans contrepartie portant sur les investissements économiques et sociaux. Mais il y a entre elles autant de similitudes que de nuances. La CFDT semble bien vouloir s'investir dans la négociation à venir, à la condition expresse qu'elle « soit structurée par un dialogue social renforcé », et que le patronat précise ses engagements chiffrés en matière d'emploi. Ce n'est pas le cas, en revanche, du secrétaire général de FO, qui use d'une métaphore imagée pour mettre en garde les travailleurs contre le président, lequel a « donné les clefs du camion au patronat et nous demande de monter dans la remorque ». De son côté, Thierry Lepaon, le secrétaire général de la CGT, juge le chef de l'État « en total décalage avec les Français », et assure qu'il répond « presque exclusivement » aux revendications du Medef. Il promet toutefois de ne pas se cantonner à une « opposition stérile ».

Entre ces trois pôles de la négociation sociale, le président et le gouvernement navigueront sans doute, pendant plusieurs semaines : mais ils le feront dans un univers politique déconstruit, au milieu des divisions de la gauche et de celles d'une droite en pleine cacophonie. Sur ce sujet comme sur d'autres, les élections municipales, puis européennes, offriront à l'opposition et à la majorité des occasions de s'affronter. D'ici là, et sans préjuger de la suite, François Hollande apparaîtra peut-être en position de force.

25 janvier

Le feuilleton élyséen continue. On attendait pour aujourd'hui un communiqué sur le choix sentimental du président entre Valérie et Julie. Voyant arriver 19 heures, je pensais que ce communiqué ne tomberait pas. Il vient de tomber. On ne peut faire plus laconique. Ni mieux démontrer une capacité de choisir, de décider qui ne craint pas d'être tranchante. Pas de consentement mutuel, mais rupture unilatérale. Le communiqué de François Hollande est sans ambiguïté : « J'ai décidé de mettre fin à la vie commune... »

Il semble que, toute la journée, les négociations avec Valérie Trierweiler se soient poursuivies à l'Élysée. « C'est difficile, m'a confié Jean-Pierre Bel, le président du Sénat : beaucoup de choses sont à régler. Par exemple la scolarité du fils de Valérie Trierweiler, l'appartement qu'elle ne veut pas garder. Dans ce cas, où ira-t-elle ? »

Jusqu'où ira-t-elle ? Telle est plutôt la vraie question qui se pose. Jusqu'à régler ce différend sur la place publique, alors que son ancien compagnon voudrait garder tout cela dans le cadre de la vie privée ? Après le désespoir des premiers jours, Valérie Trierweiler avait fini par accepter la rédaction d'un communiqué commun avec le président, qui aurait mis un terme élégant au vaudeville. Apparemment, elle a changé d'avis hier : son avocate ayant évoqué dans la presse sa volonté de sortir par le haut de cet imbroglio, donc d'accepter la situation sans livrer bataille, elle l'a renvoyée instantanément. On se demande désormais quelles seront ses réactions dans les jours qui viennent. Voudra-t-elle ou non se venger ? Ceux qui la connaissent jugent qu'elle est d'un tempérament belliqueux. Elle aurait, me dit-on, endommagé, sinon démoli, la voiture de sa consœur Sylvie Santini lorsque celle-ci a été désignée par *Paris-Match* pour couvrir à sa place les activités du Parti socialiste. Serge Raffy m'a rappelé qu'elle lui avait envoyé tweet sur tweet pour le dissuader d'écrire ce qu'il voulait dans sa biographie de François Hollande.

Pendant ce temps-là, la réunion des instances de l'UMP est passée pratiquement inaperçue. Elle avait pourtant comme but de présenter le programme du parti pour la prochaine campagne électorale – programme qui ne fait pas l'unanimité entre ses différents leaders. En revanche, le bureau politique a décidé définitivement ce matin l'organisation d'une primaire pour choisir son candidat à la présidentielle de 2017. C'était certes une condition sine qua non du retour de François Fillon au bercail, après le procès en usurpation intenté par celui-ci contre Jean-François Copé. Néanmoins, cette primaire à droite est une grande première. Je me rappelle la façon, rigolarde et dubitative, dont les gaullistes, ou ce qu'il en restait à l'époque, avaient accueilli l'idée de la primaire socialiste en 2006, puis en 2011. Voilà qu'ils s'y mettent eux aussi. Mais tout n'est pas réglé pour autant, Sarkozy ayant toujours dit qu'il ne se plierait jamais à l'idée de défiler, avec d'autres candidats, devant les militants et les cadres du mouvement et encore moins à celle d'une primaire ouverte, à la droite et peut-être au centre.

25 janvier, minuit

Dîner chez Tony Dreyfus avec Yves Colmou et Jean-Louis Nadal, nommé tout récemment à la tête de la Haute Autorité pour la transparence de la vie publique. Colmou évoque le livre de Revault d'Allonnes et Laurent Borredon sur Manuel Valls. Il leur reproche d'avoir orienté leur ouvrage autour du principe, donné comme certain, de l'ambition de Valls. Tout entier tourné vers l'Élysée, en quête d'un destin national, n'entreprenant rien qui ne soit dans ce dessein. Valls est cela, sans doute, mais le résumer à cette envie folle me paraît, en effet, excessif.

C'est certes un activiste. « Quand il ne bouge pas deux fois par jour, il n'est pas content », affirme Colmou qui fait tout, sans succès, pour ralentir son mouvement.

Sur l'affaire Trierweiler-Hollande, il est convaincu, comme je le suis, que les photos n'ont pas été prises par hasard, et que leur publication n'a rien d'innocent. Entre le dernier gouvernement socialiste de Lionel Jospin en 2002 et l'élection d'un président socialiste à l'Élysée, dix ans se sont écoulés pendant lesquels

Nicolas Sarkozy, à l'Intérieur puis à l'Élysée, a eu le temps de tisser sa toile.

Yves Colmou nous raconte, à titre d'exemple, la cérémonie de départ à la retraite, jeudi dernier, d'un proche de l'ancien président. Valls fait un discours, relativement gentil, sur ce haut fonctionnaire. Celui-ci, prenant la parole après lui, remercie tous ceux qui l'ont nommé et aidé à son poste : Frédéric Péchenard, Pierre Mongin, d'autres encore, tous proches de Sarkozy, et ne dit pas un mot du ministre présent. Au premier rang de l'assistance s'était installé Pierre Charron, ami de Nicolas Sarkozy, presque en maître des lieux. À la fin de la cérémonie dans la salle des fêtes du ministère de l'Intérieur, Valls ne décolérait pas.

Autre épisode récent : sa rencontre avec Bernadette Chirac qui a demandé à être reçue Place Beauvau, furieuse de ce qu'on lui dit sur le découpage prévu de « son » canton de Corrèze. Elle a apostrophé Valls comme s'il était un employé de mairie. Lorsque celui-ci lui a demandé si elle comptait se présenter, elle s'est retournée vivement, et lui a répondu, une lueur guerrière, presque menaçante, dans l'œil : « Cela, ça dépend de vous... »

À propos de Chirac, Raffarin lui a rendu visite, il y a de cela quelques mois. En prenant congé, il voit que Chirac a du mal à se lever et lui dit : « Je vous en prie, ne bougez pas. » Chirac le raccompagne néanmoins avec difficulté jusqu'à la porte de son bureau. Raffarin lui demande alors de transmettre ses amitiés à Bernadette. « À mon chien aussi », lui répond Chirac avant de retourner s'asseoir.

30 janvier

« Pas la nostalgie, mais l'espérance » : la formule est de Brice Hortefeux lors du déjeuner des amis de Nicolas Sarkozy qui s'est tenu aujourd'hui. L'homme pressé d'hier, impatient de conquérir la présidence, s'est transformé, sur le chemin du retour, en une sorte de Petit Poucet, jetant ses petits cailloux les uns après les autres, sage et réfléchi, distant et secret.

Évidemment, il joue sur du velours : la pagaille à droite, le désordre à gauche. Pour lui tout est bon à prendre : les concerts de Carla, les conférences cher payées, les programmes libéraux élaborés par l'UMP dont il se gausse en privé. Dans l'oreille des journalistes, il souffle des propos de bon sens, sur le ton de la confidence, souvent rigolards, sur Hollande, mais aussi sur ses «amis» de l'UMP. Une plaisanterie sur Fillon par-ci («Moi, je ne dis pas que j'ai souffert avec lui»), une plaisanterie sur Hollande par-là, et le tour est joué.

31 janvier

Si j'en crois les réseaux sociaux, Hollande a vraiment raté sa communication sur son «divorce» d'avec Valérie Trierweiler. Les femmes, même les plus modestes, risquent de lui refuser, pour longtemps, leurs suffrages. Chacune semble se sentir menacée par ce qu'elles appellent une répudiation. Ce sont les termes froids et laconiques qu'il a employés pour expliquer cette séparation qui a choqué beaucoup d'entre elles, notamment celles qui veulent bien se résigner à l'idée que leurs maris soient infidèles, à condition de ne pas le savoir. Et de ne pas être répudiées en deux phrases.

Pour d'autres raisons, je dois bien reconnaître que ma confiance en Hollande faiblit. J'ai approuvé sa proposition du pacte de responsabilité, mais ce beau projet me paraît s'être englouti dans la mélasse de sa rupture quasi conjugale. Les images sont catastrophiques : il est comme un animal pris au piège et de surcroît ridicule avec son casque. À cela s'ajoute son double échec sur le chômage et sur la reprise. De ses promesses de campagne, non seulement il ne reste rien ou pas grand-chose, mais il a même fait le contraire de ce qu'il avait promis. Tristesse parce que, à travers lui, c'est tout l'idéal de la social-démocratie qui est menacé, alors que je continue à croire qu'il serait la meilleure réponse aux problèmes de ce pays.

Hollande est-il à la hauteur de cette ambition? Je ne le crois plus. Le pouvoir va donc finir par retourner à la droite. Le malheur est que j'en serais presque soulagée.

9 février

Une fois de plus, semaine catastrophique tant elle a révélé d'impréparation et d'amateurisme. Après les manifestations de dimanche dernier, Hollande décide brutalement de supprimer le projet de loi sur la famille, dans le collimateur des familles chrétiennes – et musulmanes – à l'origine de ce vaste mouvement de protestation – assez vaste en tout cas pour que le président faiblisse. Mais il semble ne pas avoir prévenu son groupe parlementaire, lequel proteste, se rebelle, se déchire. Jusqu'à ce qu'Ayrault revienne sur la décision présidentielle, en semblant dire sur France 2 qu'il allait se hâter de reprendre le projet abandonné. Au bout de combien de temps apprendront-ils à gouverner ? Près de deux ans tout de même que l'un est à la tête du gouvernement, et l'autre à celle de l'État.

Tout cela en pleine controverse sur la « théorie du genre », épouvantail pour la droite et l'extrême droite, pour les religieux en tout cas. Jadis, on défilait pour l'égalité, pour l'avortement, pour le contrôle des naissances, contre le procès de Bobigny. Aujourd'hui, voici que la Bastille et le boulevard de Port-Royal sont pris d'assaut par des couples, accompagnés de bambins ou d'adolescents, pour beugler – il n'y a pas d'autre mot – que les femmes ne sont pas des hommes, qu'une trop grande égalité entre les sexes conduit à la fin du monde.

Je ne sais pas bien ce qu'est la théorie du genre et, l'avouerai-je, je m'en moque un peu. La femme a-t-elle le même cerveau que l'homme, l'hémisphère gauche, à moins que ce ne soit le droit – celui qui enregistre les sentiments, les sensations, les pleurs, bref tout ce qui explique le supposé comportement des femmes –, est-il plus développé chez elle que chez lui ? Ce que je sais en revanche, c'est que 45 % de la population active est composée de femmes, que leur taux de chômage est plus élevé que celui des hommes, et qu'après trente-quatre ans – soit après le temps des maternités et de l'éducation des enfants en bas âge – leur absentéisme au travail est analogue à celui des hommes. Ce que je sais plus encore, c'est que la différence des salaires est toujours criante – de 15 à 20 % environ – malgré tous les efforts déployés par les différents législateurs pour mettre fin à cette évidente discrimination. En d'autres termes, que ce n'est pas l'égalité qui aujourd'hui me paraît menacer la coexistence des sexes, leur harmonie et celle du monde, mais plutôt l'excessive inégalité qui demeure entre eux.

Vu hier Jean-Pierre Chevènement à la journée du Livre politique qui se tenait à l'Assemblée. Il reste incroyablement confiant en Hollande, dont il apprécie le sens tactique et politique. Ce qui ne l'empêche pas d'être en désaccord avec lui, notamment sur l'Europe. « Et s'il y avait, se demande Chevènement, une politique de rechange à gauche ? » Il dit cela comme s'il s'interrogeait, alors que je l'en croyais persuadé. En réalité, il n'est pas sur la ligne de Mélenchon, et tient à faire savoir au contraire qu'une éventuelle sortie de l'euro risque d'être très difficile, le changement de monnaie ayant été mis en place.

En tout cas, conclusion de Chevènement : pas sûr que la voie empruntée par le FMI soit efficace. À part cela, Jean-Pierre est très content du succès de son dernier livre sur la guerre de 14 et les rapports franco-allemands depuis cette date. Une raison pour lui de parler du sens de l'État qui continue de prévaloir en Allemagne, et de la déliquescence du sentiment national français. Au fond, la France se meurt. Elle n'a plus la volonté d'être une grande nation et demeure réfractaire au sentiment européen. Elle n'est nulle part.

11 février

Un autre problème préoccupant pour l'exécutif : l'évolution du groupe parlementaire socialiste à l'Assemblée nationale, et, plus largement, celle de la majorité politique.

Les élections législatives de 2012 avaient amené au Palais-Bourbon deux cent quatre-vingt-quinze socialistes (il en reste aujourd'hui deux cent quatre-vingt-douze), apparentés compris, sur cinq cent soixante-dix-sept députés, l'UMP et le centre étant durement secoués par la victoire de François Hollande un mois auparavant. Avec, en outre, dix-sept écologistes et seize radicaux, le nouveau pouvoir était assuré d'une grande sécurité pour diriger l'État et imposer sa volonté de réforme, au rythme et selon les désirs présidentiels.

L'inquiétant est que cette majorité se fragilise de jour en jour. Il ne s'agit plus seulement des distances prises, dès le lendemain des élections de 2012, par Jean-Luc Mélenchon. Après une campagne présidentielle endiablée, que le leader du Front de gauche avait menée avec son grand talent d'orateur, et une bataille législative qui n'avait pas été couronnée de succès, Mélenchon, loin de rentrer dans le rang, a immédiatement dénoncé l'orthodoxie économique de François Hollande. À ce moment-là, Hollande ne paraissait pas beaucoup s'en inquiéter : le Front de gauche avait très peu d'élus, une dizaine seulement au Parlement, et leur défection, presque immédiate, n'avait aucune conséquence.

Restait le gros des troupes, socialistes et radicaux, unis sans nuages, seuls les Verts faisant connaître, ici et là, leurs réticences et leurs critiques envers la politique gouvernementale. À plusieurs reprises depuis le début du quinquennat, les écologistes ont rué dans les brancards, mais sans quitter le gouvernement.

Mais le texte que vient d'adresser l'aile gauche du PS au président marque une évolution nettement plus grave. Il ne s'agit pas cette fois d'un brûlot du Front de gauche mais d'une condamnation de la politique économique de François Hollande, et principalement de son pacte de responsabilité. Le texte s'intitule : *Il n'y a pas qu'une seule politique possible*. Il dénonce en cinq pages serrées les nouvelles orientations de la France et, globalement, celles des pays européens. « Nous ne nous reconnaissons pas, déclament ses signataires, dans le discours qui tend à faire de la baisse des charges et du coût du travail la condition d'un retour de la croissance. »

L'affaire n'aurait pas une telle importance si on ne comptait parmi eux des déçus homologués du hollandisme comme Henri Emmanuelli ou Paul Quilès, ainsi que des proches du ministre de la Consommation, Benoît Hamon, ou encore des membres du bureau et du secrétariat national du PS. Cette rébellion me semble de nature à faire exploser, à terme, la majorité au Parlement, qui ne tient plus désormais qu'à un fil.

18 février

En fait-il trop ? Pas assez ? Les mêmes qui, hier, dénonçaient la distance entre le président de la République et les patrons, et déploraient que François Hollande ne fasse pas assez de gestes en leur direction, ironisent aujourd'hui sur son « offensive de charme » en direction des dirigeants d'entreprise. Les chefs de l'opposition qui assuraient que la clef de la reprise résidait dans la compétitivité manifestent le plus grand scepticisme lorsque le chef de l'État accueille à l'Élysée une trentaine de patrons étrangers et qu'il se fait accompagner aux États-Unis par un cortège de chefs d'entreprise, tous plus ou moins accusés, Pierre Gattaz en tête, de « collaborer » avec le pouvoir socialiste, ou de se rapprocher de lui, avec un regrettable aveuglement. Comme disait Freud, lorsqu'il parlait de l'éducation des enfants : « Faites ce que vous voulez, de toute façon ce sera mal. »

19 février

Manuel Valls m'ouvre la porte de son bureau, à 18 h 30 pile. Il est mince, pâle, souriant, avec ses cheveux bruns sur le front, en une frange irrégulière. Il est vêtu, pour une fois, de sombre. Je lui demande quels combats l'ont marqué, depuis la rentrée. Tout, depuis cette rentrée, lui a paru difficile.

« Je ne veux pas me plaindre ni jouer les victimes, mais c'est un fait que j'ai dû faire face à de nombreuses polémiques, qui n'ont pratiquement pas cessé. La sortie de ma note sur la réforme de la justice, dans *Le Monde*, sciemment tronquée. Puis mes propos sur l'immigration et les sans-papiers, tenus à l'occasion d'un séminaire gouvernemental, et (mal) répétés. »

Il ajoute à cela la sortie de Cécile Duflot, très violente contre lui au sujet des Roms, à la fin de l'automne dernier, et abondamment relayée par la presse.

Et puis, l'affaire Leonarda : « Le missile m'était en réalité destiné. » Personne, en effet, ne l'a épargné. Le Premier ministre notamment a eu au Parlement une phrase pour le moins malvenue : « S'il y a eu faute, la famille reviendra. »

« Au lieu de laisser croire qu'il y avait eu faute de la part du préfet, donc du ministre de l'Intérieur, Jean-Marc aurait mieux fait de dire que la famille ne reviendrait pas, sauf si en effet, il y avait eu faute... D'autant que ses propos ont été repris par les parlementaires socialistes, puis par le PS lui-même. La déclaration de Peillon sur la nécessaire sanctuarisation de l'école, à la sortie du Conseil des ministres qui a suivi, ne valait guère mieux, ainsi que la déclaration de Valérie Trierweiler[1], tout cela au moment où les lycéens étaient dans la rue. Sans oublier les attaques de Mélenchon. »

Il a raison, cela fait beaucoup sur ses épaules, je comprends qu'il trouve le temps long et difficile. L'affaire Leonarda l'a d'autant plus éprouvé que le dossier, affirme-t-il, était administratif et politique. Les élus socialistes du Doubs, qui s'occupaient dans leur département des familles rom, lui ont dit n'avoir de problèmes d'intégration qu'avec un seul père de famille, celui de Leonarda. D'autres Roms, dans ce même groupe, ont obtenu leurs papiers. Le rapport demandé au ministère de l'Intérieur a confirmé, un peu plus tard, le comportement, jugé agressif, du père. « Sur cette histoire, je ne suis pas arrivé, et pas plus le Premier ministre, à protéger François Hollande. Bref, depuis le mois de septembre, conclut-il, que de montées d'adrénaline ! »

L'affaire Dieudonné n'a pas contribué à adoucir ce climat : Manuel Valls pense qu'il s'agit là de son combat républicain le plus important. Il est convaincu que les propos défendus et propagés par l'amuseur portent atteinte à la dignité humaine, qu'ils constituent une incitation à la haine de l'autre, à l'antisémitisme, au racisme. En d'autres termes, oui, s'il avait à refaire ce qu'il a fait, c'est-à-dire interdire le spectacle de Dieudonné, baptisé *Le Mur*, il le referait. Il me confie néanmoins avoir été inquiet au moment, le 9 janvier, où il a saisi en urgence le Conseil d'État

1. « L'école est là pour offrir l'égalité des chances, a dit Valérie Trierweiler, alors toujours compagne de François Hollande, elle n'est pas là pour exclure. Encore moins quand on juge des parents et non des enfants. »

pour faire valider cette décision. Il se trouvait en Bretagne, en train de féliciter policiers et gendarmes locaux en lutte contre les inondations, tout en attendant la sentence du Conseil d'État. Une décision négative aurait été pour lui un désaveu cuisant, au moment où beaucoup, à gauche, jugeaient inutile et néfaste sa volonté de ne rien céder sur ce sujet, tandis que d'autres dénonçaient une atteinte à la liberté d'expression. Manuel Valls est donc un homme qui, pour ses convictions, est capable de prendre le plus grand risque politique. Pas si mal.

Le paradoxe est que Manuel Valls, jusqu'alors personnalité la plus populaire du gouvernement, a chuté lourdement dans les sondages après cette affaire. Preuve que la conviction n'est pas forcément récompensée; il en fait, à travers l'affaire Dieudonné, sa première expérience personnelle.

Nous parlons de la dernière conférence de presse de François Hollande. Évidemment le doute existait chez lui comme chez la plupart des membres de l'équipe gouvernementale, chez Hollande aussi peut-être, sur les effets de la politique suivie depuis maintenant deux ans : un Hollande bashing permanent, pas d'inversion de la courbe du chômage, les couacs à répétition. De quoi s'interroger. En assumant sa social-démocratie et en employant pour la première fois ce mot, le président a mis un terme, selon Valls, à une période indécise.

Remaniement ou pas ? Il ne cache pas sa préférence pour un gouvernement resserré. Avec Jean-Marc Ayrault ? « C'est au président de donner le *la* », me répond-il prudemment. Du coup, nous parlons du Premier ministre. « Je n'ai pas d'affect avec lui », me confie Manuel Valls, ce qui est une manière de dire qu'il ne l'aime pas et qu'il ne se sent pas aimé de lui. « Je suis d'accord avec la plupart de ses orientations, son sens républicain, sa fermeté sur les problèmes de sécurité. Mais il n'anime pas le gouvernement, il ne joue pas son rôle, y compris vis-à-vis du ministre de l'Intérieur. » Diable !

Derrière cette réponse, vive, sur Ayrault, il laisse percer son désenchantement. Depuis l'été 2012, en fait, il n'aurait pas agi comme François Hollande, reconnaît-il non avec dureté, mais netteté. Il aurait, lui, contrairement au chef de l'État, fait un sort particulier, en juillet 2012, au rapport Migaud, le président de la Cour des comptes, appelant à la plus grande vigilance sur les comptes publics. « Il fallait faire un discours de vérité et de larmes, s'exclame-t-il. Il fallait faire du Churchill et mettre le paquet au Parlement, avec le mariage pour tous, les impôts, tout le reste ! » Hollande ne l'a pas fait, Valls le regrette.

« Il faut raconter une histoire à ce pays, poursuit-il. Le renouveau républicain doit triompher du mal français. » Le côté mortifère des Français existe, il ne se le cache pas, mais il faudrait, face à cela, parler de la place de la France, la deuxième économie en Europe, plaider pour ces grandes institutions, que les Français plébiscitent : les PME-PMI en premier, mais aussi l'armée, la police, l'école, les maires.

Je comprends ce qu'il me dit à demi-mot : cette énergie, cette volonté, cette pugnacité, ni le président ni le Premier ministre n'ont su l'exprimer. Je le trouve à la fois inquiet et mobilisé. Il a, pour finir, une phrase terrible : entre les différents scrutins, les agences de notation qui vont faire connaître leur avis, le coût du crédit qui peut monter, « le président, me dit-il, est sur un toboggan »...

4 mars

Dîner chez Jean-Luc Barré hier soir. Invité vedette : Jérôme Cahuzac. Je suis toujours émue quand j'ai devant moi un homme dévasté, debout, par moments ironique sur le sort qui est le sien. Il n'a pas dit son dernier mot. Dans l'ascenseur que je prends avec lui pour monter au troisième étage, il soupire : « Je n'imaginais pas qu'on puisse être trahi à ce point. Je n'imaginais pas qu'un homme soit capable de ravager la vie d'un autre, de le détruire à ce point. » Je lui demande, craignant le pire, de quel homme il parle. « De Hollande, bien sûr », souffle-t-il au moment où nous arrivons sur le palier.

Je comprends à les entendre parler dans quelles conditions Jean-Luc Barré, éditeur et biographe de Chirac, et le candidat socialiste s'étaient rencontrés il y a des années. Barré était candidat gaulliste à Villeneuve-sur-Lot, contre Cahuzac. Finalement, ils se sont trouvés plus proches l'un de l'autre que chacun d'eux de ses propres amis politiques. Barré par la suite a abandonné la politique, pas Cahuzac. Les deux sont restés proches, bien que distincts sur d'autres plans. Jean-Luc Barré est d'ailleurs en train d'écrire un livre, à partir des confidences de l'ancien ministre, dans lequel l'accusation portée sur Hollande ne sera pas aussi précise que tout à l'heure dans l'ascenseur, mais où la piste sera évidemment évoquée.

Nous parlons de Chirac, tandis que Louis-Thierry Grall, le compagnon de Jean-Luc, nous a mitonné un curry d'agneau formidable. Jean-Luc me décrit une Bernadette Chirac terrible de méchanceté, un Chirac sympathique et perdu, une famille digne des Atrides désormais vouée à un sinistre huis clos.

5 mars

L'état de décadence de la France est terrible. Voilà l'affaire Buisson, après l'affaire Copé-Bygmalion sur les comptes de campagne de Nicolas Sarkozy, révélée par *Le Point* la semaine dernière. Donc, cet homme par ailleurs instruit, curieux, ex-patron de *Minute*, employé par TF1 à la direction de la chaîne Histoire, est devenu l'un des conseillers éminents de Sarkozy, après avoir assuré la communication de campagne de Jean-Claude Gaudin à Marseille dans les années 1980, été l'exécuteur testamentaire de Léo Ferré et publié un livre érigeant en parallèle les résistants et les tenants de l'Algérie française. On découvre qu'il enregistrait à l'Élysée les conversations politiques de l'équipe présidentielle. Sans le dire au chef de l'État, évidemment. Buisson s'y révèle lui-même courtisan, flagorneur par-devant, sarcastique et méprisant par-derrière pour tout le personnel politique. Courbé devant Carla, assassin pour elle dès qu'elle quittait la pièce. Il prenait sans doute ces notes pour servir à l'Histoire, mais les cassettes lui ont été dérobées. On ne sait pas exactement quelles nouvelles révélations sortiront de ces enregistrements publiés par *Le Canard enchaîné* et le site Atlantico, mais d'ores et déjà, Sarkozy n'en sort pas grandi, trahi par un personnage en qui il a eu tort de placer sa confiance.

11 mars

La confusion politique se poursuit. On apprend aujourd'hui que Nicolas Sarkozy a été mis sur écoute, son avocat Thierry Herzog aussi, dans le cadre de la procédure initiée par les juges dans l'affaire du financement présumé par Kadhafi de sa campagne de 2007. Un ex-président sur écoute ? Et pourquoi pas ? On ne peut en aucun moment enquêter sur ses activités quand il est président, donc couvert par l'immunité parlementaire. Il faut bien qu'on le fasse lorsqu'il n'est plus en fonction. C'est bien ce qui est arrivé à Jacques Chirac, non ? Ces écoutes ont été légales, demandées par des juges d'instruction, et, de l'affaire libyenne, elles se sont bizarrement déplacées sur le rôle de Sarkozy dans l'affaire Bettencourt. Je passe les détails : Sarkozy a bien eu un non-lieu dans cette affaire, mais les juges ont saisi ses agendas qu'il veut récupérer d'urgence.

Christiane Taubira a été informée des écoutes de l'ancien président, comme c'est normal, le 26 février. L'affaire est sortie dans *Le Monde* du 8 mars. Les notes transmises à la ministre de la Justice montreraient que Nicolas Sarkozy lui-même, avec Herzog, a été secrètement tenu au courant de la procédure sur l'affaire Bettencourt heure par heure, par un magistrat de la Cour de cassation. Celui-ci n'était pas directement en charge de ces affaires, explique-t-on, mais il avait accès au serveur intranet de la Cour de cassation.

Avec un art consommé de la contre-attaque politique, Sarkozy commence par se taire, tandis que la polémique entretenue par Copé rebondit : on dénonce un acharnement, un acharnement qui ne peut être que politique. Calmer le jeu était relativement facile : il suffisait pour Taubira de dire qu'en effet elle avait été informée le 26 février, ce qu'elle a nié, qu'en effet elle savait ce dont il était question, mais qu'elle n'était jamais, contrairement à tant d'autres ministres de la Justice, intervenue dans la procédure. On l'aurait crue ou non, peu importe. Au lieu de cela, elle affirme ne jamais en avoir entendu parler avant le 5 mars. Le Premier ministre dit la même chose, avant de changer de version le lendemain matin. « Mensonge d'État », crie Copé qui oublie qu'il vient de mentir lui-même. L'opposition se mobilise. En quelques heures l'imbroglio change de camp !

La colère me saisit une fois de plus, envers ces ministres incapables de se mettre d'accord pour donner une version cohérente de leur action, ou plutôt, en ce qui concerne le travail mené par les juges d'instruction, de leur inaction. Ils avaient pour une fois une situation idéale devant eux et ont réussi à la transformer. Le pire est que Taubira n'a pas opéré de sa propre initiative, mais après avoir mis sa version des faits au point avec le président. Quand ces gens apprendront-ils qu'on ne peut plus guère mentir dans le monde actuel, ni sur sa vie privée, ni dans la vie publique ? Monde « orwellien » ? Peut-être, mais c'est le nôtre. Nos hommes politiques n'ont toujours pas compris ce que mon petit-fils sait déjà : que tout passe par Internet, les petites histoires entre camarades comme l'espionnage d'Angela Merkel par les Américains.

14 mars

Déjeuner avec Jérôme Cahuzac. Comment croire quelqu'un qui a tellement menti ? Aujourd'hui, je le crois pourtant. Il n'a plus rien à perdre, plus rien à gagner : il ne cesse pas un instant de se torturer, de refaire le chemin qui l'a amené là où il est, au désert. Et moi qui jurais, l'année dernière, que je ne pardonnerais jamais à quelqu'un qui avait abusé la représentation nationale à ce point, me voilà bouleversée par tant de gâchis et par le sort de cet homme qui se reproche d'avoir sali son nom, celui de sa famille et de ses enfants. Je suis touchée, plus que je ne le croyais, par l'image de cet homme encore jeune, broyé par la machine et plus encore par lui-même, perdu à tout jamais, et se demandant avec angoisse quel projet il pourrait nourrir pour retrouver un peu d'espoir. Il sort tout juste, lorsque nous nous rencontrons, d'une agence bancaire où il a demandé d'ouvrir un compte. « Pas question », lui a dit le directeur, sans hésiter. « Puis-je vous demander pourquoi ? » a demandé Cahuzac, sous le choc. « Je ne suis pas tenu de vous répondre », lui a rétorqué son interlocuteur.

Ce fut pour lui un coup d'une violence inouïe. Tous ses comptes ont été bloqués, il lui reste sa retraite d'ancien parlementaire pour vivre. Devant lui, quelles perspectives ? Revenir un jour en politique ? Il s'attend à une peine d'inéligibilité qui l'empêchera de se présenter aux élections législatives de 2017. Après, il sera trop tard. Son métier de chirurgien esthétique ? « D'abord, j'ai été radié. Ensuite, je n'ai plus opéré depuis dix ans, ce ne serait pas sérieux de recommencer. Et enfin, j'ai donné à ma femme la clinique que j'avais créée. Je n'en suis plus le propriétaire, et les personnels, très formés, sont sous contrat avec elle. »

Avenir bouché donc, au moins jusqu'en 2017 ? C'est peut-être bien le moins, après ses mensonges publics, mais quelle punition !

Pourquoi n'a-t-il su éviter tout cela ? Pouvait-il révéler le compte suisse ? Non, selon lui. Il était trop tard lorsqu'il a été élu président de la commission des finances de l'Assemblée nationale. Trop tard encore, lorsqu'il a été incapable de refuser, alors qu'il aurait dû le faire pour cette raison-là, le ministère qu'on lui proposait. S'est-il senti protégé ? Oui. Cahuzac ne me dit pas que Hollande était au courant de l'existence de son compte en banque, se contentant d'une phrase, un peu obscure, à ce sujet : « J'ai enfoui ce compte en banque, et je suis parvenu en tout cas à ce qu'on ne remonte pas plus haut. » Lorsque je lui demande d'être plus précis, il reste elliptique : « Vous me comprenez très bien. »

« Plus haut », cela veut-il dire au Parti socialiste, à l'Élysée ? C'est le seul moment de la conversation où je me suis rappelé qu'il avait déjà menti. Mentir une fois, mentir toujours ? On voit déjà, si Hollande n'est pas réélu, le parti qu'il pourra tirer de cette confidence ambiguë.

Il me dépeint Hollande comme très autoritaire, y compris vis-à-vis de Jean-Marc Ayrault, dont il loue les mérites. D'après ce qu'il me dit, dès l'été 2012, le Premier ministre et lui ont présenté à Hollande un train de mesures drastiques, qui, prises quelques jours après les élections, auraient pu passer au creux de l'été.

« C'est Hollande, m'affirme-t-il, qui n'en a pas voulu et a préféré attendre. Attendre quoi ? »

Je lui rappelle le précédent de François Mitterrand et de la rigueur de 1983 : Mitterrand a d'abord réalisé une partie de ses promesses, avant de changer de politique. « Mitterrand avait un septennat devant lui. Dans un quinquennat, on ne peut pas perdre un an et demi... »

À propos de Mitterrand, son image plane-t-elle sur François Hollande ? Cahuzac réfléchit avant d'exécuter Hollande d'une phrase : « Il n'est pas influencé par Mitterrand, il est écrasé par lui. »

Jean Veil est devenu son avocat. « Votre défense est mauvaise, lui a-t-il dit, il faut en changer. » C'était un samedi. « Je vous rappelle lundi ? » propose Cahuzac. « Non, passez me voir demain. »

Le lendemain, c'est Cahuzac qui lui pose, d'emblée, une question-test : « Croyez-vous, vous, que j'ai ou j'ai eu un compte en Suisse ? » Jean Veil éclate de rire : « Bien sûr que vous en avez un, tout le monde le sait. » Puis Veil a continué de lui tenir le même langage de vérité. « Avouez, lui a-t-il dit, vous ne vous en sortirez pas autrement. »

Sur le moment, l'aveu paraît inimaginable à Cahuzac, qui lui dit préférer en finir avec la vie. Les deux hommes se donnent jusqu'au lundi pour réfléchir. Cahuzac part : il pense sérieusement à se suicider. « C'était la seule manière de garder mon nom intact, de sauver l'honneur de mes enfants. » Il y renonce au petit matin.

Aujourd'hui, pendant que je lui parle, je sens bien qu'il n'a pas complètement renoncé à ce geste, mais que la vie malgré tout le reprend, même s'il est sans espoir.

17 mars

Nous voici toujours englués dans l'affaire des écoutes de Nicolas Sarkozy. L'habileté de celui-ci est telle que les coups, désormais, visent la gauche, accusée de complot politique. Depuis quand était-il écouté ? Qui a décidé de ces écoutes ? Des juges d'instruction, certes, mais de gauche ou de droite ? Quand la ministre de la Justice et le Premier ministre ont-ils été mis au courant ? Connaissaient-ils, et à partir de quel moment, le contenu de ces écoutes ?

Personne ne parle d'une intervention de la garde des Sceaux, du chef du gouvernement ou du président de la République sur la procédure elle-même, ce qui eût été détestable. La seule interrogation porte sur les dates, le moment précis où Mme Taubira, Jean-Marc Ayrault, ou bien désormais François Hollande, ont su quelque chose de ces écoutes, et sur ce qui les a motivées.

Il est vrai que, si la garde des Sceaux avait tout simplement reconnu avoir été mise au courant officiellement par le procureur général de Paris François Falletti, le 26 février, sans qu'il y ait eu de sa part ni de la part du gouvernement aucune intervention d'aucune sorte sur les juges d'instruction, tout aurait été différent. Ne serait resté, et ce serait déjà bien assez, qu'un ancien président de la République pris dans un maelström d'instructions judiciaires et parlant avec son avocat en utilisant des téléphones portables achetés sous de faux noms. C'est déjà bien suffisant pour que la vie politique française apparaisse à son plus bas niveau.

Mais l'affaire semble n'avoir pas de fin. Tantôt *Le Point*, le site Atlantico et *Le Monde* sont désignés par l'opposition et par une partie de la presse elle-même comme les têtes pensantes d'un vaste complot contre la personne de Nicolas Sarkozy, dont on souhaiterait briser la nouvelle et irrésistible ascension. Tantôt c'est l'orientation politique des juges qui est mise en cause. Quitte à oublier, semble-t-il, que la justice n'abat pas son glaive dans une seule direction. Un simple relevé des décisions de justice concernant Nicolas Sarkozy ferait apparaître que, depuis le mois d'octobre, la justice lui a donné alternativement tort et raison. Raison avec le non-lieu prononcé le 7 octobre dernier dans l'affaire Bettencourt, raison encore lorsque le tribunal de grande instance de Paris a accédé à la demande de Nicolas Sarkozy et de Carla Bruni en ordonnant le retrait du site Atlantico des enregistrements réalisés par Patrick Buisson. Tort lorsque la Cour de cassation a jugé irrecevable, le 11 mars, la demande de restitution des agendas de l'ex-président. La justice serait-elle respectable dans un cas, et « orientée » dans l'autre ?

En remontant plus loin dans le temps, il suffit de se rappeler l'affaire Urba qui déclencha en 1987 un vaste mouvement judiciaire sur le contrôle du financement du Parti socialiste, ou en 2000 la perquisition au petit matin, devant photographes et cameramen prévenus à bon escient, au domicile de Roland Dumas, alors président du Conseil constitutionnel, accusé de « recel d'abus de biens sociaux », pour penser que les juges d'instruction ne sont pas tous de droite, et qu'ils ne sont pas davantage tous à gauche. On peut contester l'étendue de leurs pouvoirs, mais sûrement pas conclure qu'ils sont mus par la seule volonté d'abattre celui qui, en 2017, a des chances de se retrouver candidat contre François Hollande.

19 mars

On apprend aujourd'hui que la ministre de la Justice s'est trompée sur les dates où elle a été mise au courant des écoutes de Sarkozy et de son avocat : simplement, fait-elle savoir, parce qu'elle n'avait pas entendu ce que lui en disait, très vite, en fin de soirée le 26 février, sa directrice de cabinet, et qu'elle n'a pas davantage lu, le lendemain, le mail que celle-ci lui adressait... Je trouve intelligente et talentueuse cette femme qui cristallise la haine de la droite, mais franchement, si cette bévue se confirme, quel aveu d'incompétence ou de faiblesse !

24 mars

Premier tour des élections municipales. La sanction est tombée, beaucoup plus dure que je ne l'avais imaginée. Dans l'histoire du Parti socialiste, ce 23 mars restera l'un de ses pires jours. La sanction est largement plus sévère qu'elle ne l'a été pour la gauche en 1983, deux ans après l'élection de François Mitterrand, ou pour la droite en 2008, un an après l'arrivée de Nicolas Sarkozy à l'Élysée.

D'abord l'abstention, la plus importante pour un scrutin municipal depuis le début de la Ve République. Le problème est qu'il s'agit bien d'une « abstention sélective », venant d'électeurs de gauche qui avaient voté pour François Hollande en 2012, et qui se sentent aujourd'hui déçus, voire floués, par la politique du pouvoir socialiste. Ils n'ont pas été jusqu'à apporter leurs suffrages aux adversaires d'hier, ils ont préféré déserter les bureaux de vote. Leur absence n'en traduit pas moins leur mauvaise humeur et, pour certains, leur colère.

Du coup, le désaveu a frappé l'ensemble des candidats socialistes, et partout en France, qu'il s'agisse de nouveaux candidats ou de maires pourtant très solidement implantés, respectés, qui s'attendaient à résister à la vague du refus annoncé, à ne pas être touchés par le ressac et qui ont tous accusé un recul de 10 à 20 % de leur électorat. Patrick Mennucci a essuyé à Marseille une véritable Bérézina. Les grandes figures du socialisme municipal n'ont pas été non plus épargnées. Ainsi de Gérard Collomb, qui briguait son troisième mandat, et n'a obtenu, cette fois-ci, que 35,7 % des voix. Il avait été élu au premier tour il y a six ans. Assez pour rester favori pour le deuxième tour, pas assez pour se satisfaire du premier. Ainsi également de Martine Aubry à Lille. Ayant maintenu ses distances, c'est le moins que l'on peut dire, avec François Hollande, elle ne s'attendait pas à être elle aussi pénalisée : moins dix points par rapport à l'élection précédente.

La sanction est d'autant plus rude qu'elle correspond à un pic jamais atteint lors de telles élections par le Front national. Le score individuel de la fille de Jean-Marie Le Pen à la dernière présidentielle se transforme en quelque sorte en score collectif. Le Rassemblement Bleu Marine sera présent dans deux cent vingt-neuf triangulaires au deuxième tour. Plus importante est la démonstration, au-delà des chiffres, que le Front national est aujourd'hui un parti implanté localement, et que sa présidente a gagné son pari : elle annonçait un objectif de mille conseillers municipaux en France. D'une élection à l'autre, le Front national est devenu la deuxième droite. Une droite qui parle plus haut, qui prétend s'être « dédiabolisée », et compte toutefois encore dans ses rangs quelques antisémites, antiarabes et afficheurs de croix gammée (comme cela été le cas en Haute-Savoie il y a quelques jours).

Mais on note aussi que l'UMP, alliée ou non au MoDem et à l'UDI, est loin de reculer face au Front national. Elle est en passe de reconquérir un grand nombre de villes : Amiens, Angers, Caen ou Pau. Sans oublier son maintien probable à Marseille. Le sourire retrouvé de l'UMP souligne, de façon encore plus cuisante, l'échec de la gauche : la division, les affaires auraient pu atteindre le mouvement de Jean-François Copé qui est resté aussi, en filigrane, celui de Nicolas Sarkozy. Il aurait pu être sanctionné. Mais c'est bien le seul Parti socialiste qui l'a été et à travers lui François Hollande qui s'attendait à une défaite, certes, mais pas de cette ampleur. Doit-il désormais changer de Premier ministre et constituer, comme le lui demandent certains de ses proches, un gouvernement de « professionnels » ? Mais qui installer à Matignon qui puisse insuffler un nouvel élan à l'action gouvernementale sans afficher de changement de cap ? Une seule voie s'offre à François Hollande dans les deux années qui le séparent de la prochaine campagne présidentielle : dire ce qu'il fait, faire ce qu'il dit. Et montrer que ce qu'il fait est efficace. C'est la voie la plus difficile. Et la moins assurée.

25 mars

Portés par une vague de gauche en 2012, les députés socialistes ont tous pensé ne devoir leur élection qu'à leurs propres mérites. Confrontés à une défaite sévère, ils ne songent plus qu'à dénoncer les carences du président qui les a fait élire.

Il faut entendre Jean Glavany, décidément un bien médiocre homme, faire le procès de Hollande au lendemain de l'annonce des résultats. Il demande publiquement quelle leçon l'exécutif va tirer de ce gros « coup sur la tête ». Il assure avoir prévenu, lui, « nos gouvernants depuis des mois ». L'électorat socialiste s'est abstenu, « parce qu'il est mécontent de la gauche qui gouverne et voulait lui mettre une taloche ». Dans la bouche du directeur de campagne de Lionel Jospin en 2002, qui a fait faire au candidat socialiste de l'époque la pire campagne que son parti ait menée, ces propos lèvent le cœur. On croirait ceux d'un amnésique, s'ils n'étaient tout simplement odieux. On a aussi entendu Bertrand Delanoë renvoyer sur le gouvernement la responsabilité du bon score obtenu à Paris par Nathalie Kosciusko-Morizet, qui devance au premier tour Anne Hidalgo, même si elle ne sera probablement pas élue au second.

Il semble que les élus, ou plus exactement ceux qui le sont encore, maires ou députés, tiennent le même langage. La peur, la panique les habitent, et ils se refusent à penser qu'ils puissent être pour quoi que ce soit dans leur déroute. Quant aux partisans à gauche de l'« autre politique », ils triomphent. Mais de quelle « autre politique » s'agit-il ? Veut-on nationaliser Florange ? Continuer à creuser le déficit en renonçant à faire l'économie de 50 milliards annoncée ? Sortir de l'Union européenne ?

François Hollande a voulu dépoussiérer un socialisme archaïque, condamné depuis des années par l'intelligentsia, mais aussi par les électeurs, qui s'en sont détournés bien avant ; tout porte à croire que cette mutation est impossible à mener en France. Une partie de la gauche s'y refuse, les syndicats ne voient pas plus loin que le bout de leurs intérêts, et la droite, par pur calcul politique, fait semblant de croire, et ne cesse de dire, que les socialistes n'ont pas « changé ». La droite couvre de fleurs la politique de Gerhard Schröder, supplie Hollande d'en faire autant. Mais s'il s'était trop avancé sur cette voie (réforme du code du travail, des avantages sociaux, etc.), elle aurait été la première à le dénoncer.

Chacun a sa part de responsabilité dans la paralysie fançaise.

1er avril

La débâcle du deuxième tour est encore plus catastrophique pour Hollande que lors du premier. Il faut dire que, dans la semaine, sont tombés les chiffres du chômage (+39 000) et que la mobilisation a fait flop.

Avant-hier, dimanche, j'ai déjeuné à côté de Michel Rocard à « La Rivière », chez Tony Dreyfus. Il a vis-à-vis de Hollande une sorte de détestation, la même qu'il éprouvait il y a quelques années pour Mitterrand. Il développe ses idées sur la crise, profonde, durable, que François Hollande n'a selon lui jamais voulu examiner. Il a des théories un peu fumeuses sur l'Europe qu'il faudrait brusquer, avec l'aide de l'Italie et l'Espagne. Le seul qui trouve grâce à ses yeux est Manuel Valls : celui-ci avait dix-sept ans, il n'était pas encore naturalisé français lorsqu'il a adhéré au PS, version rocardienne.

Et voici que le lendemain, François Hollande annonce la nomination de Manuel Valls à Matignon, en s'adressant aux Français, visage creusé, inquiétude dans le regard. La mine emplie de gravité, il a longuement énuméré les raisons de l'échec : pas assez de changements, lenteurs de la mise en application des réformes, trop de chômage, trop d'impôts, pas assez d'efficacité de l'action publique. « La France, a ajouté le chef de l'État, souffre de ses divisions, d'une crise civique et morale. Elle perd son énergie dans de vaines querelles. La République, c'est notre bien commun. »

En d'autres termes, il a surtout voulu justifier le départ d'Ayrault et l'arrivée de Valls. Mais il est hors de question qu'il change de politique – comment le pourrait-il, d'ailleurs ? – : pacte de responsabilité, meilleure gestion, plus grande justice sociale... Tout cela avec 50 milliards d'économies à afficher. Comme le dit Rocard aujourd'hui, dans une interview au Point.fr, Manuel Valls est une chance pour la France. Je le crois aussi, connaissant son énergie, sa conviction, son talent. À condition que la gauche de la gauche ne se déchaîne pas contre lui, ce qu'elle a déjà commencé à faire, au risque de démontrer par l'absurde que ses divisions rendent la gauche incapable d'exercer le pouvoir. À condition aussi que le nouveau Premier ministre ne soit pas aspiré par l'Élysée et qu'il réussisse à définir avec Hollande un périmètre d'intervention très strict. Une cohabitation, en quelque sorte. Ce qui passe par beaucoup d'intelligence du côté de François Hollande, et beaucoup de tact de la part de Manuel Valls.

2 avril

Conversation téléphonique avec Jean-Marc Ayrault. Il ne peut pas s'empêcher, sans que je lui en parle, d'évoquer à demi-mots les instants où il s'est senti lâché par François Hollande. « Je lui ai proposé, l'année dernière, un gouvernement resserré, c'est lui qui a dit non. J'ai essayé de reprendre la main par la réforme fiscale, mais ce n'a pas été possible. La réforme des retraites a été bien menée, mais personne ne m'en a su gré. Quant à la phrase sur le ras-le-bol fiscal, de Pierre Moscovici, elle a cassé tout le mécanisme. Il y a eu des couacs, bien sûr, ajoute-t-il. Le plus important à mes yeux a été l'annonce de la nationalisation possible de Florange. Ça, c'était un mensonge : elle était impossible et nous avons laissé croire aux ouvriers qu'elle l'était. J'ai souffert de ce mensonge. »

Je lui dis avec précaution avoir mesuré les difficultés qu'il a éprouvées dans l'exercice de ses fonctions. « Ah ça, j'en ai appris de belles en cette matière en quelques mois. Mettons que j'ai perfectionné ma connaissance de la nature humaine. C'est pour cela que j'ai cité Pierre Mendès France dans mon allocution de départ. Mon livre de chevet est : *Gouverner c'est choisir* ! Je ne me suis pas privé de le rappeler. »

Son départ de Matignon est considéré comme une sanction. Pierre Mauroy, le premier Premier ministre de Mitterrand, était resté quatre ans. Il avait eu le temps de faire des choses, même s'il pensait bien ne pas avoir changé le monde. Ayrault, lui, est resté moins de deux ans. Il a dû assumer les hésitations de Hollande et il s'en va, désigné comme seul responsable de l'échec du gouvernement depuis 2012. C'est le jeu des institutions, Ayrault le comprend très bien, mais il en a gros sur le cœur.

Je sens toute la peine dans sa voix, toute sa fatigue aussi. Et l'amertume de se voir balayé de cette façon. Mais enfin, ces élections ont été bel et bien perdues, et il fallait bien que quelqu'un, comme on dit, porte le chapeau. Comme c'est un brave type, il ne racontera sans doute pas toutes les difficultés qu'il a rencontrées dans l'exercice du pouvoir aux côtés de François Hollande. J'ai néanmoins cru comprendre qu'il reprochait au président non seulement d'avoir manqué d'autorité, mais d'avoir aussi empêché que son Premier ministre en fasse preuve.

3 avril

L'eau et le feu ? La normalité ou l'impétuosité ? La prudence ou la transgression ? Le rond ou le tranchant ? Pas de différence entre Hollande et Valls sur le terrain purement politique, qu'il s'agisse du pacte de sécurité ou de la maîtrise de l'immigration. Mais davantage de réflexion, chez Valls, dans la ligne de Rocard, sur le renouveau nécessaire de la social-démocratie. Pour le reste, s'agissant des deux ou trois décisions nécessaires – temps de travail, flexibilité, compétitivité –, une complète cohérence entre les deux hommes.

Cela dit, on ne peut imaginer caractères plus différents. C'est précisément pour cela que Hollande a choisi Valls après la défaite du 30 mars. Il a préféré le tempérament de Manuel Valls à celui, nettement plus terne, de Jean-Marc Ayrault.

Quelle rapidité dans l'ascension de ce tout jeune quinquagénaire ! En 2002, il gérait déjà la communication de Lionel Jospin. Douze ans plus tard seulement, il est assis derrière son bureau.

Iconoclaste sur la question des 35 heures, du code du travail à modifier, de l'âge de la retraite, il n'a jamais craint de choquer ceux des socialistes qui le jugeaient trop libéral. Communicant efficace et homme de commando, c'est un actif, presque trop, au point d'être comparé parfois à Nicolas Sarkozy. Il piaffait d'impatience et dénonçait depuis plusieurs semaines, comme il me l'a dit lorsque je l'ai rencontré Place Beauvau, la lenteur et le manque de rythme du travail gouvernemental.

Il reste qu'il apparaît à bien des socialistes comme trop « à droite ». Au point que Nicolas Sarkozy avait pensé à lui, dès 2007, comme ministre d'ouverture. C'était mal connaître la force de ses convictions. J'avais rencontré Manuel Valls à l'époque, il n'avait pas même, contrairement à Jack Lang, pris au sérieux cette éventualité. De lui, Montebourg a dit un jour, pendant les primaires socialistes de 2011, qu'il pourrait presque prendre sa carte à l'UMP. C'était excessif, d'autant qu'il avait justement refusé la main tendue par Sarkozy. Mais enfin, j'entends bien, salle des Quatre Colonnes ou des Pas perdus, des socialistes assurer déjà qu'il n'est pas l'homme de la situation, que ce n'est pas avec lui que François Hollande pourra récupérer l'électorat de gauche qui lui a fait défaut la semaine dernière. Ces réfractaires iront-ils jusqu'à lui refuser leur soutien lors du vote qui suivra, comme il l'a demandé, son discours de politique générale ? On verra bien si ce petit groupe est prêt, en lui refusant ses votes, à risquer une dissolution.

4 avril

Valls, désormais, ne sourit plus. Il a d'ailleurs donné aux membres de son gouvernement une leçon de sérieux dont ils se souviendront. Tout est une question d'autorité, et Valls en a.

Je ne sais d'ailleurs pas où il l'a acquise, cette autorité, peut-être lorsqu'il a dû se battre pour devenir français, nourri des idées républicaines de son père. C'était un peintre qui a fait de son fils, encore adolescent, un portrait que Manuel Valls avait dans son bureau place Beauvau, et qu'il compte bien accrocher sur les murs de celui de Matignon. Sur ce tableau, le jeune garçon d'alors ne sourit pas non plus. Il a plutôt un air triste et songeur qu'il semble avoir perdu en prenant de l'âge. J'avais été frappée par sa réponse, un jour où on lui demandait pourquoi, contrairement aux usages, il portait toujours des cravates claires, que je n'étais pas la seule à trouver de mauvais goût. La question ne l'avait pas embarrassé longtemps : il avait répliqué à son auteur qu'il aimait les cravates claires, ne changerait pas d'avis sur le sujet et se fichait du tiers comme du quart de ce qu'on en pensait.

Oui, il y a une autorité naturelle chez lui, alors que François Hollande a tant de mal à imposer la sienne. C'est bien sans doute ce qui risque, à terme, de déséquilibrer ce nouveau couple exécutif – à moins que le président ne change au contact de ce Premier ministre impétueux et déterminé.

6 avril

« Décidément, me dit Tony Dreyfus, François Hollande ne sait pas rompre convenablement ! »

Il veut parler, cette fois, de la rupture avec Jean-Marc Ayrault. Celui-ci ne m'a pas caché au téléphone que son départ s'était très mal passé et Tony, qui a eu d'autres confidences de lui depuis, me le confirme. Ayrault considérait que, puisque le président n'envisageait pas de changer de politique, il n'était pas nécessaire de changer le gouvernement. Le réduire, le resserrer, oui. Changer de Premier ministre (et prendre le risque de le sanctionner ainsi lourdement), non.

En fait, la question est bien là : François Hollande a-t-il ou non l'intention de modifier sa politique ? Dans le cas où il le voudrait, Manuel Valls est en effet bien choisi.

8 avril

Valls avait annoncé quarante-cinq minutes. Il a parlé une minute de plus. Un record de brièveté pour un discours de politique générale. Il a employé des mots simples, sans ânonner un long catalogue de mesures empilées les unes sur les autres, et n'a eu le temps d'ennuyer personne.

Une fois de plus, la droite s'est mal comportée : invectives de toutes natures, mimiques expressives, charivari incessant. Quelle honte ! D'autant que Valls, après que les orateurs de tous les groupes se sont exprimés, s'est tourné vers les députés de l'opposition qui avaient vociféré, et leur a posé cette simple question avec un naturel inouï dans l'hémicycle : « Et si nous travaillions ensemble ? » Les pauvres, ils en sont restés pour une fois muets et penauds.

Valls, c'est un tempérament mais aussi une méthode. Pour obtenir sa majorité, il n'a vraiment rien négligé : contacts avec les députés écologistes pour leur promettre la transition énergétique, rencontres avec les parlementaires réticents du PS, qui lui réclamaient un contrat de gouvernement, échanges avec les radicaux, alliés fidèles du PS, à ne pas négliger pour autant, pourparlers permanents, directs ou par Yves Colmou interposé, avec les groupes de la majorité, et même avec les communistes. Sans oublier le traitement de faveur réservé à Claude Bartolone, reçu à Matignon quelques heures seulement après que Valls s'y était installé.

J'ai relu hier son ouvrage, publié en 2010, au titre évocateur : *Pouvoir*. Il y raconte ses lectures de jeunesse, non celles de Lénine, mais de García Lorca, des républicains espagnols mourant sous Franco. Les livres d'Albert Camus, de Jaurès, de Clemenceau le républicain. Tout jeune militant, il refusait, écrit-il, d'« apprendre à jargonner sur la rupture avec le capitalisme ». De ce côté-là, quoique rocardien, il se reconnaît plus proche de Mitterrand que de son chef de file !

9 avril

Presque aussi importante que la désignation de Manuel Valls, celle de Jean-Pierre Jouyet comme secrétaire général de l'Élysée. L'ami de l'ENA, qui avait fait un détour par le gouvernement de François Fillon, était déjà rentré en grâce en 2012, se voyant proposer la présidence de la Caisse des dépôts. Il me confiait à cette époque les craintes que lui inspiraient le discours d'Ayrault et de Hollande sur le monde des affaires, la lenteur des processus annoncés pour leur rendre confiance. Désormais, il a la haute main sur l'Élysée. Un signe supplémentaire que le quinquennat change d'orientation.

15 avril

Déjeuner avec Jean-Christophe Lagarde, qui, centriste UDI, vient de remporter d'incontestables victoires en Seine-Saint-Denis. Je le savais bavard, je le trouve légèrement creux. Notamment quand il m'explique sa volonté de garder un centre uni après le départ, j'ai failli écrire la disparition, de Jean-Louis Borloo, pour raisons de santé, tout en constatant la quasi-impossibilité de continuer à faire un brin de chemin avec François Bayrou[1].

N'est-ce pas prendre le risque d'ouvrir la voie à une alliance Bayrou-Juppé ? Jean-Christophe Lagarde pense le contraire, que Juppé aura besoin de l'UDI plus que du MoDem, réduit au simple Bayrou. L'UDI, assure-t-il, compte quarante mille militants. La force du centre est de son côté, et pas ailleurs. Le bilan du partenariat scellé avec le MoDem est très contesté à l'UDI. Beaucoup estiment qu'il faut mettre fin à ce rapprochement baptisé Alternative, un « mouvement », me confie Lagarde avec une naïveté inouïe, qui ne s'est même jamais réuni.

Lagarde est convaincu que Bayrou ne se représentera plus à l'élection présidentielle : « Il n'en a plus les moyens, m'affirme-t-il, ni l'envie. Il avait deux rêves dans la vie : être roi de France ou roi du Béarn. Aujourd'hui qu'il est élu à Pau, il se sent devenu roi du Béarn. »

Lors d'un dîner récent, François Pinault m'a raconté, avec pudeur, comment Jacques Chirac retrouve tous ses esprits lorsqu'il parle politique. Il continue d'être indulgent envers Hollande, trouvant qu'il fait le mieux possible dans un climat plus que difficile. « Vous verrez, a-t-il dit à Pinault : si le jeune blanc-bec qu'il a choisi comme Premier ministre lui fait des noises, c'est lui, Hollande, qui en fera trois bouchées ! » Chirac, toujours selon la même source, aurait ajouté : « Il dissoudra l'hiver prochain. » Je le note ici ce soir, pour prendre date.

1. François Bayrou et Jean-Louis Borloo avaient décidé le rapprochement des centres, MoDem et UDI, en créant le mouvement Alternative, une union sans fusion entre les deux partis.

Et puis cette histoire inouïe que m'a racontée Patrick Le Lay, au cours du même dîner. S'entretenant avec Sarkozy, alors à l'Élysée, il lui dit être en train de lire un ouvrage d'Ernest Renan. « Ah, ça vient de sortir ? » lui a demandé Sarkozy. Trop beau peut-être pour être vrai.

Le seul président à avoir impressionné Le Lay, au demeurant fort peu impressionnable, c'est François Mitterrand, avec lequel il a eu plusieurs tête-à-tête. Il a surtout retenu le coup de téléphone de Mitterrand à l'issue de sa première garde à vue. Le Lay rentrait chez lui après une nuit que l'on pense difficile, lorsque le téléphone a sonné. C'était François Mitterrand, en direct : « Je pense à vous », lui a-t-il dit, avant de raccrocher.

Je prends ces confidences avec beaucoup de prudence, mais qu'aurait-il à gagner aujourd'hui à vanter les mérites de Mitterrand si c'était faux ? Quelques phrases plus loin, alors que je l'interroge sur Bernard Tapie, dont il est proche, il me dit, tout compte fait, ne pas le trouver sympathique, le jugeant vraiment trop égoïste.

16 avril

Déjeuner avec Jean de Boishue qui quitte à l'instant François Fillon.

Il est en train de rédiger un livre sur les cinq années passées par François Fillon à Matignon. Il me décrit l'état d'esprit du Fillon de 2007 face à Nicolas Sarkozy. « Fillon, fils de notaire, père de nombreux enfants, plus jeune élu de l'Assemblée nationale à ses débuts, pense qu'il incarne, lui, la droite classique. Et pas Sarkozy.

« Il a vécu à Matignon un enfer. Toutes les réformes qu'il a faites, celles des retraites, par exemple, se sont heurtées à l'opposition de Sarkozy. C'est ce qui s'est passé dès le début, avec le discours de politique générale. Nous envoyons le texte, comme cela se fait d'habitude, à l'Élysée, la veille ou l'avant-veille du débat à l'Assemblée nationale. Pas d'opposition, on nous dit : tout va bien. Et puis quelques heures avant, coup de téléphone furieux de Sarkozy : rien n'allait, tout était de travers... On a dû réécrire le texte, sans tenir compte cependant de toutes les critiques du président. À partir de là, tout a été l'objet de remarques, de mises en garde, de chamailleries entre Sarkozy et lui. »

Et maintenant, que compte faire Fillon ? A-t-il envie de se battre ? « Oui, il a sa revanche à prendre, m'assure Boishue, il a été d'une correction parfaite et a beaucoup souffert. Si la chance passe à sa portée, il la saisira. »

19 avril

Le collaborateur le plus proche de François Hollande, après celui de Lionel Jospin, l'homme de confiance qui a rapproché Hollande et Montebourg en 2011 quand tout les opposait, Aquilino Morelle, est accusé par Médiapart d'avoir reçu de l'argent d'un laboratoire pharmaceutique scandinave alors qu'il était inspecteur général de l'IGAS. Révélations accompagnées de précisions ahurissantes sur son comportement : à l'Élysée, tous les deux mois, un cireur de chaussures venait faire reluire sa trentaine de paires de chaussures. Je ressens la même stupeur que j'ai éprouvée durant le ridicule feuilleton Trierweiler-Gayet : comment l'État et ses présumés serviteurs peuvent-ils se dégrader de cette façon ? Comment ceux qui devraient en être les garants en arrivent à se discréditer à ce point et en si peu de temps ?

Le hasard veut que je déjeune de nouveau avec Jérôme Cahuzac, à la Closerie des lilas, où Catherine Nay nous rejoint. Il nous confie, en passant, sans s'attarder, avoir reçu ce matin un SMS d'un journaliste de Médiapart, le site qui donc a eu sa peau il y a un an à peine. SMS surprenant, dans lequel son auteur prend ses précautions, tant il pouvait craindre que Cahuzac ne raccroche son téléphone à la seule mention de Médiapart. « Cher Monsieur, lui écrit-il, lisez ce mail jusqu'au bout... » Et de lui conter par le menu ce qui, selon lui, ne tardera pas à devenir l'affaire Aquilino Morelle. C'est ainsi que Cahuzac a été l'un des premiers à savoir ce qui allait arriver au principal conseiller politique de l'Élysée, qui va être révélé dans quelques instants. Moment unique, tout de même, où celui qui a été abattu par Plenel nous révèle qu'un autre va l'être à son tour, de manière imminente...

Hollande n'a vraiment pas de chance. Tout est gâché par les bourdes successives de ses conseillers ou ministres. Alors qu'il rencontrait les salariés de Michelin, et recevait les félicitations conjointes des ouvriers et des patrons pour son action en faveur de leur entreprise, la presse ne parlait que... d'Aquilino Morelle. Il a d'abord essayé d'esquiver les questions à ce sujet, faisant mine de ne pas les entendre, puis a fini, contraint, par déclarer qu'Aquilino Morelle venait de prendre la seule décision qu'il avait à prendre, c'est-à-dire de démissionner.

Car, dans l'intervalle, quelque chose de tout à fait inédit s'est passé : c'est Manuel Valls qui s'est chargé de demander à Aquilino Morelle, qu'il connaît bien (tous deux ont été les communicants de Matignon, du temps de Lionel Jospin), de se retirer. Un collaborateur intime du chef de l'État débarqué par son Premier ministre : une première sous la Ve République !

Je suis effarée de l'atmosphère de ces derniers jours. Le groupe parlementaire socialiste explose, ou menace de le faire, devant les propositions d'économies de Manuel Valls. Les sondages sont consternants. La presse ne parle que de déroute, de défaite, d'échec. Tous les journaux décrivent un président « sonné » par la démission de Morelle. Cahuzac, l'année dernière, Aquilino Morelle, aujourd'hui, qui sera le premier à dire que Hollande ne pouvait pas ne pas savoir ?

Je n'arrive plus à croire que ce quinquennat puisse aller à son terme. Plus rien ne marche. Et les Français traînent les pieds. Ils s'indignent, rigolent, râlent, fustigent Hollande en pensant qu'il n'a pas la carrure.

Et pendant ce temps, Marine Le Pen adresse une lettre, rendue publique, à Paul-Marie Coûteaux. Ce dernier devient gênant pour elle. Furieux de ne pas avoir obtenu une place éligible à Paris pour les élections municipales, il se déclare prêt à tout dénoncer de ce qui se passe au siège du FN, à Nanterre. Ne sachant pas comment se débarrasser de cet individu trop remuant, qui a rejoint le FN après être passé par les cabinets de Chevènement et de Pasqua, et vient de proposer quasiment d'interner les Roms en France, elle refuse de se laisser entraîner par un homme sur lequel elle n'a aucun contrôle. En réalité, me confie son conseiller Philippe Martel, elle veut s'en défaire avant les européennes, c'est-à-dire assez vite. Elle reproche à Coûteaux, dans cette lettre, de ne pas avoir contribué, comme il l'avait promis, au travail de fond sur le Front national et surtout d'avoir révélé dans les médias le « profond mépris » que lui inspire ce parti. Lors d'un reportage de Canal Plus, Coûteaux, en présence de Martel, a répondu aux questions du journaliste au café Marly, près du Louvre, en lui disant : « Regardez, le Louvre devant moi, le Palais-Royal, la Comédie-Française derrière : c'est notre monde. » Tête du journaliste qui a trouvé ce représentant de l'élite plus que décalé par rapport au parti dont il se réclame. Fâcheux, en effet, pour un parti qui se veut populaire et même populiste !

23 avril

Dès 2012, François Hollande avait affirmé clairement que sa priorité était la baisse du chômage. Il est allé plus loin cette semaine, dans une petite phrase adressée aux salariés de Michelin : « Si le chômage ne recule pas d'ici à 2017, je n'ai aucune raison d'être candidat à un deuxième mandat. » Quelle imprudence ! Une chose est de promettre l'inversion de la courbe du chômage, une autre de lier son sort à la reprise de l'emploi. À moins que ce ne soit chez lui, une fois de plus, un risque calculé. Convaincu que le chômage finira par reculer, il pourra se représenter, en revendiquant bien haut sa réussite dans ce domaine.

Dans le même temps, Valls tente de calmer, sans grand succès à vrai dire, les députés de la majorité hostiles à son plan de stabilité. Il trace son chemin, me semble-t-il, avec la qualité qui fait défaut apparemment à Hollande, depuis le début de son quinquennat : la détermination. Il est revenu sur les détails du plan d'économies de 50 milliards à l'occasion d'une conférence de presse, tenue, de manière symbolique, à l'Élysée quelques jours après sa nomination.

À peine avait-il fini de parler du gel du point d'indice des fonctionnaires que sa majorité s'agitait déjà, sans s'attarder sur les autres dispositions annoncées par le Premier ministre sur le maintien de la création de postes dans l'Éducation nationale et les mesures en faveur du pouvoir d'achat pour les contribuables « les plus modestes ». Un affrontement a suivi au sein du groupe socialiste, entre les députés hostiles aux propositions du gouvernement et les partisans de Manuel Valls, les premiers se livrant à d'éloquentes démonstrations de défiance à l'égard de l'exécutif devant des journalistes dans la salle des Quatre Colonnes au Palais-Bourbon. Une douzaine de députés mécontents ont été reçus dans la foulée, à l'hôtel Matignon. Le programme d'économies serait réduit, selon leurs vœux, de 50 à 35 milliards. Ils ne faisaient pas trop mauvaise figure en sortant, pensant avoir remporté leur bras de fer avec le Premier ministre.

Le couperet est tombé quelques heures plus tard au Conseil des ministres. Pas question de retarder le pacte de stabilité, ni de renoncer à l'allègement du coût du travail. Nouveau signe important du style Valls : le gouvernement, pour la première fois depuis deux ans, paraît soudé. Pas de petite phrase à la Cécile Duflot, pas d'épanchement de l'un ou l'autre des ministres auprès de tel ou tel éditorialiste, pas de réserve sur l'action gouvernementale affirmée sous le manteau par un ministre tenant à garder l'anonymat. C'est Michel Sapin, cette fois, qui est monté en première ligne, pour résumer en quelques phrases, dans *Le Monde*, la volonté du gouvernement et les objectifs de son pacte de stabilité pour les trois prochaines années. Avec cette formule-clef : « Ce n'est pas en refusant la réalité que la France pourrait s'en sortir. » Des discussions sont possibles, certes, mais dans le cadre de la politique déterminée par Matignon. « Tout peut être discuté, a précisé Michel Sapin, simplement, les milliards, ça va vite. » On a compris que la discussion ne pourra aller bien loin.

Si bien qu'aujourd'hui, bien malin qui pourrait dire si le gouvernement disposera, au Parlement, la semaine prochaine, d'une majorité ou non. Ce qui est nouveau, c'est que le Premier ministre paraît décidé à aller jusqu'au bout du défi que lui a lancé une partie de sa majorité. Il le fera le 29 avril prochain en présentant officiellement son plan aux parlementaires.

Ne pas oublier que Manuel Valls a fait ses classes aux côtés de Michel Rocard, il y a plus de vingt ans. Celui-ci ne disposait pas d'une majorité absolue au Parlement. Il a fallu toute l'astuce et la conviction de Manuel Valls, pour négocier, en compagnie de son ami Guy Carcassonne, avant chaque vote important, l'appui d'une frange de centristes ou de non-inscrits. Lorsqu'il le fallait, Rocard n'hésitait pas à recourir au fameux article 49 alinéa 3 : il l'a utilisé vingt-huit fois en trois ans, lors de son passage à Matignon.

27 avril

Je rencontre Yves Colmou, au rez-de-chaussée de Matignon, à côté de la salle du Conseil, avec vue sur le jardin, particulièrement luxuriant cette année. Depuis des années, les années Rocard, Yves Colmou est aux côtés de Manuel Valls, parfois très visible, parfois au contraire dans les soutes. Tour à tour à la lumière puis dans l'obscurité, sinon la pénombre. Le visage rond, un peu mou, il parle d'une voix lente, et connaît tout de la vie de Valls, publique et privée.

Nous reparcourons le chemin de son arrivée à Matignon. Yves Colmou confirme que François Hollande a commencé à penser au remplacement de Jean-Marc Ayrault en novembre dernier. Il avait déjà, à cette époque, abordé le sujet avec Valls, mais aussi avec Le Drian, Fabius, Le Foll et Michel Sapin. Pas de promesse, mais cette question simplement : « Que dois-je faire, remplacer ou non Ayrault avant les municipales ? » Fabius, Le Drian, Montebourg étaient tous favorables à la nomination de Manuel Valls. « Cela ne s'est pas fait tout de suite, parce que Ayrault a proposé une réforme fiscale. À partir de là, il a été difficile de le sortir du jeu. »

Hollande a-t-il été irrité par l'initiative d'Ayrault ? « Disons plutôt qu'il a saisi cette opportunité pour ne pas bouger. »

Le deuxième épisode, poursuit-il, s'est produit lors des vœux du 31 décembre et de la conférence de presse du 14 janvier.

« Après l'affaire Gayet, Hollande était dans l'obligation de donner du contenu à sa politique. Il fait donc un discours d'ouverture aux entreprises, en parlant des 50 milliards d'économies nécessaires. »

« Qui a défini le chiffre ? — Macron », me répond Colmou sans hésiter, confirmant ainsi le rôle de ce conseiller de Hollande dans le débat actuel. « Les visiteurs du soir... », ajoute-t-il. Qui sont-ils ? Non des politiques, mais des sondeurs, des communicants, qui lui ont tous recommandé d'aller vers plus de rigueur, suivant les préconisations du Haut Conseil des finances publiques.

Entre les deux tours des élections municipales – « La défaite est allée au-delà de ce qu'il redoutait » –, Hollande a fini par se décider à changer de Premier ministre. Il a eu un entretien en tête à tête avec Manuel Valls : « Je ne sais pas ce qu'ils se sont dit, ce soir-là, mais j'ai compris le samedi, à la veille du deuxième tour, que l'hypothèse devenait sérieuse. Le dimanche, ils se sont téléphoné à plusieurs reprises, au fur et à mesure que les chiffres tombaient. Ce soir-là, il n'a pas dit un mot à Manuel sur Matignon, signe qu'il n'avait pas encore tranché, ce qui nous a rendus perplexes. Cela a même été un choc pour nous. »

Dans les conversations qu'il a eues avec Valls, François Hollande lui a confirmé qu'ayant fixé un cap le 14 janvier, cap qu'on peut appeler social-démocrate, il n'avait aucune intention d'en changer. Il avait entendu, bien sûr, les appels d'une partie de sa gauche, laquelle exigeait une autre politique, mais il restait convaincu que la sienne était la seule qui porterait ses fruits. Il ne céderait pas parce qu'il ne croyait pas possible de mener une autre politique. Cet homme qu'on accuse de manquer de convictions est au contraire persuadé d'avoir raison. Face à tous ceux qui lui reprochent de ne pas « montrer le chemin », il poursuit le sien à son rythme. Cela n'empêche pas qu'il ait perdu un temps considérable depuis deux ans.

« Mais il lui faut, ajoute Colmou aussitôt, quelqu'un qui ait un certain crédit dans l'opinion publique. » Il confirme que la popularité de Valls n'a pas nui à sa nomination. Même si certains voient arriver le moment où les deux hommes s'affronteront. Pour le moment, pas question. « Manuel est quelqu'un qui a un savoir-faire », me dit

Colmou, choqué à l'idée qu'on puisse envisager un conflit pour l'instant.

En réalité, même si mon interlocuteur n'a pas l'intention d'en dire trop, je comprends que les grandes manœuvres de Valls ont commencé en novembre dernier : c'est lui qui a pris l'initiative de joindre Montebourg et Hamon pour nouer, sinon une sorte de complot, du moins une alliance tactique. Pourquoi ces deux-là ? « Parce qu'ils savent que Manuel Valls est capable d'animer une action collective, où les débats soient vraiment organisés, les points de vue respectés, avec des lieux d'expression et de régulation, qui respectent les identités des uns et des autres. » Coup de patte contre Jean-Marc Ayrault, pour souligner, ce dont je me doutais déjà, qu'il n'était pas un animateur.

Les deux en question, Montebourg et Hamon, ont immédiatement scellé le pacte en disant : « On y va et on y croit. » Le problème est de savoir quelles garanties Hollande a données à Valls. Réponse claire et nette de mon interlocuteur : « Aucune. » Mais il confirme ce que m'avait dit Valls l'été 2012 : « La campagne électorale les a vraiment soudés l'un à l'autre, ils ont très bien travaillé ensemble à un moment décisif. Et depuis, Valls ayant fait ses preuves comme ministre... »

C'est Manuel Valls qui a proposé d'emblée d'associer les deux cabinets, celui de Matignon et celui de l'Élysée. Désormais, un conseiller élyséen assistera au petit déjeuner, éminemment politique, du mardi matin. Lui encore qui a insisté pour que Le Foll, proche de Hollande, devienne porte-parole du gouvernement. Quant à Cambadélis, son accession au premier secrétariat a eu évidemment l'aval de Manuel Valls. « Aujourd'hui, me précise encore Colmou, Valls est complétement décomplexé par rapport à Hollande ; s'il a quelque chose à lui dire, il le lui dira. » Et puis, il est complémentaire du président, il ne craint pas les conflits, et entend montrer très vite que les réformes structurelles ne lui font pas peur. D'où l'annonce, à laquelle personne ne l'a poussé, dans son discours de politique générale, de la réforme des collectivités locales.

Tout a l'air idyllique dans le récit qu'il me fait, et pourtant la majorité s'agite. Il me cite de lui-même la tribune que trois députés viennent de publier dans *Libération*, sous le titre : « Nous ne voterons pas le pacte de responsabilité». La raison de leur opposition : l'absence de «réelles et judicieuses contreparties demandées aux entreprises en échange des baisses d'impôts et de cotisations patronales».

Les trois députés sont des proches de Martine Aubry : Christian Paul, Jean-Marc Germain et Laurence Dumont. À noter, me dit-il, au cas où je ne m'en serais pas aperçue, que dans leur première phrase, les trois parlementaires parlent du pacte de responsabilité de François Hollande, ce qui est une façon de porter leurs coups sur le chef de l'État, en faisant une différence avec Manuel Valls : «Nos initiatives, prennent-ils le temps d'écrire, ne desservent pas le Premier ministre.» Façon on ne peut plus explicite de dissocier les deux. «Dans le groupe socialiste, convient Colmou en baissant presque la voix, c'est le président qui est en cause, et pas le Premier ministre.»

Il continue sa démonstration. Le problème du PS aujourd'hui, c'est qu'il est devenu un parti d'élus. En 1983, il avait connu une défaite électorale aux municipales, moins importante que celle de cette année, mais tout de même assez douloureuse. Pierre Joxe était à la tête du groupe parlementaire, Jospin, aidé par Poperen, aux commandes du parti : État, groupe, parti, les trois étaient tenus. Mais, trente-cinq ans de décentralisation plus tard, le parti vit de ses élus locaux. Après l'échec électoral, le traumatisme, cette année, est véritablement considérable. «Des centaines de gens, de collaborateurs sont en train de perdre leur boulot, en même temps que leurs espérances. Quand les députés font leurs comptes, aujourd'hui, ils se disent : "Je suis cuit, parce que je paie mon soutien au gouvernement." Du coup, ils se rebellent.»

En réalité, beaucoup de députés, lorsqu'ils ont été investis en 2012, étaient loin d'être des sociaux-démocrates. Il me cite le cas de Pouria Amirshahi, d'autres encore, qui étaient à des années-lumière de cette famille politique. «Autant de bombes laissées par Martine Aubry», conclut-il en levant les bras au ciel.

3 mai

Comme l'a dit Valls lui-même (sur BFM TV), « on a frôlé la sortie de route ». C'est lui qui a insisté pour obtenir un vote, de confiance ou tout comme. Lui encore qui a dramatisé l'enjeu de ce vote, jusqu'à évoquer une « crise politique » s'il ne recueillait pas une majorité. Eh bien, tout cela, ces réunions de groupe qui ont suivi toutes les manœuvres pour rallier à sa cause les députés « guesdistes » de la majorité, les longues heures de longues palabres, n'a servi à rien : quarante et un députés socialistes ont refusé le pacte de responsabilité. Onze voix socialistes lui avaient manqué le 8 mars dernier pour son discours de politique générale, une quarantaine lui ont fait défaut mardi soir. C'est beaucoup. Valls a eu beau faire des concessions sur les petites retraites, parler de la lutte contre la pauvreté, de la revalorisation du RSA dès septembre 2014, les irréductibles se sont abstenus : c'est-à-dire que sur un vote essentiel du quinquennat, la majorité socialiste s'est fissurée. Valls a certes obtenu la majorité. C'est l'essentiel, si l'on veut. On retiendra néanmoins une défection majeure, celle d'une partie des siens.

Jamais sans doute un gouvernement n'a dû déployer autant d'efforts pour convaincre ses propres soutiens. Dès dimanche, le nouveau premier secrétaire du parti socialiste, Jean-Christophe Cambadélis, a solennellement mis en garde les membres du parti : « Il faut savoir terminer une fronde », leur a-t-il dit, paraphrasant un autre leader de la gauche, Maurice Thorez, qui avait dû calmer ses militants, en 1936, en plein mouvement de grèves du Front populaire. La paraphrase est passée inaperçue, chez la plupart des socialistes qui ont oublié, ou n'ont jamais su, l'histoire de la gauche.

C'est surtout Manuel Valls, secondé par une bonne demi-douzaine de conseillers, qui y a mis du sien. Pas un jour ne s'est passé depuis l'annonce officielle, après un Conseil des ministres, du plan d'économies, sans que Matignon ne soit à la manœuvre. Dans un climat que je n'hésiterais pas à qualifier, comme mes jeunes confrères, de « pourri ».

C'est dans ce contexte d'extrême tension mêlé de transactions que j'ai assisté de bout en bout à la séance du 29 avril à l'Assemblée nationale. Tous les ministres étaient présents, concentrés comme je ne les avais jamais vus. Signe que Valls leur a sans doute dit qu'il mettrait fin (prématurément !) à son mandat s'il était désavoué par les parlementaires socialistes.

Le Premier ministre est monté à la tribune en escaladant les marches avec vigueur. Il portait un costume sombre, assorti pour une fois d'une cravate sombre également.

L'écouter fut un plaisir. Il a été clair, sincère. Au point de faire penser à Michel Rocard, à cette nuance près que Rocard parlait comme une mitrailleuse, et que, si on appréciait son parler vrai, on ne comprenait pas toujours ce qu'il disait. Valls, on le comprend très bien. Il s'est bien gardé d'entrer dans les chiffres, rappelant les enjeux, pour s'efforcer de convaincre majorité et opposition qu'il veut le « meilleur » pour la France. Ce spécialiste de la communication est allé droit à l'essentiel. Quelle jeunesse aussi !

J'observais, depuis les tribunes de presse, les réactions de la gauche. Les communistes se sont bien gardés d'applaudir, immobiles sur leurs bancs. Même attitude chez les Verts. Quelques applaudissements rares dans le camp des centristes, qui ont fait savoir qu'ils s'abstiendraient, en tout cas pour nombre d'entre eux. Le comportement du plus grand nombre de députés UMP, qui se sont livrés, comme d'habitude, à un chahut d'enfer, m'a paru, à tout le moins, inapproprié à la situation et à la gravité des propos. Quelle déchéance de la fonction parlementaire ! Les payer aussi cher, pour cela ! ont dû se dire les téléspectateurs devant leur écran, au milieu de l'après-midi.

À 20 heures et quelques minutes, les résultats sont tombés. Je n'ai pu voir, de l'endroit où je me trouvais, la tête de Valls. J'ai découvert plus tard une photo où il accuse le coup. Cela ne l'a pas empêché de reprendre le micro avec un sourire, pour conclure que le pacte, désormais, serait l'élément majeur de la politique gouvernementale. Le vote était acquis, certes, mais de justesse et grâce à l'abstention de la plupart des élus centristes. Avec une majorité aussi étroite, il devra agir au coup par coup, louvoyer et tenter de s'appuyer sur des « majorités d'idées ». Mais comment aller vite en négociant pas à pas ? Comment faire une politique quand une partie croissante des députés de votre camp veulent en défendre une autre ?

9 mai

Nouvelle sortie de Bernadette Chirac. Parler de la maladie de son mari, l'évoquer publiquement, c'est lui porter un coup d'une extraordinaire brutalité. Je me rappelle avec quelle admiration Jacques Chirac parlait de Georges Pompidou qui lui avait dit un jour : « Dans la famille Pompidou, on ne se couche que pour mourir. »

Il n'aura pas eu cette chance, condamné à finir sa vie en tête à tête avec une femme pas mécontente de lui avoir survécu ! Elle insiste, même, sur ses propres activités, comme pour souligner qu'il ne peut plus en avoir ! Elle tient aujourd'hui à confirmer que l'AVC de 2005 est bien à l'origine du mal qui a frappé Jacques Chirac, AVC que ses médecins avaient, comme il se doit, qualifié de lésion mineure. « Il ne se croit pas malade », insiste-t-elle.

Tout se passe comme dans un roman de Simenon : Bernadette Chirac se venge, non sans cruauté, de ce qu'il lui a fait endurer, lui qui était si beau, couvert de femmes, alors qu'elle-même menait une vie solitaire dans les palais nationaux. Sait-elle à présent qu'une de ses rivales a vécu des années à l'Hôtel de Ville, sans qu'elle en soit informée ? Son coiffeur, qui est aussi le mien, me confiait récemment le récit que Bernadette lui avait fait, pendant qu'il la coiffait, de leur vie commune, dans l'appartement prêté par Hariri : « Figurez-vous, lui a-t-elle raconté, que quand je passe à côté de son fauteuil, il tend sa canne pour me faire tomber. »

15 mai

Dans sa volonté de reprendre la main, à l'occasion de l'anniversaire de son arrivée à l'Élysée, François Hollande n'a pu s'empêcher de lancer un nouveau défi. Dans le *JDD* de la semaine dernière, il affirme sentir, dans la situation économique, comme une embellie.

« Le redressement n'est pas encore là, a-t-il confié à Cécile Amar, mais le retournement arrive ! »

Quel besoin a-t-il, alors que le renversement de la courbe du chômage pour la fin 2013 ne s'est pas fait, de se risquer à une nouvelle prévision de ce type ? L'INSEE révèle aujourd'hui que le taux de croissance de la France, pour le premier trimestre 2014, est nul : 0 %. Tu parles d'un retournement !

À propos de maladresse, Ségolène Royal n'est pas en reste elle non plus. Dans un entretien publié par *Paris-Match*, elle assassine joyeusement Michel Sapin, s'oppose à la position d'Arnaud Montebourg sur Siemens dans l'affaire Alstom – domaine qui n'est ni dans ses compétences, ni dans ses sphères d'intérêt – et fustige la « condescendance » et le « mépris » de certains de ses collègues du gouvernement. Avant de rétropédaler, assurant, une fois de plus, que les journalistes ont déformé ses propos ou ne les ont pas compris. Elle m'avait fait le même coup en juillet 2012 où, m'ayant accordé un entretien de deux heures, elle s'était beaucoup épanchée sur son ancien compagnon. Je n'en avais rapporté qu'une ou deux phrases, du genre : « Elle [Valérie Trierweiler] ne parviendra pas à faire oublier que François et moi sommes un couple mythique. »

Quelle affaire ! Elle m'avait aussitôt téléphoné pour me le reprocher vertement : « Vous aussi, vous avez la culture du scoop, vous seriez prête à vendre père et mère... » Mais on ne se refait pas : elle s'est laissé aller de nouveau auprès d'autres journalistes, sans doute plus avides de scoops que moi. Elle est décidément incontrôlable : sûre d'elle, ne s'estimant pas tenue à la solidarité avec des collègues dont elle estime qu'ils n'ont ni sa valeur ni son parcours. Quatre semaines après la victoire de François Hollande, Valérie Trierweiler avait empoisonné la campagne législative avec son tweet en faveur d'Olivier Falorni. C'est exactement le temps qu'il a fallu à Ségolène pour déraper à son tour.

Alain Bergounioux, avec qui je me suis entretenue tout récemment dans son minuscule bureau encombré de livres jusqu'au plafond, me dressait un état des lieux inquiétant des divisions qui minent le gouvernement comme sa majorité parlementaire.

Trois courants au moins campent à la gauche de la gauche, incarnée par Benoît Hamon, Arnaud Montebourg et le vieil Henri Emmanuelli. C'est-à-dire, au jugé, 30 % du parti. Je lui demande s'il est vrai que les deux premiers ont signé avec Valls un pacte de non-agression. « Il n'y a aucune loyauté entre eux, me répond-il. Leurs intérêts sont différents : Montebourg est forcément en concurrence avec Hamon qui, de son côté, joue double jeu. Quant à François Hollande, il sait que les pacsés d'hier sont des rivaux de demain. »

À ceux-là, il faut ajouter Martine Aubry. Le jeu de celle-ci est difficile à suivre : elle s'est fâchée avec d'anciens amis comme Marylise Lebranchu, après avoir donné à ses proches l'ordre de ne pas accepter le moindre secrétariat d'État. Elle a vu dans la nomination de Valls une provocation politique, comme le répètent à l'envi ceux de ses lieutenants qui lui sont restés fidèles.

Et Hollande, qui est-il, finalement ? ai-je encore demandé à Alain Bergounioux. En a-t-il une idée, lui qui le connaît sans l'aimer depuis des années ? « Je ne dirais pas qu'il refuse de choisir, mais il le fait au dernier moment, m'a-t-il répondu. Dans sa vie privée aussi, il ne choisit, on l'a bien vu, que lorsqu'il y est contraint. Il s'est montré incapable de donner un contenu à sa normalité, en dehors d'une certaine médiocrité. »

22 mai

À trois jours de l'élection européenne, Nicolas Sarkozy publie dans *Le Point* une tribune sur l'Europe. Ses amis lui demandaient depuis longtemps d'entrer dans le débat, de préciser ses positions, d'intervenir. Il l'a fait en choisissant son jour, dans les derniers précédant le scrutin.

Ma première impression, en parcourant le texte, ou plutôt le résumé qu'en fait sur-le-champ le Point.fr, est plutôt bonne : il conteste les multiples activités de la commission dans les domaines législatifs, critique Bruxelles, propose une politique migratoire commune, évoque un modèle de civilisation, déclare comprendre les colères, les exaspérations des Français devant l'Europe.

En le relisant un peu plus tard, je déchante. Ou plutôt je reviens à ma position initiale sur Sarkozy. Sarkozy propose de suspendre les accords de Schengen 1 et de les remplacer par Schengen 2. Cela fait des années, depuis son élection de 2007 précisément, qu'il propose de le faire sans l'avoir fait quand il était au pouvoir. D'un apprenti chef d'État, on aurait pu se dire qu'il croyait cela possible. Il sait bien que non. D'où le soutien – modéré – que lui apporte Fillon dès ce matin : avant de parler de suspendre Schengen, il vaudrait mieux, selon lui, changer la politique migratoire française (en d'autres termes, rendre plus difficile l'accès aux prestations sociales, qui font de la France un « territoire très attractif ») et non pas envisager de changer un traité que nous ne pourrions faire annuler qu'avec la majorité de nos partenaires. Esbroufe, donc, car Sarko n'est pas tombé de la dernière pluie...

Il ne fait ces déclarations que par démagogie. Il sait bien que d'autres pays, qui n'ont pas ratifié les accords de Schengen, ont les mêmes problèmes que nous. Et qu'à partir du moment où ce sont les Roms et les pays de l'Est qui font problème, un effacement de Schengen ne pourrait rien changer. De surcroît, les pays reçoivent des immigrés d'origines différentes : les Turcs en Allemagne, les Pakistanais en Angleterre... Les solutions sont forcément différentes pour des immigrations différentes. Enfin Sarkozy, qui n'ignore rien de tout cela, a repris sa course derrière le Front national.

Autre proposition alléchante de Sarkozy et autre tromperie : l'alliance économique franco-allemande. L'Allemagne n'a jamais voulu de partenariat économique.

En conclusion, il réclame que Bruxelles ait moins de pouvoir. Ce qui exigerait de changer les traités, alors qu'il est l'initiateur de celui de Lisbonne, fait uniquement pour contourner le « non » français au référendum de 2005. Ainsi, après les avoir sauvées, le voici qui accable les institutions bruxelloises.

Une fois de plus, beaucoup de bluff, un soupçon de démagogie et quelques effets faciles. C'est du Sarko.

27 mai

Élections européennes avant-hier. Et nouvel échec pour le PS. Où va François Hollande? Dans quel état sera la France dans quelques mois? J'écris cela aujourd'hui avec une angoisse croissante. Un Français sur quatre a voté pour Marine Le Pen. Le Parti socialiste est au plus bas depuis 1979[1] : moins de 14 % des voix. Le verdict est terrible, peut-être sans appel. Tout concourt au funeste succès de Marine Le Pen. L'Europe telle qu'elle est, dont la France ne veut pas, du moins sous cette forme. François Hollande dont la position n'a jamais été aussi fragile. Un Parti socialiste qui cède à ses antiques divisions, dont on se demande si Manuel Valls peut venir à bout. Une opposition de droite qui ne parvient ni à s'organiser ni à se trouver un leader, tant l'ombre mortifère de Sarkozy continue de planer sur elle jusqu'à l'étouffer.

La vie politique française n'a jamais été dans un tel état. Et ce n'est pas la démission de Jean-François Copé aujourd'hui qui va contribuer à nous en donner une plus haute idée. On le savait truqueur (avec le vote à la présidence de l'UMP il y a quelques mois), mais malhonnête? S'il l'est, ou s'il l'a été, ce fut pour Nicolas Sarkozy puisqu'il a contribué à maquiller ses comptes de campagne. Quant à l'ex-président, je ne pense pas exagérer en écrivant que sa responsabilité dans la déprime de la France est considérable. Battu, il aurait pu avoir la décence de s'imposer un examen de conscience. Non, il a immédiatement considéré n'avoir été battu que d'une courte tête, alors que le sentiment de rejet à son égard était considérable. Il a, depuis lors, empêché que tout autre leader s'impose à l'UMP. Derrière l'élection truquée de Copé, il était là pour s'assurer que François Fillon ne puisse prendre son envol.

La conjonction entre un Hollande très fortement impopulaire et une droite très profondément divisée est si dangereuse que rien ne me paraît exclu : un nouveau Mai 68, des jacqueries, des révoltes, des paralysies.

1. C'est-à-dire depuis qu'est entré en vigueur le principe de l'élection de l'Assemblée de Bruxelles au suffrage universel.

Hier, dîner avec Jérôme Cahuzac, Jean-Luc Barré et Claude Durand. Jérôme Cahuzac est toujours dans son mauvais rêve. Il me fait penser à Lucien de Rubempré, gâchant sa vie pour des petites ambitions alors qu'il aurait pu en avoir de si grandes, faisant oublier tout son talent derrière ses erreurs. Il ne comprend pas comment il a pu être celui qui a planqué son argent en Suisse, puis à Singapour. Il sait beaucoup de choses sur l'actuelle majorité, évidemment. Je mesure mal pourtant quelles vérités il détient, et s'il peut vraiment représenter une menace pour François Hollande ou d'autres socialistes. Par exemple, sur Aquilino Morelle, il a l'air de penser qu'il y avait, au somment de l'État, quelqu'un d'autre qui aurait pu être atteint. Hollande ? Sans doute, mais comment ? Je le vois mal faisant cirer ses chaussures dans une annexe de l'Élysée.

3 juin

François Fillon aurait déjeuné avec Manuel Valls il y a dix jours à Matignon. Prétexte de la rencontre : le sort des Pays de la Loire dans le redécoupage des régions. Ils se sont d'emblée trouvés d'accord, puis ont parlé d'autre chose. Et Valls n'a pas caché à quel point son action était rendue plus difficile par l'image de François Hollande. Un boulet. Terrible. Oui, irrationnel, le sentiment anti-Hollande. On retrouve ici cette personnalisation du pouvoir qui vaut aussi pour Nicolas Sarkozy : les Français ont-ils besoin de César pour se sentir à l'aise ? Ont-ils besoin de matamore pour leur cacher les vérités qui ne sont pas bonnes à dire ? La réussite de Marine Le Pen reflète peut-être aussi ce besoin.

14 juin

Une fois n'est pas coutume : hommes politiques, téléspectateurs ou observateurs sont tombés d'accord pour décerner à François

Hollande la meilleure note possible, le « sans-faute ». C'est ce qu'a expliqué, drôlement, Franz-Olivier Giesbert qui commentait la cérémonie du 70e anniversaire du débarquement du 6 juin 1944 pour France 2 avec Marie Drucker : « Mais pourquoi Hollande n'est-il pas comme cela tous les jours ? »

Un sans-faute en effet : pas seulement dans l'organisation des festivités, dont sont responsables des dizaines de professionnels, chorégraphes, animateurs, costumiers, collectionneurs, metteurs en scène, et autres figurants. Sans oublier, bien sûr, les vétérans, dignes et sympathiques, bardés de décorations et de bonne humeur. Tout cela sous un ciel radieux, contribuant à la réussite du spectacle, tandis que le président français accueillait dans un ballet ininterrompu de voitures les chefs d'État de la planète, dont la reine d'Angleterre.

Non, le plus important a été le travail diplomatique qui s'est déroulé en marge de ces deux journées. Tout, à vrai dire, s'annonçait difficile : à commencer par l'invitation de François Hollande à Vladimir Poutine, préalable à l'affaire ukrainienne, qui avait suscité un début de polémique. Mais Hollande a tenu bon : on ne voit d'ailleurs pas pourquoi la Russie aurait été exclue d'une cérémonie célébrant la fin du Troisième Reich.

Impressionnant, ce Poutine. D'autant que sa visite en France a été précédée par son interview par Europe 1 et TF1. Entretien passionnant, au moment où sa cote est au plus bas chez les Français. Il faut dire que pas un jour ne se passe sans qu'un procureur se lève dans les rangs de la presse, écrite ou parlée, pour dénoncer les horreurs du « dictateur » russe, en Ukraine, en Syrie, au Moyen-Orient, contre les homosexuels, contre les femmes... Il s'est expliqué une fois de plus sur le Moyen-Orient avec bon sens, en rappelant simplement que les Occidentaux, chaque fois qu'ils sont intervenus en Syrie, en Égypte et ailleurs, ont ravivé l'islamisme radical. Je n'arrive pas à comprendre comment cette évidence peut passer pour une agression. Il a manifestement raison, et ce n'est pas ce qui se passe en ce moment en Irak avec le début de guerre civile entre sunnites et chiites qui fera penser le contraire.

Il a quelque chose dans le regard, ce Poutine, avec ses yeux étirés, qui le fait ressembler à un huski, au visage triangulaire. Lorsqu'il entre dans une pièce ou prend un micro, on ne peut regarder que lui. Ce personnage travaille depuis dix ans au retour de la Russie au premier plan du monde – tout en se mettant, paraît-il, beaucoup d'argent dans la poche. Dans la majorité du peuple russe, il est pourtant fêté et reconnu. Sauf par ceux dont il se débarrasse sans ménagement lorsqu'ils le gênent, politiquement ou financièrement. Il m'évoque un de ces héros excessifs et démesurés de Gogol ou de Dostoïevski, romantiques et patriotes, mystiques et aimant les plaisirs de ce monde. Qui n'a pas lu les grands écrivains russes ne peut rien comprendre à Vladimir Poutine.

J'en reviens à Hollande qui s'est donc magistralement sorti de ces journées diplomatiquement difficiles. Pourquoi n'est-il jamais aussi à l'aise qu'en accueillant les chefs d'État du monde entier ? Pourquoi ses discours n'ont-ils pas toujours l'ampleur et la vision de celui qu'il a prononcé sur les plages du Débarquement ?

« Parce qu'il ne sait pas raconter sa vie, pas faire de storytelling, m'explique quelques jours plus tard Jean-Christophe Cambadélis, rue de Solférino. Il n'écrit pas la romance du quinquennat. Il ne se raconte pas, pas de théâtre, pas de scénarisation. Il ne goûte que l'instant. »

Il a raison : non seulement Hollande ne sait pas se mettre en scène, mais surtout il ne sait pas raconter leur Histoire aux Français. Il ne sait pas leur promettre un destin meilleur, pas les appeler à l'effort. Il ne sait même pas dire tout simplement, ou le faire savoir, à quel point il a réussi sa prouesse diplomatique et « décoincé » les relations de Vladimir Poutine avec Barack Obama et le président ukrainien. Je me rappelle avoir déjeuné à côté d'un ambassadeur géorgien à l'UNESCO, quelques semaines après que Nicolas Sarkozy, alors président en exercice de l'Union européenne, se fut enorgueilli d'avoir publiquement mis fin à la crise entre la Russie et la Géorgie. L'ambassadeur, un aristocrate géorgien à qui je demandais quel rôle avait exactement joué notre président, éclata de rire : « Sarkozy, aucun. Il s'est contenté de téléphoner à Poutine, après que celui-ci eut gagné, puis a propagé dans l'opinion l'idée selon laquelle, grâce à son intervention, le drame s'était dénoué. »

Eh bien, Hollande, c'est tout le contraire. Il ne fait pas de triomphalisme, par crainte de déplaire à ses amis européens s'il a l'air de tirer la couverture à lui. Il me l'avait dit dès son élection, après les premières réunions avec Angela Merkel à Bruxelles. Même discrétion aujourd'hui vis-à-vis de Jean-Claude Juncker.

C'est Hollande qui le premier, dans les jours qui ont suivi le scrutin européen, m'explique encore Cambadélis, a proposé le nom de Juncker pour la présidence de la Commission européenne. Il comprenait bien en effet que Martin Schulz n'avait plus aucune chance. Merkel a commencé par refuser, car Juncker est une personnalité forte, qui n'est pas dans la ligne allemande et notamment sur l'application des critères européens. Pour Angela Merkel, Juncker est un allié objectif de la France. Pourtant Merkel a fini par se convertir à l'idée de François Hollande qui a fait son chemin. Il pourrait s'en prévaloir. Il ne le fait pas, car il trouve inutile d'humilier la chancelière. « Ne pas triompher trop fort », c'est sa devise.

Je demande à Cambadélis comment il définirait Hollande. Il n'hésite pas et ne cherche nullement à enjoliver sa réponse : « C'est un professionnel. Un professionnel de la politique, c'est tout. Il cherche tous les paramètres, il les analyse. En fin de compte il veut éviter d'être sanctionné par la rue, et par les marchés. Il pense qu'on peut toujours se sortir d'une élection, tandis qu'on ne sort jamais de la rue, et rarement des marchés. » Comme si Hollande n'était qu'une machine, dépourvue d'élans et de sentiment, incapable de fixer aux Français quelque horizon que ce soit. « Il est surtout frappé, continue Cambadélis, par le fait que l'opinion est toujours dans l'angoisse, qu'elle n'enregistre jamais les signes positifs. » Il signale toutefois, parmi ses qualités, un « extraordinaire sang-froid ». « Il lui arrive de s'énerver, mais il n'enverra jamais tout balader. »

Exemple ? La réforme Taubira. Elle a été adoptée à l'unanimité par l'Assemblée nationale, après que la droite a présenté pendant des mois la réforme pénale comme obéissant à une seule volonté, celle de mettre les détenus dans la rue. Personne n'en a dit un mot. La victoire n'a pas été commentée par qui que ce soit. « Hollande pense que c'est à la fin, à la fin seulement, que son action devra être jugée. »

Reste l'état du Parti socialiste, Cambadélis me le décrit comme un parti en déshérence. Fédérations, sections, bureau national, rien selon lui ne fonctionne : les fédérations ne se réunissent pas. «L'identité socialiste est à reconstruire», dit-il. Il me raconte qu'un tiers des fédérations seulement a fait campagne pour les élections européennes. Dans les locaux de la fédération de Paris, «les affiches montent jusqu'au plafond, elles n'ont jamais été distribuées». Et les militants? «Leur critique porte sur l'amateurisme des premiers mois de pouvoir, donc sur Hollande au premier chef. L'idée est répandue chez eux que la génération actuelle des dirigeants socialistes ne vaut pas la précédente.» Mitterrand *versus* Hollande? Je me rappelle le festival du livre de Nîmes, l'année dernière. Sur ma table, trois de mes livres exposés, les *Cahiers secrets*, bien sûr, mais aussi le livre de poche sur Mitterrand, et *Le Rose et le Gris*, récit des premières semaines de Hollande à l'Élysée. Les visiteurs regardaient les deux couvertures, Mitterrand sur l'une, Hollande sur l'autre. «Ah, madame, me disaient-ils, il n'y a pas photo entre les deux, hein?»

À l'intérieur du PS, Cambadélis voit déferler, un peu comme au sein du groupe parlementaire mais sous une autre forme, une vague de fond populiste, du genre : «Vous êtes tous pareils dans votre boutique, vous ne vous occupez pas assez de nous.»

«J'ai été frappé, ajoute-t-il, à l'occasion des meetings que j'ai animés pendant la campagne européenne, de voir comment les responsables étaient abattus, à terre, et d'entendre les militants présents dire : "Ça vous pendait au nez, cela vous apprendra à ne pas nous regarder."»

Un mot pour finir sur le pacte Montebourg-Valls? Cambadélis sourit : «Arnaud pense que Hollande va dégager, et que, dans le cas d'une primaire, il battrait Valls. Autrement dit, il envisage trois étapes pour lui : Acte 1 : il contribue à l'installation de Manuel Valls. Acte 2 : Hollande est l'objet d'une sorte d'*empeachment* et quitte le jeu. Acte 3 : lui, Montebourg, sort en tête de la primaire.»

De toute façon, beaucoup pensent que François Hollande ne pourra pas se représenter en 2017, et qu'il ne sera plus jamais en phase avec l'opinion.

Quelques jours après ma conversation avec Cambadélis, je ne sais quel député «frondeur» a d'ores et déjà proposé qu'on organise une primaire à gauche avant 2017. Façon de passer Hollande par pertes et profits.

15 juin

Discours énergique, courageux, de Manuel Valls devant le bureau national du PS. Oui, la gauche peut mourir, coincée entre la social-démocratie et une extrême gauche sûre d'elle-même, sûre de ce que la voie qu'elle propose est la seule, l'unique pour sortir de la crise et « donner le pouvoir aux travailleurs ». Beaucoup de choses en effet encouragent cette gauche-là à penser ainsi : l'accroissement des inégalités dans le monde et, en France, la crise financière, les grands patrons et leurs parachutes dorés, la déperdition du pouvoir central sur les multinationales qui n'ont plus grand-chose de français...

Je sais bien que les campagnes présidentielles, comme le dit François Bayrou, incitent les candidats à la démagogie. Hollande aurait-il été élu s'il n'avait pas parlé de taxer les plus riches à 75 %, de son dégoût de l'argent et du capital ? Partant, il a fait croire que l'État pouvait tout faire : remettre les banques dans le droit chemin, éviter que l'on s'enrichisse en dormant, comme le disait Mitterrand, entrer dans le capital d'industries moribondes, sauver le marché automobile. Inutile d'aller plus loin : ce président qui a osé marquer pendant la campagne sa volonté de réduire la dette – donc d'imposer des sacrifices aux Français – a été pris au piège de ses promesses, y compris de celles qu'il n'avait pas faites.

En réalité, les Français, qui n'ont pas de cap et sont réticents à ce qu'on leur en fixe, se reconnaissent dans un néolibéralisme contrôlé, pas dans une gauche des droits de l'homme. Ils veulent bien que chacun puisse s'enrichir, à condition que cela ne soit pas sur leur dos et qu'ils puissent eux-mêmes le faire. Ils veulent la sécurité et la liberté, l'égalité et l'excellence, dans tous les domaines. Avec les 35 heures ou des heures supplémentaires payées trois fois plus cher.

Valls est le dernier rempart de la social-démocratie en France. S'il ne parvient pas à ses fins, il n'aura plus de gens derrière lui pour s'engager dans cette voie avec une CGT cassée entre réformistes et révolutionnaires, une FO fluctuante et sans tête, une CFDT structurée mais solitaire.

Voilà pourquoi ce discours, qu'il a prononcé dents serrées, lèvres crispées, sorte de pli horizontal dans son visage, sans un instant sourire, avec sa conviction d'avoir raison, sa détermination, est hélas imparable.

23 juin

Ces deux-là, on en parlera souvent dans les années qui viennent : il s'agit, bien sûr, de Manuel Valls et d'Arnaud Montebourg. Ensemble, et en se congratulant mutuellement, ils ont mené jusqu'au bout le rachat d'Alstom par General Electric, avec la présence d'un actionnaire majoritaire, l'État français, qui a vingt mois pour racheter ses actions au groupe Bouygues. Ils l'ont mené à leur rythme, en sachant taire leurs divergences, pour arriver à la solution souhaitée. Le Premier ministre a salué le premier la fin de la négociation en soulignant que sans l'intervention du président de la République « et plus particulièrement celle d'Arnaud Montebourg », un tel accord, qualifié de « victoire », n'aurait pu être trouvé.

En réalité, Montebourg a été partisan, depuis le début du feuilleton Alstom, et jusque dans les dernières heures, d'un rapprochement avec l'allemand Siemens, face au géant américain General Electric. C'est pour lui permettre de s'en sortir le front haut que Hollande l'a laissé annoncer la réussite d'un accord qu'il n'avait pas souhaité sous cette forme. Et Montebourg a su, avec maestria, et non sans un certain culot, plaider qu'en soutenant l'offre Siemens, il avait ainsi fait monter les enchères – un milliard et demi de plus que ne l'avaient offert, avant l'entrée en scène du ministre de l'Industrie, les dirigeants américains. Tout cela en faisant racheter par l'État la part du groupe Bouygues que celui-ci voulait vendre.

Ce à quoi Hollande ne s'attendait pas, c'est que Montebourg triomphe si fort, au point de ne pas prononcer le nom du président dimanche soir. Et qu'il triomphe partout : sur BFM, où il passe avec talent lundi matin, toujours sans citer Hollande. Et sur ses tweets : « Il s'agit, écrit-il lundi matin, d'une alliance et pas d'un achat. Si nous avions laissé faire, nous aurions eu un Alstom dévoré. » Quel art de la récupération !

Curieux comment Valls et Montebourg naviguent ensemble. Je ne m'y attendais pas. Je me rappelle leur affrontement lors de la primaire de 2011. Ils avaient exactement le même âge, quarante-neuf ans alors, et leur socialisme était loin d'être identique. Trois ans plus tard, le pacte entre les deux hommes, devenus les deux éléments majeurs du gouvernement, repose sur un constat : la gauche est en grande difficulté, l'État n'est pas l'État fort que l'un et l'autre souhaitaient. Au milieu de la tourmente, la mise en commun de leurs efforts assure au gouvernement de Manuel Valls une plus grande stabilité. « Nous incarnons les deux facettes d'une ligne dont le pays a besoin, résumait Manuel Valls en février dernier : le réformisme industriel et le républicanisme intransigeant. » Leurs points de vue se sont rapprochés. Manuel Valls parle désormais volontiers de «protection nécessaire pour empêcher le dumping social», et sur le nucléaire le Premier ministre et le ministre de l'Industrie affichent un total accord.

Et François Hollande là-dedans ? Sur le dossier Alstom, il a laissé jouer Valls et Montebourg, comme s'il était resté en troisième position dans la négociation. Ce n'est pas le cas, puisque les rencontres les plus importantes entre les industriels ont eu lieu à l'Élysée. Pourquoi est-il si discret, Hollande ? Parce que c'est dans sa nature, ou est-ce par habileté qu'il laisse Valls et Montebourg lui voler la vedette ? Le risque pour lui est d'apparaître en position de faiblesse par rapport à eux. Dans la mesure où Hollande a déclaré publiquement qu'il ne serait pas candidat en 2017 s'il échouait dans sa lutte contre le chômage, Valls et Montebourg font figure, sans avoir besoin de le dire, de futurs candidats potentiels. Tous deux n'ont jamais fait mystère de leur ambition, « le moment venu ». Et d'ores et déjà Arnaud Montebourg ne se cache plus guère pour critiquer le président de la République.

Reste à savoir qui serait, en l'absence de Hollande, le meilleur candidat de la gauche ? Montebourg ou Valls ? Le représentant de l'aile gauche ou celui de l'aile droite du Parti socialiste? Et que deviendrait alors leur tandem d'aujourd'hui? Pour l'heure, ils gouvernent ensemble en s'assurant l'un l'autre, comme on le dit des alpinistes confrontés à une montagne dangereuse.

1er juillet

François Hollande m'a fixé rendez-vous à 11 heures à l'Élysée. Il sort dans le vestibule pour m'accueillir, accompagné d'Hubert Védrine qu'il vient de recevoir. Il a l'air physiquement en forme, costume bleu plus clair que d'habitude, cravate bleue, pour une fois pas de travers, avec ses nouvelles lunettes qui lui vont mieux (encore que j'aie entendu hier un opticien lui reprocher de porter des lunettes qui n'étaient pas *made in France*) et légèrement bronzé.

Il s'installe sur le divan qui fait face à son bureau, et me désigne le fauteuil devant lui. Pas la moindre distance entre lui et moi, il parle comme il me parlait jadis, sans onction présidentielle. Je comprends pourquoi Évelyne Richard, chargée de l'organisation des voyages présidentiels, qui a occupé ce poste sous Pompidou, Giscard, Mitterrand, Chirac, Sarkozy, et maintenant Hollande, le met, avec Chirac, parmi les plus sympathiques des présidents.

Il s'assoit devant moi. Comment supporte-t-il le traitement qui lui est réservé, comment est-ce supportable? Réponse d'une phrase résignée : « Je ne sais pas ! » Il ne sait pas, mais il trouve cela très dur et ne cache pas sa surprise à l'idée qu'à peine avait-il mis un pied à l'Élysée la machine se soit déclenchée contre lui. Il me rappelle la mise en garde de Sarkozy au moment de la passation des pouvoirs : « Vous allez voir, c'est terrible. »

Et il a vu ! Il a vu ce qu'il qualifie de « libération, une transgression générale ». Il parle de la presse, de sa volonté de tout voir, de tout savoir, avec ses nouveaux moyens d'investigation, les instruments de cette surveillance : caméras, micros, qui font que tout se sait, sur l'instant, de ce que font le président et son équipe. « Le manque de distance nuit à la fonction », remarque-t-il, en prenant pour exemple un épisode historique, celui du voyage de De Gaulle à Baden-Baden : « Quand de Gaulle s'envole pour l'Allemagne, pas de BFM TV, pas de caméras. Je prends cet exemple extrême, ajoute-t-il, mais il est vrai que cette transparence permanente change la façon de gouverner. Soit on se fait rare, mais on se le voit reprocher assez vite. Soit on parle trop. »

À propos, je lui demande pourquoi il est resté si discret sur le règlement d'Alstom, alors que beaucoup de choses se sont négociées à l'Élysée, dans son bureau.

« Parce que faire annoncer par Montebourg la solution qui, au départ, n'était pas la sienne, qu'il a néanmoins défendue avec d'autant plus d'énergie qu'elle l'avait convaincu, c'était ce que je voulais. D'ailleurs, avoir associé, à un moment, les Chinois et les Allemands à la négociation a permis un meilleur résultat financier de l'opération. » Jean-Pierre Chevènement, souligne-t-il, gardant en souvenir mon amitié pour lui, a joué un rôle important, y compris auprès de Montebourg, pour plaider la cause de General Electric : il n'a pas oublié qu'un gros site d'Alstom est proche de Belfort.

Je suis sur le point de lui dire : « Vous savez, tout de même, le mal que Montebourg dit de vous, autour de vous ? » J'y renonce, en partie parce que je ne veux pas faire de dénonciation et aussi parce que je crois voir, dans les yeux de Hollande, la crainte que je le lui dise.

Je préfère lui parler de la difficulté d'établir en France une authentique social-démocratie.

« Ce n'est pas la social-démocratie qui est en cause, c'est la France ! me répond-il. Ailleurs, la tradition existe d'un dialogue entre les forces politiques et les forces sociales. La plupart des pays européens, aujourd'hui, ont des gouvernements de coalition que socialistes et libéraux gèrent ensemble. Nécessairement, l'intérêt général est reconnu. L'exemple le plus abouti est l'Allemagne, évidemment, où Angela Merkel négocie, ligne à ligne, son action avec les autres groupes de sa majorité. En France, le paradoxe est que le président est élu au suffrage universel, avec une majorité qui s'affaiblit au bout de quelques mois de pouvoir. 25 % seulement des Français se reconnaissent dans le gouvernement : c'est peu. »

Pas de coalition en France, en effet, et plutôt tout le contraire. Il me décrit les forces en présence. Du côté des patrons, cinq à six organisations patronales représentatives. Ils ont publié cette semaine une lettre ouverte dans le *JDD* pour dénoncer la lenteur du gouvernement à mettre en œuvre le pacte de responsabilité.

« Ils sont reçus à l'Élysée presque tous les jours ! Mais il y a entre eux une surenchère permanente, car ils ne parviennent pas à avoir la légitimité nécessaire auprès de leurs troupes. Ils pourraient dire qu'avec le pacte de responsabilité et la baisse des charges, ils ont remporté une victoire. Ils ne le disent pas.

— Pas de chance, lui dis-je, que Parisot ait été blackboulée, elle aurait été pour vous une partenaire plus efficace.

— Oui, pas de chance en effet. Gattaz, lui, est plus limité. Je pense qu'il n'arrive pas à tirer profit de la situation, bonne pour lui. J'ai réuni les patrons hier. Je leur ai dit : Vous me demandez de faire des économies mais dès que j'en propose, vous protestez. J'ai ajouté : Attention à l'avenir du pays, si l'économie est trop faible, si le pays apparaît trop divisé, exténué, il ne comptera plus.

— Et les organisations syndicales ?

— J'ai beaucoup espéré que la CGT fasse sa mutation. Cela n'a pas été le cas.

— C'est d'ailleurs pour cela que Bernard Thibault a quitté le secrétariat général, lui fais-je remarquer.

— C'est vrai, mais, du coup, il ne reste que la CFDT, qui se sent obligée de construire quelque chose. Elle le fait avec beaucoup de courage, mais elle est seule. »

La situation syndicale reflète la situation de la gauche française.

« En grande partie, la radicalité de la gauche française se retrouve dans la CGT. La CGT, pas plus que les patrons, ne crie victoire, alors qu'elle pourrait très bien tirer parti du pacte. Regardez la grève de la SNCF. La loi avait été écrite avec la CGT, ses représentants insistaient pour que la réforme soit inscrite le plus vite possible. Une journée de grève symbolique, et ce sera tout, nous promettaient-ils. Elle est perdante aujourd'hui, alors qu'elle aurait pu se féliciter que les deux entités, transports et rails, soient réunies dans une même maison. Le résultat est que personne, et moi pas davantage, n'engrange de victoires, personne ne gagne, il s'agit donc d'une défaite collective. »

Il se demande tout haut maintenant quelle trace il va laisser dans la vie politique française.

« Certains présidents n'ont rien fait.

— Chirac ? »

Il ne répond pas à cette question, et continue comme sans m'entendre.

« Sarkozy ? Il aura laissé la réforme des retraites et celle des universités. C'est peu. Il faut absolument qu'on puisse dire : voilà ce que nous avons fait. »

Là, je le sens parfaitement, se situe son angoisse actuelle. Il poursuit : « Pour qu'une réforme soit faite, il faut impérativement qu'elle soit visible, et qu'elle dure. Prenons la réforme territoriale. Les élus, de tous bords, sont contre, ce qui prouve bien qu'elle est bonne. Si elle s'applique en 2016, elle sera importante, et symbolique. »

À ce propos je note que le Conseil constitutionnel vient de donner raison à l'exécutif pour le découpage territorial et les études d'impact réalisées, que les sénateurs, des mélenchonistes aux radicaux, avaient jugé trop peu probantes. La discussion parlementaire sur le texte peut donc reprendre.

Je lui cite moi-même l'exemple de la réforme pénale, qui a finalement été votée à une très grande majorité, alors que ses adversaires clamaient partout que les délinquants allaient être répartis dans la nature. « Oui, me répond-il, lorsqu'elle sera appliquée, ce sera une réforme importante. »

Bref, il fait bien la distinction entre les textes de réformes adoptées, et leur application. Il le reconnaît aisément : beaucoup de temps s'écoule entre le moment où une réforme est adoptée et le moment où elle est mise en application.

« J'ai annoncé le pacte de responsabilité le 14 janvier, en voulant donner ouvertement un signal aux patrons. Et voilà qu'ils me disent aujourd'hui que je vais trop lentement ! Il faut six mois pour transcrire dans la loi un texte de ce genre. J'avais annoncé le calendrier le 14 janvier, il était public, aucun retard n'a été pris. »

Il continue, trouvant tout cela assez saumâtre : « Ce qui m'a frappé, c'est que je n'avais pas encore posé un pied ici que je me voyais reprocher de n'avoir pas fait tout ce que j'avais dit que je ferais. En juillet 2012, Jean-Marc Ayrault a prononcé son discours de politique générale, moi j'ai annoncé les hausses d'impôts, Gallois a rendu son rapport en novembre. Pouvais-je aller plus vite ? »

Je le sens, pour autant que cet homme si lisse puisse laisser transparaître quelque émotion que ce soit, assez, comment dirai-je, désemparé ? Non, indigné plutôt. Certains des journalistes qu'il rencontre, et notamment ceux qui le suivent quotidiennement, affirment qu'il est toujours optimiste. Pour dire la vérité, aujourd'hui je le trouve plus inquiet que serein.

Quelle explication donne-t-il de ce déchaînement précoce contre lui ?

« Une presse très dure. Elle l'avait été à l'égard de Sarkozy, elle n'a pas été indulgente pour moi : je n'avais été élu, à ses yeux, que parce que Sarkozy avait perdu. J'ajoute à cela que la gauche reste pour beaucoup illégitime, qu'on nous a reproché des trahisons et une certaine incompétence. »

Il reprend sur ce qui lui tient le plus à cœur pour l'instant, le pacte de responsabilité : « Le 14 janvier, j'ai fait le maximum : je me suis déclaré social-démocrate, je me suis prononcé pour la politique de l'offre. Ce n'était pas un tournant, ce n'était pas analogue au tournant de Mitterrand en 1983. Il fallait simplement que j'amplifie la politique en gestation. »

Aux patrons, il souhaiterait faire entendre les dangers que court notre pays : « Il n'y a pas qu'en France qu'existe une extrême droite, mais le Front national n'existe qu'en France. Il y a bien une spécificité française, insiste-t-il : l'existence d'une extrême droite forte, donc, et puis aussi le fait que personne n'ait fait de véritables réformes depuis dix ans, pas de partenaires sociaux véritables, en dehors d'une frange du patronat, et la CFDT. Donc pas de consensus minimal. »

Il analyse la situation comme je le ferais, mais ne me paraît pas connaître la voie qu'il peut désormais emprunter. Conscient, il le dit, que le rétablissement de la France ne peut venir ni de l'environnement mondial ni de l'environnement européen. Par rapport à ce qu'il avait laissé entendre au début de son quinquennat

– l'alternance des cycles –, le changement est total. Et va plutôt dans le mauvais sens pour lui.

Il a vu les jours précédents deux députés « frondeurs ». « Quand bien même auriez-vous raison, leur a-t-il dit, comment faire entendre aux investisseurs que nous pouvons rétablir la confiance si rien en France n'est stable ? Notre politique est contrainte d'être durable et crédible. Les débats parlementaires infinis sont de nature à saper la confiance. Le Parti socialiste n'est pas capable de porter la politique du président », conclut-il tristement.

Mais il reprend aussitôt sur un ton plus combatif : « Dans les trois ans qui viennent, le pacte de responsabilité peut changer les choses. Les patrons doivent pouvoir dire que le pacte est une victoire pour eux, puisqu'ils ont été entendus, les syndicats doivent pouvoir saluer le million d'emplois à créer. Ainsi la conférence sociale de la semaine prochaine pourrait-elle marquer une deuxième étape de la négociation sociale. »

Et le vote à l'Assemblée nationale ? Qu'on fait, que feront les opposants ? « Ils étaient onze hostiles au discours de politique générale de Manuel Valls. Onze ! Aujourd'hui, il est à craindre qu'ils s'obstinent. Mais cela finira par passer. Nous ferons tout pour éviter le 49.3. »

Tout de même, ces opposants font tache : « Il faut faire attention au côté feuilleton de leur action. Ils sont interviewés par les journaux d'opposition : *Le Figaro*, *L'Opinion*, *Les Échos*. »

Une note personnelle sur *Le Figaro* : « Je m'échine à faire vendre des Rafale, et le journal de Dassault m'éreinte. »

Nous parlons davantage de lui, maintenant : s'attendait-il à ce que les choses soient si dures ? Réponse : « Je n'ai eu que des choses dures à faire. Être président, c'est faire mal. Lorsque je me suis séparé d'Ayrault par exemple, j'ai pensé à la séparation Mitterrand-Mauroy, à l'émotion qu'avaient ressentie les deux hommes, se quittant les larmes aux yeux. Dur aussi ce qui est arrivé avec Cahuzac : j'étais dans le TGV lorsqu'il m'a appelé pour me parler de la campagne lancée contre lui par Médiapart. Je lui ai dit : "Si c'est vrai, dis-le tout de suite. — Non, tu penses bien que c'est faux", m'a-t-il assuré. Plus tard, il a juré devant le Parlement qu'il n'avait pas de compte en Suisse. J'ai dit à Ayrault :

"Il n'y a aucun problème." Et puis, on a vu ce qui était arrivé. Je n'étais pas préparé à de tels mensonges ! »

Je lui dis qu'il m'arrive de voir Cahuzac, à qui il n'a pas pardonné, je lui dis qu'il est dévasté, qu'il a pensé au suicide. Il poursuit d'une phrase, sans vouloir s'attarder sur son ancien ministre : « Vous n'imaginez pas, c'est le ministre du Budget qui me l'a dit, le nombre de personnages politiques qui ont eu des comptes en Suisse. Je ne connais pas leurs noms », se hâte-t-il de dire sans que je le croie.

Il reprend : « Non, je n'étais pas préparé à cela. Je m'étais préparé en revanche au chahut des marchés, qui ne s'est pas produit. Je pensais être impopulaire, mais pas à ce point-là. Je pensais que les articles de presse seraient durs, mais pas à ce point-là, et notamment pas qu'ils s'attaqueraient à mon physique, de la façon dont ils le font. »

Je lui fais remarquer que cela ne l'empêche de passer maintenant pour un séducteur. Je pense, sans le lui dire, à ce que m'avait dit Catherine après l'affaire Julie Gayet : « Ah, il plaît aux femmes ? »

Nous parlons pour finir de la possibilité d'une autre majorité, avec Bayrou par exemple. « Il m'a demandé, depuis le début, le changement du mode de scrutin, puis il voulait une dissolution pour que le centre revienne en force à l'Assemblée nationale. Je lui ai répondu qu'il serait fou, pour moi, de dissoudre une Assemblée qui m'était acquise. »

Et puis de Poutine : « Il est intelligent, en forme, et c'est un excellent homme d'affaires. Il correspond à merveille à l'âme russe : humiliée et romantique. » Il reste néanmoins convaincu que reculer sur l'intervention en Syrie en 2013, comme l'a fait Obama, a été une faute. « Il fallait frapper pour montrer que la ligne rouge était franchie avec les armes chimiques. Poutine a jaugé la faiblesse britannique, l'hésitation américaine. Et il a très bien mesuré l'espace qui était offert à la diplomatie russe. Le rapport de force lui était désormais favorable, et il ne croit qu'aux rapports de force. »

Sur ces mots, l'huissier frappe à la porte pour la deuxième fois. Il avait frappé une première, mais Hollande avait fait mine de ne pas entendre.

Nous nous disons au revoir, il me raccompagne jusqu'au vestibule.

Après que je l'ai quitté, je m'aperçois de la tristesse qui a régné pendant cette heure et demie entre lui et moi. Tristesse, c'est le mot. Il est d'un optimisme invétéré, disent les journalistes ? Comment ne voient-ils pas ce qui m'est apparu clairement : sa tristesse, sa désillusion. Rien ne marche, ça bloque de tous côtés. Et il craint de ne laisser derrière lui que du désordre et du désenchantement. Son intelligence est confrontée à une réalité qu'il n'avait pas prévue. Je m'aperçois en le quittant que je ne lui ai pas dit un mot de Sarkozy. Je pensais tellement aux difficultés que lui-même traverse, que j'ai oublié de lui parler des déboires judiciaires de son rival, dont on a appris le même jour la mise en garde à vue. De toute façon, il ne m'aurait sans doute dit à son sujet que des banalités.

2 juillet

Vingt minutes données à Sarkozy, pourtant un justiciable comme les autres, à TF1 et Europe 1. Un Elkabbach dompté, un Bouleau plus accrocheur, mais dont Elkabbach coupe tous les élans. On peut comprendre que Nicolas Sarkozy ait trouvé désagréable, très désagréable, d'avoir dû subir quinze heures de garde à vue, et d'être convoqué sur les coups de minuit par deux juges d'instruction qui l'ont mis en examen pour « corruption active » et autres chefs d'accusation. Deux juges d'instruction ? Pas n'importe lesquels. Il s'agit de « deux dames » a-t-il dit avec mépris, c'est-à-dire de Claire Thépaut et de Patricia Simon.

Dès le début de son intervention télévisée, quasi officielle, vu le peu de pugnacité de ses interlocuteurs, il attaque fort sur la justice, les juges, les magistrats. Il est vrai que c'est le premier président de la Ve République à avoir jamais été placé en garde à vue. Vrai aussi qu'aucun de ses prédécesseurs n'a avec autant de vigueur attaqué la magistrature, de la base au sommet. Sarkozy a dû apprécier l'occasion qui lui était ainsi donnée de redoubler d'indignation devant les caméras et sur les ondes. Il l'a fait à sa manière, tendu, dents serrées, colère rentrée, voix parfois blanche, avec cet air de taureau entré dans l'arène. Et avec ce visage désormais anguleux, dont il avait coupé la barbe. Signe interprété par ses amis comme le symbole de son retour annoncé.

Ce n'est pas la première fois que les juges et le pouvoir actuel lui donnent l'occasion de se dire victime d'une abominable machination. L'affaire Bettencourt lui en avait fourni une première, balayée presque aussitôt par le non-lieu accordé par le juge même qu'il avait abondamment mis en cause, le juge Gentil, lequel s'est révélé plus tard catalogué à droite. Seuls Guaino, et quelques autres, avaient alors fait part de leur indignation devant ce qu'ils considéraient comme un sacrilège.

Cette fois, il a décidé de mener la contre-offensive lui-même. Un combat à la Berlusconi, victime des juges, de la politique, de ses adversaires, du monde entier !

Les magistrats d'abord. Ils ne lui ont jamais en effet fait de cadeau, et ils ne lui en feront sans doute pas dans l'avenir. Je trouve d'ailleurs plutôt maladroit de l'avoir placé en garde à vue. Les deux juges auraient mieux fait de le convoquer normalement. La garde à vue lui a fourni l'occasion idéale de se présenter en martyr : volonté d'humilier, désir de vengeance, les juges ne peuvent pas avoir pris cette décision sans en parler à leur ministre, etc. Il en a abondamment profité. Les juges sont des enfants. Sous prétexte d'indépendance, elles ont fait mine de ne pas se préoccuper de politique. En l'occurrence, celle-ci s'est retournée contre elles.

Le procès de la gauche est venu tout naturellement dans la foulée. Pour Sarkozy, l'auteur du complot présumé n'est autre que le président de la République, avec ses ministres. Tout cela émaillé d'erreurs, involontaires ou pas. Ce sont les enquêteurs du Conseil constitutionnel, affirme-t-il, qui ont mené leurs investigations sur sa campagne. Quels enquêteurs ? On ne lui pose pas la question, bien qu'ils n'existent pas au Conseil constitutionnel. Tous les candidats, poursuit-il, ont eu droit au remboursement de leurs frais de campagne, sauf lui. Bien sûr, puisqu'il avait dépassé les montants autorisés. Même Jacques Cheminade, dit-il encore, a été remboursé. Sauf que n'ayant pas obtenu les 5 % nécessaires, ce dernier ne l'a pas été. Autre approximation : il a été placé en garde à vue alors que Jérôme Cahuzac ne l'a jamais été. Sarkozy a raison, à ceci près que Cahuzac s'est rendu de lui-même devant les juges.

Avec hargne, il accuse son successeur, Christiane Taubira et Manuel Valls de mensonges sur ses écoutes téléphoniques. Il dépeint longuement l'acharnement judiciaire contre lui – il faut dire qu'il y en a, des affaires autour de lui –, en reprochant à Hollande de vouloir éliminer de cette manière un concurrent politique dangereux pour lui dans les années qui viennent. Eh bien, il ne renoncera pas car il pense d'abord au bonheur de la France et des Français tellement malmenés par le pouvoir socialiste. Il leur fera don de sa personne, c'est certain.

Il se transforme en procureur, instruisant en quelque sorte le procès du procès qui lui est fait. Procès politique, selon lui, auquel il répond, avec une rage maîtrisée, par un autre procès politique, celui du chef de l'État.

Je ne l'ai vraiment pas trouvé convaincant. Peut-être a-t-il néanmoins convaincu les téléspectateurs ? Les chiffres des premiers sondages tombent dans la demi-heure qui suit : il n'a pas convaincu les Français. En revanche, ses partisans l'ont été. Classique !

Sans doute lui-même ne se faisait pas d'illusions. Il voulait surtout s'adresser aux militants de l'UMP, plus sensibles à ses arguments, quels qu'ils soient. Sa rage s'explique par le fait que sa garde à vue survient au moment précis où il se lance dans son opération reconquête. Au moment où il ne cache plus guère son intention de reprendre en mains l'UMP et d'en chasser ceux dont il pense depuis deux ans qu'ils sont de bien pâles doublures. Le voilà à deux pas du retour programmé, après tant de cartes postales envoyées à ses partisans. Et fauché dans son élan par les « deux dames ». De quoi, en effet, se plaindre très haut et très fort, ne serait-ce que pour empêcher que s'installent doute et confusion chez des militants qui attendent son retour comme celui de Monte-Cristo. Il craint de laisser ses troupes lui échapper au moment où il affiche son ambition de prendre la présidence de l'UMP, alors que d'autres, dans la hiérarchie du mouvement, appellent le mouvement à « tourner la page Sarkozy ».

Lui se préoccupe avant tout de galvaniser ses partisans. C'est donc à eux qu'il s'est adressé en sachant qu'il n'aurait pas beaucoup à se forcer pour les rallier à sa thèse d'un complot généralisé contre lui.

La contre-offensive de Nicolas Sarkozy ne se fait pas seulement contre Hollande et les juges. Mais aussi contre ses « amis » politiques : contre Alain Juppé, qui brille dans les sondages, contre François Fillon, contre les quadras, Bruno Le Maire, Xavier Bertrand, d'autres encore. Il est significatif que personne ou presque, parmi ses anciens amis ou affidés, n'est venu défendre, la main sur le cœur, l'honneur bafoué de l'ancien président. Alain Juppé s'est borné à dénoncer la « mise en scène théâtrale » de la mise en examen nocturne de Nicolas Sarkozy, et Jean-Pierre Raffarin, les excès de la « justice-spectacle ».

Pour la plupart d'entre eux, leur soutien s'est limité à ces observations sans risque. Alain Juppé a tout de même pris soin d'ajouter, avec un air d'entre-deux, que « vilipender l'institution judiciaire » ne lui paraissait pas la bonne méthode.

Le paradoxe de l'UMP est tout entier dans les séquences de ces derniers jours : c'est au moment où il paraît le plus affaibli par les « affaires » que Nicolas Sarkozy laisse entendre qu'il briguera en novembre la tête du parti. En admettant qu'il parvienne à faire place nette autour de lui, et à replonger Alain Juppé, François Fillon et tous les « quadras » dans une obscurité dont, selon lui, ils n'auraient jamais dû sortir, Sarkozy vivra sous la menace permanente d'autres déboires avec l'institution judiciaire. Si les militants le choisissent, le moins qu'on puisse dire est qu'ils n'auront choisi ni la sérénité, ni la sécurité. Nicolas Sarkozy tire à vue et dénonce l'« instrumentalisation politique ». Cette arme lui reviendra-t-elle en boomerang ? En attendant, ce sera la guerre.

5 juillet

Jean-Louis Debré fait une sortie musclée sur Sarkozy et ses attaques contre le Conseil constitutionnel. Et toute la Sarkozie de s'indigner : Debré déteste Sarkozy, voilà pourquoi il lui fait du mal. Personne en revanche n'a dit qu'en incriminant le Conseil, comme il l'a fait il y a trois jours, Sarkozy détestait Debré ! Dans l'univers sarkoziste, il y a les bons et les méchants. Debré est méchant parce qu'il a invalidé, au vu du rapport de la Commission de contrôle des comptes de campagne, les frais de l'ancien Président. Et les gogos tombent dans le piège, oubliant le nombre de lois de finances et d'autres textes venant du gouvernement et de la majorité actuelle qu'il a retoqués.

9 juillet

Jean-Marc Ayrault me reçoit dans son bureau de député, le 6727 au troisième étage du Palais-Bourbon. Dire qu'il est gai serait nettement exagéré : il ne l'était pas rue de Varenne, il l'est encore moins, si c'est possible, aujourd'hui. Il n'est pas « gris » pourtant : sourire charmant, beau visage. Ses yeux, simplement, sont éteints. Je me demande comment il s'est laissé à ce point dépasser par les événements et ses propres ministres. Il a des choses à raconter, sans doute, mais je suis par avance convaincue qu'il ne me dira pas tout. Trop correct pour ça. D'ailleurs je ne compte pas trop le malmener par mes questions. On ne tire pas sur une ambulance, disait méchamment Françoise Giroud à propos d'un autre Premier ministre, Jacques Chaban-Delmas.

En entrant dans son bureau, j'ai presque l'impression d'aller rendre visite, dans une chambre d'hôpital, à un convalescent encore sous perfusion.

Il ne s'attendait pas à devoir affronter à Matignon tant de difficultés. Les choses ont été plus dures qu'il ne le pensait. Il a subi, comme François Hollande, les pesanteurs de la société française, notamment celle des syndicats. Depuis des années, il croyait possible le dialogue social en France. Il en doute aujourd'hui. Il avait ouvert la première conférence sociale. Valls a ouvert la troisième. Mais les choses sont encore plus difficiles aujourd'hui. Gattaz pousse le bouchon trop loin et les syndicats se sont divisés. « La marge des réformistes, me dit-il, s'est réduite. »

10 juillet

L'entrevue Juppé-Sarko, dont j'ai cru un moment qu'elle devait aboutir à une sorte de deal entre eux – « Toi tu es président du mouvement, moi je suis candidat » –, a été au contraire très brutale. Juppé est venu parler du remboursement par l'UMP des 350 000 euros correspondant au dépassement du financement de la campagne de Sarkozy en 2012. Le procureur de Paris vient en effet d'ouvrir une enquête sur ce sujet : Sarko aurait dû payer la note personnellement, et pas son parti. Sarkozy a répondu violemment que le RPR avait payé les amendes de Jacques Chirac dans le temps. L'entrevue a été saignante.

Aujourd'hui, politiquement, on voit bien au sein de l'UMP se dégager les deux lignes : une ligne Juppé-Bayrou, qui se dessine depuis l'élection de Pau, et une ligne Sarkozy qui, me dit-on, s'appuierait sur Borloo. La recherche du centre, des deux côtés. Évidemment, dans ce schéma, François Fillon disparaît.

Valls au micro de Jean-Jacques Bourdin, sur RMC. Bourdin est littéralement en train d'exploser. Il est devenu une sorte de procureur de la classe politique : index accusateur, mimiques d'incompréhension, d'étonnement, de mépris parfois même. Bref, il donne, et se donne, l'impression d'incarner à lui tout seul le peuple français. Cela étant, ses questions, en forme d'inquisition, sont choisies et le rythme de son émission du matin est significatif de l'état actuel des mœurs politiques : comme dans *Knock*, tout homme (ou femme) politique est un coupable qui s'ignore. D'où le traitement comminatoire que Bourdin impose à ses invités. La jeunesse de Manuel Valls, face à lui qui, comme nous tous, vieillit, est un atout de poids. Son visage toujours tendu, comme s'il allait bondir sur son vis-à-vis. On le compare souvent à Rocard, bien qu'il soit différent. Rocard avançait ses arguments avec une grande conscience de leur valeur, mais si on ne le comprenait pas, tant pis, c'est qu'on était un imbécile. Ce n'est pas du tout la méthode de Manuel Valls, qui trouve des mots, des phrases comprises de tous, et ne s'abrite jamais derrière son savoir. D'ailleurs, on dit qu'il n'en a pas ! Il n'aurait que de l'énergie.

Bourdin revient sur la phrase altière employée par lui la veille ou l'avant-veille : « Je ne serai pas le chef d'un gouvernement qui n'avance pas », et lui demande de la préciser. Il répond : « J'ai voulu avertir tout le monde. Il faut avancer, aller plus vite, faire les réformes nécessaires. » Il y va carrément : il veut la baisse du coût du travail, la hausse de la compétitivité, et même, chiffon rouge pour les syndicats, la simplification du code du travail : « Je suis un pragmatique, lance-t-il, ce qui m'intéresse, c'est ce qui marche. »

Tony Blair avait dit exactement la même chose lorsqu'il avait été reçu devant le Parlement français. Quand ? En avril 1998.

Si je m'intéresse tant aux interventions de Manuel Valls, c'est parce que je ressens à quel point il tient un langage nouveau. Peut-être personne n'en tiendra compte, la droite étant la droite, et une partie de la gauche hostile à tout *aggiornamento*. En tout cas, il me semble en phase avec le temps que nous vivons : pas d'idéologie, priorité à ce qui marche, ce qui marche seulement, le reste ne compte pas. En effet, c'est nouveau à gauche – même par rapport à Rocard, même par rapport à Mitterrand.

Le 8, il a fait un triomphe à l'Assemblée nationale : le deuxième texte de loi de finances rectificative, clef du pacte de responsabilité, sur la Sécurité sociale a été adoptée par une large majorité. J'ai sous les yeux le détail du vote, que m'a communiqué Jean-Marc Ayrault : deux cent soixante-douze voix pour, alors que deux cent trente-quatre étaient nécessaires. Le nombre de députés « frondeurs » a diminué. Non seulement Valls n'a pas eu besoin de faire procéder à un vote bloqué, mais il a réussi à ramener dans le giron gouvernemental une dizaine de députés plus à gauche. Tout cela sans leur avoir rien cédé, en répétant au contraire, d'antenne en antenne, sa volonté de combattre leur « idéologie ».

Victoire de Valls, donc. Plus que de Hollande, qui a ouvert, mais avec moins de succès, la conférence sociale. Pour le moment, les deux hommes s'appuient l'un sur l'autre, sans que cela présage de la suite de leurs relations. En tout cas, pour le moment, Valls sert le président et se sert lui-même.

14 juillet

Hollande parle avec la volonté manifeste, et, dans son cas, presque contre-nature, de marquer un nouveau style, plus présidentiel, moins « copain », moins normal en un mot.

Son premier souci, faire montre d'autorité, celle qu'on l'accuse de ne pas avoir. Il dit « je », il dit « non », deux fois, fermement. Et fixe, mais sans éclat, le cap. En revanche, il me semble avoir en tête, tout au long de son intervention, ce qu'il m'a confié l'autre jour : « Qu'est-ce que je laisserai au bout de cinq ans ? »

Son problème, et je n'en vois pas la solution, est qu'il est sympathique, qu'il parle bien mais qu'on ne l'entend pas. Pourquoi ? Qu'est-ce qui lui manque ? La confiance en lui, la confiance en les autres ?

19 juillet

Martine Aubry se réveille. Et d'un coup, parce que les députés ont voté, avec raison il me semble, le rattachement à la région Nord - Pas-de-Calais de la Picardie voisine, elle prend feu, tire à boulets rouges sur un pouvoir auquel elle reproche surtout de s'être passé d'elle. Elle aurait pu, depuis longtemps, faire savoir son mécontentement. Elle ne l'a fait jusqu'à présent que par personnes interposées, puisque l'on sait que les principaux « frondeurs » sont proches d'elle. Le fait qu'elle ait attendu la réforme territoriale, nécessaire elle en convient, pour se démarquer aussi violemment, suffit à révéler sa rancœur.

Agressive, elle distribue jugements sévères et mauvais points envers Hollande. Je ne pense pas que cela lui serve. Elle aurait mieux fait, à tout prendre, de combattre l'austérité, les impôts, l'absence de politique de relance. La vérité est qu'elle est coincée par l'Europe. Pas facile pour la fille de Delors de critiquer Angela Merkel, sa volonté d'imposer aux autres pays sa rigueur et le culte des 3 %. C'est à la chancelière allemande qu'elle voudrait ressembler, mais en prenant une autre voie économique. Son visage, où les deux yeux gris sont presque réduits à une fente, son assurance, qui ne repose que sur elle, tout cela me gêne. Elle ferait mieux de préciser ce qu'elle ferait à la place de Hollande, dans l'intérêt du pays. Mais se battre contre l'annexion de la Picardie, non.

10 août

Dix jours de vacances dans une Italie où le chef du gouvernement Matteo Renzi sourit sur tous les murs, et Berlusconi paraît indestructible, blanchi de tous ses forfaits ! Mais une Italie qui s'en sort, malgré tout. Rentrée en France, où je ne parviens à joindre âme qui vive au téléphone, pour apprendre que les faillites sont en hausse de plus de 10 % par rapport à 2013, qu'elles concernent essentiellement la construction et les matériels automobiles. Lourdeur de l'atmosphère. Indignés par la réforme territoriale, les radicaux menacent de quitter le gouvernement : après le départ des écologistes, la majorité n'en finit pas de rétrécir. Le Conseil constitutionnel retoque la partie la plus importante du pacte de responsabilité, concernant les baisses de charges des salariés les plus modestes. Pour la plus grande joie des députés les plus à gauche, qui triomphent. Ils n'ont aucun mot contre Jean-Louis Debré et accablent en revanche Valls et le gouvernement. Et à travers eux, c'est le chef de l'État qui est visé.

22 août

Déjeuner avec Tony Dreyfus. Il a rencontré Valls et ne me raconte pas tout sur leur entrevue. Il « ira jusqu'au bout », me dit-il seulement. Ce qui veut dire qu'il ira jusqu'au bout de sa politique de réforme, même si, à un moment ou un autre, Hollande n'est plus d'accord avec elle. Il rompra dans ce cas. « La différence avec le Chirac de 1976, reconnaît Tony, c'est qu'il avait le parti avec lui, tout entier, tandis que Valls n'a pas la maîtrise du sien, au sein duquel il est sans doute minoritaire. Et il trouvera sur sa route, dressés contre lui, Montebourg et d'autres. »

24 août

Mes quelques lignes écrites avant-hier soir étaient presque prémonitoires. C'est fait : Montebourg prend le large. Je viens de le regarder faire son discours à Frangy-en-Bresse, après avoir lu, hier, sa tribune dans *Le Monde*. Discours offensif, avec son beau visage et sa belle éloquence. L'essentiel tient en quelques phrases : les promesses d'amélioration économique n'ont pas marché. L'honnêteté est de le dire. De dire aussi que l'échec est partout dans la zone euro, donc en France. Il demande en conséquence publiquement une révision de la politique suivie.

Il ne cite pas une seule fois François Hollande dans son discours. Difficile pourtant de ne pas comprendre que Montebourg délivre son message, quatre jours seulement après que Hollande a réitéré, toujours dans *Le Monde*, qu'il ne changerait pas de cap. Hollande a certes évoqué les politiques d'austérité puisqu'il s'est publiquement demandé si elles ne mettaient pas en péril l'emploi et la reprise. Il n'est pas allé plus loin et son ouverture aux tenants d'une autre politique n'a eu, semble-t-il, aucun effet sur Montebourg, pas plus que sur Hamon, qui lui a emboîté le pas.

J'entends des journalistes dire que Montebourg n'a pas franchi, ce faisant, la ligne jaune vis-à-vis de Hollande. Mais ce qu'il a dit, en désavouant l'action du gouvernement, constitue une transgression évidente.

Ce qui est bien l'avis de Manuel Valls, si l'on en croit ce premier commentaire émanant de l'entourage de Valls : « Un ministre de l'Économie ne peut pas s'exprimer ainsi sur la ligne économique du gouvernement auquel il appartient... »

J'ajoute, pour faire bon poids, qu'Aurélie Filippetti vient d'envoyer un petit message à Montebourg et Hamon, présent, lui aussi, à Frangy, pour les encourager dans leur rébellion. Impossible pour Hollande et Valls à mon sens d'en rester là.

27 août

Reçu Jean-Luc Mélenchon hier au *Club de la presse* après le limogeage de Montebourg et Hamon. Cordial, sympathique avant l'interview, me parlant de son livre, qui va paraître en novembre, de son coup de blues, après tous ses échecs. Sympathique, amaigri (« Si je reprends quelques kilos, dit-il, ce devient un trop grand effort que de parler à la tribune »). Et puis à l'antenne, odieux, insupportable de grandiloquence creuse. Il appelle au « référendum révocatoire » dont il fait le pilier de sa VIe République. Il explose littéralement contre moi quand je lui dis qu'en appeler au peuple, comme il le fait, ce sont des mots, des postures, rien de plus. J'ai tellement l'air de me demander s'il croit à ce qu'il dit, qu'il le sent sans doute et ne supporte plus mes interventions. Au point que je suis obligée de lui dire : « Ne soyez pas agressif avec moi, je ne le suis pas avec vous ! »

Sentiment attristant d'un gâchis, d'une impasse personnelle.

Le mal que cet homme aura fait à la gauche est considérable. Il pouvait tenir sa position sans démolir le gouvernement dans son ensemble. La part du ressentiment personnel contre Hollande dans tout ça !

3 septembre

Hier, déjeuner avec Boishue. À la table à côté, Benoît Hamon et François Lamy : la collusion entre les « frondeurs » et les amis d'Aubry ? Rien d'étonnant : pour les opposants de gauche à Hollande, c'est elle désormais qui détient la vérité. Quelle vérité ? Elle ne dit rien, se contente de manipuler les députés hostiles à Valls, de conforter Cécile Duflot, de rappeler qu'elle connaît, elle, les entreprises, contrairement à Valls et à Hollande, et qu'elle savait comment faire. Son chemin vers le pouvoir semble pourtant bien compromis. Si elle se présentait à la primaire, en 2016, en admettant qu'elle gagne, elle risquerait bien d'être balayée à l'élection présidentielle, comme Hollande, comme n'importe quel socialiste aujourd'hui au demeurant. Je ne vois pas pourquoi les électeurs français, en dehors des militants, feraient la différence entre elle et les autres.

Une des amies de François Fillon a demandé l'autre jour à Jean de Boishue de lui parler de celui-ci. Comment le définirait-il en quelques mots ? Le piège était évident, et il aurait mieux fait de ne pas plaisanter. Il s'y risque néanmoins : « C'est un notable rural ! »

Le lendemain, assez pincé, Fillon l'interroge pour savoir quelle énormité il avait pu sortir devant son amie. « Je lui ai dit, répond Boishue, que vous étiez un hobereau provincial. » La formule n'a pas davantage plu à l'intéressé.

3 septembre

Sortie du livre de Valérie Trierweiler. Un règlement de comptes sanglant, qui décrit Hollande dans son intimité, un homme à la fois méprisant et moqueur pour les autres, indécis, incapable de rompre, perdant son temps vis-à-vis de sa compagne à tenter de lui retirer des somnifères qu'elle s'apprête à avaler après leur rupture, Hollande qui ne lui a rien dit, pendant des mois, alors que, on le sait maintenant (d'après Serge Raffy), il envisageait de la quitter dès l'été 2012. Un homme lâche, menteur... Vengeance, quand tu nous tiens.

Réflexion de Gérard Carreyrou : « Il est mort ! Avec les "sans-dents", il est mort, il sera obligé de quitter le pouvoir bientôt, ses amis eux-mêmes lui demanderont de partir. »

Les « sans-dents », de quoi s'agit-il ? Je n'ai pas lu le livre intégralement, ce que j'en ai lu me suffit, merci. Je ne connais pas l'expression. Ce serait, paraît-il, la façon dont Hollande désigne les pauvres, qui n'ont pas les moyens de soigner leurs dents. L'expression est épouvantable en effet, mais elle a été tenue dans l'intimité d'un couple, en manière de bonne (ou mauvaise) plaisanterie. De là à faire la une des journaux !

Hollande, contraint au départ ? Non, sans doute ; la Ve République et ses institutions veillent.

Petitesse, misérable débat, pour celui qui avait assuré qu'avec lui les affaires privées n'envahiraient plus la sphère politique. La social-démocratie à la française se joue en ce moment, et Hollande continue à envoyer des SMS à son ex-compagne ! Ses seconds, Valls, Rebsamen, Sapin, Macron, prennent des risques considérables, et lui se débat dans ses tourments intérieurs.

5 septembre

Le livre de Trierweiler s'arrache et, du coup, les propos rapportés paraissent gravés dans le marbre. Je m'avoue dépassée, hébétée par le spectacle auquel on vient d'assister d'un président français en marge d'un sommet de l'OTAN sur l'Ukraine, s'adressant, le visage, la voix presque méconnaissables, à la presse internationale pour dire que, toute sa vie, il a aimé les pauvres !

7 septembre

Rencontré Martine Aubry, à Lille, hier. Au milieu de la traditionnelle braderie, accompagnée de son ami François Lamy et de son mari, elle rayonnait : elle est la seule socialiste connue à faire un tabac au milieu de trois millions de personnes. Elle nous a immédiatement parlé de l'encadrement du logement : « Lille est la seconde ville la plus chère de France. Si je veux la mixité, il faut que je puisse contrôler le prix des loyers. Sinon, resteront à Lille les seuls riches, tandis que les plus pauvres seront obligés de partir je ne sais où ! »

Elle a deux mots méprisants pour le livre de Trierweiler, assassine Thévenoud[1], qui vient de quitter le gouvernement pour des

1. Thomas Thévenoud a été nommé secrétaire d'État chargé du Commerce extérieur dans le second gouvernement Valls, constitué après le départ de Montebourg et de Hamon. Quelques heures après sa nomination, la Haute Autorité chargée de vérifier les patrimoines des ministres signale qu'il n'a pas payé ses impôts depuis

«problèmes fiscaux», d'une phrase : «Un couac hallucinant!», mais refuse de parler de politique. Elle me confie néanmoins qu'elle compte participer aux états généraux du socialisme, en novembre, et notamment y faire des propositions pour un changement de politique économique.

Pendant ce temps-là, Manuel Valls paraît avoir de plus en plus de mal à tenir ses nerfs. Il va trop loin, il surréagit à tout. «L'extrême droite, s'est-il exclamé lors de la fête du parti démocrate italien auquel l'a convié Matteo Renzi, est aux portes du pouvoir.» Il s'en est aussi pris de manière véhémente à Martine Aubry, qui a parlé d'austérité : «Elle sait bien qu'elle a bénéficié de postes supplémentaires dans les écoles lilloises !»

Il a reçu une poignée de journalistes, il y a quelques jours, à l'hôtel Matignon. Sur le même registre tendu : rien ne va, rien ne marche. Il est évident que le livre de Trierweiler tombe au plus mal pour lui. Pour le président, cela va de soi, mais pour lui aussi. Non seulement parce qu'il est entraîné dans la chute de François Hollande dans les sondages, mais surtout parce qu'il ne peut pas faire de réformes dans ce climat. Fonction présidentielle affaiblie, le mot «dissolution» sur toutes les lèvres, et ces frondeurs qui n'en font plus qu'à leur tête. «Ce que j'attends des socialistes, répète Valls, c'est qu'ils fassent corps, nos divisions nous minent.»

«La gauche n'était pas prête, a-t-il ajouté dans son blues. Nous n'avions pas assez travaillé...»

Quand est-on prêt à l'exercice du pouvoir? Je me souviens de Jacques Chirac, qui, pendant ses huit mois de campagne, ne cessait de me répéter qu'il était «prêt». Il mit deux jours pour réussir à constituer son gouvernement, avant de dissoudre l'Assemblée nationale deux ans plus tard. En réalité, on n'est jamais «prêt» pour le pouvoir. Lorsqu'il arrive, il faut le prendre. Et surtout le garder. La gauche est suicidaire de se diviser ainsi en un moment capital. Je me demande néanmoins comment elle pourrait se regrouper aujourd'hui, autour d'un président aussi fragilisé. Et

trois ans. Il n'a d'ailleurs pas davantage payé son loyer. Sa femme, directeur de cabinet du président du Sénat, est licenciée. Thévenoud doit quitter le gouvernement quelques heures après avoir été nommé. Les réactions sont scandalisées, d'autant que les Français sont précisément en train de régler leur troisième tiers.

comment elle pourrait gouverner, en s'appuyant sur la moitié, ou les deux tiers, disons, des socialistes. Quant à l'ouverture au centre, elle est devenue tout à fait impossible désormais. Qui accepterait de rejoindre le gouvernement de la gauche aujourd'hui ?

Bref, l'impasse est totale.

10 septembre

Terrible, terrible, cette glissade. François Bazin qui a accompagné Manuel Valls en Italie, à Bologne, l'a trouvé déterminé, mais fataliste. Du genre : j'irai jusqu'au bout, même si cela doit durer six mois. J'avais déjà, en juillet dernier, jugé Hollande presque désabusé, commentateur d'une sortie de crise qui ne finissait pas. Valls, c'est autre chose, c'est encore, pour le moment au moins, une boule d'énergie, voulant faire passer les réformes qu'il croit nécessaires, celles du code du travail, des seuils sociaux, pour libérer les entreprises et leur permettre d'embaucher et d'augmenter leur compétitivité. Ce qui est fou, c'est que la compétitivité des entreprises françaises est en bonne voie, mais que personne ne l'entend ainsi.

Fabius est, avec Le Drian, le seul ministre socialiste à sortir son épingle du jeu. Au point qu'on ne pense même pas à lui reprocher d'avoir proposé l'entrée de Thomas Thévenoud au gouvernement. Ne pouvait-il, lui Fabius, dont Thévenoud était un des lieutenants, le savoir avant, et ne pas faire commettre à Valls cette terrible erreur ?

En effet, comment les Français, secoués entre le rejet de la gauche et le Front national, pourraient-ils comprendre, alors même qu'ils paient leurs impôts augmentés par le pouvoir socialiste, qu'un député ne l'ait pas fait pendant si longtemps ? Dans toutes les conversations de bistrot, j'entends les gens dire les mêmes choses : « Lorsqu'on a le moindre retard d'impôt, on se fait rappeler à l'ordre dans les quinze jours. Et un parlementaire, il peut ne rien payer, et même être ministre ? »

Dévastateur. Après l'épisode Trierweiler, l'affaire Thévenoud est accablante pour le monde politique.

Anna Cabana, qui, dans *Le Point*, fait un portrait d'Aquilino Morelle, vomissant sur Hollande, prétendant qu'il a fait l'objet d'une «épuration ethnique» – entendre qu'il a été liquidé parce qu'il était sur la ligne d'Arnaud Montebourg. Lorsque je lis ce papier, je trouve son attitude méprisable, plus encore que celle de Trierweiler. Eh bien, cette interview, il ne l'a pas donnée. Il parlait, imprudemment, certes avec elle, mais persuadé de le faire, si j'ose dire, en toute impunité.

Serge Raffy, de même, n'a pas dit à Hollande, qui se confiait à lui, que ses propos se retrouveraient dans *Le Nouvel Observateur*. Hollande est ainsi trahi de tous côtés. Dire qu'il vit un cauchemar est en dessous de la réalité.

22 septembre

Je reviens sur l'engagement de responsabilité de Manuel Valls le 16 devant l'Assemblée nationale sur sa politique générale. Il n'était pas obligé de le faire mais ce choix est bien dans sa nature, autant qu'il la révèle depuis qu'il est à Matignon. À vrai dire, il ne s'adressait pas, ce faisant, à l'opposition. Il sait bien que, dans l'état où est celle-ci, divisée, guettant le retour de Nicolas Sarkozy comme celui du Messie ou de l'ennemi intime, il n'est pas question d'espérer d'elle le moindre encouragement. C'est à la gauche de la gauche qu'il s'adressait, et au-delà, aux électeurs déçus de François Hollande, à ceux qui attendaient de lui qu'il renverse d'un coup de baguette magique la courbe du chômage, remette en marche Hayange et Gondrange, augmente les salaires et efface simultanément la dette et les déficits.

Manuel Valls a fait du mieux possible, dans la recherche d'un équilibre presque impossible entre les deux ailes, une plus faible que l'autre, de sa majorité. Dans cette majorité, il est à peu près le seul debout. Pugnacité, éloquence rare sous ce quinquennat, énergie, il a été tel qu'on le connaît depuis la primaire socialiste de 2011. Il a révélé en outre, je pense, un autre aspect de son tempérament politique : combattant ses adversaires jusqu'au dernier moment, persuadé que rien n'est jamais perdu jusqu'à la fin. Dans les jours précédant le vote, et encore les jours derniers, il est venu plusieurs fois au groupe parlementaire s'adresser aux députés socialistes frondeurs. D'où le numéro d'équilibre auquel il s'est livré à la tribune, beaucoup moins libre, beaucoup plus calculé que le 8 avril lors de son discours de politique générale. Accordant d'une main un quelque chose à la gauche de la gauche, maintenant ses réformes de l'autre[1].

D'un côté, Manuel Valls veut incarner la gauche qui réussit, et ne s'enferme pas dans une secte idéologique ; de l'autre, il indique à la gauche de la gauche qu'il entend relancer la machine sans casser le modèle social français.

Il a obtenu la confiance[2], donc un répit. Mais il n'a pas désarmé les frondeurs, dont le nombre, en dépit de tous les efforts déployés par les proches du Premier ministre, a significativement augmenté. Un répit, donc, pas plus.

Je ne comprends pas leur combat. Ils auraient pu sans difficulté, du moins pour une partie d'entre eux, baisser leurs armes devant les arguments de Manuel Valls. Ils ne l'ont pas fait. Au contraire. La séance à l'Assemblée nationale n'était pas finie que l'on entendait déjà les députés réfractaires se réjouir publiquement d'avoir manifesté leurs doutes sur la politique définie par le Premier ministre. La plupart d'entre eux seraient bien incapables de dire pourquoi ils ont refusé mardi à Valls une confiance qu'ils lui

1. D'un côté en direction des Laurent Baumel, et autres frondeurs, il a parlé de la revalorisation des petites retraites, de la durée du temps de travail, de la baisse de la pression fiscale pour 4 millions de personnes en 2014, et surtout du maintien, juré craché, des 35 heures. À leur intention également, il a évoqué les fameux 4,4 % du déficit français, et fixé un rythme de réduction particulièrement faible de 0,1 % en 2015. Comme s'il leur disait : « Avouez que je ne peux pas aller plus lentement » ! Autre versant du discours : tenir sur le plan d'économies de 50 milliards sur trois ans, réformes significatives, pacte de responsabilité, donc allègement des charges des entreprises, travail le dimanche et réforme régionale.

2. Avec une majorité de 269 voix, alors qu'il en avait obtenu 306 le 8 avril à l'occasion de son discours de politique générale. Entre le premier vote d'avril et celui du 16 septembre, il a perdu 37 voix sur la gauche, 31 socialistes et 6 Verts. 11 socialistes seulement n'avaient pas voté la confiance le 8 avril.

avaient accordée en avril. Il faut bien en conclure qu'ils ne se contentent pas de demander un « infléchissement » de la politique économique, puisqu'ils l'ont d'une certaine façon obtenu. En réalité, on voit mal quels sont leurs buts de guerre. Le départ de Valls, considéré comme trop droitier ? Son remplacement ? Par qui ? Sont-ils prêts à exercer le pouvoir ? Belle réussite que de regarder passer les trains des autres, après avoir fait dérailler le sien !

En fin d'après-midi, je cours à l'Élysée où Claude Durand, qui a publié la plupart de ses livres chez Fayard, doit être décoré par François Hollande. Je suis contente que Claude ait pensé à m'inviter parmi les auteurs sur lesquels il garde un œil vigilant. Lorsque Hollande apparaît dans la salle des fêtes, il ne connaît pas encore le résultat du vote de confiance. Cet homme est un roc : rien ne traduit l'inquiétude, encore moins l'angoisse. Comme Mitterrand le faisait, il distribue croix et grands-croix en faisant pour tous un petit discours enlevé, pas d'erreurs, pas d'hésitations, il est excellent dans la forme. Lorsqu'il a fini, il traverse la foule. Évidemment, il sait bien qu'il n'y compte pas d'ennemis, il n'empêche qu'il continue manifestement à chercher le contact, alors que, si j'étais à sa place, Dieu m'en garde, je m'enfuirais plutôt par la fenêtre. Il serre des mains, sourit, lance quelques plaisanteries, salue les anciens collaborateurs de François Mitterrand qui sont dans la salle (Édith Cresson faisait partie des décorés), puis me voit.

« Ah, dit-il avec une emphase amusée, même Michèle Cotta est là ! »

Puis il m'entraîne à quelques mètres de la foule : « Je lis tout ce que vous écrivez, vous savez ! »

Je me sens un peu gênée parce que je viens d'écrire dans le Point.fr un papier sur le livre de Trierweiler, et l'incapacité dans laquelle il a été, par naïveté ou impuissance, d'empêcher sa publication. Il pressent ma réaction, y coupe court par un : « Ce n'est pas si mal... » Tout est relatif...

Je lui dis, mais peut-être le sait-il déjà, que la confiance a été votée par deux cent soixante-neuf voix seulement. « Ah, me dit-il avec un geste de regret, ça pouvait être deux cent soixante-douze ! » Pas de colère, l'impression qu'il s'agit pour lui d'une anecdote. Il me dit, dans l'oreille : « On s'en sortira ! » et me quitte aussitôt.

Il est sans affect, c'est la formule consacrée de ses adversaires. C'est faux. Il n'en a que trop, d'affect, et doit donc le contrôler.

23 septembre

Décidément Hollande s'arrange toujours pour faire coïncider, sans le vouloir évidemment, ses conférences de presse et ses affaires privées. Après la révélation, en janvier, de sa liaison avec Julie Gayet, cette fois, c'est le livre de Trierweiler qui, de façon subliminale, domine la conférence. Il faut avoir du cran, dans ces circonstances, pour gagner la tribune dressée dans la salle des fêtes, s'adresser à trois cent cinquante journalistes qui brûlent de poser des questions plus agressives les unes que les autres.

Dans les mêmes circonstances, de Gaulle était un acteur digne de la Comédie-Française, Valéry Giscard d'Estaing un virtuose des chiffres, Mitterrand un bretteur qu'aucun journaliste n'aurait osé défier de trop près, Sarkozy un lutteur de foire. Hollande n'est rien de tout cela. Il reste proche des journalistes, avec son air gentil, un peu dépassé, et fait mine de ne pas s'apercevoir qu'ils n'ont pas peur de lui et ne cessent de l'assaisonner à leur façon. Derrière lui, le gouvernement au grand complet, à l'exception de Bernard Cazeneuve, appelé sur le front des inondations, je ne sais où. Les femmes sont, coïncidence, toutes vêtues de couleurs claires, avec une dominante bleu turquoise pour Ségolène Royal, quelques traits de bleu chez Marisol Touraine, les yeux toujours à fleur de peau. Même bleu pour Christiane Taubira, tandis que Fleur Pellerin a choisi le bleu sombre et le blanc indépendant. Manuel Valls a l'air vaillant, Fabius à ses côtés a le syndrome du ministre des Affaires étrangères qui parcourt la planète : dès qu'il s'arrête de prendre l'avion, il a tendance à piquer du nez, tandis qu'un curieux sourire, un peu figé, ne quitte pas son visage. Tous, alignés, entrés dans la salle des fêtes quelques instants seulement avant Hollande, gardent une expression neutre, un maintien tendu. Je me demande, en les regardant, ce qu'ils pensent les uns et les autres du calvaire qui est le leur. L'attribuent-ils à l'insuccès de Hollande ? Qu'en pensent-ils ? Fabius imagine-t-il ce qu'il aurait fait, lui, s'il avait été élu président ? Sans doute. Il ne m'en a jamais rien dit, jamais rien dit à personne car il sait que la moindre phrase prononcée par lui serait répétée à l'infini. Et Valls ? Comment, avec son tempérament, supporte-t-il l'apparente décontraction de Hollande ?

Ils ne le diront qu'après 2017 et encore, si Hollande n'est plus président.

Assurer qu'il a été joyeux, surtout dans les premières minutes de son exposé liminaire, serait excessif. Il paraît qu'il a été plus que touché, anéanti par le livre de son ancienne compagne, et surtout pas son accusation de ne pas aimer les pauvres. À travers son ton, son regard, sa façon, dès les premières minutes, d'évoquer le « climat de défiance lourd » qui pèse sur la France et sur le monde, il est facile de voir quelle épreuve il est en train de vivre. Pas un sourire sur son visage grave, quelques gouttes de sueur sur son front. Il est loin, le président qui croyait inverser au bout d'une année la courbe du chômage.

Je ne trouve pas d'autre expression, en le regardant, que : « Il bouge encore. » Eh oui, il bouge encore. Assez pour annoncer les débuts d'une intervention aérienne française en Irak, derrière Obama. Son rôle de chef de guerre tombe à pic pour démontrer qu'il n'entend pas se laisser dominer par les événements.

Alors qu'on le croyait à terre, il met fin aux rumeurs de sa démission, de dissolution, d'abandon. Mais enfin, on voit, même sans avoir un œil aiguisé, que sa confiance dans une sortie imminente de la crise est désormais ébréchée, entamée et peut-être démolie. Je retrouve le même sentiment que j'avais éprouvé en le rencontrant cet été, en juillet. Il n'y croit plus. Il n'a pas son pareil pour analyser la situation, mais il ne peut y remédier : trop de blocages, trop d'incompréhension, trop de corporatismes, des syndicats divisés, l'impossibilité d'un système à l'allemande.

Inutile de dire que, lorsqu'il est interrogé sur ses intentions pour 2017, il botte en touche. Il est président, pas candidat, « son sort personnel n'est pas son objectif ». Je me rappelle ce qu'il m'a dit en juillet : « Le problème est de savoir quelle trace on laisse. » Pour le moment, il le sait, il n'en laissera aucune. Ma conviction est qu'il ne sera pas candidat en 2017, sauf si la situation économique s'inverse. Les journalistes devraient éviter de lui poser cette question inutile. En revanche ils ne lui posent pas une question essentielle : il a dit lui-même, au cours de sa conférence que, si Valls n'avait pas obtenu de majorité l'avant-veille, il aurait dissous l'Assemblée nationale. Que fera-t-il alors, si, à l'occasion du vote du budget, Valls est mis en minorité ? Hollande a dit par ailleurs qu'il irait jusqu'au bout de son mandat, mais qu'en sera-t-il si le budget ne passe pas ?

Nicolas Sarkozy a fait sa rentrée dans cette atmosphère politique. À vrai dire, et malgré ses ennuis judiciaires, il n'était jamais parti très loin. Il voulait, je pense, faire durer un peu plus le suspense, mais la fixation du congrès UMP au mois de novembre l'a obligé à se déclarer : il n'a aucune envie de laisser un autre que lui s'installer à la présidence de l'UMP. Il sait qu'un parti fort est une condition pour se faire élire à l'Élysée. C'est pourquoi il avait refusé en 2005, contrairement à ce qu'exigeait Chirac, alors président, d'abandonner la présidence de l'UMP pour garder un ministère. Il ne souhaitait pas nécessairement en passer par la case présidence de l'UMP – comme d'ailleurs le lui déconseillait Bernadette Chirac, dont le sens politique est selon certains, pas moi, à toute épreuve –, mais il ne voulait pas que quelqu'un d'autre l'occupe à sa place. D'où son retour.

Jean de Boishue, que je préviens par téléphone de la déclaration de Sarkozy sur sa page Facebook, éclate de rire : « C'est le capitaine du *Costa Concordia* qui donne une conférence sur le sauvetage en mer[1] ! »

Il faut dire que la communication a été reine dans ce retour de Monte-Cristo avec son côté moderne : une première déclaration sur sa page Facebook, inlassablement tweetée et retweetée vendredi dernier vers 16 heures.

Je le regarde attentivement au JT de 20 heures dimanche face à Laurent Delahousse, sur France 2. Il est très tendu, au début,

1. Allusion au naufrage du bateau de croisière *Costa Concordia*, qui s'est échoué à quelques dizaines de mètres de l'île de Giglio : le capitaine avait abandonné le navire.

presque grimaçant, lorsqu'il s'efforce de dire en quoi il a changé : « L'âge, dit-il, vous apporte moins d'énergie et plus de sagesse. »

On sent qu'il risque gros, qu'il se contient, qu'il fait presque repentance : il a éprouvé la tentation de tout vouloir faire tout seul, il a blessé des gens, mais c'était sans le vouloir. Ce qui le décide, c'est donc le désespoir des Français, leur colère, l'absence de perspectives, l'absence d'espoir. Bref, il n'avait pas le choix. Assez rapidement, le naturel revient. Une agressivité permanente qu'il essaie de contenir, et qui se traduit par quelques mots inutiles envers Delahousse qui pourtant ne fait rien pour lui déplaire. Lorsque, enfin, il parle des fameuses anaphores de François Hollande : « Moi, président... », on sent bien que ce moment de télévision qu'il pensait dominer de sa stature est encore là, dans sa gorge, que la colère le mine encore à l'idée de cette humiliation qui lui a été infligée : « Qu'est-ce qui reste ? interroge-t-il avec une sorte de rage, à peine rentrée. Une longue série de mensonges. »

Les affaires qui le visent ? Il énumère : Karachi, non-lieu, écoutes téléphoniques ? « Jamais un ancien chef d'État n'a été écouté dans ses conversations personnelles. » Bygmalion et le financement de sa campagne ? Il s'indigne à l'idée que ses frais de campagne n'aient pas été remboursés, sans dire que le Conseil constitutionnel l'avait décidé et que les frais avaient dépassé le plafond autorisé...

Non, Nicolas Sarkozy n'a pas changé. Il est resté un exceptionnel professionnel de la politique. La défaite de 2012 ne figurait pas dans son parcours idéal : elle lui est bien vite apparue comme contraire au bon sens, insupportable, une tache sur le tableau. Le temps de jurer qu'il ne ferait plus jamais de politique, de dire à ses amis proches qu'il allait gagner beaucoup d'argent, de voyages en conférences à travers le monde, et le désir de politique est revenu à la vitesse de l'éclair : une semaine seulement après son échec, l'été 2012, il s'était convaincu qu'il avait été battu de justesse, presque par hasard. Que quelques jours de campagne en plus lui auraient permis de gagner. Donc, que tout allait redevenir possible. Ainsi, malgré les « affaires », les juges et autres obstacles rencontrés, les deux ans qui viennent de s'écouler n'ont-ils été pour lui qu'une sorte de délai de viduité. Le délai minimum après un veuvage, en somme.

Évidemment, il a été aidé : l'amateurisme de la gauche dès les premières semaines d'exercice du pouvoir, les hésitations de François Hollande entre promesses de campagne et dures réalités, sa rapide impopularité, l'absence de résultats sur le chômage (qu'il avait connue lui aussi), la division de la gauche entre sociaux-démocrates et «archéos», mais aussi le déplorable spectacle de l'UMP déchirée, l'incapacité des leaders de la droite à s'entendre et à s'imposer, autant de situations, analysées, décodées, disséquées tout ce temps-là par Nicolas Sarkozy, attendant son moment. Il revient donc, surprise ! Huit millions de Français l'ont écouté sur France 2, c'est beaucoup : tous n'ont pas été convaincus, comme l'ont révélé les sondages, mais enfin, on ne peut pas dire que sa rentrée soit passée inaperçue. Pas de programme, pas de bilan de son quinquennat, pas vraiment de perspectives, de recettes, encore moins de remèdes, dans sa longue interview : Nicolas Sarkozy voulait simplement, comme l'art de la communication le recommande, délivrer quelques messages. Sur lui d'abord, qui entend réformer de fond en comble sa «famille politique», rassembler les Français dans un vaste mouvement qui transcende, comme il se doit, les clivages de gauche et de droite. Sur les Français ensuite, dont il a senti depuis deux ans, dit-il, la désespérance. Sur le président de la République ensuite, qu'il a accablé, tout en assurant ne pas vouloir polémiquer avec lui. Tout cela pour démontrer qu'il n'avait pas le choix, que sa rentrée dans l'arène était nécessaire.

«Le match a commencé», commente sobrement Alain Juppé. Cela n'aurait aucune importance pour Nicolas Sarkozy si Juppé, précisément, n'était devenu plus populaire que lui auprès des Français. Et s'il n'avait pas choisi, comme un défi, le moment de l'interview télévisée de Nicolas Sarkozy pour diffuser sur son blog les grandes lignes de son programme. Blog contre Facebook, en somme.

La réalité est qu'aujourd'hui s'ouvre une nouvelle période à l'UMP : pour ne pas avoir réussi à en prendre la présidence, comme François Fillon, ou pour n'avoir pas voulu briguer ce poste, comme Alain Juppé, les deux hommes assistent relativement impuissants au retour de Nicolas Sarkozy.

Je suis allée assister le 17 septembre au matin à l'exposé d'Alain Juppé, invité de Dominique Lecourt au club Diderot. Costume gris, cravate rouge et bleu, souriant mais pas trop, vraiment peu conforme à l'image tendue qui était la sienne lorsqu'il était à Matignon, il commence par manger de bon appétit, alors que tout le monde n'est pas encore assis, un petit pain au chocolat, après avoir bu rapidement un premier café. Il ne croit pas, dit-il d'emblée, à la spirale du déclin. Constance des hommes politiques, visibilité de leur action : « C'est à ces conditions, assure-t-il, que la France est réformable. D'ailleurs, ajoute-t-il, elle l'est. Elle change. Elle ne cesse de changer. Je ne crois pas, en revanche, aux ruptures brutales. »

On comprend dès la première phrase qu'il accentue sa différence avec Nicolas Sarkozy et sa volonté de rupture affichée pendant sa campagne de 2007.

« Pour réformer, il faut que le processus soit bien préparé, il faut un savoir-faire. » Il cite en contre-exemple le projet de loi actuel sur les professions protégées. « Celles-ci n'ont pas été prévenues, la visibilité de la réforme est nulle. »

C'est de l'anti-Sarkozy, dans la forme, calme, assurée, optimiste : « Il n'y a pas, dit-il, de fatalité de la stagnation en Europe. » Et sur le fond : pas de heurts, pas d'affrontements, pas de défi, un programme huilé. Pas une erreur, pas une fausse note. Lui, pour le coup, il a changé !

26 septembre

J'ai voulu suivre Nicolas Sarkozy dans son premier meeting à Lambersart, à un quart d'heure de Lille. Il a pris le train, modestement, pour s'y rendre, avec Brice Hortefeux, son vieux copain, escorté de Wauquiez, raide comme un passe-lacet, tout juste rallié, et de Guillaume Peltier, le plus à droite de ses lieutenants, ou de ceux qui aspirent à le devenir, pas plus décontracté que le précédent. Quatre mille personnes étaient là, deux mille qui avaient pu entrer dans la salle omnisports de Lambersart, deux mille dans l'immense parc tout autour. Des jeunes, c'est cela qui m'a frappée, par différence avec d'autres meetings ou dîners-débats. Sans doute le résultat de la campagne par Facebook et Twitter. Un discours de trois quarts d'heure, assez bien dosé entre polémiques et propositions. Mais même si la foule est incroyablement présente, attentive, comme si ces gens le voyaient pour la première fois, je l'ai trouvé un peu décalé par rapport à leur enthousiasme.

Dans le TGV du retour, nous nous retrouvons à ses côtés, Christine Clerc et moi, parce qu'il nous a fait une place auprès de lui. Il est assis avec Hortefeux, Peltier et Wauquiez et ne paraît pas franchement ravi à l'idée de me voir (d'autant que Hortefeux m'a reproché à l'aller mes derniers propos sur Europe 1 : « Dur, dur », m'a-t-il dit). Néanmoins, il se met à parler. Pour s'en prendre d'abord aux éditorialistes qui n'ont pas même pris la peine de se déplacer et se déchaîner avec une virulence inouïe contre Christophe Barbier et FOG, ce dernier assaisonné de belle façon. Du coup ma présence lui semble plus supportable. Et il raconte son chemin depuis le 1er septembre, la manière dont il a déclenché le grand combat du retour sur France 2. Il devient presque sympathique, plus vivant, plus gentil aussi, mettant sa main sur la mienne pour m'empêcher de valser à l'autre bout de la voiture, après un cahot. Même chose pour Christine, dont il bloque la glissade.

Autour de lui, les lieutenants sont les premiers étonnés de la sollicitude qu'il nous manifeste. Ils ne savent pas que les hommes politiques, grands séducteurs, s'adressent volontiers à ceux dont ils doutent, ou qui doutent d'eux. Un public de partisans, cela ne fait pas une voix de plus, comme me le disait Mitterrand. Un seul rallié change la donne.

Pendant tout le temps où je suis ainsi, à côté de lui, je m'interroge : qu'est-ce qui a changé dans son visage ? Le regard n'est plus le même. Il me semble à la fois plus profond et plus clair, à la fois triste, oui triste, et décidé. Ce qui domine, c'est le sentiment de revanche, de rancœur dans son comportement. Je sais que ce désir n'est jamais absent des retours, ou des volontés de retour en politique. Mitterrand n'en manquait pas, pas plus que de colère ni d'indignation.

Le problème est de savoir si cette haine le transformera ou si elle achèvera de le tuer.

2 octobre

Déjeuner hier avec Yves Jégo, un des candidats à la primaire centriste. Il y aura précisément 27296 votants, ayant payé chacun 20 euros. Premier tour le 14 octobre par correspondance surveillé par des huissiers. Même processus pour le deuxième tour, le 13 novembre. Il est loin le temps où les centristes se fichaient ouvertement des primaires organisées par le PS : elles étaient contre-performantes, de nature à créer des divisions plus qu'à les aplanir.

Nous parlons de Borloo qui aimerait bien revenir dans le jeu politique, si sa santé le lui permet. Il assure qu'il l'aime bien, que « Jégo, Jouanno, Borloo », tous les O ne font qu'un, qu'ils se rangeraient derrière lui s'il revenait vraiment...

Combien de divisions UDI ? Quarante-trois sénateurs et trente députés, les maires de cent quarante villes de plus de neuf mille habitants.

Jégo s'est souvent prononcé pour un parti unique réunissant le centre et l'UMP, quand Sarkozy a décidé de ce que devait être l'organisation de la majorité, du temps où il s'apprêtait à prendre le pouvoir. Aujourd'hui, le voilà favorable à l'indépendance du centre. Pourquoi ? Parce que, dit-il, « j'ai bien vu comment le parti unique nous avait rétrécis. Nous avons tout perdu, les régions, les grandes villes. Si c'est cela, revenir dans le parti unique, non ».

Bref, la droite ne veut plus être unijambiste : des accords, oui ; l'unité, non. Comment a-t-il jugé la rentrée de Nicolas Sarkozy ? Il est net : « Ratée ! » À ses yeux l'émission a été trop longue, et puis « il n'a parlé que de lui, pas de la France. Il n'a pas de projet pour la France. Il est comme un médecin qui dirait aux malades : avec moi, ça va aller, mais qui ne donne pas de médicament... On attendait de lui, poursuit-il, qu'il nous dise ce qu'il n'avait pas fait pendant le premier quinquennat, et ce qu'il ferait au cours du second ».

Et puis, il y a les ennuis judiciaires, dont Jégo préfère ne pas parler, mais qu'il évoque, sans y toucher. Entre Fillon et Juppé, son cœur ne balance pas : Fillon a voté contre le traité de Maastricht, Juppé est plus « centro-compatible ».

Ce soir, Juppé sur France 2. J'y reviendrai.

3 octobre

Un sans-faute, véritablement. Juppé est direct, ironique, presque rigolo, habile aussi avec ses interlocuteurs, qu'il s'agisse de Le Guen, assez rustaud face à lui, de Marion Maréchal-Le Pen, à laquelle il se garde bien de rappeler son jeune âge et son peu d'expérience, ou d'une jeune militante gauchiste qui se contente de dire tout le mal qu'elle pense de lui.

Ce n'est vraiment pas sur le programme qu'il s'éloigne de Sarkozy, encore qu'il me paraisse beaucoup moins provocant de parler d'économie à relancer et des moyens d'y parvenir que de balancer, comme Sarkozy, des propositions comme le contrat de cinq années pour les fonctionnaires. C'est sur le comportement, la façon d'apparaître, moins tendue, le propos plus rond, quoique décidé. Je ne sais pas si cela fera changer d'avis ceux qui le dépeignent comme velléitaire et indécis. En tout cas, cette émission doit lui avoir donné le goût d'aller jusqu'au bout. Il est un des seuls invités de l'émission de Pujadas, depuis qu'elle a commencé, à s'être attiré les bonnes grâces de Franz-Olivier Giesbert, au point que, sous l'avalanche des compliments, après avoir eu connaissance d'un sondage révélant que deux tiers des Français ont été convaincus par sa prestation, sa voix est assourdie. Ses yeux, presque embués, semblaient remercier le public.

Bref, l'anti-Sarko.

5 octobre

Celui-ci, il est vrai, a fort à faire. Chaque jour apporte sa pierre à la déconstruction du personnage : les juges ne l'épargnent pas et, comme s'ils avaient peur d'une possible immunité judicaire, dans le cas où il serait réélu, ils mettent les bouchées doubles.

De toutes les affaires sorties, dont la dernière, une rétrocommission sur la vente d'hélicoptères je ne sais où, le dossier Bygmalion est le plus dangereux pour lui. Comment faire croire qu'il ne savait ni de près ni de loin ce qui se passait pendant sa campagne électorale, alors qu'il ne pouvait ignorer, ne serait-ce qu'en y assistant, le coût approximatif de chaque soirée ? Je ne dis pas qu'il ait pu savoir dans le détail les dépassements financiers. Mais enfin, j'ai assez observé Mitterrand attentif sur ce point pour savoir qu'il suffit de dire à ses troupes d'être vigilantes sur le sujet pour qu'elles le soient. Rousselet, j'en suis sûre, l'était pour lui. Il y a donc des manières de laisser faire qui sont significatives. Sarkozy était en panne dans les sondages, il n'allait pas en plus compter l'argent qu'il dépensait aux quatre coins de la France.

Il a commis une erreur en affirmant qu'il ne connaissait pas l'existence de la société Bygmalion, ce qui paraît d'autant plus improbable qu'immédiatement François Fillon a dit, lui, qu'il la connaissait depuis longtemps, qu'il était même impossible de ne pas la connaître, étant donné le monceau de prestations offertes, ou plus exactement facturées par ladite société. Qu'Alain Juppé n'ait rien su de son existence, comme il l'a affirmé cette semaine, est tout à fait possible : il était ministre des Affaires étrangères de Sarkozy, ne participait pas à la campagne présidentielle, n'avait pas mis les pieds à l'UMP depuis des mois. Mais Sarkozy... Encore une fois, je ne pense pas qu'il ait agi sciemment, mais qu'il s'est cru comme beaucoup au-dessus des lois. Une erreur qui peut lui être fatale. Jean-Claude Barreau raconte à Philippe Barret cette étrange réunion de tous les anciens conseillers de François Mitterrand autour de Hollande, à l'Élysée, il y a quelques semaines. Tous étaient venus, somme toute assez heureux d'entendre évoquer leurs mérites. Ils étaient donc autour de François Hollande, attendant, les uns et les autres, un débat politique, entre aficionados, en quelque sorte. À leur grande surprise, il n'en a rien été : la conversation est restée au niveau des pâquerettes, style « Comment vas-tu ? yau de poêle », égayée par quelques « petites blagues » du président. Ils en sont sortis accablés et inquiets.

J'imagine Fabius, Attali, tant d'autres consternés par cette rencontre...

À propos de Fabius, quelle revanche ! Il est aujourd'hui l'homme politique de gauche le plus aimé en France, immédiatement derrière Alain Juppé. Je pense à leur impopularité à tous les deux, lorsqu'ils ont été Premiers ministres, au côté arrogant qui leur était reproché, à l'un comme à l'autre, anciens élèves, sortis tous deux de l'École Normale supérieure, se ressemblant comme des clones, l'un à droite, venu du peuple, l'autre à gauche, venu de la haute bourgeoisie. Ils ont tout vu, tout subi, tout observé, tout connu, les sommets et les abîmes, et ils se retrouvent tous deux, après tant d'années, à égalité dans le cœur des Français. Il est vrai qu'ils ne sont pas directement au pouvoir, que Fabius ne fait que promener son air ennuyé sur les catastrophes de ce monde, tandis qu'Alain Juppé attend, stupéfait de sa fortune politique nouvelle. Étonnant que la France reconnaisse en même temps leurs mérites.

20 octobre

Hier, Martine Aubry est entrée dans la danse. À sa manière : directe. Dans une interview au *Journal du dimanche*, elle se pose en véritable concurrente, à l'intérieur de la gauche, de Manuel Valls. Je me rappelle sa détestation de Valls, qui en avait appelé pratiquement à la justice lors du vote légèrement truqué qui avait fait d'elle, en 2008, la première secrétaire du PS à la place de Ségolène Royal. Les deux ne s'entendent pas mieux depuis cette date.

Yves Colmou, que j'ai au téléphone, soupire : une fois de plus, Valls avait marqué quelques points dans l'opinion, et voilà que la division du PS menace à nouveau.

À vrai dire, cette entrée dans l'arène politique de Martine Aubry était prévisible. Elle l'a faite petit à petit, en quelques étapes, soigneusement méditées. En juillet dernier, elle avait critiqué durement François Hollande, dénonçant déjà son manque de vision et sa méthode : « Il n'est pas trop tard, avait-elle dit à l'occasion d'une conférence de presse, pour réussir le quinquennat », actant, par cette phrase même, son échec. Elle dénonçait la réforme territoriale initiée par François Hollande et Manuel Valls, et notamment la création proposée par l'exécutif d'une nouvelle région, fusionnant le Nord-Pas-de-Calais et la Picardie. Puis elle avait, en septembre sur Europe 1, à l'occasion de la fameuse braderie de Lille, distribué des mauvais points au chef de l'État sur à peu près tous les sujets. Comment imaginer qu'elle allait en rester là ?

Depuis longtemps, ses liens avec les députés « frondeurs » étaient connus, au point que beaucoup d'entre eux sont soupçonnés depuis longtemps d'être manipulés par elle. J'avais vu François Lamy, proche entre les proches, déjeuner avec Benoît Hamon, il y a quinze jours, à la Closerie des lilas peu après l'éviction de celui-ci du gouvernement. Un signe, évidemment. Il était clair qu'elle inspirait en sous-main tel ou telle des parlementaires socialistes favorables à la hausse du pouvoir d'achat des Français plutôt qu'à la baisse des charges des entreprises, et qu'elle attendait son moment d'aller plus loin.

Le coup porté par Martine Aubry est rude, au moment où les réformes engagées ne sont apparemment pas suffisantes pour la Commission européenne. Au moment, surtout, où les résultats, emplois, croissance, ne sont pas au rendez-vous. Il est évidemment plus facile de marquer ses distances vis-à-vis d'une politique dont on continue d'attendre les effets positifs, que de saluer ce qui marche déjà.

Dans la forme, Martine Aubry assure qu'elle se contente de demander que la discussion interne au Parti socialiste, notamment à l'occasion des états généraux promis à la fin de l'année, puisse s'engager librement sans qu'on désigne immédiatement les uns comme des utopistes, les autres, les partisans du tandem Valls-Hollande, comme des experts incontournables. Dans la réalité, il s'agit d'une véritable déclaration de guerre à deux hommes auxquels elle s'oppose depuis longtemps et que son ironie féroce n'a jamais épargnés. Je n'ai pas oublié les qualificatifs peu gratifiants dont elle a affublé et, paraît-il, affuble toujours François Hollande. Et pas oublié non plus les vives critiques exprimées depuis des années sur le supposé libéralisme de Valls. De fait, sa critique est totale : seuils sociaux, travail le dimanche, éventuelle remise en cause des 35 heures ou des indemnisations chômage.

Pourquoi maintenant ? Parce que François Hollande traverse de telles difficultés qu'on voit mal comment il peut sortir de la nasse avant 2017. Pour Martine Aubry, pas de doute : il n'en sortira pas. Le temps est donc venu de se déclarer la représentante d'un socialisme plus orthodoxe que la « dame des 35 heures » a toujours défendu et, parfois, incarné. Avec, en ligne de mire, sauf contrordre, une primaire socialiste en 2016, si Hollande ne se présente pas. Et, bien sûr, sa candidature en 2017.

En réponse, François Hollande a dit qu'il n'excluait pas de changer de cap. Pas difficile : la moitié des Français, ou davantage, pense qu'il n'en a aucun !

21 octobre

Je suis ce matin sur LCI avec François Kalfon, que je ne connaissais pas. Il est conseiller régional PS d'Île-de-France, et délégué national aux études d'opinion. Un homme de quarante, quarante-cinq ans, imposant : « Hollande, me dit-il d'emblée sans détour, n'est pas à la hauteur, voilà tout.

— Et Valls ?

— Valls, ce n'est rien ! »

Il ne mâche pas ses mots, il les crache.

25 octobre

Mais qu'est-ce qu'il leur prend ? On pouvait penser, sans trop d'imagination, que le retour de Nicolas Sarkozy sur la scène politique calmerait, pour un temps au moins, la guerre civile au sein du Parti socialiste. Que chacun se mettrait en ordre de marche contre l'adversaire, pour ne pas dire l'ennemi. Eh bien non ! Au contraire, les projectiles volent, les balles pleuvent, les obus éclatent, les hommes sortent des tranchées, et le champ de bataille se couvrira bientôt, à ce rythme, de corps sans vie. Pourquoi cette rage de perdre ? Et pourquoi maintenant ?

Il faut dire que Manuel Valls est allé loin, vraiment très loin. Son interview dans *L'Obs* cette semaine marque à mon sens le tournant du quinquennat. Même si je suis globalement d'accord avec lui, il m'a paru aller trop fort, comme s'il se mettait en situation d'avoir à quitter Matignon. En cinq ou six pages, il aligne toutes les propositions, je dis bien toutes, qui hérissent déjà la gauche du parti. Que de provocations ! Sur les 35 heures, les allocations chômage, le travail du dimanche, l'ouverture au centre, la définition d'une gauche moderne, débarrassée du marxisme, pragmatique, réformiste et républicaine. Il n'a pas prononcé le mot « socialiste ». Il propose un rassemblement entre la gauche et le centre, ou, plus exactement, l'union de toutes les forces progressistes dans une maison commune, pour lutter contre la droite dure et l'extrême droite. Cela ne me surprend pas : on ne peut pas dire que ses convictions aient changé, il était ainsi en 2011, à l'occasion de la primaire du PS. Il est ainsi aujourd'hui.

Pourtant devait-il, dans cette période difficile, où la majorité est à deux doigts de se défaire, défier ainsi les socialistes qui lui sont hostiles ? Était-ce nécessaire de montrer, aujourd'hui, qu'il y a deux socialismes, l'archaïque, dépassé, ridicule, et le sien ? Et puis, Hollande, que devient-il dans tout cela ? Oh, je vois assez bien comment les choses ont pu se passer. Valls a dû prévenir Hollande qu'il accordait un entretien à *L'Obs*, à l'occasion de la nouvelle formule de l'hebdomadaire. Hollande a dû accepter, sans penser que son Premier ministre irait aussi loin. Il ne peut être choqué par ces propos, puisqu'il les partage pour la plupart. De là à les balancer de cette manière à la tête des opposants socialistes...

Valls n'a jamais caché son jeu. Néanmoins, son rôle est de réunir les socialistes et non de les diviser. Peut-il passer outre le président, en quelque sorte, pour dire sa vérité, alors qu'un Premier ministre ne saurait avoir d'autre vérité que la volonté présidentielle ? N'est-ce pas contribuer à affaiblir le président plus qu'il ne l'a jamais été ?

De deux choses l'une : ou bien il s'agit d'une manœuvre concertée entre les deux hommes, mais dans ce cas, ratée, ou bien c'est une initiative personnelle de Valls, et dans cette hypothèse le Premier ministre en a trop fait.

Évidemment, si les résultats étaient là, rien ne se passerait de la même manière. Mais encore aujourd'hui, on vient d'annoncer une augmentation du chômage en septembre de + 0,8 %. Rebsamen, le ministre du Travail lui-même, reconnaît que la politique du gouvernement est « un échec ». S'il le dit, lui, qui peut ne pas le croire ?

Et puis ces sarcasmes, ce bouche à oreille méprisant pour Hollande, ces polémiques. Impossible aussi de ne pas voir, dans le procès permanent instruit par certains socialistes contre lui, un doute profond, une mise en cause déjà ancienne, de sa personne, de ses idées, de son action. Car celle-ci existe depuis longtemps, depuis bien avant son élection en 2012, et sans doute bien avant que la primaire socialiste en 2011 ne l'amène à distancer Martine Aubry au second tour.

Donc le quinquennat va sa petite vie. Martine Aubry, selon *Le Canard enchaîné*, éreinte en privé Hollande. Ce n'est pas nouveau, elle n'a jamais cessé de le faire, même en public. Elle le fait aujourd'hui comme hier. Aurait-elle été Premier ministre en 2012 que les choses auraient peut-être été différentes. Elle n'a pas été appelée, et pas davantage en 2014. Rien donc ne l'empêche de faire entendre sa différence.

26 octobre

Les choses ne me paraissent pas pouvoir continuer ainsi. Ce matin, François Bayrou, à Europe 1, l'a dit tout haut. La dissolution est dans l'air. Il n'est pas hostile à Valls, mais n'imagine pas aujourd'hui conclure quelque accord que ce soit avec les socialistes, même s'il est prêt, dans d'autres circonstances, plus tard, lorsque les choses seront claires, à faire un bout de chemin avec l'actuel Premier ministre. Son homme, pour le moment, c'est Juppé. C'est notre homme à tous, d'ailleurs ! S'il pouvait nous sortir de là ! Ce soir, pourtant, sur France Inter, Alain Juppé ne me paraît pas enthousiasmant. Il est ouvert, intéressant, mais si facilement techno ! Lui aussi devra changer.

29 octobre

Enfin rencontré François Bayrou à son bureau de la rue de l'Université où pas un chat ne nous dérange.

Bien sûr, nous parlons d'entrée de jeu de François Hollande. Lui, Bayrou qui a risqué sa vie politique en 2012 en votant pour lui, que pense-t-il aujourd'hui de cet échec ?

« Il n'avait aucune expérience du pouvoir.

— Mais il avait observé François Mitterrand à l'Élysée ?

— Tu parles ! Mitterrand l'a presque tout de suite exfiltré chez Max Gallo[1]. Le plus grave est qu'il n'a aucun sens de l'Histoire, aucun sens de sa fonction. C'est une fonction historique, il a cru que c'était une fonction politique. Sa faute a été de nommer Ayrault Premier ministre : aucun charisme.

— Qu'est-ce que c'est que le charisme ?

— Simple : quand un homme se lève et parle, tout le monde se tait. Quand Ayrault parle, chacun continue ses petites occupations. Quand Fabius parle, tout le monde se tait. Au moins quelques minutes.

« Et puis, dernière erreur, poursuit-il, celle de la représentation proportionnelle : c'est la première conversation que nous avons eue, dès son élection. Je ne lui ai pas parlé de moi à l'époque, comme tu sais. Mais je lui ai parlé de lui : il n'avait pas d'autre légitimité politique que celle d'avoir été élu non pour lui, mais contre Sarkozy. Je lui ai donc conseillé de faire un référendum dès la rentrée, autour du cumul des mandats, de la moralisation de la vie publique, une loi fiscale pour les parlementaires, la diminution du nombre de députés et de sénateurs.

1. Dont François Hollande a été le directeur de cabinet.

— Qu'a-t-il répondu ?

— Rien, à sa manière : il dit toujours "oui, c'est intéressant". Mais il n'a pas bougé. »

Je dois dire qu'à la place de Hollande, je me serais posé la question : un référendum, si vite ?

Je ne sais pas si c'est ce jour-là, ou le lendemain au téléphone, que Bayrou lui a dit : « Retiens ces six mots : Trop tard, c'est trop tard. »

« Ça, me dit-il, c'était en juin 2012. Maintenant il est trop tard en effet. En décembre 2013, je l'ai rappelé. Et lui ai dit : "Cette fois, retiens trois mots : Tu es mort. » Depuis le début, continue-t-il, il avait l'idée de nommer Valls. L'interview dans *L'Obs* est le signal de la sortie. Valls dit : « Le PS peut mourir. » Mais il va mourir, éclaté entre Montebourg et lui-même. Valls me l'a dit lorsque nous nous sommes rencontrés : "J'ai l'âge de traverser le désert comme tu l'as fait." Je le trouve en tout cas cohérent et courageux. »

Nous continuons à disserter sur la division, désormais inéluctable, de la gauche au pouvoir. De mouvements contestataires en mouvements convulsifs, de mises en cause provisoires en procès définitifs, une partie de la gauche se désolidarisera du pouvoir. Ce qui vient, pour lui, est obligatoirement la crise parlementaire suivie d'une dissolution.

Si le président dissout, le mécanisme est simple : le parti vainqueur des élections prend Matignon. Si Sarkozy devient Premier ministre, alors il ne cessera de réclamer la démission de Hollande. Si Bayrou avait été à Matignon, ou s'il l'était un jour, on assisterait à un tout autre scénario : un changement de la loi électorale aboutirait à la création d'une majorité réformiste crédible, Juppé, Valls, Bayrou. L'opposition ne reposerait alors que sur la droite de l'UMP et le Front national.

Nous parlons de Sarkozy. Je n'ai jamais douté qu'il allait se présenter à la présidence de l'UMP. Son énergie est immense, mais il ne voit pas où il veut aller. »

Après avoir offert à Hollande, rappelle-t-il, une opportunité de transgresser la « frontière absurde » entre droite et gauche, il garde espoir, citant l'ambassadeur de Venise en France qui disait d'Henri IV arrivant au pouvoir : « Il hérite du cadavre de la France. »

« Dix ans plus tard, conclut-il, la France était le premier pays d'Europe. Les nations [oui, il a bien dit : les nations], les pays ont des ressources. La France peut recommencer. »

5 novembre

Décoration de Tony Dreyfus à Matignon. C'est Manuel Valls qui la lui remet. Un discours parfait, plein d'hommages aux rocardiens. Rocard est dans la salle, il n'entend pas grand-chose, mais, comme un animal, il sait bien à quel moment on parle de lui.

Dans les salons, après le discours, chacun se retrouve, perplexe sur l'avenir de la gauche, de Hollande et de Valls lui-même.

« Il a été trop loin avec l'interview de *L'Obs*, la semaine dernière, me dit Henri Weber. À quoi cela peut-il lui servir d'annoncer le changement de nom du PS, de parler de maison commune ? »

Même sentiment du côté de Bergounioux. Il ne comprend pas l'intérêt de la chose. Quand on demande à Valls pourquoi il a fait ce brûlot, il répond, paraît-il, qu'il voulait aller jusqu'au bout de ses pensées, ne rien cacher, ne pas mentir.

Entre ne pas mentir et en dire trop, il y a une nuance.

Je demande à Weber comment Fabius, lui, qui voit tout et comprend tout, considère tout cela. Il me répond simplement : « Il est catastrophé ! »

On le serait à moins.

6 novembre

On le sait, l'exercice est difficile. Si le président ne parle pas, il se voit reprocher son silence. Il se tait parce qu'il n'ose pas affronter les Français. S'il parle, alors, il n'en dit pas assez, il ne va pas assez loin, il n'annonce pas de tournant, il piétine, il parle pour rien. Pourtant, à TF1, il avait opté pour la formule choisie avant lui par ses prédécesseurs : l'échange avec les Français ponctué des questions rudes des journalistes. Et cela n'a pas bien marché.

François Hollande est lui-même : on ne le changera pas. Il déteste parler de sa vie privée, et avait d'ailleurs, pour évoquer ces sujets, une voix blanche, presque méconnaissable. Interrogé sans ménagement par Thierry Demaizière, connu pour son talent de «profileur», le président a résisté, et c'est tant mieux, au strip-tease. Il ne s'est pas dévoilé d'un fil, convenant seulement, non sans agacement, que des aspects de sa vie privée pouvaient avoir été considérés par certains (par certaine, sûrement) comme douloureux. Tout au plus a-t-il eu quelques remarques de bon sens, qui ne font de mal à personne, et notamment qu'il ne voyait pas ce que sa cravate, certes souvent de travers, avait à faire avec la politique. Il a raison. Mais pourquoi avoir placé, en tout début d'émission, le débat sur le terrain personnel ? Sans doute pour lever l'hypothèque, pour tourner la page, avant de passer aux choses dites sérieuses.

La vérité est qu'il a, ce faisant, caché aux Français ce qu'ils savent déjà à la lecture des journaux people : Julie Gayet vit à l'Élysée, où elle arrive vers 18 h 30 et qu'elle quitte vers 9 heures du matin. Interrogé sur sa vie privée, il a répondu en semblant atrocement gêné. N'était-ce pas une occasion de régulariser sa vie intime ? D'annoncer officiellement que tout allait bien pour lui, merci. Autrement dit, il a menti sur son présent tout en confirmant ce que l'on savait déjà de ses histoires passées.

De chacune de ces émissions, on attend, même si souvent la démonstration du contraire a été faite, un changement spectaculaire, une nouveauté fracassante. C'est purement illusoire. Si le président change, il se contredit. S'il ne change pas, il se répète. Imagine-t-on qu'il pouvait annoncer qu'il passait par pertes et profits le pacte de solidarité, ou le contrat de génération, pour faire plaisir à Martine Aubry ? Non, certes. Imagine-t-on qu'il ait pu, hier, annoncer un changement de scrutin et un passage à la proportionnelle ? Évidemment non, c'eût été donner aux Français l'impression qu'il cherchait, par un micmac électoral, à faire passer trop de pilules à la fois. Et aux chroniqueurs qu'il ouvrait la porte au Front national plus qu'aux centristes.

Du coup, cette impression de déjà dit, qui fait oublier les quelques aménagements annoncés : mesures d'accompagnement des chômeurs en fin de droit, service civique ouvert aux volontaires.

Reste, de cette émission, un mea-culpa, et deux engagements. Oui, il a fait des erreurs, reconnaît-il, au moment où son principal adversaire se refuse à tout inventaire. Non, il n'y aura – croix de bois croix de fer, si je mens, je vais en enfer – aucun nouvel impôt en 2015. Non, si le chômage est à ce niveau dans deux ans, il ne se représentera pas. Pour celui qui a dit que la courbe du chômage s'infléchirait fin 2013, c'est prendre, en toute conscience, un grand risque. Mais personne ne croit à aucune de ces deux promesses.

7 novembre

Des milliards d'euros de recettes fiscales partis en fumée grâce à des accords fiscaux secrets entre le Luxembourg et plus de trois cents entreprises multinationales ! C'est ce qu'une enquête menée par un consortium de journalistes d'investigation regroupant quarante médias internationaux, et pas des moindres, vient de dévoiler, après des mois de travaux. Le Luxembourg se révèle la plaque tournante de l'évasion fiscale, ou, formule plus gentille, de l'évitement fiscal en Europe. Les révélations de Lux Leaks, en allusion à celles de Wikileaks, sont sans contestation possible.

Le mécanisme est simple : le Luxembourg a construit un système fiscal dérogatoire, tout exprès pour permettre aux grands groupes d'échapper aux impôts qu'ils devraient normalement verser aux pays dans lesquels ils exercent l'essentiel de leur activité, avec l'essentiel de leur personnel et où ils réalisent l'essentiel de leurs profits. Il suffit pour les géants du Net, les grandes entreprises de télécommunications ou d'alimentation, du genre Amazon, Google ou Pepsi, de créer une petite filiale ou une holding au Luxembourg, pour être exonérés d'impôts ailleurs.

L'affaire serait déjà énorme, au moment où toute l'Europe lutte contre l'évasion fiscale. Mais ce qui est encore plus énorme, c'est que le Premier ministre du Luxembourg, qui est resté dix-huit ans à ce poste, c'est-à-dire pendant toutes les années où le mécanisme malin, parce que bizarrement légal, encore que choquant, a été mis en place dans son pays, est aujourd'hui le président de la Commission européenne. Laquelle Commission européenne enquête elle aussi sur l'évasion fiscale au grand-duché du Luxembourg. C'est donc Jean-Claude Juncker qui aura à juger Jean-Claude Juncker, ancien Premier ministre du Luxembourg.

Juncker schizophrène ? Oui, on se dit que c'est désormais l'adjectif qui lui convient le mieux. Ou pompier pyromane. Ou encore Juncker-Vidocq, l'ancien forçat évadé du bagne qui a fini chef de la sûreté de Louis-Philippe.

Il est vrai que rien n'est mieux qu'un mafieux repenti pour dénoncer la mafia. Mais là tout de même on arrive à un singulier conflit, d'autant que l'on se demande comment la situation particulière du Luxembourg en matière fiscale, mi-paradis mi-facilitateur, pouvait être ignorée des autres dirigeants européens au moment où ils ont choisi le président de la commission.

On imagine sans peine le parti que les antieuropéens vont prendre dans cette affaire. Marine Le Pen, Nicolas Dupont-Aignan ont commencé leur offensive contre Jean-Claude Juncker. L'Europe n'avait pas besoin de ça.

9 novembre

En réalité, je n'arrive pas à suivre tous les événements, tant ils se précipitent, tant la dégradation s'accroît. Voici qu'on apprend de Fabrice Lhomme et Gérard Davet, tous deux journalistes au *Monde*, qu'au cours d'un déjeuner récent avec François Fillon, celui-ci aurait demandé à Jean-Pierre Jouyet d'accélérer les procédures contre Nicolas Sarkozy, avant qu'il ne soit trop tard. Mortel pour Fillon, bien sûr, présenté comme aveuglé par sa haine contre Sarkozy, traître à son parti, traître à son camp.

Sans doute affolé de son indiscrétion, ce benêt de Jouyet se prend les pieds dans le tapis et dément les informations du *Monde* :

c'est le moment que choisissent évidemment les deux journalistes pour révéler que leur conversation a été enregistrée.

L'affaire est minable par quelque bout qu'on la prenne : Fillon a sûrement parlé de Sarkozy, peut-être pas de cette façon, mais comment douter qu'il l'ait fait ? Jouyet a pris les plus grands risques en le laissant entendre à des journalistes. Il a aggravé son cas par la suite en admettant que l'échange avait eu lieu entre Fillon et lui, avant de revenir quelques heures plus tard sur son démenti. Une gaffe de plus à son actif, mais une gaffe considérable, car elle met en cause le président de la République, auquel Jouyet ne cache rien.

C'est dans ces circonstances-là que Nicolas Sarkozy apparaît comme un homme politique plus doué que les autres (sous ma plume, ce soir, cette affirmation me surprend moi-même). Il se garde bien, dans un premier temps, de tirer à bout portant sur François Fillon, encore qu'il ait sa petite idée, la même que la mienne, sur le sujet. Il a attendu le démenti, le démenti du démenti de l'un et de l'autre, pour crier au complot contre lui. Ourdi par qui ? Par Hollande, derrière Jouyet. À vrai dire, je ne vois pas comment un complot visant Fillon pourrait se transformer en complot contre Sarkozy. Au contraire, évacuer Fillon du jeu, c'était aider l'ancien président. En réalité, le cadeau fait à Nicolas Sarkozy est monumental à quelques jours de son congrès. On lui a offert Fillon d'un côté, Jouyet, donc Hollande, de l'autre, un couronnement royal.

C'est la première fois que je suis vraiment désespérée par la politique et nos élites qui jouent à des jeux d'enfants sadiques, au moment où tout va mal par ailleurs. Je n'ai plus le temps de changer de métier, et d'ailleurs, je ne saurais rien faire d'autre. Suis-je condamnée pour autant à commenter la fin de la gauche, les gaffes de l'Élysée, la faiblesse, qui désormais pour moi ne fait aucun doute, de Hollande ?

11 novembre

Dîner, hier, avec Jean-Pierre Chevènement. Même désillusion, même constat. Dans le cas de Jean-Pierre, s'ajoute à cela son incapacité à convaincre Hollande de ne pas couper les ponts avec la Russie. Il a tout fait, nous dit-il, pour le convaincre de ne pas ostraciser Poutine, de comprendre la situation de l'est de l'Ukraine, russe depuis toujours. Rien n'y a fait. Il comptait sur l'Allemagne pour résister, pour jouer les passerelles avec les Russes. Angela Merkel s'est alignée sur les États-Unis et les anciens pays de l'Est, redoutant plus que tout la reconstitution d'un empire russe.

Et voilà la Russie très sévèrement sanctionnée par la commission européenne. Voici la Russie contrainte de tourner le dos à l'Europe, poussée par notre incompréhension de la situation des séparatistes russes en Ukraine.

Poutine, qui a cru lui aussi que tout était possible avec Hollande, déchante : « La Hollandie, dit-il, c'est plat. Il n'y a rien d'autre à en dire. »

16 novembre

Valls est interpellé à l'Assemblée nationale sur l'affaire Jouyet-Fillon. Unie, l'opposition fait mine de croire que l'échange sur Sarkozy n'a pas eu lieu, qu'il a été inventé par quelque cabinet noir élyséen pour nuire à l'UMP. En privé, chacun des députés de droite assure que Fillon a bien tenu ces propos : ils correspondent à ce qu'ils savent, depuis des mois, des relations entre Fillon et Sarkozy. C'est Fillon qui a été, paraît-il, le plus virulent pour insister auprès des commissaires aux comptes, exiger la vérité sur les finances du parti, dénoncer l'aveuglement volontaire de Copé et de Sarkozy sur le coût de la campagne électorale de 2012.

Lorsque Valls monte à la tribune, il sait très bien le jeu de rôle auquel se livrent les parlementaires de l'opposition sur le sujet. Il s'en sort une première fois, ovationné par les socialistes, en bottant en touche : l'affaire est maintenant devant la justice, les responsables politiques ne sont pas au-dessus des lois, etc.

L'opposition en serait bien restée là, si Henri Guaino n'avait pas repris la parole et attaqué bille en tête : le secrétaire général de l'Élysée a failli à sa mission, il a ourdi une machination destinée à déstabiliser l'opposition tout entière... Son intervention est brillante. Il ne commet qu'une seule faute, mais de taille : il évoque, Dieu sait pourquoi, l'affaire Markovic. Manuel Valls saute sur l'occasion. Pas de réponse sur l'éventuelle machination élyséenne, mais un rappel historique : les accusations contre Georges Pompidou, dans ce cas, étaient alors portées par son propre camp, et non celui de la gauche. Il ne répond en rien à Henri Guaino, mais ce mauvais souvenir empêche la droite de répliquer.

C'est là où l'on voit la nature d'un orateur politique, comme l'est Manuel Valls, avant tout un combattant : il ne lui a pas fallu plus d'une minute pour repérer la faille de l'intervention de Guaino. Dans ce cas, pas de pitié.

24 novembre

François Hollande et Martine Aubry, à l'occasion de la coupe Davis de tennis disputée au nouveau stade de Lille, ont déjeuné ensemble, dans le meilleur restaurant de la ville. Nous déjeunions, de notre côté, avec toute la bande des *Grandes Voix* après notre émission, au même endroit et avons décidé, le plus simplement du monde, d'aller leur dire bonjour. Les services de sécurité nous laissent passer, et nous voilà dans la salle à manger, dans un des recoins de ce restaurant tarabiscoté, où ils se font face, à une bonne distance, de part et d'autre d'une table qui me paraît immense. Nous disons bonjour, au président d'abord, puis à Martine Aubry, avec laquelle je converse quelques minutes. À peine, pour la forme, me suis-je excusée de les déranger qu'elle me répond, goguenarde : « Tu sais, on ne se disait pas grand-chose. »

Hollande, lui, est en pleine forme : il a maigri ces derniers temps, il a bonne mine et un air de profonde gaieté. Franchement, je me demande de quel bois il est fait. Il a été légèrement hué quand il s'est engouffré dans le restaurant, se prépare à être également sifflé lorsqu'il prendra place à la tribune du stade. Il ne peut ignorer que, pendant qu'il est là, tranquillement assis, Valérie Trierweiler balance des insanités sur lui en Angleterre, à la BBC de surcroît, et que *Gala* a publié des photos de Julie Gayet à l'Élysée prises de l'intérieur du palais par un espion malin. Non, rien ne l'ébranle, tout coule sur lui comme l'eau sur les plumes d'un canard. Enfin, tout a l'air de couler sur lui. Nous partons pendant qu'il me lance, une fois de plus, qu'il me lit et m'écoute, sans que je sache si c'est un avertissement ou une approbation.

Il faut le vivre pour le croire : chaque semaine, que dis-je, chaque jour, un ministre ou parlementaire socialiste invente un moyen d'affaiblir le président ; ce peut être un couac – ils demeurent nombreux sous le règne de Valls – ou une indélicatesse, comme le ministre des Anciens Combattants, Kader Harif, qui n'a pas inventé la poudre et doit quitter le gouvernement pour une obscure affaire de favoritisme. La trouvaille de la primaire à gauche est un nouveau tir à bout portant contre Hollande.

Changeons de camp : simultanément se préparait à Bordeaux la rencontre Sarkozy-Juppé. Le maire avait déjà accueilli dans sa ville les candidats à la présidence de l'UMP. Samedi soir, le 22, c'était le tour de Sarkozy. Juppé ne s'est pas méfié : la salle était composée évidemment de militants bordelais, pensait-il, qui ne lui feraient aucun mal. Faux calcul : d'abord parce que les militants venaient de partout ailleurs dans le Sud-Ouest. Ensuite parce que la tension est extrême entre Sarkozy et tous ceux qui lui font de l'ombre. Lorsque, dans ses quelques phrases de bienvenue, Alain Juppé a évoqué l'ouverture au centre, constitutive, il a tout à fait raison, de l'UMP, plus encore lorsqu'il a parlé d'une primaire ouverte, donc pas limitée aux militants, il s'est fait amplement siffler. Il a été droit dans ses bottes selon son expression favorite, a fait front à la foule, a lancé une phrase digne d'un coup de billard à quatre bandes : « Moi je ne me laisse pas intimider par les mouvements de salle. » Allusion à la volte-face, ou demi-volte-face, de Sarkozy promettant quelques jours auparavant, sous les cris de l'assistance, qu'il «abrogerait la loi Taubira», au lieu de la réécrire de fond en comble...

Le plus cuisant pour lui a sans doute été l'attitude de Nicolas Sarkozy : à sa place, avec un demi-sourire carnassier, il n'a rien fait pour arrêter la bronca. Pas de phrase à la Balladur : «Je vous demande de vous arrêter.» Aucun signe, rien. Le bonheur d'entendre l'autre sifflé, si ce n'est humilié...

Cela dit, le bilan de la campagne de Nicolas Sarkozy pour la présidence de l'UMP, globalement, n'est pas très bon. Il est apparu tel qu'en lui-même, après avoir tellement annoncé qu'il avait changé, tel qu'en lui-même sur le fond, très à droite, et même anticentriste – encore qu'il ait pris soin tout de suite après l'épisode Juppé de dire qu'il était ouvert au centre, bien sûr, mais pas jusqu'à Bayrou – et sur la forme, caricatural : mouvements d'épaules, torsion du cou, rictus du visage, marche à la Aldo Maccione, etc. Avec les militants, je ne pense pas qu'il ait commis d'erreurs graves. Mais avec les cadres du mouvement, que de bévues ! Se rallier, comme donc il l'a fait devant un auditoire très hostile au mariage gay, à l'abrogation de la loi Taubira, après avoir dit le contraire quelques jours auparavant, lui a valu une dégelée de ses propres lieutenants, de NKM à Le Maire. D'autant qu'il a eu cette phrase, d'une vulgarité inouïe, pour justifier son changement de cap : «Ça ne coûte pas cher !»

Ne prendre aucune distance avec ses orientations passées, ne pas consentir une seule fois à faire son propre bilan, tout en disant qu'il ne cesse de le faire, se montrer extrêmement agité, agressif avec ceux, journalistes ou hommes politiques, dont il pense qu'ils ont contribué à son échec de 2012, tout cela ce n'est pas la meilleure façon de convaincre tous ceux qui l'ont délaissé de recommencer l'aventure. Il gagnera sûrement la présidence de son parti. Il pense qu'après cette première étape de sa reconquête, il aura le temps de nuancer son propos, d'ouvrir, à sa manière, vers le centre. Ce sera l'enjeu des deux prochaines années. Avec un Juppé plus populaire que lui dans son électorat.

Mais pour ces bêtes politiques, seul le présent compte. Pour le reste, dans un mois, dans un an, on verra. L'essentiel est d'être aux manettes.

28 novembre

Hier, conversation avec Philippe Martel[1]. Je lui pose quelques questions sur le FN, et, sans que je lui en demande davantage, il me parle des clivages très profonds qui traversent, aujourd'hui, le mouvement de Marine Le Pen. D'un côté, la ligne qu'il faut bien appeler sociale et nationale (national-socialiste ?) de Florian Philippot, le premier de ces énarques à avoir rejoint le parti frontiste. Plus d'État, plus de centralisation, des réformes sociales et sociétales, etc. De l'autre, le clan Marion Maréchal-Le Pen, plus libéral, moins social, moins réformateur en matière de mœurs, comme en témoigne son opposition au mariage pour tous, ce qui laisse entendre une proximité plus grande avec les mouvements catholiques. Entre les deux clans, la guerre est ouverte.

Ce que Martel me dit des rapports du Front national avec l'islam est bien plus intéressant, en tout cas plus nouveau. Cet été, ou au début de l'automne, un jeune conseiller municipal d'une commune de Seine-Saint-Denis se convertit à l'islam. Il entame immédiatement un travail de prosélyte, notamment en envoyant des vidéos autour de lui pour développer le caractère éminemment moderne du Coran, beaucoup moins réactionnaire à son goût que la Torah. Le secrétaire départemental du FN le met à pied, jugeant que le Front national et l'islam sont incompatibles.

Florian Philippot souhaite que l'affaire soit portée devant le bureau exécutif, transformé en l'occurrence en commission des conflits. Le 1er novembre, le jeune élu est entendu par le bureau en question, qui le morigène légèrement, tout en le réintégrant à son rang parmi les élus frontistes.

Pourquoi cette décision qui arrache, par ailleurs, les protestations de Marion Maréchal-Le Pen et de Gilbert Collard, autre député du FN ? La clef, c'est Philippe Martel qui me la donne. Je dois dire que c'est la première fois que j'en prends en même temps connaissance et conscience : Philippot pense qu'à la future

1. Ancien collaborateur d'Alain Juppé à la mairie de Paris, Philippe Martel a rallié le FN en 2012. Il est directeur du cabinet de Marine Le Pen au Front national. Il fait partie de cette génération d'énarques de cinquante ans, hostiles à Nicolas Sarkozy et à l'évolution européenne de l'UMP.

présidentielle, donc aux futures élections législatives de 2017, la porte du FN doit s'ouvrir aux 6 millions de Français musulmans afin que leur vote musulman fasse la différence entre la droite classique, qui n'a jamais regardé vers eux, et la droite nationale, qui leur a fait leur place au sein de son mouvement.

Et l'immigration dans tout cela ? Comment les Arabes de France pourront-ils accepter les fortes charges du FN sur le sujet ? Du fait tout simplement que les immigrés légaux, installés en France, plus qu'assimilés ou même intégrés, jugent eux aussi que l'immigration, surtout illégale, leur pose des problèmes. Ils n'auraient rien, ou pas grand-chose, contre l'arrêt de l'immigration, à condition qu'ils soient, eux, reconnus en France et par la France.

C'est ainsi que Philippot compte devancer l'UMP, à un moment ou à un autre.

1er décembre

Nadine Morano au *Club de la presse*. Finalement beaucoup plus sympathique que je ne le croyais. Fille de chauffeur routier, élevée à la dure dans l'est de la France, il lui en a fallu des coups de gueule pour arriver à se faire sa place. Vulgaire ? Beaucoup plus dans la forme que sur le fond. Au micro, elle parle comme une pie, balance tous les éléments de langage sur Sarko – Sarko le rassembleur qui veut désormais partager le pouvoir, qui n'est plus le tyran que l'on dit, bref le Sarko qui a changé.

Pendant qu'elle parle, je me demande ce que Sarkozy va en faire. Cette femme qui l'a tant soutenu, au point de susciter l'ironie permanente du *Canard enchaîné* et du *Monde*, va-t-elle encore avoir sa place à ses côtés ? Je me rappelle les quelques phrases douces-amères de Patrick Devedjian après l'ouverture pratiquée en 2007, souhaitant que l'ouverture du chef de l'État aille jusqu'à ses propres amis politiques. Ce qui n'avait pas été le cas pour Devedjian en tout cas, laissé sur le bord de la route... Nadine Morano échappera-t-elle à ce sort funeste ? Je n'ai pas le temps de le lui demander à l'antenne.

À peine l'émission finie, elle s'effondre sur le canapé du petit salon de maquillage proche du studio. « Ça va être la lutte au couteau, s'exclame-t-elle, il y aura du sang partout, ça va être très difficile. »

Bref, le contraire de tout ce qu'elle a dit pendant une heure. Langue de bois, quand tu nous tiens !

9 décembre

Vu longuement François Hollande, en fin d'après-midi, à l'occasion de la remise des insignes d'officier de la Légion d'honneur à Évelyne Richard.

Il me saute quasiment au cou, apparemment joyeux de me revoir, et m'entraîne pour me parler de sa rencontre avec Poutine, il y a trois jours : il était en visite au Kazakhstan, où le président kazakh lui a conseillé de voir rapidement le leader russe. La rencontre a été fixée à l'aéroport de Moscou, Hollande ne voulant pas aller jusqu'au Kremlin et préférant un endroit neutre. Est-il conscient des retombées des sanctions occidentales sur la Russie ?

« Oh, il ne le dit pas, mais elles sont réelles et notamment sur la baisse du cours du rouble. Le président kazakh m'avait dit, lui, que les sanctions gênaient beaucoup son pays. C'est évident aussi pour Poutine qui est en première ligne. »

Les deux parlent naturellement de l'Ukraine. Poutine revendique la Crimée, certes, mais pour le reste, il assure n'avoir aucune intention d'annexer quelque pays de l'Est que ce soit : « Je ne vois pas l'intérêt que j'y aurais, insiste Poutine, ce sont des pays qui n'ont pas d'argent, qui coûtent cher et auxquels je serais obligé de vendre du pétrole au plus bas. »

En revanche, au sujet de l'Ukraine, il est sensible à la démonstration de François Hollande. Celle-ci est claire : si l'intégrité de l'Ukraine n'est pas respectée, cela donnera l'occasion au gouvernement ukrainien, débarrassé des pro-Russes, de se lier pieds et poings à l'Ouest, d'entrer dans l'Europe ou dans l'OTAN. Si au contraire, l'Ukraine reste unie, elle pourra conserver une sorte de neutralité, ne pas basculer dans le camp de l'Ouest, ce qui est tout à fait dans l'intérêt de la Russie. Vladimir Poutine écoute, en convient, et semble être convaincu de la nécessité d'un vrai cessez-le-feu. S'il a choisi de parler à François Hollande, c'est, dit-il, parce que la France est bien différente d'un pays anglo-saxon, qu'elle est libre vis-à-vis de l'Amérique. Il n'en pense pas autant de l'Angleterre, ni même de l'Allemagne. Il craint et dénonce à la fois l'impérialisme américain. Il considère que la France est différente.

« Et l'Allemagne ? Est-il déçu par Angela Merkel, s'attendait-il à plus de compréhension de sa part ? »

François Hollande ne me répond pas là-dessus, mais le seul fait que Poutine ait demandé une entrevue au président français, et pas à la chancelière allemande, est révélateur. Selon Fédorovski, Poutine aurait dit en riant, à une occasion, qu'il était amoureux de Merkel, et qu'elle, en revanche, le détestait. C'est dire le peu d'envie qu'il a de la rencontrer.

Je demande à Hollande pourquoi il ne fait pas connaître sa médiation au monde entier, alors que Sarkozy avait bruyamment communiqué sur son rôle dans le conflit qui opposa la Russie à la Géorgie. Il préfère attendre les résultats concrets de cette rencontre. Et puis ce n'est pas son genre. « *Le Parisien*, me dit-il avec un soupir, n'a pas dit un mot de ma conversation avec Poutine, il a juste mis l'accent sur la toque de fourrure que m'a offerte le président kazakh. »

S'il se sent bien manifestement auprès des journalistes qui sont là, il n'a pas l'air de tenir en grande estime tous ceux qui l'accompagnent dans ses déplacements. Il sourit franchement, fait quelques pirouettes, et glisse quelques confidences sur la libération de Georges Lazarevic, otage des terroristes au Niger depuis trois ans... Oui, ce soir, il a l'air bien, François Hollande. « Qu'est-ce qui lui manque ? » Je pose la question à Jack Lang, qui est là.

« Il est très intelligent, me dit-il sans originalité, il lui manque du souffle, il faudrait renverser tout cela.

— Mais Valls, avant-hier, a été bon ?

— Léger, énergique, mais léger. »

Évidemment, nous parlons de la gauche, rompue en mille morceaux, divisée. Mais comment faisait Mitterrand ? « Ah, Mitterrand, me dit-il, personne avec lui ne s'y serait risqué. »

17 décembre

Il s'appelle Emmanuel Macron. Visage en lame de couteau, œil vif, à la limite de l'agressivité, il n'est pas seulement le nouveau petit génie de l'équipe gouvernementale, le nouveau ministre des Finances qui a tant de présence que le pauvre Michel Sapin en semble décoloré. Il est celui par lequel le quinquennat de François Hollande sera perdu ou en partie sauvé. Il a pour lui sa jeunesse, trente-six ans, sa formation d'énarque devenu banquier. Je m'aperçois qu'en écrivant ces quelques phrases, je le désigne aux yeux des frondeurs comme la principale cible de leur fureur. Et pourtant, bousculer les professions protégées, revoir la situation des notaires et des avoués, qui s'engraissent sur le dos des acheteurs et des vendeurs, voilà des objectifs qui semblent pouvoir être acceptés par la gauche. Mais non, ce serait trop facile : Macron a été chez Rothschild, comme Pompidou. Quelle horreur !

Évidemment, il ne craint pas de mettre les pieds dans le plat. Il le fait sans qu'on sache exactement s'il tente de forcer les choses au sein de la majorité ou si, nouveau venu dans la politique et au gouvernement, il dit les choses comme elles lui viennent à l'esprit, avec une spontanéité un peu candide : il n'était pas encore nommé qu'il confiait au *Point*, croyant que ses propos n'engageaient que lui, qu'il n'aurait rien contre une renégociation des 35 heures ! Le 12 octobre dernier, il a réclamé une réforme de l'assurance chômage, sur le montant et la durée des allocations. Un autre jour, il parle des salariées « illettrées » des abattoirs Gad condamnés à la cessation d'activité : le mot est en effet maladroit, provoquant des réactions offusquées au PS, pour qui les illettrés qui sont pourtant légion en France n'existent sans doute pas. C'est fou comme la gauche n'aime pas qu'on appelle un chat un chat. Faute d'avoir sérieusement lutté contre les immigrés, la classe politique française, et pas seulement la gauche, d'ailleurs, pense qu'il vaut mieux ne jamais plus prononcer le mot. L'hypocrisie toujours reine. À peine était-il au gouvernement depuis huit jours qu'on se demandait déjà, comme Christophe Barbier dans *L'Express*, s'il avait « quelque part en lui du sens politique ». Comme si le sens politique passait par le mensonge ou le silence.

Cela n'a pas eu l'air de démonter une seconde ce petit Macron, qui a continué depuis lors à mener sa barque.

La loi qu'il propose, c'est le moins qu'on puisse dire, n'a rien de révolutionnaire[1]. Il ne fait, dans une sorte de catalogue, qu'énumérer un certain nombre de mesures pour améliorer la croissance et la compétitivité. Il n'invente rien : les trois cents mesures d'Attali, les conclusions du rapport Pisani-Ferry, puis le diagnostic dressé en commun par le même Pisani-Ferry et l'allemand Enderlein lui ont servi de cadre. Encore ne propose-t-il pas, aujourd'hui, les plus clivantes de ces mesures. Attali s'était aliéné tous les chauffeurs de taxi en 2008 en demandant l'ouverture de la concurrence. L'affaire avait duré une semaine, les taxis s'étaient mobilisés, et Sarkozy s'était empressé d'enterrer la proposition pourtant banale du rapport Attali.

Les frondeurs socialistes s'interrogent sur les intentions de Macron. Dans le même temps, 70 % des Français donnent raison à ce jeune ministre encore inconnu il y a trois mois, et dont Montebourg a fait la fortune sans le vouloir puisque Macron lui a succédé après son éviction.

20 décembre

Nouvelle arrivée dans les rangs de la garde rapprochée de Marine Le Pen d'un autre transfuge de l'UMP, Sébastien Chenu. Fait pour le moins révélateur du trouble d'un certain nombre de cadres de ce parti après des mois de luttes intestines. Beaucoup se

1. « Ce n'est pas, dira François Hollande sur France Inter le lundi 5 janvier, la loi du siècle. »

sont hâtés de célébrer le retour de Nicolas Sarkozy à sa tête. D'autres, en revanche, ont pris leurs distances. Au point de rejoindre le Front national ? Oui, à ce point. Et à leurs risques et périls.

On ne pourra pas reprocher, en effet, à ces transfuges de quitter leur camp pour améliorer leur respectabilité politique. Ce serait plutôt le contraire. Lorsque Sébastien Chenu, ancien secrétaire national à la culture de l'UMP, rejoint l'état-major de Marine Le Pen, il sait bien qu'il franchit le point de non-retour. Même si les milieux politiques et la presse ne cessent de souligner que les divisions et les affaires impliquant l'un et l'autre camp sont un vivier permanent pour le Front national, les observateurs paraissent tout étonnés quand un homme politique venu de la droite traditionnelle franchit le pas.

Le FN a beau s'être imposé comme un acteur incontestable de la vie politique, ce que Marine Le Pen offre à ses « prises de guerre », c'est plus le rêve du pouvoir que sa réalité. Si elle a tenté, et partiellement réussi, la « dédiabolisation » du mouvement que présidait son père, elle use désormais d'un grand nombre d'arguments chocs martelés d'une réunion à l'autre : l'UMP et le PS, c'est du pareil au même ; la droite au pouvoir ne fait jamais ce qu'elle a promis, pas plus d'ailleurs que la gauche. L'une et l'autre ne parviennent pas à endiguer la crise, tandis que la politique d'austérité est combattue partout en Europe, etc.

Lorsqu'il entre au Rassemblement Bleu Marine, après Florian Philippot et Philippe Martel, entre autres, Sébastien Chenu est certes en partie motivé par les difficultés qu'il a connues à l'UMP. Ancien chef de cabinet de Christine Lagarde à Bercy, soutien actif de NKM pour la mairie de Paris, il s'est vu débarquer sans ménagement de la tête de liste qui lui avait été promise dans le 2e arrondissement de la capitale. Le retour de Nicolas Sarkozy à la tête du parti et son hostilité affichée au mariage gay ne pouvait qu'inciter Sébastien Chenu, fondateur d'un mouvement qui dit son nom, la *gaylib*, à s'éloigner de l'UMP.

Mais pourquoi adhérer au Front national ? Pourquoi aller si loin ? Chenu, qui se vante de ne pas avoir voté le traité de Maastricht en 1992, se dit convaincu, en partie au moins, par le diagnostic de Marine Le Pen sur l'Europe et l'euro. En réalité, la « dédiabolisation » opérée par celle-ci lui permet de croire que le FN, s'il parvient à renoncer à d'inutiles provocations, finira par dominer la droite dans les années qui viennent.

Le pari est loin d'être réussi. Le Front national est menacé par des luttes de courants plus ou moins hostiles à ces nouveaux venus de l'UMP ou d'ailleurs. Marine Le Pen a la tâche redoutable de réaliser une synthèse permettant de garantir l'unité de son parti. Comment durablement concilier cette nouvelle classe de dirigeants quadragénaires, issus de l'ENA ou d'ailleurs, tous bon chic bon genre, avec des cadres plus anciens ? Parviendra-t-elle à changer le FN, si tant est qu'elle veuille réellement le faire, sans perdre une partie de ses troupes ? Si Marine Le Pen parvenait, flanquée de ses nouveaux adjoints, à dédiaboliser complètement le Front national, celui-ci résisterait-il durablement à une telle mutation ?

2015

1er janvier

Vœux présidentiels. François Hollande a-t-il le temps de rebondir ? Est-ce déjà trop tard ?

Hier, après son allocution, dîner chez Clotilde Valter. Dominique Lefebvre, député socialiste qui appartient au dernier carré hollandais, me résume en deux phrases l'une des erreurs majeures des deux premières années du quinquennat : « Hollande aurait dû laisser, dans le gouvernement de Jean-Marc Ayrault, une place à ceux qui s'étaient ralliés à lui au deuxième tour. Il fallait le proposer à Bayrou et à Mélenchon. Mélenchon n'aurait sans doute pas accepté, d'autres peut-être auraient dit oui. »

Il évoque aussi la trop forte imposition décidée au début du mandat, avec l'aval de Jérôme Cahuzac – dont nous parlons longuement à cette occasion puisque Dominique est son ami : plus de 30 % d'augmentation alors que la baisse des dépenses de l'État n'était même pas réellement envisagée !

6 janvier

Il n'a décidément pas de chance, Hollande. Je l'écoute ce matin sur France Inter, où il est interviewé pendant deux heures. Vraiment convaincant sur la politique étrangère, notamment quand il raconte à Bernard Guetta son entrevue de l'aéroport de Moscou avec Poutine qu'il m'a déjà narrée en privé il y a quelques jours. Bon aussi lorsqu'il évoque les problèmes économiques, le chômage (dont il assume publiquement l'échec), le pacte de responsabilité, la loi Macron et ses espaces de liberté. Mauvais, en revanche lorsqu'on lui demande s'il envisage une primaire, s'il se représentera en 2017... Que peut-il répondre à ces questions idiotes, sinon qu'on verra bien ?

Pour le reste, je comprends sa volonté de « communiquer ». Que n'a-t-on pas dit sur sa communication ? Qu'elle était nulle. Qu'il était un président trop « normal », puis trop présent, trop envahissant. Qu'il ne montrait pas le cap, puis qu'il le montrait trop...

Je le regarde sur le site de France Inter. À un seul moment, il perd sa jovialité : quand Charline Vanhoenacker trouve le moyen de lui faire une cour imbécile, le traitant en homme à femmes qu'il est peut-être. Elle va jusqu'à brandir des pancartes, que ne voient pas évidemment les auditeurs, mais que les usagers du site savourent au contraire : « je vous aime », etc. Que peut-il faire là encore ? Il se garde de sourire, regarde ailleurs, attend que cela passe...

En fait, une seule volonté derrière ces interventions, qu'il doit, vœux obligent, répéter à peu près chaque jour jusqu'à la fin du mois : distiller de l'optimisme à un peuple dont le moral s'effondre. Montrer que tout reste possible en 2015, année charnière du quinquennat. Deux ans derrière lui, deux ans devant.

9 janvier

Impossible d'écrire un mot durant les deux jours qui viennent de s'écouler. Dix-sept Français ont été assassinés à Paris, dont une partie de l'équipe de *Charlie Hebdo*, Cabu, Wolinski, Tignous... J'aimais surtout Wolinski, avec son visage à la fois rond – les joues – et triangulaire – le bas du visage –, de telle façon qu'il avait toujours l'air de sourire, même lorsqu'il était indigné. De l'indignation, il en avait à revendre, cet anar, passé par le Parti communiste, longtemps chroniqueur de *L'Humanité*, puis caricaturiste à *Match*.

Je dis chroniqueur, car en un dessin, il écrivait un édito, sans fioritures, sans longues phrases ampoulées : une image vaut cent mille mots. C'est le cas des dessins de Wolinski, peut-être plus que de tout autre.

Je me rappelle avoir estimé, comme Edgar Morin, qui le rappelait hier dans *Le Monde*, lorsque *Charlie Hebdo* a publié les caricatures de Mahomet, qu'il était nuisible de toucher au cœur les croyants, quel que fût leur Dieu, et que c'était menacer la cohésion nationale dans un pays comme la France qui comptait déjà, à l'époque, quatre à cinq millions de musulmans. J'aurais pensé la même chose, si Jésus-Christ avait été ridiculisé par un dessin – il l'a été d'ailleurs, en 1982, à la télévision, entre Noël et le jour de l'An. Quant aux juifs, comment oublier, telles qu'on peut encore les voir dans les journaux de la collaboration, les caricatures et l'exposition du Grand Palais sur le juif Süss ? S'agissant de *Charlie*, j'avais trouvé que cela relevait davantage du mauvais goût anar que du sacrilège. De là, des années après, à ce que ses dessinateurs soient exécutés sauvagement par deux djihadistes cagoulés munis d'armes de guerre, il y a un épouvantable abîme.

Il y a quelques années, j'avais partagé avec les caricaturistes de *Hara-Kiri* et de *Charlie* l'aventure télévisée de *Polémiques*. Ils étaient des camarades de plateau précieux à l'antenne. Je n'ai pourtant noué avec aucun d'eux de véritables liens amicaux. Peut-être parce que les anars ne me font pas rire, ils m'agacent même plutôt, à force de cacher derrière cette manière de se moquer de tout une façon de ne croire en rien ni personne. Aujourd'hui ce jugement, le mien, me paraît odieux parce qu'ils sont morts, justement, de n'avoir pas cru, et d'avoir poussé ce refus jusqu'au refus d'Allah. Nous avons vécu à une époque où pareille chose était possible, elle ne l'est plus. Leur audace, c'est cela dont ils sont morts. Il n'y a pas beaucoup de gens qui meurent de ce mot.

Je me dis aussi que rien, en France, ne sera plus comme avant. Lorsque l'émotion retombera, comme ce sera le cas, beaucoup de choses auront été détruites. Et notamment la cohésion, le « vivre ensemble » selon la formule sacrée des sociologues de gauche. Pas d'amalgame, disent les bien-pensants, et moi aussi, entre les musulmans et les islamistes. Mais comment cela serait-il possible, dans un pays où vivent désormais six millions de musulmans, comment empêcher que la méfiance, la peur, ne l'emportent ? Il est vrai que la colère, le chagrin, l'incompréhension, la stupeur ont réuni sur les grandes places des villes françaises des dizaines de milliers de nos compatriotes, touchés au cœur par la mort de ceux qui les ont fait tant rire. Vrai aussi que les représentants des religions ont affiché une belle unanimité dans leur condamnation commune du drame, et que les quelques phrases prononcées par l'imam de Drancy devant l'immeuble du journal attaqué démontrent qu'il y a un autre islam que celui des frères Kouachi. On voit bien tout ce que les positions prises par une partie de ce que l'on pourrait appeler le « clergé » musulman ont de courageux. De très nombreux imams ont été attaqués par des opposants islamistes pour moins que cela.

Est-ce assez pour éviter tout amalgame ? Hélas, on sait bien que non. Dès la nuit de mercredi, des mosquées étaient vandalisées en plusieurs endroits, tandis qu'en Allemagne, les manifestations contre l'islam et les islamistes se répètent depuis des semaines. Ce ne sont pas les assassinats des caricaturistes français qui vont y mettre un terme. Et puis, comment ne pas voir à quel point, dans les banlieues, à l'intérieur de ce qu'on ne veut pas appeler la communauté musulmane, beaucoup de parents sont incapables d'empêcher la radicalisation de leurs fils, qu'ils disent le plus souvent ne jamais avoir remarquée. Le nombre des jeunes musulmans choisissant de rejoindre en Syrie ou en Irak des combattants qu'ils ne connaissent pas pour une cause qu'ils croient bonne, et qu'ils ne connaissent pas davantage, augmente de mois en mois. Les femmes se voilent de plus en plus souvent, et, dans les villes de Seine-Saint-Denis, il est rare qu'une d'entre elles se trouve dans la rue à la nuit tombée. Intégration, vous avez dit intégration ?

13 janvier

Historique, l'incroyable mobilisation des Français dans la rue, dimanche. Une manifestation tentaculaire à Paris, une déferlante d'hommes, de femmes, d'enfants, sereins, éclairés presque par leur détermination, leur courage, leur volonté d'être là. Des *Marseillaise* à tous les coins de rue. Les forces de l'ordre – gendarmes, policiers – applaudies, ovationnées. Du jamais-vu.

La présence dans une même manifestation de quarante-cinq chefs d'État et de gouvernement de l'Europe et du monde. Un peu hétéroclite, certes, ce mélange entre des dirigeants démocratiques et ceux qui le sont moins (pays arabes, émirats, Turquie, d'un côté, pays européens de l'autre). Un sans-faute, néanmoins, ce sommet antiterroriste réuni dans l'urgence par François Hollande. Avec quelques images que je n'oublierai jamais : celle d'Angela Merkel, yeux fermés, appuyant son front sur l'épaule de François Hollande sur le perron de l'Élysée. Plus tard, Mahmoud Abbas et Benjamin Netanyahou[1], l'un à la gauche de François Hollande, l'autre à sa droite en tête de défilé...

En France même, je ne sais pas si on peut parler d'unité, d'union nationale, mais enfin l'image de Nicolas Sarkozy accueillant, sur le perron de l'Élysée, les anciens Premiers ministres de droite, aux côtés de François Hollande, avait quelque chose de grand. Petite histoire, drôle, moins noble à ce sujet : au troisième rang de la manifestation de dimanche, Nicolas Sarkozy et Carla Bruni étaient cachés par les chefs d'État. Alors, subrepticement, Sarkozy est remonté, de centimètre en centimètre, jusqu'à apparaître, un instant, au premier rang, juste derrière Netanyahou. Ce sont les gardes du corps du Premier ministre israélien qui l'ont empêché de progresser, car il le serrait de trop près !

Aujourd'hui mardi, séance à l'Assemblée nationale. Il fallait voir l'hémicycle tout entier debout acclamer Manuel Valls après le discours de trois quarts d'heure, largement improvisé, prononcé à la tribune de l'assemblée. Un discours vraiment excellent, de bout en bout, techniquement et politiquement. Techniquement, parce que l'éloquence de Valls s'est révélée parfaite : voix ferme dans la colère, voix assourdie lorsqu'il évoque, pour finir, la « fierté d'être français ». Politiquement, parce qu'il a su être le Premier ministre

1. Respectivement président de l'Autorité palestinienne et Premier ministre d'Israël.

d'une France rassemblée, choquée, émue, en jouant sur la corde de l'unité nationale bien sûr, mais plus habilement encore, en faisant siennes, d'emblée, sans attendre les discussions futures, toute une série de propositions que l'opposition ne peut qu'approuver.

C'est à certains députés socialistes que ce discours a dû paraître bien dur : depuis le temps qu'ils tordent le nez dès qu'on parle sécurité. Pourtant, comment, après ces attentats, pourraient-ils trouver d'autres mots que ceux de Manuel Valls ?

14 janvier

Sarkozy, interrogé hier soir, lors d'un dîner, après avoir été reçu par Hollande à l'Élysée dans l'après-midi : « Alors, comment l'avez-vous trouvé ?

— De près, immonde, a-t-il répondu. Ses cheveux sont mal teints, il a l'air d'un ministre chinois. La graisse dégouline sous sa chemise, et, en dessous, il a des petites jambes d'enfant... »

J'écrivais hier que la présence de Sarkozy auprès de Hollande avait quelque chose de grand ! Bien naïf de ma part.

Autre séquence de même genre. Dans l'église Saint-Germain-des-Prés pendant la messe d'enterrement de Jacques Chancel, Sarkozy est assis à quelques pas devant Jérôme Béglé. Je suis juste derrière, mais Sarkozy ne m'a pas vue. « Ah, bravo pour votre Juppé ! » crache-t-il à Béglé, en faisant allusion à l'article formidable de Franz-Olivier Giesbert sur son concurrent au sein de l'UMP. Dans une église, au moment du recueillement !

16 janvier

Lors de la soirée d'inauguration à la Villette de la formidable œuvre de Jean Nouvel, la Philharmonie de Paris, deux mille cinq cents personnes présentes dans la salle ont réservé une formidable ovation à François Hollande. Lequel a été presque surpris de cet accueil, lui qui ne subit depuis des mois que bronca et bashing : il a été applaudi pendant cinq minutes, au point qu'il a saisi la main de Manuel Valls, proche de lui, à la manière de Mitterrand prenant celle d'Helmut Kohl, à Verdun. Les deux hommes ont ainsi entendu, ensemble, sans mot dire, les applaudissements d'une foule qui, en temps ordinaire, serait, au mieux, restée silencieuse. Je sais bien que cela ne durera pas.

24 janvier

Il faut se pincer pour y croire. Hollande a été fêté par tous à son arrivée à Davos ! Les attentats contre *Charlie Hebdo*, la dignité de sa réaction, la justesse des paroles qu'il a prononcées, ont fait que sa cote de popularité est remontée de manière spectaculaire. Derrière lui, sur la cheminée de son bureau, là même où l'image de Valérie Trierweiler est restée si longtemps, trône désormais la photographie des quarante-cinq chefs d'État coude à coude, au premier rang de la manifestation du 11 janvier.

Le Point rapporte à longueur de colonnes ces cinquante-neuf heures où il est devenu président, où il a « fait président », selon l'expression quasi consacrée. Tout laisse à penser que rien pour lui ne sera plus comme avant.

On rapporte que, pendant ce temps-là, Nicolas Sarkozy est comme un lion en cage. Fou de colère à l'idée que son prédécesseur tire parti de la situation alors qu'il pensait l'avoir déjà éliminé. François Hollande, de son côté, est resté lui-même, maniant l'humour, du genre : « J'irais même ouvrir la porte à Sarkozy, s'il le fallait » – tout en confortant sa stature présidentielle. Il paraît que dans les nombreux conseils qu'il a animés pendant ces cinquante-neuf heures, il appelait tous les ministres par leur titre, en les voussoyant. Président normal se révélant dans une situation exceptionnelle.

Je ne crois pas que ce climat d'union nationale durera. Surtout si un autre attentat se produit, si rien ne change par ailleurs. Mais enfin il sera dit, par beaucoup, que pendant cette brève période, Hollande est devenu Hollande.

27 janvier

Déjeuner avec Nicolas Dupont-Aignan et Dominique Jamet. Nous parlons, entre autres sujets, de François Hollande, que Dupont-Aignan n'épargne pas. Il l'a rencontré récemment, comme les autres chefs de parti. Il me dit que le chef de l'État, plutôt rigolard, lui a rétorqué, après avoir écouté ses arguments sur les faiblesses, les handicaps de l'Europe : « Très bien, il te reste à convaincre Angela Merkel. »

« Comme si le vrai patron, c'était elle. Dans la politique européenne, il apparaît comme un analyste, un spectateur, jamais comme un acteur.

— C'est Vichy », surenchérit Dominique Jamet, qui a des souvenirs. Malgré les circonstances, ni l'un ni l'autre n'a changé d'avis sur Hollande, qu'ils prennent pour un charmant garçon, sans perspectives et sans volonté. Ce qu'il a voulu dire à Dupont-Aignan, c'est que, sans Merkel, il est difficile de faire avancer l'attelage européen. Il l'a formulé d'une façon apparemment gentille comme pour aller dans le sens de son interlocuteur : « Vous pensez que Merkel dirige tout, eh bien, c'est vrai. »

Dupont-Aignan s'en est indigné : « Imaginez-vous François Mitterrand parlant ainsi ? » Non, quoique Mitterrand n'ait pas su tenir tête à Helmut Kohl : sur tous les sujets, notamment la Serbie...

31 janvier

Rien ne va plus entre le président de l'Assemblée nationale et celui du Sénat, Claude Bartolone et Gérard Larcher. Et ce, au moment précis où François Hollande les a chargés l'un et l'autre de conduire une mission commune sur l'engagement républicain.

Bartolone, à un moment où personne ne l'attendait, a ouvert le feu sans sommation sur Larcher en se déclarant, à la radio, favorable à une fusion du Sénat avec le Conseil économique et social. Cette assemblée-là, a-t-il suggéré, bon apôtre, aurait tout le temps de se consacrer au long terme, c'est-à-dire, si on le comprend bien, de débarrasser le plancher pour le court terme.

Gérard Larcher a réagi avec l'ardeur qu'on imagine à ce tir à bout portant : plus question de collaborer avec celui qui veut sa mort. Il fera seul son rapport au président de la République.

Il regrette que Bartolone ait attaqué le Sénat au moment où il aurait dû avoir une attitude «propice au rassemblement», tandis que le président de l'Assemblée lui a adressé une lettre en lui demandant de ne pas... «fracturer la précieuse unité nationale».

Du coup, chacun démontre que cette union est un peu comme l'auberge espagnole : chacun y apporte ce qu'il veut.

2 février

Élection partielle à risque pour la majorité, annonçaient les oracles. Eh bien, ils avaient tort : c'est l'UMP qui a été éliminée dès le premier tour dans le Doubs[1]. Un souffle d'air pour Hollande et Valls, qui y voient le signe d'une remontée de l'exécutif. La candidate FN est certes à 35 % mais le socialiste, ancien suppléant de Moscovici est bien placé pour l'emporter au deuxième tour.

Je ne sais si on peut en tirer les conclusions d'un retour en grâce du président et du gouvernement. Mais le fait est que la droite est piégée. Quelle attitude doit-elle adopter pour le second tour? Dès lundi matin, chacun y va de son couplet. NKM assure qu'elle voterait socialiste si elle était électrice dans le Doubs. Le dirigeant du centre, Jean-Christophe Lagarde, dit la même chose. En revanche, Laurent Wauquiez penche pour le «ni-ni», position sur laquelle le rejoint François Fillon. Alain Juppé, un peu plus tard, reprend sur son blog la formule de NKM en faveur d'un vote socialiste. Dans la journée, Nicolas Sarkozy se montre un peu plus nuancé : non au FN, dit-il, mais liberté de vote aux électeurs. L'évidence est que l'ancien président n'a plus sur son parti l'autorité qui était la

1. Élection partielle rendue nécessaire après la démission de Pierre Moscovici, devenu commissaire européen.

sienne. Les différents leaders n'attendent même plus qu'il se soit exprimé. Ils font entendre leur voix à toute allure avant lui, surtout avant lui.

Il faut dire qu'il est empêtré dans l'unité nationale : s'il en sort trop tôt, il risque d'être désavoué pour son impatience. S'il y reste, il est condamné à l'inertie. Invité aujourd'hui à la cérémonie des Invalides où Hollande rendait hommage à des aviateurs morts en Espagne[1], il est apparu derrière le président comme souffrant le martyre, mais néanmoins obligé d'être là et de faire bonne figure. On ne peut pas refuser l'invitation du chef de l'État quand il s'agit d'accompagner les corps de soldats français.

Après la cérémonie, Nicolas Sarkozy a été mis en minorité par son bureau politique, puisque c'est la stratégie du « ni-ni » qui l'a emporté contre sa volonté, comme s'il était en train de perdre les commandes du parti. Ce qui est sûr, c'est que tous les chefs de l'UMP tirent à hue et à dia, le plus souvent pour défendre leur pré carré face à lui. Et aussi qu'ils ne savent plus que faire face au FN.

7 février

Semaine calamiteuse pour Sarkozy, titre *Le Monde*. Ce qui est calamiteux, on le sait maintenant, c'est qu'il ait préféré aller faire une conférence à l'étanger, pour 100 000 euros, avant de régler le problème du Doubs. Je comprends mieux pourquoi les différents leaders de l'UMP, écœurés, n'ont pas attendu son retour pour faire connaître leur position. Le soir, il est arrivé au bureau politique avec une seule préoccupation : rassembler. Parce qu'il joue la primaire et juge d'abord nécessaire d'adoucir les angles pour occuper le plus grand espace politique. Du coup, il ne s'est pas battu pour imposer son texte et propose de choisir entre deux motions : la sienne, et le ni-ni. On imagine l'effet de surprise.

1. Au cours d'une manœuvre de l'OTAN, le 26 janvier 2015, un F16 grec s'est écrasé au sol peu après son décollage, faisant onze morts dont neuf aviateurs français et deux grecs.

Ces gens ont élu Sarkozy à la présidence de l'UMP pour qu'il impose ses idées, non pour qu'il écoute celle des autres. Bref, il a été battu. Il a beau dire qu'il a volontairement laissé ses troupes choisir, sans chercher à imposer sa propre solution : pour les militants, comme pour tous les Français, il a été mis en minorité par son propre parti. Situation inconcevable !

Pendant ce temps-là, il a perdu un de ses arguments essentiels contre François Hollande. Dieu sait qu'il a dit, et fait dire, que le couple franco-allemand, sans lui, était mort ! Et voilà que Merkel et Hollande ont rencontré ensemble le président ukrainien Borochenko, puis Vladimir Poutine pour tenter de dénouer la crise ukrainienne. Au bout de cinq heures de discussion, hier, ils seraient arrivés à un accord. C'est Poutine, semble-t-il, qui a envoyé un émissaire à Hollande pour lui demander sa médiation.

La visite que lui avait rendue le président français à l'aéroport de Moscou a joué un rôle capital. C'est du moins ce que m'a dit Hollande au téléphone. Ils se sont vus, se sont entendus, ce jour-là, et ont conclu un accord sur le non-démantèlement de l'Ukraine à condition qu'elle n'entre pas dans l'OTAN. La solution est donc un statut, non pas confédéral, ce qui fâcherait Borochenko, mais un statut spécial, sur lequel il reste à s'entendre. L'Ukraine est au bord de la faillite, son armée légale pillée par les pro-Russes. Borochenko attend un accord qui lui permettrait de sauver la face. Comme Poutine d'une certaine manière, soucieux de rester le tsar de Russie, mais conscient que les sanctions l'affaiblissent. Toujours est-il que cette négociation a été un formidable succès pour Fançois Hollande étreignant Angela Merkel avec émotion devant les journalistes du monde entier. Depuis l'aéroport de Minsk, ils sont arrivés ensemble, dans la même voiture, fanions allemands d'un côté, français de l'autre, avant d'entrer dans l'immense hall kitsch du palais de l'Indépendance d'une même démarche, le visage résolu. Lorsqu'ils ont pénétré dans la salle, à leur tour, Poutine, costume bleu sombre, muscles d'acier sous sa chemise blanche, avec son pas un peu chaloupé de sportif, et Borochenko, grand gaillard au visage fermé, les yeux profondément cernés, à la limite de l'exaspération, se sont serré la main sans se regarder, tandis que Hollande et Merkel regardaient ailleurs. La mise en scène était parfaite.

Puis il y a eu le huis clos, avec de l'aveu même de Hollande des hauts et des bas, des ruptures, des portes claquées. Lorsque, à un moment de la discussion, Poutine et Borochenko ont l'un et l'autre explosé de colère et quitté la salle, la chancelière allemande et le président français sont sortis à leur tour, pour les ramener presque à leur corps défendant autour de la table.

Puis est venu le moment attendu, celui de l'annonce, par Hollande d'abord puis par Merkel, du plan de paix, assorti d'un communiqué signé par les quatre protagonistes. Croyaient-ils à la paix, à ce moment, tous les deux ? À moitié seulement. J'ai envoyé à ce moment-là un SMS à François Hollande pour lui demander comment les choses marchaient. Il m'a répondu, quelques instants après la fin de la conférence de presse commune : « La question maintenant est de savoir si ça va tenir ! » Donc pas beaucoup d'illusions. En attendant, on meurt toujours à la frontière entre la Russie et l'Ukraine.

Que n'a-t-on dit sur le couple Hollande-Merkel ? Qu'ils se haïssaient, que leurs rencontres étaient chaque fois un nouveau calvaire.

Pendant des mois, oubliant combien les relations Merkel-Sarkozy avaient été difficiles, au début du quinquennat de l'ancien président, chacun y allait, à droite surtout, de son petit couplet : jamais ces deux-là ne travailleraient ensemble. Tout séparait François Hollande d'Angela Merkel, l'un socialiste, l'autre libérale : les idées politiques, le comportement. La lenteur des réformes en France, et celles, positives, déjà réalisées en Allemagne. La volonté allemande de rester dans l'orthodoxie budgétaire européenne, et celle, française, de desserrer les contraintes, notamment sur le sacro-saint critère des 3 %. Entre un président consensuel et une chancelière de fer, pourrait-il y avoir un jour une vraie entente politique ? Sans doute, si l'on en croit ce qui s'est passé jadis entre le centriste Giscard et le social-démocrate Helmut Schmidt, le socialiste Mitterrand et le libéral Helmut Kohl.

18 février

Croire que François Hollande avait quelque chance de sortir du bourbier, c'était compter sans la bêtise des socialistes. Après des heures et des heures de discussion sur la loi Macron, voilà que les «frondeurs» laissent entendre qu'ils risquent bien, un certain nombre d'entre eux en tout cas, de ne pas voter la loi. Réunion du groupe parlementaire socialiste hier matin. Valls en sort le visage fermé après avoir pris la mesure du désaveu d'une partie du groupe. Ahurissant ! Car enfin, qu'est-ce qu'elle prévoit, cette loi qui indigne l'aile gauche du PS ? Elle autorise tout simplement l'ouverture de certains magasins douze fois par an[1]. Ce travail du dimanche est dénoncé par ces verbeux comme une insupportable atteinte aux grands principes, une véritable offense au socialisme. Où l'idéologie va-t-elle se nicher !

Macron, qui a négocié des heures et des heures avec l'opposition et la majorité, s'énerve, l'après-midi, à son banc de ministres. Pâle, il s'adresse, dans un large mouvement, aux deux côtés de l'hémicycle, avec une rage à peine contenue. Il désigne ceux qui ne veulent pas, dit-il, que la France change : les communistes et l'extrême gauche d'un côté, la droite de l'autre. Les premiers ne veulent pas voir le monde tel qu'il est, les autres, n'ayant rien fait lorsqu'ils étaient au pouvoir pour arranger la situation, ne supportent pas l'idée qu'un gouvernement de gauche puisse le faire.

Au banc du gouvernement, on a vu Valls et Le Guen, le spécialiste en «comptage» de voix, se concerter à voix basse. Non, décidément non, le compte n'y est pas. Après un coup de téléphone à l'Élysée, on choisit de recourir au vote bloqué. On apprendra plus tard que, dès 14 heures, un Conseil des ministres extraordinaire avait autorisé Valls à le faire.

Il faut entendre les bons apôtres s'insurger alors contre le recours au 49.3 comme si aucune discussion n'avait eu lieu sur

1. Le texte prévoit également des zones touristiques dans lesquelles les magasins sont ouverts tous les dimanches et le soir. Ainsi qu'une disposition sur la libéralisation du transport en autocar à travers la France.

le texte, alors que Macron a négocié pied à pied avec les deux camps pendant une centaine d'heures.

Bref, une gauche irresponsable, une droite revancharde. Les frondeurs, en brandissant la menace d'une abstention ou même d'un vote hostile, ont choisi la division, sur un texte majeur pour François Hollande. Ils l'ont fait au moment où, après deux années épouvantables, Hollande, bénéficiant de ce semblant d'union nationale qu'on appelle « l'esprit du 11 Janvier », semblait pouvoir reprendre son souffle. Auraient-ils voulu faire la preuve que la gauche était incapable de gouverner qu'ils ne s'y seraient pas pris autrement.

Quant à la droite, elle a été pitoyable. Sur le travail dominical ou la libéralisation des transports, la loi Macron formulait des propositions acceptables, et même souhaitées par elle depuis longtemps. Ce qui n'a pas empêché leurs porte-parole d'annoncer qu'ils ne voteraient pas le texte, sous le prétexte qu'il n'était pas assez libéral à leur goût. Leur petit intérêt politicard est passé avant l'intérêt général. Il est vrai que les élections départementales auront lieu dans moins d'un mois. Le gouvernement n'a plus de majorité, annonce Nicolas Sarkozy dans un tweet immédiat. C'est hélas vrai : Manuel Valls a beau dire au JT de 20 heures qu'il y a encore du carburant dans son moteur, comment aura-t-il à l'avenir une majorité qui lui a fait défaut hier ?

20 février

Charles Villeneuve m'a rapporté ce matin la version, donnée sans doute par l'opposition, de la décision prise par Manuel Valls de recourir au 49.3. Selon elle, Macron était fou de rage contre Valls. Il pensait que l'engagement de responsabilité du gouvernement pouvait être évité, que l'article 49.3 a anéanti tous les efforts qu'il avait faits pendant quinze jours. Qu'en réalité, Manuel Valls aurait jugé que Macron prenait trop d'importance et qu'il fallait lui rabattre son caquet.

Je n'y crois pas tout à fait, ou pas comme ça. Mais enfin, il vaut mieux vérifier.

Je me précipite chez Alain Bergounioux, qui, depuis sa petite loge au rez-de-chaussée de la rue de Solférino, sait tout et suit tout. Sa version n'est pas celle que l'on colporte. Nous reprenons le fil des événements depuis dimanche. Tout a changé dans les calculs de vote, à partir du moment où Benoît Hamon a annoncé sa décision de voter contre la loi. Une vingtaine de socialistes de son courant le suivaient.

« Nous, nous savions, me dit Bergougnoux, que Hamon et les siens, auxquels s'ajoutaient les signataires de la motion 3, et les aubrysistes "radicaux", cela faisait près de quarante députés. Sans compter les ambiguïtés de Karin Berger. Le risque était réel, nous étions à cinq ou six voix près.

« C'est la première fois depuis 1958, poursuit-il, qu'un Premier ministre brandit cette arme contre sa propre majorité. »

Mais pourquoi donc les frondeurs sont-ils restés sur cette ligne ? Ils auraient pu, après les journées de janvier justement, décider de calmer le jeu. C'était sans compter le fait qu'ils avaient annoncé, depuis longtemps déjà, qu'ils feraient porter leur offensive sur la loi Macron, que c'était le terrain choisi, le champ de bataille prévu de l'avant-congrès.

« Il existe, sur le site du PS, vingt-sept motions différentes, de quarante pages chacune, pour le prochain congrès socialiste, résume Bergounioux. Certaines sont compatibles, et Cambadélis fait tout pour les rapprocher. D'autres traduisent un désaccord fondamental.

— Ah oui, lui dis-je, toujours le bon vieil antagonisme entre Jaurès et Guesde !

— N'exagérons rien. En tout petit... »

Cela ne l'empêche pas de trouver que la responsabilité des frondeurs est grande. « Ils ont pris leurs distances dans une conjoncture qui redevenait positive, mais malheureusement pas suffisante pour inverser la tendance des élections départementales. Hamon n'a aucun sens du moment historique ! »

Je lui demande si Martine Aubry selon lui est derrière tout cela. Il n'en est pas sûr : sur la loi Macron, ses affidés se sont divisés en deux camps, « les modérés et les radicaux, plaisante-t-il, comme pour l'islam ».

Valls est sans doute, aujourd'hui, plus fort qu'il ne l'était il y a six mois. En janvier, il a pris une autre dimension. Son comportement, sa présence, son talent ont marqué. Mais pas assez pour qu'il devienne majoritaire au sein de son parti. Il représente 30 % à peu près des socialistes, pas davantage. « C'est pour cela qu'il n'a pas déposé de motion au futur congrès, il ne veut pas que les débats tournent autour du soutien ou de la condamnation du gouvernement. »

24 février

Décoration de Jean-Noël Jeanneney à l'Élysée. La cérémonie a lieu dans un petit salon à côté de la salle des fêtes ; François Hollande entre pile à l'heure, souriant et rose, comme s'il n'avait eu que cela à faire dans la journée. Petit discours très sympathique, allusion à la filiation républicaine de Jean-Noël (grand-père et père ministres, mère née Monod, Jean-Noël lui-même marié à la fille de Pierre Cot). Gentil discours, drôle, comme il en a le secret. Réponse de Jean-Noël – ce qui est tout a fait inaccoutumé, puisque le président parle toujours en dernier. Une preuve de plus que le président actuel est bien un homme normal !

On l'interroge, après la cérémonie, sur l'Ukraine et la Russie. Je l'entends parler de sa rencontre avec Vladimir Poutine dans une toute petite pièce du palais biélorusse. Poutine passe une grande partie de son temps à expliquer qu'il n'est pour rien dans les agissements des pro-Russes hostiles à l'Ukraine, qu'il n'a pas d'influence sur eux. Néanmoins, en contradiction totale avec ce qu'il vient de dire et de répéter, il finit par convenir au bout de quelques heures qu'il est en mesure de faire venir deux de leurs représentants, qui arrivent, en effet, habillés en soudards. « Nous nous demandions (avec Angela) s'ils étaient saouls ou drogués, raconte Hollande.

— Les deux peut-être, dis-je.

— Oui, les deux», reprend-il, comme si cela allait de soi.

Comment cela s'est-il passé avec Angela Merkel? «Elle a de la résistance, nous confie-t-il. Même un peu trop. En arrivant, nous nous attendions à y passer toute la nuit. Mais elle, après plusieurs heures, elle en était encore à reprendre un mot, à vouloir changer une phrase, méticuleuse, ne laissant rien passer. À la fin, c'est moi qui ai dû accélérer. Elle m'a dit, à un moment : "C'est très bien d'être deux. Lorsque je faiblis, tu prends la relève. Lorsque c'est toi, tu me fais confiance."»

Poutine est convaincu que les Américains sont ses ennemis principaux, qu'ils nourrissent un vrai complot contre lui. Il se pense en situation de guerre froide, et d'ailleurs, nous confie encore Hollande, le seul Américain qu'il consulte, Henry Kissinger, ne pense pas autrement. Que les États-Unis envisagent de faire entrer l'Ukraine dans l'OTAN relève presque d'une provocation. «Lorsque nous lui promettons que ce ne sera pas le cas, Poutine nous croit à peine, il ne voit les choses que par rapport aux États-Unis.»

Entre eux, ces trois chefs d'État se tutoient. C'est du moins ce que fait Hollande en nous racontant leur nuit de négociations. Se tutoient-ils vraiment? «Oui répond-il, mais enfin, c'est ainsi que les traducteurs traduisent. En anglais surtout, il est difficile de faire la différence...»

Angela et lui se tutoient, mais Poutine?

«Pour lui, Angela Merkel est une femme de l'Est, c'est important. Parfois, ils se parlent en russe. Ils se murmurent des mots à l'oreille. Puis Poutine me regarde et dit : "Tu vois, nous avons nos petits secrets." La raison le pousserait à entendre nos arguments, poursuit François Hollande. Mais la passion, non. C'est nous qui faisons écran entre l'Amérique et lui. Si nous échouons à arrêter la guerre, les États-Unis seront en position de force. Il le comprend, mais ne peut pas le supporter.»

Auparavant, le chef de l'État a raconté à la trentaine de personnes présentes qu'il avait reçu mon SMS au moment précis où il entrait dans le hall gigantesque du palais de Minsk.

«Le plus fort, lui dis-je, c'est que vous m'avez répondu.»

Ce qui m'a vraiment étonnée, et presque apitoyée, c'est que, évoquant cette nuit blanche passée avec Merkel et Poutine, il fasse le rapprochement avec les commissions de résolutions du PS, où, passé une heure ou deux du matin, on savait qu'on en avait pour la nuit entière, et qu'alors, il n'y avait plus de raison que cela s'arrête. Vivre des heures comme celles-là, et les comparer aux travaux d'une commission de parti !

26 février

Rencontré, à l'Élysée, celui que l'on présente comme le « nouvel homme fort » de la communication de François Hollande. On a beaucoup dit en effet que sa communication était très mauvaise, divisée entre Christian Gravel, l'ancien chargé de communication de Valls avant 2011 et Claudine Ripert, la femme d'un camarade de promotion aujourd'hui ambassadeur.

Aujourd'hui, une seule personne règne sur cet ensemble de trois bureaux du palais, au premier étage, à gauche, là où il y a des dizaines d'années sévissait le trio pompidolien Baudoin-Guillaud-Marchetti. Rien n'a changé, ni les fauteuils, ni les rideaux.

Jeune homme sympathique, qui a pris à brûle-pourpoint la place d'Aquilino Morelle auprès de François Hollande, Gaspard Gantzer est un camarade de longue date d'Emmanuel Macron, avec lequel il était à l'ENA. Il a travaillé à la mairie de Paris aux côtés de Nicolas Revel, autre collaborateur du président. Il a un visage avenant, plutôt gai, et ressemble, avec des traits moins accusés, à Emmanuel Macron. C'est lui, à peine nommé, qui a convaincu François Hollande de répondre aux questions de Jean-Jacques Bourdin sur BFM.

« Tout de même, lui dis-je, Marion Cotillard et Mélanie Laurent ont accompagné le président aux Philippines pour la préparation du sommet sur l'environnement prévu en France pour la fin de l'année. Est-ce sérieux ? N'est-ce pas trop accorder à l'information people ? »

Il ne le pense pas et en est même très content. Il n'en attribue pas l'idée toutefois à Nicolas Hulot, lequel, en effet, est très inspiré en matière de communication.

« Nous nous disions que le voyage à Manille du président passerait inaperçu, vous voyez bien que nous avons eu raison puisque vous m'en parlez ! »

Il évoque une présidence qui doit avoir le sens du tempo, du moment, de l'endroit... Bref, sa conviction est qu'une information doit toujours être surprenante sur le fond et sur la forme. Et qu'il y faut aussi une petite, sinon une grande dose de transgression, d'où le recours à Jean-Jacques Bourdin.

Il me paraît ou se veut optimiste, estimant que le moral des entreprises va mieux, comme celui des familles. Il se déclare convaincu de ce que le président a depuis le début de l'année fait la preuve de sa « présidentialité », tout en sachant rester très proche des Français : « La proximité est dans son ADN. »

Reste un troisième point, celui de l'efficacité. Mais pour cela il faut encore attendre.

Ce n'est qu'une anecdote, mais elle fait mes délices. Sarkozy est très séduit par Charles Consigny, encore étudiant, sorte de jeune Philippe Tesson, talentueux et déconcertant. Il l'a reçu la semaine dernière et lui a parlé de ses prestations à BFM et RMC, dans l'émission intitulée *Les Grandes Gueules*.

« Combien êtes-vous payé ? lui a demandé Sarkozy.

— 300 euros par prestation », lui dit Charles.

Sarkozy a retenu une moue : « Eh bien, lui a-t-il dit, avec une nuance de stupeur (ou de mépris), vous ne roulez pas sur l'or ! »

Qu'un étudiant puisse gagner 900 euros par semaine, pour Sarkozy, c'est vraiment indigne et misérable.

8 mars

L'autre jour, à je ne sais quelle occasion, le journal télévisé de France 2 avait partagé son écran en deux. D'un côté, Valls, prenant son public à bras-le-corps, sans cravate, presque frêle à la tribune. De l'autre, Sarkozy, dans une autre ville, sur une autre estrade. Visages différents, plus marqué chez Sarkozy, plus jeune chez Valls. Pas le même camp, pas les mêmes mots. Mais une même attitude : une sorte d'appétit, de gourmandise, et de gravité à la fois. Dévorés, voilà le mot. Dévorés par la politique, la puissance, la vie qui passe, l'avenir.

Je regarde Manuel Valls, jour après jour, prendre une autre dimension. Un peu trop colérique, un peu trop indigné, mais une présence, une densité, tout à fait étonnantes. Il croit à ce qu'il dit, personne ne doute de sa sincérité. On ne le ressent ni madré, ni machiavélique, ni tordu. On peut le détester, ce que commencent à faire pour de bon les exclus de « la gauche de la gauche », mais on ne peut pas dire qu'il ne soit pas à la hauteur, inerte, indécis.

Il donne, comme Rocard, l'impression de dire la vérité, de ne pas être habité par de petites querelles, mais par l'intérêt général. Peut-être en fait-il trop, comme ce matin, lorsqu'il a déclaré redouter, parlant des départementales prochaines, que la France « se fracasse » contre le Front national ? Il le fait pour mettre les électeurs devant leurs responsabilités, rappeler à l'ordre une partie de cette gauche, mécontente de Hollande, tentée par l'abstention ou même – cela s'est vu lors de la dernière élection partielle du Doubs – par le vote Le Pen. Est-il trop dur ? Trop volontaire ? Vaut-il mieux se taire, face à la montée du FN ? Se dire que jamais, dans un deuxième tour, des législatives ou de la présidentielle, le candidat FN ne sera en mesure de gagner, qu'une sorte de Front républicain, qui ne dirait pas son nom, empêchera toujours sa victoire ? Faut-il au contraire, en condamnant la montée du FN, risquer de le stigmatiser ? A-t-il tort ou raison de le désigner comme l'abomination, quitte à augmenter son influence ?

Face au FN, les partis dits « républicains » porteront longtemps la responsabilité de ne pas être parvenus, devant l'urgence, à surmonter leurs clivages. Comment ne pas penser à l'immédiate avant-guerre, à la faiblesse des partis face à la montée du national-socialisme, tandis que les Ligues occupaient le pavé, insultant indifféremment Léon Blum et Daladier.

12 mars

La campagne départementale souligne jour après jour la désunion des forces de la gauche : partout, elles arrivent à la bataille en ordre dispersé. Partout où ils ont été en mesure de le faire, les Verts poussent leurs candidats. Le Front de gauche et le Parti communiste affirment leur présence, parfois en s'opposant entre eux d'une circonscription à l'autre. Sans oublier ces satanés frondeurs, qui refusent de rentrer dans le rang, attentifs à recruter de nouveaux venus dans leur chapelle, et à peser ainsi plus lourd dans le PS, sans craindre les ravages prévisibles, pour eux aussi, des élections du 22 et 29 mars.

Comment François Hollande compte-t-il recoller les morceaux ? Il a déjà anticipé la défaite des départementales. Pourra-t-il le faire plus tard, dans la perspective de l'élection présidentielle ? Rien n'est moins sûr. Et on ne voit pas bien comment l'« apéro » offert aujourd'hui par le président à une petite douzaine de députés frondeurs, et fiers de l'être, pourrait changer les choses : avant même que la rencontre ait lieu, le président a pris la précaution de dire qu'il ne changerait pas d'un iota sa politique économique. Quant aux réfractaires, ils ne se sont pas gênés pour faire savoir à l'avance aussi, en criant très fort pour qu'on les entende, qu'ils étaient prêts à quitter le groupe socialiste et à participer à la création d'une autre formation politique, dont on ne voit pas très bien les contours : un zeste de Cécile Duflot, un soupçon de Mélenchon, une pointe de Besancenot. Ajoutons, pour faire bonne mesure, que les députés socialistes « légalistes », ceux qui, les pauvres, ne cessent au milieu des tempêtes de soutenir le gouvernement, trouvent un peu « fort de café » que François Hollande ouvre les portes de l'Élysée aux frondeurs au lieu de les recevoir eux-mêmes.

Même si Hollande a la réputation d'être un homme de synthèse hors pair, il lui faudra beaucoup d'imagination pour parvenir au retour au calme. Distribuer quelques portefeuilles ? Mais à qui, et à quelles conditions ? Si c'est pour réintroduire à nouveau le désordre au gouvernement, l'efficacité de la distribution paraît bien douteuse. Et si c'est pour se heurter à un refus, c'est encore pire. Que faire dans ces conditions ? Attendre que le désastre annoncé de la fin mars fasse revenir les uns et les autres au sens des réalités ?

Sarkozy à Consigny : « Et l'ignoble Giesbert, il vient toujours au *Point* ? » Il ne parle de Giesbert que dans ces termes : l'ignoble. Quel compliment pour un journaliste !

13 mars

Emmanuel Macron à l'émission *Des paroles et des actes* sur France 2. Oublions les traditionnelles questions sur « Vous sentez-vous un destin national ? » qui rendent insupportables les journalistes. Il s'agit en l'occurrence d'Anna Cabana, que j'aime bien, mais qui ce soir ne brille pas par son originalité. Elle vaut mieux que ça. La présidence de la République, il n'y pense pas, affirme-t-il. Même s'il est de bon ton de douter des paroles des politiques, comment ne pas le croire alors qu'il est ministre depuis six mois seulement. À la fin de l'interview, il s'énervera légèrement : « Si vous voulez me faire dire que je ne pense qu'à cela, eh bien c'est faux », répondra-t-il, de manière à arrêter ce type d'échange.

Sur la forme, Macron paraît tellement plus jeune, tellement plus convaincant, plus naturel que beaucoup. Est-il à droite, est-il à gauche ? Les interrogations se multiplient sur un ton franchement désagréable, presque comminatoire. On sent que les journalistes se sont dit : comment va-t-on le coincer, ce petit génie ? Rothschild, les millions gagnés à la banque, ministre d'un président qui a fait campagne – images à l'appui – sur : « Je n'ai qu'un adversaire, le monde de la finance »... Il a beau expliquer qu'il était déjà aux côtés de François Hollande, à ce moment-là, et d'accord avec cette phrase, qui condamnait la finance sans visage, celle des produits financiers sophistiqués et pourris qui ont envahi la planète en 2008.

« Oui, celle-là nous a fait beaucoup de mal, il faut impérativement la réguler. » Rien n'y fait. « On ne peut réduire quelqu'un à quatre ans de sa vie », proteste-t-il lorsqu'on évoque le temps qu'a duré son passage à la banque. Il a raison. Il est un peu à fleur de peau, on le serait à moins pour une première émission dans une atmosphère difficile ; mais c'est bien qu'il se batte, qu'il s'irrite parfois, comme un homme pareil à tous les autres, en somme.

Est-il pour ou contre les 35 heures, faut-il baisser les allocations chômage, et que pense-t-il des énormes dividendes distribués aux actionnaires ? Aucune question ne lui est épargnée. Il fait front avec énergie, tandis que son visage révèle tour à tour ses pensées et ses convictions. Il est social-démocrate : pour un marché régulé, pour une redistribution, pour la négociation sociale.

Les téléspectateurs, on le constate à la fin, ont été plus séduits que les journalistes. Les résultats des sondages réalisés pendant l'émission le démontrent. Il a réussi son examen de passage : les Français le croient courageux, convaincu, rassurant même, ce qui est une gageure dans la période actuelle. La réponse est plus nuancée sur son pouvoir de changer les choses : une toute petite majorité le croit. Ce n'est déjà pas mal. Peu de ministres pourraient en dire autant.

15 mars

Il paraît que la rencontre de François Hollande avec les frondeurs, l'« apéro à l'Élysée » comme on dit, n'a été appréciée ni à Matignon, ni au groupe socialiste. Il y a sans doute de l'électricité dans l'air entre Matignon et l'Élysée. Comme lorsque Mitterrand recevait quelques-uns des jeunes en grève les plus en vue, pendant que Chirac se battait contre les étudiants. Pour le Premier ministre, c'était impardonnable. Pour Mitterrand, quelle jouissance !

19 mars

L'équipe du *Point* déjeunait mardi, avant-hier, avec Nicolas Sarkozy au siège de l'UMP. Domenach le décrit comme extrêmement agressif, bourré de tics, en mouvement perpétuel, l'adjectif désobligeant à la bouche. Juppé ? Un vieillard dont il n'a pas peur. Hollande, pas de mot pour le définir, il n'affiche que du mépris. Marine Le Pen ? Il la trouve « épaisse » – je trouve le mot, d'ailleurs, bien choisi. Il est sûr de lui, sûr de gagner, sûr de gagner à la fois contre le FN et contre les socialistes, déjà laminés.

Hugo Domenach – le plus jeune de la petite bande du *Point* – lui demande comment il prépare les gags, les bons mots dont il émaille ses discours publics. « Vous êtes con ou vous jouez au con ? lui rétorque Sarko. Qu'est-ce que vous croyez, que je suis un bateleur ? »

Il en est convaincu : c'est à lui au premier chef que reviendra la victoire des départementales. Lui qui a fait campagne, lui qui pourra dire aux autres dirigeants de l'UMP : « Que faisiez-vous, vous, pendant que je courais la France ? »

20 mars

Claude Bartolone est un président de l'Assemblée nationale épanoui. Cela ne lui suffit sans doute pas, puisque périodiquement il envisage, et le fait savoir, de devenir Premier ministre. Long chemin parcouru par celui que j'ai connu, il y a trente ans, porte-flingue de Laurent Fabius. Il est, paraît-il, un des meilleurs directeurs de campagne et organisateurs de meetings qui soient. Après des années de compagnonnage, Fabius lui a demandé de se mettre au service de Martine Aubry lorsque celle-ci est devenue premier secrétaire du PS[1]. Ce que Bartolone a fait, bien sûr. Jusqu'au moment où son zèle est apparu insupportable à son ancien patron. C'est ainsi que Fabius et Bartolone, tellement longtemps associés dans mon esprit et dans celui de tous les journalistes, ont divorcé en quelque sorte. Ils sont restés en bons termes, mais finies les

1. Martine Aubry est devenue première secrétaire du Parti socialiste le 15 novembre 2008, soit une semaine après le congrès de Reims, qui n'est pas parvenu à désigner son numéro un. Elle a battu d'une courte tête Ségolène Royal, dans un scrutin très contesté.

manœuvres communes. Don Quichotte a perdu son Sancho Pança. Lequel s'est révélé infiniment plus fin analyste, meilleur connaisseur du Parti, et presque plus habile manœuvrier qu'on ne le pensait.

Je le vois donc au premier étage de l'hôtel de Lassay, où j'ai rencontré avant lui tant de présidents de l'Assemblée nationale depuis quarante ans que j'ai du mal à me souvenir si le bureau occupé aujourd'hui par Bartolone, et jadis par Philippe Séguin, était de ce côté- ci ou de ce côté-là de la pièce, si le tableau au mur a été choisi par Edgar Faure, ou si les tasses à café sont restées les mêmes que du temps de Jean-Louis Debré.

Nous ne nous sommes pas vus en tête à tête depuis qu'il m'avait expliqué minutieusement comment en 2012 il avait été élu à la présidence de l'Assemblée nationale, malgré Hollande dont les préférences allaient à Marylise Lebranchu.

Les deux premières années du quinquennat ont été terribles. Il est moins sévère sur les cafouillages de Jean-Marc Ayrault que sur la présence de Valls à Matignon. Nous refaisons l'Histoire.

« Je pense, me dit Bartolone d'entrée de jeu, que François Hollande a fait une grosse erreur l'année dernière : c'est après avoir annoncé son pacte de stabilité, le 14 janvier 2014, qu'il aurait dû changer de Premier ministre, et ne pas attendre le désastre des municipales et des européennes pour remplacer Ayrault. J'avais plaidé pour que le changement se fasse après les élections législatives allemandes. L'annonce du pacte lui donnait, me semble-t-il, l'occasion d'aller plus vite. Si nous avions changé de gouvernement, continue-t-il, nous aurions gardé une trentaine de villes : la hargne ne s'exprime pas contre un gouvernement qui vient d'être nommé. »

Est donc arrivé le choc des municipales. Hollande a accepté par la force des choses de changer de Premier ministre, comme il a dû se résoudre à voir Jean-Christophe Cambadélis prendre la tête du PS. Plusieurs noms circulaient alors pour Matignon (« dont le mien », souligne Bartolone). Hollande choisit Manuel Valls, « le plus sécuritaire ».

« Cela a plutôt bien fonctionné, commente Bartolone. Il y a eu, ce qui n'existait pas avec Jean-Marc Ayrault, une vraie organisation de la majorité. »

Il ne nie pas que Valls se soit préparé depuis le début du quinquennat à s'installer à Matignon. « Nous en plaisantions tous les deux. Je l'ai invité un jour à déjeuner à l'Assemblée nationale quand il était ministre de l'Intérieur. Il ne m'a pas caché ce qu'il visait, et nous avons conclu que nous n'aurions pas de problème pour travailler ensemble. »

Valls lui apparaît-il aujourd'hui comme un diviseur ou un mobilisateur de la majorité ?

« Il est passé tout près de la réunification de la majorité, mais il a sous-estimé Cécile Duflot. Chacun des deux a renforcé sa personnalité et s'est enfermé dans son personnage. Duflot a soutenu bruyamment les Roms, l'année dernière, au moment de l'affaire Leonarda. Et il n'a pas ménagé non plus Martine Aubry à qui on avait promis l'entrée de François Lamy comme chargé des relations avec le Parlement. Mais Lamy n'a pas été appelé lors de la formation du gouvernement. »

De Martine Aubry, il me dira avant de nous quitter que c'est un « colosse aux pieds d'argile ». Sans doute parce que si présente, si puissante dans la presse, elle a perdu de sa force en politique.

23 mars

Élection départementale. De quelque façon qu'on analyse le scrutin d'avant-hier, implantation réussie là, moins ailleurs, du Front national, échec ou demi-échec de la gauche, une chose est certaine : Nicolas Sarkozy a réussi son pari. Il a imposé l'UMP et son partenaire UDI à la première place de l'échiquier politique français. Celle-ci n'allait pas de soi : tout au long de la campagne, les sondages avaient égrené des chiffres qui, tous, soulignaient l'avance du FN et son installation en haut du podium. Nicolas Sarkozy a inversé le pronostic. L'UMP reste le premier parti de France.

Il a transformé ce combat qui n'intéressait pas grand monde, y compris dans son mouvement, en combat personnel. Et, du coup, en s'impliquant dans la campagne comme il l'a fait, dans un curieux style de matamore et d'amuseur public, il a mis fin à une série d'interrogations qui oblitéraient sa rentrée politique depuis six mois. Avait-il eu raison ou tort de reprendre les habits de président de l'UMP, au moment où ce parti était particulièrement affaibli ? N'était-ce pas trop tôt ? Son retour n'était-il pas en demi-teinte, « raté » selon certains, en trompe-l'œil selon d'autres ? Son autorité, aujourd'hui, à la tête du mouvement était-elle contestée, surtout en comparaison de celle, sans partage, qu'il avait exercée entre 2004 et 2012 ? À preuve, la bagarre entre ses deux lieutenants directs, NKM et Wauquiez, la liberté de ton de Juppé, l'humeur maussade persistante de Fillon... La réponse a été sans appel : c'est Nicolas Sarkozy qui a le plus donné de sa personne, à droite, dans la bataille électorale. Même si François Fillon affirmait, hier, en assez mauvais joueur, que cette victoire était celle de chacun des dirigeants de l'UMP et non celle d'un homme, on sait bien qui il aurait désigné si la campagne avait été perdue !

Victoire personnelle, et aussi politique. Pour Nicolas Sarkozy, l'enjeu était de ne pas laisser le Front national s'installer comme premier parti de la droite. Ce pari-la est gagné, même si les perspectives du deuxième tour sont plus complexes.

Reste l'alliance avec le centre, chère à Alain Juppé, lequel est resté relativement absent de la campagne : sans doute le maire de Bordeaux a-t-il raison de prôner l'union avec l'UDI, à ceci près que Nicolas Sarkozy peut se présenter aujourd'hui en grand unificateur, coupant ainsi l'herbe sous le pied à son concurrent le plus sérieux. Et ce, malgré la « droitisation » de son discours dans les jours précédant le scrutin, droitisation que les centristes ont feint de ne pas entendre.

Revoici donc Sarkozy en haut de l'affiche. Est-il, comme François Hollande le pense, son « meilleur ennemi », c'est-à-dire un adversaire plus facile à battre que ne le serait Alain Juppé ? Je suis persuadée, encore une fois, du contraire. Certes un fort sentiment anti-Sarkozy s'exprime encore parmi les Français, puisque à peine plus de 20 % d'entre eux souhaitent qu'il se représente. Mais c'est, on vient de le voir, un formidable combattant.

La règle qui fait que seuls les deux candidats arrivés en tête au premier tour restent en piste au deuxième tour de la présidentielle a divisé depuis 1962 la France politique en deux camps, les plus puissants, la gauche et la droite, excluant les extrêmes[1].

Voilà qu'à l'occasion des élections départementales, locales donc, cette commode division de la France en deux a volé en éclats. À vrai dire, cela faisait un certain temps que la montée continue du Front national commençait de fissurer le système. Tant que l'extrême droite plafonnait autour des 5 ou 6 %, elle se contentait d'affaiblir la droite, sans l'éliminer. La partie essentielle entre la gauche et la droite pouvait continuer à se jouer à deux. À partir du moment où le Front national atteint 25 %, soit le quart de l'électorat, il change profondément la donne de la vie publique. C'est ce qu'il a fait dimanche dernier.

Désormais, trois forces et non plus deux se partagent l'univers politique. Trois forces opposées entre elles, qui n'envisagent pas, pour le moment du moins, de gouverner ensemble, ou de se regrouper à deux contre la troisième. Aucune de ces trois forces ne peut, aujourd'hui, disposer seule d'une majorité, et aucune ne veut la rechercher avec les deux autres. C'est ce paysage inédit qu'a dessiné le scrutin du 22 mars : trois blocs tournant chacun autour de 25 à 30 % des électeurs, mais qui n'ont pas pour autant les mêmes atouts et n'apprécient pas les chiffres obtenus de la même façon.

Quant à la gauche, comme elle s'attendait au pire, et que le pire n'est pas venu, elle s'est retrouvée, le dimanche soir, relativement soulagée. Mieux : en s'attaquant avec force, comme il l'a fait, au Front national, le Premier ministre peut se dire qu'il a ramené aux urnes des électeurs dont l'absence aurait transformé un échec en déroute. Et si cela n'a pas marché davantage, c'est la parcellisation de la gauche, son extrême division, la dispersion de ses

1. Ce système avait été conçu par Michel Debré, pour lutter contre l'instabilité paralysante de la IVe République : un président élu au suffrage universel, une Assemblée nationale divisée entre majorité et opposition, tandis que les petits partis étaient soit condamnés à rejoindre les grands, soit réduits au silence, un Premier ministre chef de la majorité qui ne pouvait être remis en cause que par une motion de censure votée par la moitié plus un des députés hostiles au programme gouvernemental : l'évolution vers le bipartisme semblait en quelque sorte consubstantielle à la Ve République.

candidatures, qui lui apparaissent à l'issue du premier tour comme la principale raison d'une défaite programmée.

J'envoie un SMS à Hollande pour lui demander s'il croit que le pire est derrière lui. Il me répond aussitôt, sur un ton que je trouve moins optimiste : « Il faudra tenir, m'écrit-il, puis rassembler. » Tenir : il n'oublie pas le deuxième tour.

30 mars

Hier soir, dès 20 heures au soir du deuxième tour, Manuel Valls est apparu sur les antennes, défait, pour annoncer lui-même l'échec du gouvernement... et réaffirmer qu'il continuerait sa politique de réforme. Comme souvent, il a parlé trop vite. Tout compte fait, la gauche a perdu vingt-huit départements, sur les cinquante-sept qu'elle remettait en jeu. Pas de quoi pavoiser en effet, mais pas de quoi non plus se fustiger en direct. Le Premier ministre voulait-il accuser ses partenaires, si on peut dire, de la majorité, d'avoir multiplié les candidatures, divisant ainsi tragiquement les électeurs de gauche ? Voulait-il leur montrer jusqu'où les avaient amenés leurs petites querelles et leurs petites chapelles ? Sans doute. Mais pour provoquer un électrochoc, il ne fallait pas aggraver la maladie.

Tout cela est sans doute secondaire : défaite il y a, et aucune communication d'aucune sorte n'aurait pu y changer quelque chose.

Et Marine dans tout cela ? C'est peut-être le plus intéressant de la soirée. Elle a fait bonne figure, le soir des résultats, insistant sur le fait qu'elle a réussi son implantation locale. Alors que le FN ne comptait qu'un conseiller général, d'ailleurs battu dimanche soir, il obtient soixante-deux sièges. Le Front national n'est pas vainqueur au deuxième tour, ses candidats ont pour la grande majorité d'entre eux été battus, mais il sort sans conteste renforcé du scrutin. Succès d'autant plus notable que ses candidats étaient le plus souvent inconnus, se présentaient pour la première fois et ne bénéficiaient d'aucune troupe sur le terrain.

Front républicain ou ni-ni : peu importe le choix de l'état-major de l'UMP, il n'a pas empêché ses électeurs de voter comme ils le voulaient, sans tenir compte de la consigne nationale. Dans plusieurs cantons où gauche et droite s'étaient entendues pour retirer leur candidat le moins bien placé pour faire barrage à l'extrême droite, les électeurs UMP ont tout naturellement adopté la discipline républicaine.

Cette attitude peut-elle suffire à contenir l'ascension du FN ? À la présidentielle plus encore qu'à tout autre élection, les électeurs y réfléchiront sans doute à deux fois avant de lui confier pour cinq ans les clefs de la politique nationale et internationale de la France. Dilemme, dès lors, pour Marine Le Pen : soit elle cherche des alliés parmi cette UMPS qu'elle dénonce plusieurs fois par jour, et elle risque de perdre ses bataillons d'électeurs en rupture avec les partis politiques traditionnels. Soit elle reste seule, et il lui faut passer du seuil actuel, 25 %, à 51 %. Difficile, même en imaginant que les Français soient conquis en masse par la présidente des Bleu Marine.

Le grand vainqueur de cette consultation est Nicolas Sarkozy. Il n'a pas commis une seule faute : il a choisi de s'emparer de la présidence de l'UMP au moment où beaucoup, dont Guaino et d'autres, le dissuadaient de le faire. Il a foncé, il a gagné. Décidemment, Fillon avait raison lorsqu'il disait à Jean-Pierre Jouyet, en août dernier, que, si Hollande n'arrêtait pas la course de Sarkozy tout de suite, il ne parviendrait plus à le stopper par la suite. Exactement ce qui s'est passé. On a beau me dire qu'il n'a pas que des amis à l'UMP, il n'en a pas moins coiffé sur le poteau Alain Juppé, qui, à juste titre, a revendiqué la paternité de l'alliance entre la droite et le centre. Mais hier, cette alliance, c'est Sarkozy, en tant que président de l'UMP, qui l'a réalisée derrière lui. Le jeu n'est pas fini, certes, entre Sarkozy et lui. Il n'empêche : Sarkozy a pris de l'avance.

4 avril

Nicolas Sarkozy n'a, semble-t-il, pas changé. Au bureau politique de l'UMP, mardi matin, il a levé les yeux au ciel en parlant de Jean-Christophe Lagarde. Pas un mot, mais une mimique sur laquelle personne ne pouvait se tromper. Quel besoin, vraiment, de ridiculiser l'allié centriste au moment où on a toutes les raisons de se féliciter de la victoire remportée en commun ?

Hier déjeuner avec Jack et Monique Lang. Elle, livide, si petite, si fragile, avec dans les yeux depuis la mort de sa fille un insupportable voile d'angoisse, de chagrin, d'absence.

Lui, si jeune encore, d'une correction parfaite à l'égard de Hollande, à un moment où chacun lui taille des croupières. Pourquoi ça ne marche pas ? Pourquoi les Français le brocardent-ils, pourquoi cette hostilité ? Lang ne me répond pas comme d'autres : parce qu'il n'est pas à la hauteur. Il me dit simplement que personne, aujourd'hui, ne sait faire rêver. Du coup, nous parlons des grands travaux de Mitterrand, de la façon dont ils se sont rencontrés, à Nancy, quand Jack était directeur du théâtre municipal. Mitterrand est venu un soir assister à un spectacle. Il a été si impressionné qu'il est revenu quelques jours plus tard, pour assister à toutes les représentations de tous les spectacles préparés par la compagnie. Quelque chose est né entre eux, qui n'a jamais changé par la suite.

7 avril

François Bayrou au *Club de la presse* d'Europe 1. Toujours le même, d'autant plus libre qu'il n'a pas grand monde à ménager. Il redit en quelques mots pourquoi il juge que les trois premières années de Hollande ont été un gâchis.

« Nous sommes de la même famille, celle de Delors. Je pensais qu'il aurait à cœur de faire une politique [il hésite à dire centriste, et ne dit pas social-démocrate, il veut dire celle de deux Français sur trois, comme Giscard]. Pour cela, il aurait dû modifier le mode de scrutin.» Il m'a déjà dit cela, mais ajoute un argument à sa démonstration. Lorsqu'on lui rétorque que le scrutin à la proportionnelle, permettrait aux députés du FN d'entrer en masse au Parlement, il répond que ce serait la meilleure chose qui puisse arriver.

«Si le Front national est si fort, c'est qu'il se nourrit de son manque de responsabilités. Il y a quelque chose d'incompréhensible à ce que son succès dans les urnes ne se traduise, grâce au système majoritaire, que par l'obtention de deux sièges de députés. S'ils étaient plus nombreux, on s'apercevrait qu'ils font comme les autres.»

Il prend comme exemple l'Italie de Peppe Grillo : son mouvement a volé en éclats lorsqu'il a été confronté à l'épreuve du pouvoir. Ce serait la même évolution que suivrait, selon lui, le parti de Marine Le Pen si ses représentants étaient suffisamment nombreux au Parlement. Une façon de dissoudre en quelque sorte le FN dans l'UMPS. Pari risqué mais, à son avis, efficace.

Nous parlons rapidement de la dernière provocation de Jean-Marie Le Pen dans *Rivarol*, et ses propos réitérés sur le «détail». Il y est allé fort une fois de plus : sur Valls qui n'est pas français, par comparaison avec lui qui l'est depuis mille ans ; sur Hidalgo, croquée de la même façon ; sur Pétain qui correspond à quelque chose de très profond en France. Et quantité d'autres considérations de cette sorte. Je demande à Bayrou si cela profite à Marine Le Pen, parce qu'elle en est d'autant plus «dédiabolisée», ou si cela lui porte tort. Il me répond sans me répondre que ce qui lui profite, c'est l'iniquité du système majoritaire à deux tours... dont le centre, rappelle-t-il, est lui-même victime.

Nous parlons ensuite de la primaire UMP, dont l'organisation vient d'être approuvée par son bureau politique. Sarkozy, donc, a joué le jeu : Juppé et Fillon demandaient sur l'air des lampions la primaire la plus ouverte possible. Il la leur a accordée parce qu'il compte bien, d'ici à 2016, être le mieux placé pour l'emporter. «Dans une primaire, estime Bayrou, ce sont les bataillons les plus déterminés qui font bloc. Ils feront bloc autour de Sarko.» Il a eu, à ce sujet, de nombreuses conversations avec Juppé. «Dans la primaire, lui a-t-il dit, tu vas te faire “anschlusser”. Vas-y, fonce, dis que tu es candidat. N’attends pas. »

À l’antenne, il n’a pas vraiment caché qu’il craignait un échec de Juppé et me le confirme en aparté : « Sarkozy aura un million et demi de votants pour lui, le reste ce sera pour les autres. »

Dans un entretien avec des journalistes, rapporté par le *JDD*, Sarkozy aurait conseillé à Juppé de refuser le soutien de Bayrou : « Tous ceux qu’il approche sont morts », aurait-il dit. Bayrou souligne qu’il ne s’est pas exprimé ainsi, et refuse de révéler publiquement les propos en réalité prononcés. Lors d’une pause publicitaire, il nous confie que Sarkozy aurait dit à son sujet : « Ce type, c’est le sida. Tout ce qu’il touche meurt. » Comment peut-on en arriver à dire cela ?

La stratégie de Bayrou est claire : il soutiendra Juppé lors de la primaire. S’il en sort vainqueur, il continuera de le soutenir. S’il est battu, lui, Bayrou se réserve le droit de se présenter. « Je suis un homme libre », répète-t-il.

Durant une pause publicitaire : il commente le suicide, annoncé ce matin, de l’ancien maire de Tours, Jean Germain. « C’est dur, dit-il, de perdre son poste. » Je lui fais remarquer qu’il a subi la même épreuve, que cela lui est arrivé : « Mais moi, j’aime la vie », répond-il en se référant à Bergson et à son élan vital. Il me parle de Jean Lecanuet : « Toi qui l’as bien connu, tu n’avais pas remarqué que cet homme n’aimait pas la vie. Il avait toutes les qualités du monde, mais il était triste... Ça ne pardonne pas. »

Coup de fil à Philippe Martel au sujet des déclarations de Jean-Marie Le Pen. Il le connaît bien maintenant, et ne le déteste pas. Lorsque je lui demande si Le Pen se livre à ce genre de provocations pour briser l’ascension de sa fille, Martel a cette formule, que je trouve admirable et note immédiatement sur un bout de papier : « Il n’a pas eu de fils. Il a virilisé sa fille, et maintenant, il veut la castrer. »

Il me raconte avoir vu pleurer Marine Le Pen il y a quelques mois après que son père eut parlé d’une « fournée » dans laquelle on devrait jeter Patrick Bruel.

En général, c’est un enfant mal élevé qui se comporte de cette manière. Il fait une première petite bêtise. Ses parents réagissent à peine. Alors, pour tester leur degré de résistance, l'enfant commet une plus grosse bêtise. De quoi les obliger, cette fois, à sévir durement. En multipliant les provocations, Le Pen a fini par pousser sa fille à la rupture. Le moindre psychanalyste en tirerait la conclusion qui s'impose. Voir sa fille, au centre de la vie politique française, atteindre à l'occasion des élections départementales un nombre de suffrages qu'il n'a jamais atteint lui-même est devenu proprement insupportable au vieux marginal transgressif et bruyamment contestataire qu'il a toujours été. L'imaginer, de surcroît, entourée de son jeune et nouvel état-major, arrivant en tête de l'élection présidentielle de 2017, sur un programme qui n'a plus grand-chose à voir avec le sien, si tant est qu'il en ait jamais eu, confine pour lui au sacrilège et à l'hérésie. Que périsse son royaume, plutôt que sa fille en hérite !

9 avril

Déjeuner avec Henri Guaino. Je comprends bien qu'il n'est plus le conseiller le plus proche de Nicolas Sarkozy qu'il était à la fin de 2012. Aujourd'hui, il paraît très énervé. « Il attend le grand soir », me glisse à l'oreille ma consœur Élisabeth Chavelet.

Guaino décrit une UMP à deux doigts de l'explosion. S'engage une conversation un peu confuse sur le fait de savoir si c'est l'UMP qui attirera l'électorat du Front national, ou le FN qui aspirera l'UMP. Il donne cet exemple : « Imaginons à Nice, une élection entre Ciotti[1] et Jean-Marie Le Pen : on voit tout de suite qui a l'air le plus vieux. Mais si Marion Maréchal-Le Pen prend la place de son grand-père ? Ciotti n'existera plus. Le visage du Front sera changé... » Dans ce cas, prophétise-t-il sur un ton apocalyptique, on peut craindre que naisse, à côté d'un FN devenu « raisonnable », un autre mouvement plus radical encore. Et encore plus dangereux.

Que d'ambiguïtés chez cet homme ! On ne peut pas lui reprocher son jugement hostile d'aujourd'hui à l'euro, puisqu'il avait le

1. Éric Ciotti, cinquante ans, est député de la première circonscription des Alpes-Maritimes et président du conseil départemental.

même du temps de Philippe Séguin, son mentor. Mais il a passé, depuis lors, des années aux côtés de Sarkozy, lequel n'a cessé d'être un partisan déclaré de l'Europe et de la nouvelle monnaie. Comme s'il avait oublié cette période où il conseillait de près le chef de l'État, Guaino juge désormais qu'une sortie de l'euro est possible et ne se cache pas de le souhaiter.

Quant à l'état-major de l'UMP, il condamne en bloc «les vieux pour leur suffisance, les jeunes pour leur arrogance». Vieux ou jeune, lui-même est un peu des deux... à la fois.

11-12 avril

Xavier Darcos à propos de Sarkozy : «Le revoir cinq ans à l'Élysée, me dit-il, quelle horreur ! Insupportable.» Alors que tant d'hommes politiques, qui lui étaient jadis tout dévoués, ne font pas mystère de le détester, je me demande comment fait Sarkozy pour s'imposer à eux. Sans doute par la peur qu'il exerce sur eux. Mais aussi en tirant parti de leur lâcheté.

16 avril

Je rencontre Jean-Christophe Cambadélis dans son bureau de la rue de Solférino. Coup de théâtre : Martine Aubry vient de signer une motion commune avec lui pour le prochain congrès. Cambadélis comme toujours impeccable, amical et chaleureux. Prolixe aussi. L'itinéraire de cet ancien trotskiste est vraiment surprenant ; longtemps proche de DSK, dont il a été le poisson-pilote, il a rallié Martine Aubry contre Ségolène Royal au congrès de Reims de 2008, échoué à être désigné premier secrétaire en 2012, avant de s'imposer finalement à ce poste. Pour survivre dans ce parti, décidément il faut savoir tourner les pages, oublier les injures et sans cesse effacer les ardoises.

Je l'interroge sur son rapprochement réussi avec Martine Aubry. Il m'avait assuré il y a quelques mois que Martine Aubry finirait par signer sa motion. Je l'avais trouvé alors bien optimiste. Eh bien, il y est arrivé. Il retrace pour moi les étapes de ce ralliement, ou plus exactement de ce rapprochement, qui lui a pris trois mois.

« Martine, j'ai travaillé avec elle, je la connais bien. Il faut la respecter. La respecter, c'est accepter de débattre avec elle sur le fond des sujets. C'est ce que j'ai commencé à faire par petites touches, bien avant que les textes des motions soient mis au point. Elle avait trouvé ma première contribution assez molle, nous avons commencé à discuter là-dessus. »

Pendant ce temps-là, il n'a cessé de conforter sa position auprès des autres hiérarques du parti socialiste.

« J'ai fait du Jospin, poursuit-il, j'ai joué les premiers secrétaires fédéraux, engrangé le soutien de soixante-dix d'entre eux. Puis j'ai travaillé au corps les parlementaires, et obtenu deux cent cinquante soutiens, ainsi que celui de centaines de maires. »

On sent que l'ex-trotskiste, expert en organisation, est maître dans ce domaine.

« C'est ainsi que j'ai lancé avec eux un appel à l'unité du PS. Ainsi, pour en revenir à Martine Aubry, j'ai construit un rapport de force tout en discutant avec elle. J'ai ensuite plaidé auprès d'elle en lui disant qu'il ne fallait pas me laisser, sur la motion qui l'emporterait, en tête à tête avec Valls. »

Martine Aubry n'avait-elle d'autre solution que de signer ladite motion majoritaire ? Elle ne pouvait pas approuver celle des frondeurs, dont elle ne partage en réalité aucune des analyses. Elle est sociale-démocrate, fidèle à l'Europe et aux exigences du traité de Maastricht. Mais elle avait le choix entre déposer sa propre motion ou rejoindre la majorité. Dans le cas où elle aurait choisi d'élaborer un texte, elle aurait obtenu autour de 25 % des voix, et pouvait alors détenir les clefs du congrès socialiste, être la charnière entre majoritaires et frondeurs. Ces derniers espéraient qu'elle déposerait une motion. Dans ce cas, il n'aurait obtenu, lui, Cambadélis, qu'une majorité d'à peine plus de 50 %, ce qui l'aurait fragilisé.

C'est au bout de quelques semaines de ce travail mené par Cambadélis que François Hollande est intervenu : Martine Aubry l'a rencontré au lendemain des élections départementales. Jean-Marc Ayrault avait été chargé par Hollande de sonder son état d'esprit. On a peine à y croire quand on sait toutes les gentillesses que Martine avait déversées sur Ayrault lorsqu'il fut nommé Premier ministre, mais c'est la vie. Personne ne tient rigueur à Martine de ses méchancetés, car on sait bien qu'elles sont chez elle naturelles, tout le monde s'y est fait.

Puis s'ensuivit un déjeuner avec François Hollande, en présence de Jean-Marc Ayrault. Le président s'est engagé à lui donner satisfaction sur des dossiers qui lui tenaient à cœur.

« Elle est sortie rassurée de ce déjeuner, poursuit Cambadélis. Du coup, elle a joué le jeu et proposé une centaine d'amendements sur mon texte initial. Nous avons négocié avec elle. Gérard Collomb a participé à nos conversations. François Hollande nous a laissés totalement libres. Je lui ai soumis le texte ainsi élaboré, ainsi qu'à Valls. Ils n'ont pas vu d'obstacle à son adoption. »

Martine Aubry étant ralliée, il ne devrait pas y avoir de scission, selon Cambadélis, au prochain congrès socialiste.

19 avril

François Hollande pendant deux heures sur Canal Plus. Le début me semble bon, sa rencontre se passe bien. Mais à peine a-t-il fini que l'éreintage commence. Au bout de quelques heures, il ne reste rien de cette prestation apparemment réussie. Un petit tas de cendres. On lui reproche de n'avoir rien dit de concret, même s'il a étendu à un million de jeunes la prime d'activité. Pourquoi cet homme est-il à ce point méprisé ? Ce n'est pas qu'il manque de charisme : il est totalement a-charismatique.

20 avril

Déjeuner avec Olivier Schrameck. Ce proche de Jospin, dont il fut aussi le plus proche collaborateur, déplore la façon dont Hollande mène le pays. Il le juge instable, se confiant inconsidérément à des journalistes qu'il croit être de ses amis, « disant un jour une chose, un autre jour autre chose, sans ordre, sans cohérence ».

Selon Schrameck, il est désormais trop tard pour remonter la pente : les deux ans qui ont été perdus l'ont été complètement. « Son tort, ajoute-t-il, est de s'être entouré, au début, de personnages qui lui ressemblaient, de personnages sortis du comité directeur.

— Et Valls ?

— Il ne l'a nommé à Matignon que parce qu'il n'avait pas le choix. Ils ne s'aiment pas, ils ne se sont jamais aimés. Aucun affect entre eux, pas vraiment de proximité. »

21 avril

Valls et Hollande la main dans la main pour la forme, pour le spectacle, se supportant à peine dans la vie commune ? Sous la Ve République, on a rarement vu un Premier ministre et un président vivre ensemble dans une parfaite harmonie. Mais, cette fois-ci, je trouve qu'il y a entre les deux responsables de l'exécutif une réelle complémentarité, si bien que je ne crois pas que leur entente soit aussi feinte qu'on me le dit.

24 avril

Pierre Moscovici, lisse, sans aucune aspérité, plat peut-être ? Il parle de la reprise française, sans conviction. S'il n'y croit pas, qui y croira ?

6 mai

Un troisième anniversaire sans surprises. François Hollande l'a dit et répété : on ne juge un bilan qu'à son terme. Mais cela n'a pas empêché ses adversaires d'exercer dès aujourd'hui, trop tôt peut-être, leur droit d'inventaire. Sans être des leurs, j'exerce donc le mien.

Il me semble que, parmi bien d'autres, trois erreurs essentielles, survenues au début de son quinquennat, ont coûté cher à François Hollande. Il paie, d'abord, l'amateurisme du premier gouvernement qu'il a constitué comme il l'aurait fait d'un bureau politique du Parti socialiste. D'où les couacs en série, l'impression que l'État n'était pas tenu, qu'il avançait cahin-caha en attendant des jours meilleurs. Sans doute était-ce lui, François Hollande, qui n'était pas prêt.

Deuxième erreur, sans doute inévitable et presque fatale, compte tenu du déficit de la France en 2012 : l'augmentation des impôts décidée en septembre. François Fillon, à la tête du gouvernement précédent, avait une première fois ponctionné les contribuables. Une deuxième ponction, immédiatement après l'élection présidentielle, c'était trop. Je trouve dans Machiavel, dont je viens tout juste de lire *Le Prince* (j'aurais dû le lire depuis bien longtemps), une toute première recommandation à celui qui vient de prendre le pouvoir : surtout pas de hausse d'impôts dans les premiers moments de la conquête. Hollande ne s'est pas arrêté aux conseils de Machiavel, qu'il n'a peut-être pas lu. D'où sa chute, immédiate, dans les sondages après quelques premières semaines sans véritable état de grâce.

Troisième erreur enfin, celle-là complètement évitable : le fait que François Hollande ait lié son sort à l'inversion de la courbe du chômage. Tenait-il pour acquise la fin de la crise, convaincu qu'un nouveau cycle économique entraînerait par la force des choses une reprise de l'emploi ? Toujours est-il qu'en se laissant aller à dire qu'il renoncerait à se représenter en 2017 si cette courbe ne s'inversait pas, il s'est bel et bien enfermé dans le piège qu'il a lui-même construit.

8 mai

Claude Durand est mort avant-hier. Chagrin, mais aussi panique. Tant d'amitié, tant de présence, à tous les instants, depuis des années. Je n'oublierai jamais le son de sa voix, lorsqu'il m'appelait, craignant sans le dire que je me mette en retard. Une voix rassurante et attentive, amicale et chaleureuse. Au début, j'ai été surprise de recevoir son appel aussi vite, quelques jours seulement après que je lui avais remis quelques nouveaux feuillets, pour me dire que tout allait bien, comme s'il n'avait que cela à faire.

Il ne faisait jamais attendre sa réponse, enrobant ses critiques éventuelles de mots gentils et calmes, et me disant le plus souvent que, de toute façon, les feuillets étaient déjà partis à la composition. En réalité, j'avais l'impression d'écrire pour lui, au jour le jour, en attendant impatiemment son avis pour continuer.

J'avais le sentiment d'une relation unique, même si je savais bien qu'il partageait avec tous ses auteurs une relation du même genre. Je me suis souvent demandé combien de temps il nous consacrait, combien d'énergie aussi, et comment il s'y prenait pour nous donner tellement de lui-même et obtenir tant de nous.

Il y avait beaucoup de facettes chez Claude Durand, homme de combats qui publiait ce qu'il voulait quand il le voulait, et contre qui il voulait, homme libre qui cachait un immense professionnalisme derrière un sourire d'ange. Bien d'autres que moi feront revivre ce Claude Durand-là.

Je n'oublierai jamais sa façon, impérieuse et gentille à la fois, de faire exister les livres des autres, alors qu'il était lui-même un véritable écrivain. D'oublier son ego, lui qui n'en manquait pas, pour ne s'occuper que de celui des autres.

9 mai

De cette controverse entre Emmanuel Todd et Manuel Valls, sur l'esprit du 11 Janvier, je sors, comme l'écrivait Gide, avec un grand mal de tête. Les intellectuels et les journalistes ont passé des jours à s'affronter sur le fait de savoir si les défilés du 11 janvier étaient islamophobes ou non. Si les Français étaient xénophobes ou pas. S'ils défendaient les valeurs de la République ou, au contraire, celle du repli sur soi. La vérité, évidemment, se trouve entre les deux.

Todd voit dans le fait que les beurs étaient absents des défilés la preuve de ce qu'il avance. Et si, tout simplement, ces derniers étaient restés chez eux, par peur d'une foule qui pouvait leur être hostile ? Todd mélange tout, et sur quel ton : que des millions de Français aient défilé dans la rue après les attentats perpétrés contre l'équipe de *Charlie* ne prouve pas qu'ils manifestaient contre le prophète Mahomet. Pourquoi se déchirer sur d'aussi mauvaises querelles ? Parce qu'elles font le buzz, comme on dit aujourd'hui. Perte de temps.

18 mai

Enterrement de Claude Durand. Il allait mieux, me dit sa femme qui comme tout le monde le croyait sauvé, et puis soudain sa tension est montée en flèche jusqu'à l'étouffement.

Incapable d'écrire depuis plusieurs jours, tant je me sens triste, malade, orpheline. Je pleure en rédigeant ces lignes. La cérémonie au cimetière Montmartre a été sobre, pas de messe bien sûr, quelques hommages rendus sur le cercueil par un Jacques Attali au bord des larmes, par Hubert Védrine, par Erik Orsenna, d'autres encore. L'après-midi, un hommage lui a été rendu à la bibliothèque François-Mitterrand. J'ai eu bien du mal à préparer mon intervention. En repensant à ce qu'ont été nos relations, je me suis demandé comment elles avaient débuté. Très mal, je dois bien l'avouer, même si j'avais chassé cet épisode de ma mémoire. Claude m'avait passé commande d'un livre dans les années 1990 et versé une avance. Mais je n'avais encore rien fait quand, au bout d'un an, il m'a demandé de rembourser son à-valoir en m'adressant une lettre dans laquelle il me disait que je le décevais, qu'il me croyait incapable d'écrire, jamais. J'étais plus touchée que furieuse, car je craignais que son constat ne soit le bon. Je l'ai alors appelé et nous sommes repartis comme si rien ne s'était passé.

Autour du cercueil, à Montmartre, tant d'auteurs pleuraient. Il nous avait tenu la main à tous, pendant des années, qu'il s'agisse de Jacques Attali, de Jean-Pierre Chevènement, de Pierre Péan. Je me demandais, jusqu'à tout à l'heure, si je pourrais continuer sans lui. Le seul fait que j'écrive ces lignes montre que je suis prête à le faire. Avec quel sentiment, cependant, de tristesse et d'abandon...

19 mai

Rencontre avec Hervé Gaymard. Il est aujourd'hui au premier rang de l'équipe d'Alain Juppé et organise sa campagne. Nous nous sommes donné rendez-vous à la Coupole, en fin d'après-midi. Il arrive quelques instants après moi, visage triangulaire, sourire rare, yeux de loup triste. Son amitié pour Juppé ne date pas d'aujourd'hui. Lorsque celui-ci s'est éloigné de la vie politique après sa mise en examen, Gaymard ne lui a dit qu'une chose : « Dans dix ans, tu pourrais être président de la République. » Juppé a souri : « Ce n'est vraiment pas d'actualité », lui a-t-il simplement répondu.

Pourtant, des réseaux se sont tissés peu à peu, alors que Juppé ne croyait toujours pas à son avenir. Gaymard pense qu'il a pris sa décision d'être candidat en juin 2014. Des groupes de travail se sont mis en place, structuration territoriale, un site : « AJ pour la France ». Beaucoup de ses collaborateurs (que je ne crois pas très nombreux pour l'instant, mais Gaymard ne le dit pas) viennent de ses anciens cabinets ministériels, d'autres du privé.

Et la primaire ?

« Nous avons décidé de la gagner, me répond Gaymard simplement. Si nous ne la gagnons pas, il faudra ne nous en prendre qu'à nous-mêmes. Cela marche assez bien, je le vois en Savoie. Juppé était là il y a quelques jours. Dans la salle se trouvaient des gens qui ne se seraient déplacés pour personne d'autre. Notre seul point faible, ajoute-t-il avant que j'en arrive à ce sujet, c'est que nous ne tenons pas le parti.

— Justement, lui dis-je, ne fallait-il pas le prendre avant Sarkozy ?

— Non, le parti était imprenable à ce moment, il était maquereauté par le fond de sauce Copé-Sarkozy. Nous ne pouvions prendre le risque de nous faire battre. Il y avait trop de postulants pour les élections locales à venir. Nous n'avions aucune chance de réussir. »

Je lui demande comment il juge Sarkozy. Il ne le voit pas souvent, mais le trouve, me dit-il, « très énervé », tout en se forçant à ne pas l'être, comme s'il se disait : qu'est-ce que je fais là ? Il me donne un exemple de cet énervement. Gaymard ayant publié une tribune avec Valérie Pécresse et d'autres signataires, Sarkozy les a tous convoqués sur-le-champ.

« Il a étrillé tout le monde, me raconte-t-il, sauf Jean-François Lamour et moi. Il s'est particulièrement acharné sur Valérie Pécresse, lui assenant : "Je t'ai nommée ministre, j'ai donné tout l'argent que tu me demandais pour ton ministère, et voilà comment tu me traites !" »

Même agressivité envers Éric Ciotti : « Tu m'as appelé souvent pour être ministre », lui a-t-il rappelé devant tout le monde.

« Il s'est lancé ensuite dans un monologue survolté : "Je suis en train de prendre la bretelle de l'autoroute, vous ne m'arrêterez pas." »

Sarkozy leur a parlé du livre de Sándor Márai, intitulé *Les Braises* : « Les braises, leur a-t-il dit comme dans un état second, je les vois rougeoyer pour moi. »

« Il m'a reçu deux fois pendant son quinquennat, poursuit Gaymard, la première fois en janvier 2009, en présence de Catherine Pégard, et m'a demandé ce que je voulais. Je lui ai répondu que je ne voulais rien. La deuxième fois, nous étions dans le jardin de l'Élysée, en présence d'un autre de ses conseillers, Olivier Biancarelli[1], au moment, en 2011, où tout le monde s'interrogeait sur l'éventuel remplacement de François Fillon par Jean-Louis Borloo. Sarko portait des Ray-Ban, il avait mis les pieds sur la

1. Olivier Biancarelli, né en 1971, ancien élève de l'ENA (promotion Averroès), a été conseiller à la présidence de la République, d'abord chargé de l'outre-mer, puis des questions politiques.

table. Il a tenu des propos terribles sur Fillon, “notaire de province”, au regard torve, et sur Borloo, tellement nerveux qu’il se “bouffe les crottes de nez”. Je n’en croyais pas mes oreilles ! »

Ses relations avec Juppé ? Ambivalentes, selon Gaymard. « Pour Sarko, Juppé est un has been. En même temps, il est pour lui une sorte de référence. Quant à Juppé, il est épaté par le culot formidable de Sarkozy, par la façon dont il embarque les gens derrière lui. Mais il pense que les Français ne veulent plus d’un combat Hollande-Sarkozy. J’ai rencontré Sarkozy, ajoute Gaymard, quelques heures avant qu’il ne prenne la présidence de l’UMP. Il m’a dit : “Entre nous, ce sera à la loyale !” »

Je lui demande ce qu’il pense du soutien de François Bayrou à Alain Juppé. Il me paraît plus que méfiant : « Bayrou estime qu’Alain n’ira pas jusqu’au bout, et qu’à ce moment, il pourra se présenter contre Sarkozy. »

La vérité est qu’il pense que le soutien de Bayrou est mortel pour Juppé. « Vous savez, me dit-il, il y a deux personnes qui dans les meetings UMP déclenchent des hurlements : Christiane Taubira et François Bayrou. Alors... »

À la rentrée de septembre, Alain Juppé publiera un livre sur l’Éducation nationale, suivi d’un autre sur les sujets régaliens. Un troisième sera consacré à l’économie. Un ouvrage de synthèse générale viendra en septembre 2016.

Je le quitte en me disant que Juppé est bien en piste, beaucoup plus que je ne le croyais. Il doit aller à Londres pour y rencontrer des chefs d’entreprise, multiplie les réunions en province, et s’apprête à faire une conférence sur Montesquieu à Bordeaux, à la librairie Mollat. Tout est bon, y compris Montesquieu, pour montrer tout ce qui le distingue de Nicolas Sarkozy.

27 mai

Les amis de Sarkozy s’inquiètent. « Toutes les fois qu’il ouvre la bouche, me dit l’un d’entre eux, il perd des voix. » Charles Villeneuve m’a raconté avant-hier une scène qui le confirme.

Recevant les présidents de clubs de foot, Sarkozy a traîné plus bas que terre un journaliste sportif de Canal Plus, qui lui est pourtant tout acquis. Naturellement, chaque président de club a rapporté ses propos audit journaliste, qui en a été terriblement mortifié.

Sarkozy, qui aime à dire et redire qu'il a changé, semble plus que jamais conforme à sa caricature. Il n'appelle jamais Hollande que « moi, je », ce qui montre à quel point la fameuse tirade de son adversaire lors de leur face-à-face télévisé lui est restée insupportable. S'il doit continuer à faire campagne sur ce ton, le débat promet d'atteindre les sous-sols.

28 mai

Débat avec Jean-Louis Debré sur nos livres respectifs[1], devant un tout petit public, qui nous achètera, lorsque nous aurons terminé, beaucoup d'exemplaires. Dans la petite assemblée qui nous écoute, deux femmes qui haïssent Mitterrand et n'aiment guère Chirac. L'une et l'autre, nous l'avons immédiatement compris, sont des supporters de Sarkozy. Ce qui conduit Debré à revenir longuement sur la trahison de Sarkozy en 1995, que Chirac ne lui a jamais pardonnée. « Je sors peut-être de mon devoir de réserve, dit à un moment Debré, mais... » Les deux femmes l'interrompent : « Vous en êtes sorti souvent », lui reprochent-elles, sans sourire, n'en revenant pas lorsque Debré tient à souligner que le ralliement de Chirac à Hollande, en 2012, loin d'être de l'humour corrézien était une vérité d'évidence.

Après le débat, nous parlons du Conseil constitutionnel, où Sarkozy, membre de droit, ne met plus les pieds, reprochant à Debré d'avoir refusé ses comptes de campagne. « Heureusement que nous l'avons fait, me confie-t-il. Imaginez ce qui se serait passé si nous les avions validés, en pleine affaire Bygmalion ! »

1. Jean-Louis Debré, *Le Monde selon Chirac* et Michèle Cotta, *Le Monde selon Mitterrand*, Tallandier, 2015.

3 juin

Hier, rencontre (rapide) avec François Hollande dans le bureau gris et noir qu'occupait l'année dernière Aquilino Morelle, resté à peu près vide depuis son départ (Gaspard Gantzer ne s'y installe que ponctuellement, lorsque le président reçoit un journaliste).

Je n'arrive pas à comprendre de quel bois Hollande est construit. Il arrive dans le bureau, quelques minutes après avoir descendu les Champs-Élysées en compagnie du roi d'Espagne et de sa femme, dans la même voiture que... Ségolène Royal, numéro trois du gouvernement, présente à ses côtés parce que le numéro deux, dans l'ordre protocolaire, Laurent Fabius, présidait au même moment la conférence internationale sur Daech qui se tenait à Paris. Mon cœur de midinette a battu à l'idée que Ségolène et lui ont reçu côte à côte, couple face à couple, le roi d'Espagne et sa femme... Il est vrai que leur situation est tout à fait inédite : ils ont été tous deux candidats à l'Élysée, ont longtemps vécu ensemble, ont eu quatre enfants, ils se sont séparés dans la douleur, puis retrouvés au pouvoir, après l'éviction de celle qui avait supplanté Ségolène dans la vie de son compagnon... François Hollande paraît lisse, presque bruni après avoir descendu les Champs, dans une voiture décapotable sous le soleil. Je me demande d'où lui vient sa bonne mine, son air réjoui. Le pouvoir ? Peut-être, mais après deux années pour le moins difficiles, d'autres que lui en seraient moins épanouis !

J'ai d'innombrables questions à lui poser, puisque je ne l'ai pas vu depuis plusieurs mois. À son avis, le quinquennat vient-il d'entrer dans une nouvelle phase ?

« Oui, meilleure, me répond-il, parce que la situation économique est meilleure. Meilleure aussi la situation politique, puisque le PS est en meilleure forme. »

Je l'interroge aussi sur le ralliement de Martine Aubry, et notamment sur le rôle joué par Jean-Marc Ayrault tel que Cambadélis me l'a raconté.

« J'ai compris qu'elle était dans une disposition d'esprit de rassemblement et ne souhaitait pas signer le texte des frondeurs. Elle est hostile à Manuel Valls, mais a accepté d'engager le processus avec moi. Peut-être pense-t-elle en son for intérieur que mieux vaut, pour elle, Hollande que Valls ! » ajoute-t-il, lucide, en souriant.

Pour Jean-Marc Ayrault il a des mots gentils : « Il est loyal, fidèle, et il a le sens du collectif. Le fait est que sa présence lors de notre déjeuner a apporté à Martine une sorte de garantie. En réalité, conclut-il sans illusion, elle n'avait pas envie de se retrouver minoritaire. »

La pression des frondeurs est retombée, selon lui, du fait que tout le monde a bien compris que Manuel Valls resterait Premier ministre jusqu'en 2017.

Hollande continue sur l'état de la gauche : « Duflot n'est pas favorable à un retour des Verts au gouvernement, et elle a épuisé assez vite les charmes de Mélenchon. » Il assure qu'elle ne fera pas obstacle à un accord avec Emmanuelle Cosse, « une femme solide, qui garantit l'unité », finit-il par dire après avoir cherché ses mots.

Nous parlons de Sarkozy et de la violence de ses interventions. « Il cherche des électeurs chez Le Pen, et pense que c'est de ce côté que son parti a le plus de chances, d'où la radicalisation de son mouvement. Il veut régler son compte à Juppé en restant sur cette ligne, et pense qu'il sera toujours temps, après la primaire, de se rapprocher du centre. Pour l'instant, il antagonise, divise le pays. »

Pourquoi tant de haine ? « Parce qu'il pense que l'élection de 2012 a été en quelque sorte truquée par moi, tronquée par le débat qu'il a perdu après le premier tour. Il déplore une triple trahison : la mienne à son égard, celle de Bayrou, et celle de Le Pen. C'est ce qu'on pourrait appeler une stratégie de l'effacement : il cherche à faire comme si je n'existais pas. »

À l'occasion d'un dîner organisé par Denis Kessler avec tous les anciens membres du conseil d'administration du Siècle, je suis assise à côté du fils de Maurice Faure qui a hérité de son père truculence, drôlerie et amour de la vie. Il me raconte le voyage de Nicolas Sarkozy au Japon, lorsqu'il y était ambassadeur. Sarkozy était en Chine, il avait annoncé son intention de faire escale au Japon après le tsunami et la destruction de la centrale nucléaire de Fukushima en 2011, bien que les Japonais le lui aient déconseillé.

Sarkozy décide alors de forcer les événements : son avion se pose à Tokyo en prévenant au dernier moment la tour de contrôle. À sa descente de l'appareil, l'ambassadeur de France est là, salué par un : « Qu'est-ce que vous faites là, vous ? » À peine sur le tarmac, accueilli par le ministre des Affaires étrangères japonais, Sarkozy regarde sa montre et dit à haute et intelligible voix : « Carla m'a ordonné de ne rester que quatre heures » (sous-entendu : après, je risque la contagion nucléaire...).

Le ministre japonais n'en croit pas ses oreilles. Énervé, Sarkozy arrive à la voiture qui lui a été réservée, où l'attend Jean-David Levitte, avec ses dossiers. « Foutez le camp », hurle Sarkozy. Levitte sort de la voiture, monte dans la voiture suiveuse sans un mot.

Aujourd'hui, Faure a déjeuné avec le préfet du Rhône. Celui-ci était encore sous le choc d'un coup de téléphone récent de Sarkozy : « Je ne vous ai pas vu lorsque je suis venu la semaine dernière, lui a assené celui-ci, vous n'êtes pas venu m'accueillir. Il me semblait que vous étiez plus amical, lorsque j'étais président. »

Le préfet n'était pas forcé de recevoir un chef de l'opposition en déplacement. Mais tout de même, il est inquiet pour son avenir. « Vous croyez qu'il m'en tiendra rigueur ? » a-t-il demandé à Faure. « Si je me fie à mon expérience, lui a répondu ce dernier, je pense que oui. »

Guillaume Pépy y va lui aussi de sa petite histoire. Il était président de la SNCF depuis un an, lorsqu'une caténaire a gelé quelque part dans le Nord. Sarkozy, qui avait été absent de France pendant quelques jours, et voulait signaler aux Français qu'il était de retour, convoque le président de la SNCF, en lui intimant l'ordre de remettre les trains en circulation dans l'après-midi même. C'est un mercredi, la scène se passe après le Conseil des ministres. Sarkozy est dans ses appartements privés, il grignote son déjeuner, avachi sur un divan devant la télévision. Pépy plaide qu'il ne peut absolument pas le faire, que les trains ne pourront circuler que le lendemain, au mieux. Sarko l'écoute à peine, lui dit au revoir. À peine Pépy a-t-il regagné son bureau qu'un communiqué émanant de l'Élysée tombe : « Les trains circuleront à nouveau dans l'après-midi. »

Seule la communication comptait pour le président de l'époque. Peu importait si les trains pouvaient ou non fonctionner. L'essentiel était ce qu'en disait Sarkozy. Ça, c'est vraiment du volontarisme !

14 juin

Dîner hier soir avec Philippe Martel. Nous parlons de Florian Philippot : je trouve qu'il en fait trop, qu'il parle trop, et en devient gênant. Il n'est pas obligé de condamner Jean-Marie Le Pen toutes les fois qu'il prend la parole. Pas obligé non plus d'apparaître sur tous les écrans de télévision, avec son visage inquiétant, tendu, yeux enfoncés dans leurs orbites. Il vit désormais, me raconte mon interlocuteur, au milieu d'une cour de jeunes gens, ne rêvant que de transformer le FN en Podemos ! Le gros du FN n'est pas prêt à le suivre, me dit-il, sur ce terrain. Beaucoup de militants accepteraient de se débarrasser d'un vieillard encombrant, mais pas d'une partie de ses idées.

Mais que fait-il là, au juste, Philippe Martel ? Il est venu auprès de Marine par dépit, par désespoir, et peut-être aussi parce qu'il venait d'apprendre que Claude Tchou était son père, et que cette révélation (qui en fait le demi-frère de ma fille) a pulvérisé ses repères. Derrière lui, la terre est brûlée. À moins qu'un accident de parcours ne sépare Marine de Philippot, et qu'il puisse en profiter pour s'en aller. Pour l'heure, après avoir joué le rôle de directeur de cabinet de Marine, il a pris ses distances, organise, me dit-il mystérieusement, des réseaux de fonctionnaires et de techniciens autour d'elle, au cas, à cette heure bien hypothétique, où elle arriverait un jour au pouvoir.

21 juin

Sarkozy et Hollande sont déjà en campagne. Pas un jour sans que le second ne promette quelque chose à son électorat : baisse des impôts, augmentation des salaires des fonctionnaires. Je ne suis pas contre, au contraire. Mais qui y comprend quelque chose ? Il n'y avait pas d'argent il y a six mois, on n'en parle plus aujourd'hui. Les 3 %, oubliés. Le déficit ? Quel déficit ? Il est vrai que l'activité repart. Tous les clignotants sont au vert, comme disent les journaux économiques, mais pas le chômage qui reste dans le rouge. Hollande aura-t-il le temps de remonter la pente ? Quant à Sarkozy : pas un jour sans une visite dans une fédération ou une circonscription. Sans grande classe, il faut le dire : il a parlé des migrants, l'autre jour, comme d'une « fuite d'eau ». Il a essayé de se rattraper, en fin de phrase, mais le mal était fait.

Nicolas Sarkozy vaut mieux que cela, j'en suis sûre. L'image qu'il donne de lui-même est déplorable. C'est un animal politique qui donne l'impression d'être aveuglé par la nécessité où il se sent de se venger. De Hollande, mais aussi des Français qui l'ont battu, des autres dirigeants internationaux, qui l'ont trahi, selon lui, puisqu'ils fréquentent Hollande l'infréquentable. Et puis le Front national, bien sûr, auquel il n'a pas renoncé de piquer ses voix. N'est-il pas en train de perdre, lui aussi, sur tous les terrains : sur le centre, qui préfère Juppé, sur le Front national, qu'il ne parvient pas à séduire, malgré tous ses efforts ?

Avant-hier, vendredi, voyage à Lille, pour un colloque organisé par Sciences Po sur Pierre Mauroy. Des chercheurs, et des grands témoins, Michel Delebarre, Hubert Védrine, Daniel Vaillant, les hommes politiques du Nord, Daniel Percheron et d'autres. Mais pas de Martine Aubry. Je m'en étonne auprès des élus qui sont présents. On me raconte ce que je savais déjà, comment, la semaine dernière, le candidat qu'elle présentait pour diriger la fédération du Nord a été blackboulé au profit d'une candidate presque inconnue. Quelques heures avant le scrutin, elle a envoyé une lettre comminatoire à ses opposants, qui leur est apparue comme injurieuse. Et voilà comment cette fille douée, intelligente, imaginative, a perdu, en trois ans, toute emprise sur les militants de sa propre fédération, le Nord.

Elle pouvait tout, elle aurait pu tout faire. Comme son père, mais pour d'autres raisons, elle a perdu la partie. Comme Sarkozy, elle est elle-même sa pire ennemie.

23 juin

Déjeuner avec Marine Le Pen et Philippe Martel à Saint-Germain-des-Prés. Elle est grande, me paraît moins massive en privé qu'en public. Nous parlons d'abord de son père, évidemment. Pourquoi n'a-t-il pas accepté la prise de pouvoir par sa fille ? C'était la seule façon de sortir par le haut de cette succession, qu'il s'est imposée à lui-même, sans jouer au père abusif. « Je ne pouvais tout de même pas dire qu'il est vieux, amorti, fini. J'ai préféré le mettre en dehors des statuts. Parfois, me confic-t-cllc, il me menaçait : "Tu veux un 'détail' toutes les semaines ? Eh bien tu l'auras..." Je finissais par craindre chaque jour une de ses sorties. Lorsqu'il a parlé de "fournée", là, j'ai craqué... »

Elle n'est pas maquillée, seuls ses yeux le sont légèrement. Elle a un visage lisse, plein, sans rides et sans cernes, donnant une impression de rare santé. Elle n'entre pas dans un lieu sans que sa présence s'impose à tous. Ce qui est surprenant, c'est que dans ce restaurant fréquenté par la gauche, chacun fait mine de ne pas la voir et ne regarde qu'elle. Elle s'exprime comme une jeune femme d'aujourd'hui, avec, parfois, une phrase un peu vulgaire, dite dans un sourire, elle remet sa mèche derrière les oreilles, comme chacune d'entre nous.

Apparemment, son père pensait avoir de très nombreux soutiens à l'intérieur du FN et il a été le premier surpris de ne pas les voir réagir. En dehors d'un animateur de radio, me raconte-t-elle, qui lui a téléphoné pour s'indigner de la façon dont sa fille le traitait, personne ne s'est manifesté pour l'assurer de sa bienveillance.

Nous parlons, évidemment, de la Grèce et de la sortie de l'euro. Oui, pense-t-elle, la Grèce, en cessation de paiement, peut être contagieuse pour les pays qui ont des dettes et refuseraient de les honorer. Mais, sur la façon de procéder pour sortir de l'euro, elle n'a pas d'états d'âme. Il n'y a qu'à le décider. Mais, lui dis-je, dans ce cas, il faudrait une dévaluation puis tenir la dette. La dévaluation ne semble pas lui poser de problème, le reste suivra, selon elle. Mais la dette ? Pour la Grèce, elle imagine un scénario simple et net : le drachme remplacerait l'euro, en quelques semaines. Et les Grecs ne seraient plus pris à la gorge par une monnaie trop forte.

Sarkozy ? Ce serait, pour elle, le meilleur adversaire, comme François Hollande au demeurant. Parce qu'on ne sait pas du tout, et il ne sait pas lui-même, « où il va atterrir » : à droite, très à droite jusqu'à la primaire, vers le centre après. Elle se réjouit déjà du livre que Patrick Buisson va consacrer à Sarko : « Il va tirer contre lui autant que Trierweiler sur Hollande », dit-elle avec gourmandise. Son jugement sur Hollande me gêne, parce qu'elle exprime de la commisération pour lui : « Comment a-t-il pu se faire détester à ce point-là ? me demande-t-elle. Le rejet est physique, il n'est pourtant pas plus laid qu'un autre, il a davantage d'allure que Sarkozy, et pourtant, ce sont ses traits, sa cravate, ses costumes, son ventre, qui sont critiqués, avant même qu'il dise ou fasse quoi que ce soit. »

Elle ajoute : « Moi, je ne le déteste pas, je m'interroge seulement sur le rejet que manifestent les Français à son égard. »

Il a eu tort, selon elle, de diviser les Français avec le mariage gay. « Nous sommes dans un vieux pays catholique, rappelle-t-elle, en guise d'explication.

— Mais l'Espagne aussi ?

— Non, pas autant. La preuve ! »

Nous parlons des migrants. Partout au Moyen-Orient, des hommes, des femmes, des enfants, attendent pour partir : un million et demi, me dit-elle, au moins. Que propose-t-elle ? D'aller couler les bateaux en Libye et en Syrie, mais comment ? On ferait mieux, assure-t-elle, d'aider le président égyptien.

« Et Bachar el-Assad ?

— Oui, lui aussi, mais il est trop tard. »

Constat tragique : Sarkozy a semé le mal en Libye, il y a des années, et depuis, tout fait eau de toutes parts. Rien à faire d'autre, maintenant, que d'adopter la méthode australienne vis-à-vis des migrants : les refouler. Solution tout de même terrible, non ?

Mieux vaudrait selon elle leur faire savoir qu'ils seront repoussés, cela les empêcherait peut-être de prendre le départ. D'autant que, estime-t-elle, si les migrants sont «prêts à débourser 3 000 euros pour monter dans un rafiot», cela signifie qu'ils ont au moins un peu d'argent, que ce sont les plus aisés. «Et puis, ajoute-t-elle, le jour où il y aura une grosse bagarre à la frontière italienne, où des milliers de migrants attaqueront les forces de police, passeront en force et s'égailleront dans la nature, que fera-t-on?» Son discours ne me surprend pas.

La partie la plus intéressante de notre conversation porte sur l'implantation du FN. Contrairement à son père, elle pense que l'ancrage territorial de son mouvement est une condition sine qua non à son arrivée au pouvoir.

«Les hommes politiques sont des animaux territoriaux. Il suffit d'en voir un, le soir des élections, exploser de joie en disant : "J'ai fait le plein dans mon bureau de vote, dans ma circonscription" pour le comprendre. Voilà pourquoi je prends des hommes jeunes, je les envoie tôt sur le terrain, pour qu'ils apprennent à se faire élire.»

«Systématiquement, tient-elle à me préciser, dès que quelqu'un chez moi a une attitude ou un propos un tant soit peu antisémite, je lui dis : "Dehors." Mais quoi, s'étonne-t-on, alors, on ne peut plus faire de blague? Eh bien non, je réponds, on ne peut plus faire de blagues. Je me fiche de devoir foutre mille militants à la porte du mouvement quand des milliers d'autres sont prêts à nous rejoindre.»

Le FN n'aurait-il plus rien à voir avec l'idéologie provocante de Jean-Marie Le Pen? Des adhérents qui ne dérapent pas, des élus qui se tiennent bien, une vocation à gouverner.

Un changement spectaculaire, qui n'est peut-être que de façade.

28 juin

Le pire est arrivé : la décapitation, en France, en Isère, d'un patron par un islamiste. L'individu avait été fiché en 2006 et pourtant, une fois de plus, il a réussi à passer entre les mailles du filet. Une de ses voisines le décrit comme se radicalisant petit à petit, au point de refuser de serrer les mains des femmes, dont la sienne. Elle l'a signalé à la police, dit-elle. Jean-Jacques Urvoas[1], auquel je raconte ce témoignage en l'interrogeant sur le plateau d'Europe 1, me répond que ce récit n'appartient qu'à elle, que rien pour l'instant n'est venu le corroborer, qu'elle a pu mentir, et que chaque témoignage doit être inlassablement vérifié.

Guerre du terrorisme, donc. Elle n'est pas dirigée uniquement contre les Européens, elle fait rage, dans un Moyen-Orient et un Maghreb divisés, ravagés par les conflits religieux et militaires. Le même jour où un patron français a été assassiné dans son usine, une vingtaine de touristes anglais ont trouvé la mort en Tunisie sur la plage, criblés de balles de Kalachnikov, cloués sur leurs matelas de coton, tandis qu'une mosquée chiite explosait au Yémen ou en Arabie saoudite.

Cette concomitance n'est pas fortuite, évidemment. Il y a un an tout juste, naissait à Mossoul le califat : deux tiers de l'Irak, un tiers environ de la Syrie, détenus par des sunnites, avec des munitions, l'argent du pétrole, et le soutien de l'opinion publique. L'armée irakienne mise en place par les États-Unis, après la seconde guerre d'Irak, a systématiquement évincé, déplacé, condamné, mortifié les sunnites qui faisaient partie de l'armée de Saddam Hussein. De sorte que cette armée d'Irak, faussement d'Irak pourrait-on dire, est apparue à la population près de Mossoul, au nord du pays, comme une armée d'occupation. Du coup, lorsque l'État islamique s'y est installé, son armée est au contraire apparue comme une armée de libération. Ce qui explique que l'État islamique ait grandi à toute allure, avec l'assentiment de la population.

Comment la France, engagée dans la (molle) coalition contre Daech, pourrait-elle échapper au terrorisme ? Trois mille personnes, entend-on ici, mille sept cents là, sont fichées comme « potentiellement » dangereuses. Les arrêter ? Mais comment ? Sans qu'ils aient commis de crime, sans qu'ils se soient signalés ? Quel tribunal accepterait de les condamner ?

---

1. Jean-Jacques Urvoas est président socialiste de la commission des lois à l'Assemblée nationale.

Je pense aujourd'hui à tous ceux qui, à droite et à gauche, ont refusé de voter la loi Urvoas sur le renseignement ! Le renseignement en France n'était pas considéré, il y a quelques années au moins, comme un des meilleurs. Nous ne pêchons pas par excès de renseignement mais par défaut ! Aujourd'hui, ce sont parfois les mêmes qui reprochent au gouvernement l'inefficacité des services.

À tout moment, commandos télécommandés ou loups solitaires peuvent atteindre le cœur de nos démocraties. La guerre est déclarée contre tout ce que nous représentons, contre la démocratie, la liberté, la mixité hommes-femmes, la laïcité. Sur ces points, tous les pays européens sont aujourd'hui des cibles. Comment empêcher les Français de s'interroger sur le comportement des musulmans qui vivent ici, et qui peut-être accueillent auprès d'eux, dans leur famille, dans leur maison, des « ennemis de l'intérieur » ? Inutile de dire que cette inquiétude, majeure aujourd'hui, se reflète dans le nouveau casse-tête européen, celui des migrants venus par la Méditerranée de Syrie, de Somalie, ou d'Irak. Comment trier, dans leurs rangs, ceux qui viennent chez nous pour vivre et ceux qui viennent pour tuer ?

29 juin

Il n'y a qu'en France, en pleine menace terroriste, alors qu'un homme, pour la première fois y a été décapité, que l'on peut engager une vaste, profonde, intarissable discussion sur une phrase du Premier ministre, évoquant une « guerre de civilisation ».

Que n'a-t-il pas dit ! L'opposition s'est empressée de souligner, en triomphant, que le terme employé par Manuel Valls était celui dont avait usé Nicolas Sarkozy le 8 janvier dernier, après les massacres de *Charlie Hebdo* et la tuerie de l'Hyper-Cacher de Vincennes, jugeant qu'il s'agissait d'« une guerre déclarée à la civilisation ». D'autres ont même fait valoir que le propos du Premier ministre reprenait, horreur, les thèses des néoconservateurs américains.

Haut-le-cœur à gauche, en revanche... Julien Dray, le soir même, a reproché à Manuel Valls, sans le dire tout en le disant, d'avoir employé un terme mal à propos, mettant dans le même panier islam modéré et islam extrémiste. Jean-Christophe Cambadélis a louvoyé, en précisant que les socialistes « voulaient la coexistence pacifique des nations », tandis qu'un obscur cadre de la gauche du parti est allé jusqu'à dire, Dieu sait pourquoi, que Manuel Valls, en parlant de guerre de civilisation, fait perdre à la France une bataille culturelle.

Quelle que soit la formule employée, qu'elle soit saluée par la droite ou accueillie avec méfiance par une partie de la gauche, il y a bien, dans le monde en ce moment une confrontation explosive entre un islam humaniste et un islam obscurantiste, entre un modèle de civilisation et une forme de barbarie. François Bayrou a habilement résumé les choses, parce qu'il connaît, lui, exactement le poids des mots, et sans chicaner comme certains socialistes : « Ce n'est pas une guerre de civilisation, c'est la guerre de la barbarie contre la civilisation. »

Cette querelle sémantique une fois réglée, peut-être serait-il temps de prendre l'exacte mesure de ce qui menace chacun en France et ailleurs.

Je pense aux imams que je suis allée interroger pour le ramadan. À l'imam de Drancy, tellement contesté, qui porte le drame en lui. Ou même à Dalil Boubakeur, qui prend tant de risques pour plaider en faveur d'un islam si différent de celui des coupeurs de têtes. Ils exposent leur propre vie en dénonçant les extrémistes. Au point que je les ai quittés en ayant peur pour eux. On ne le répétera jamais assez : ce sont les musulmans qui dans ce conflit paieront le tribut le plus lourd.

Week-end à « La Rivière », chez Françoise et Tony Dreyfus. Rocard arrive au dernier moment, amaigri après ses accidents vasculaires. Rien d'autre ne l'intéresse que ce qu'il fait. Je l'ai entendu parler, naguère, des pôles Nord et Sud, où il avait accepté d'être le représentant officiel de Sarkozy. Aujourd'hui, il revient de Corse et il condamne en bloc tout ce qui y a été fait. Ces pauvres Corses ont été colonisés, il faut ouvrir un nouveau dialogue, que personne avant lui n'a ouvert, comme il l'a fait, rappelle-t-il, en Nouvelle-Calédonie. Pourquoi cette nouvelle passion corse ? Parce que c'est sur cette île que sa femme et lui ont choisi de se faire enterrer. Conversation sinistre, qu'avec son extrême sens de maîtresse de maison Françoise Dreyfus arrête d'un mot.

Rocard a été un modèle pour toute une génération politique. Il a le droit, à quatre-vingt-cinq ans, de rêver sur la solution du conflit corse. Après tout, sur ce terrain, personne n'a à se vanter d'une quelconque réussite.

7 juillet

Psychodrame grec après le référendum sur la dette gagné par Alexis Tsipras. Hollande et Merkel ont laissé la porte entrouverte. Mais cela ne cache pas tout ce qui les oppose : Hollande est convaincu que la sortie de la Grèce de l'euro serait une catastrophe économique et surtout politique. Merkel ne fera plus un geste en faveur de la Grèce, sans garanties de réformes, sans contreparties. Elle ne le fera pas parce que, de toute façon, elle ne le peut pas : son opinion publique le lui interdit, et ses partenaires socialistes au sein de la coalition gouvernementale aussi. Intéressant au demeurant de voir socialistes français et allemands diverger de part et d'autre du Rhin.

Au milieu de ces allées-venues entre Eurogroupe, sommets, Parlement européen, FMI, Commission européennne et Banque européenne, la possibilité d'un Grexit se renforce, d'autant que les Grecs sont arrivés à toutes les réunions internationales d'aujourd'hui sans rien apporter dans leur hotte.

Tsipras fait de la politique : il avait le choix entre deux attitudes. Soit il retrouvait les dirigeants européens avec de nouvelles propositions. Soit il s'appuyait sur la force donnée par sa victoire au référendum et tenait tête aux leaders des autres pays. Bonne volonté ou arrogance ? Il a choisi l'arrogance, apparemment.

On en est au moment unique où tout peut basculer. Pas de plan sur la table, pendant que la Grèce demande encore plus d'argent.

Pour la première fois, Hollande admet que les choses peuvent échouer. Le mur franco-allemand contre le Parthénon. C'est une question de jours et pas de semaines.

Il faut voir la tête de Tsipras entrant dans le palais de Bruxelles : sûr de lui, dominateur. Quel tempérament ! Et tout cela sans rien dans les mains, rien dans les poches.

10 juillet

François Hollande joue gros dans cette affaire grecque. Sans arrêt, depuis le début de la crise, il a plaidé pour un consensus qui a semblé et semblait encore hier soir impossible. Pendant toute la semaine, il s'est beaucoup démené afin que le dialogue se poursuive, à travers lui, entre Alexis Tsipras et Angela Merkel.

Si la Grèce sort de l'euro, François Hollande apparaîtra comme ayant été, d'un bout à l'autre, isolé, et comme ayant recherché, envers et contre tout, une solution politique évidemment irréalisable. Il se sera surtout révélé incapable de faire fléchir Angela Merkel et de convaincre les autres pays de la zone euro que la sortie de la Grèce les exposerait à un péril pire que son maintien : la déconstruction, jointe à la récession, de l'Europe. En France, les ténors de l'opposition, eux-mêmes divisés sur le sujet, se retrouveront comme un seul homme pour dénoncer son échec.

Si, en revanche, dimanche, la Grèce passe avec succès son examen européen, François Hollande apparaîtra comme l'artisan principal de cette réussite. On soulignera sa détermination, son art de la synthèse – que ses adversaires raillent volontiers – et son influence positive sur la chancelière allemande et les autres partenaires, prêts, il y a peu, à jeter l'éponge. Pour Jean-Claude Juncker, le président de la Commission européenne, Hollande aura été l'allié le plus précieux. Et les syndicats européens, qui ont appelé les responsables politiques à « bien réfléchir avant de pousser la Grèce hors de la zone euro », auront le sentiment d'avoir été entendus par le président français. Les dés roulent : rien ne va plus. Mais jusqu'à dimanche, les jeux ne sont pas faits.

12 juillet

C'est finalement Tsipras qui vient de proposer au Parlement grec les mesures qu'il avait refusées aux Européens quelques jours auparavant. Au prix d'un revirement qui l'amène à demander à son peuple désormais d'accepter l'inacceptable. Sur le thème : suivez-moi, avec moi, vous ne risquez rien.

Personne ne peut nier qu'il soit un homme politique habile. Seulement voilà : il a tellement malmené les dirigeants européens – à l'exception de François Hollande –, son ministre des Finances Varoufákis a tellement multiplié les provocations, que le référendum, dont il est l'initiateur, a été présenté comme une mauvaise manière, un signe de défiance affirmé à la fin d'une séance de négociations, pour affaiblir ses partenaires. Du coup les Allemands, et ceux qui les suivent, n'ont plus guère confiance dans leur interlocuteur. Ils exigent maintenant de lui des engagements multiples, immédiats, qu'il ne peut pas tenir, des assurances qu'il ne peut pas donner sans se trahir encore plus. Au lieu de lui faciliter la tâche, ses homologues la lui compliquent au maximum.

« La vérité, nous dit Jean-Pierre Chevènement avec lequel nous déjeunons au parc Montsouris aujourd'hui, est que la crise grecque révèle la crise de l'euro. Les pays du Nord voulaient une monnaie forte, qui écrase les pays du Sud. Il y a entre eux une différence profonde de comportement et divergence totale d'intérêts. C'est en quoi l'euro est insupportable pour la Grèce, comme il l'a été pour l'Espagne et pour le Portugal. Il fallait une monnaie commune, et pas unique. »

Pour la Grèce on pourrait, selon lui, trouver un accommodement sur la monnaie, d'une valeur égale à 70 % de l'euro et lui donner de quoi repartir : son agriculture étant excédentaire, son tourisme en forte hausse. Tout était donc possible, si l'Europe n'était pas sous emprise allemande.

Chevènement estime que face à la réalité de l'euro, un accord entre l'Europe et la Grèce peut intervenir, mais qu'il sera remis en question. Jusqu'à ce que l'incompatibilité entre pays du Nord et pays du Sud explose au grand jour.

13 juillet

L'accord a finalement été trouvé à 9 heures du matin. Un accord léonin, une injure faite aux Grecs, pour certains, la moins mauvaise solution pour les autres, dont François Hollande. Depuis le début de ce psychodrame, je me sens mal à l'aise, alors que je n'étais pas favorable à la création de l'euro, la jugeant prématurée, dangereuse. Mais tout au long de ce feuilleton, je me suis dit qu'il fallait aider les Grecs, ne pas les abandonner à leur sort.

Aujourd'hui, au moment où j'ai appris l'accord final, j'ai été plutôt heureuse que les Grecs aient été maintenus dans la zone euro. Réaction irraisonnée, contradictoire. Je suis contente pour eux, pourtant si peu fiables.

Réception traditionnelle offerte par le ministre de la Défense aux militaires.

Sur la pelouse de l'hôtel de Brienne, quelques centaines d'invités, aux trois quarts militaires, attendent le discours prononcé cette année par François Hollande. Un hymne aux armées, une ode à la patrie, mot qu'il répète plusieurs fois. Certes, il s'adresse à des militaires, et c'est bien naturel de leur parler ainsi. Mais le mot « patrie » n'appartient pas au vocabulaire socialiste. François Hollande l'emploie-t-il avec la volonté précise de plaire à son auditoire ? Ou bien pense-t-il désormais que cette idée est un vrai ciment ? Qu'elle transcende les clivages, suffit à résumer les notions de peuple, de nation, de République aussi ? Blandine Kriegel me dirait sans doute que je confonds tout, que patrie et nation n'ont rien à voir entre elles, la République moins encore. Il reste que François Hollande, lorsqu'il insiste sur ce mot, lorsqu'il insiste surtout, veut parler d'unité de la patrie, de sa force, y compris à l'intérieur de l'Europe.

14 juillet

Sur la tribune présidentielle, toujours pas de Julie Gayet, mais une Ségolène Royal éblouissante et une Taubira égale à elle-même, présente, occupant l'espace. Comment se fait-il que personne n'ait dit à Najat Vallaud-Belkacem de s'habiller autrement ? Avec son pantalon et son gilet à manches courtes, elle partirait pour Deauville qu'elle ne surprendrait personne.

Après le défilé, interview de Hollande par Claire Chazal et David Pujadas. Pour une fois, il a de la chance : un accord européen sur la Grèce signé l'avant-veille, doublé d'un accord international sur l'Iran intervenu dans la foulée, signé au moment même où commençait le défilé militaire, il est poussé par des vents favorables. Même s'il sait bien que les Français ne se déterminent pas en faveur d'un homme au gré de ses réussites en politique extérieure.

Mieux vaut quand même pour lui que la Grèce n'ait pas été expulsée de la zone euro. Il a été le premier, et d'ailleurs pratiquement le seul parmi les grands leaders politiques français, à avoir affiché sa volonté de tout faire pour éviter un Grexit. Il aurait payé cher l'éviction de la Grèce.

On a assisté, dans le même temps, du côté de l'opposition, à une étonnante cacophonie. Nicolas Sarkozy a commencé par plaider la fermeté face à Tsipras, le communiste, le gauchiste qui, a-t-il déclaré au *Monde*, a suspendu « de fait l'appartenance de la Grèce à la zone euro ».

Il s'est répandu pendant ces quelques jours en insistant sur la rupture catastrophique entre Merkel et Hollande séparés par un Tsipras au couteau entre les dents. Son analyse, dès les premiers jours de la crise[1], pourrait se résumer en une seule courte phrase : dehors les Grecs. Il aurait tiré parti des résultats du référendum pour conforter son point de vue. Eh bien pas du tout. Il a, deux ou trois jours plus tard, poussé son porte-parole Luc Châtel en avant pour dire, prudemment, que la sortie de la Grèce de l'euro aurait des conséquences imprévisibles.

1. Le 2 juillet 2015.

À peu de chose près, la phrase de François Hollande sur « le saut dans l'inconnu ». Qu'est-ce qui a fait changer d'avis Nicolas Sarkozy ? Le conseil, donné par ses proches, qu'il valait mieux, pour un ancien président de la République qui aspire à le redevenir, « ne pas mettre de l'huile sur le feu ». Il aurait pu y penser tout seul si sa volonté de revanche contre Hollande ne lui faisait perdre la tête. La preuve ? Le dimanche même où l'accord se négociait à Bruxelles, il a manifesté de nouveau sa mauvaise humeur, en appelant, depuis Bruxelles où il se trouvait lui aussi pour le congrès des partis libéraux, son successeur à « se ressaisir », c'est-à-dire, au moment où il le disait, à s'aligner sur la position allemande, la plus hostile au maintien des Grecs dans la zone euro. Sarkozy ne se rend sans doute pas compte que la haine irrationnelle qu'il laisse transparaître lui fait le plus grand tort.

Quant à Alain Juppé, il a fait le chemin en sens inverse ; une semaine avant la négociation de Bruxelles, il est apparu mesuré, au contraire de Nicolas Sarkozy, faisant à la Grèce toute sa place dans l'union européenne et dans la zone euro. Puis, après le non des Grecs au référendum, il a changé de position, estimant qu'il ne fallait pas maintenir à tout prix leur pays dans le système européen[1] pour finalement se taire en attendant des jours meilleurs. Sarkozy et lui ont donc dit, simultanément, exactement le contraire l'un de l'autre. Belle démonstration d'unité ! Ils ne sont tombés d'accord que pour demander une nouvelle gouvernance de l'Europe, gouvernance qu'ils ne sont eux-mêmes jamais arrivés à mettre sur pied.

22 août

Alexis Tsipras vient de démissionner pour conforter sa majorité. Une partie de ses troupes le quitte, ce qui se comprend aisément. Il joue quitte ou double en convoquant des élections anticipées.

1. Devant des journalistes lors d'un déplacement à Angers le 1er juillet, Alain Juppé avait dit : « Nous avons tout intérêt à garder la Grèce dans l'euro. La Grèce a sa place en Europe. »

Soit il aura les coudées franches, soit il s'en ira. Je ne connais pas beaucoup d'hommes, en ce moment, qui auraient un tel courage politique. J'ai beaucoup varié dans mon jugement sur Tsipras, le trouvant arrogant et inutilement ramenard après son élection, puis le jugeant décrédibilisé lorsqu'il lui a fallu, malgré tout, miser sur l'Europe, faute d'une autre voie – celle que lui recommandaient ses amis politiques –, puis finalement courageux face aux dirigeants européens. Le plus comique dans l'histoire, ce n'est pas tant son comportement que celui de Mélenchon ou de Montebourg : ils lui ont tressé des louanges quand Tsipras dénonçait l'insupportable tyrannie de l'Europe allemande, et puis, lorsqu'il a changé de voie sous l'empire de la nécessité, ils sont restés, comme on dit, le nez dans la farine et le bec dans l'eau.

23 août

Ils n'ont vraiment pas eu de chance, les deux play-boys de la politique, Arnaud Montebourg et Yannis Varoufákis. Tout était préparé pour que la fête de la rose, à Fleury-en-Bresse, soit l'événement du week-end, de la rentrée politique même. Les caméras et les micros étaient bien là en effet, lorsque Varoufákis est arrivé, démarche chaloupée et crâne rasé, avec son tee-shirt noir soigneusement lavé et repassé, suivi de Montebourg, dont quelques cheveux gris, maintenant, parsèment la chevelure.

En fait, Montebourg a perdu la partie. Il a été rejeté du gouvernement pour insubordination l'année dernière et depuis, plus rien. Ou plutôt si : son entrée à l'Insead, où il fait office d'élève studieux, comme s'il reconnaissait lui-même qu'ayant été ministre plusieurs années sans rien comprendre à l'entreprise, il avait besoin de leçons particulières. Puis on l'a vu devenir manager d'Habitat... Mais il n'a pas rejoint les frondeurs, qui d'ailleurs n'ont jamais voulu de lui et n'en veulent toujours pas, et s'est contenté d'attaquer de temps en temps François Hollande. Comme à Jean-Luc Mélenchon, la victoire de Tsipras, il y a six mois, lui a fait croire qu'une autre politique était possible, qu'on pouvait remettre en cause celle de l'austérité européenne. Et puis flop, Tsipras est rentré dans le rang, il a accepté les conditions de ses partenaires et décidé de refonder une social-démocratie à la mode grecque.

Même échec pour Varoufákis le superbe, l'économiste ayant fait ses classes en Amérique et longtemps resté, c'était plus sûr, professeur à Harvard. Ministre des Finances, il a cru la cause qu'il défendait tellement juste, tellement aisée, qu'il ne doutait pas de faire plier les instances européennes et de pouvoir choisir ses armes : l'assurance souvent, l'arrogance parfois. Et puis quoi ? Varoufákis a démissionné, au contraire de Montebourg qui a été écarté au moment où il ne s'y attendait pas, il n'a pas participé aux votes à l'Assemblée grecque, et n'arrive pas aujourd'hui à définir avec certitude le chemin qu'il conviendrait de prendre. Hier sur France 2, on le sentait hésiter entre condamner Hollande et se démarquer de Tsipras, tout en revendiquant la tête d'un mouvement des progressistes européens.

Dans son discours, Montebourg n'a pas fait mieux, critiquant Hollande, tout en affirmant que ses initiatives en faveur d'une autre Europe sont les bienvenues.

27 août

Dîner, de nouveau, avec Philippe Martel. Il me raconte avoir rencontré Le Pen à un enterrement d'un des premiers membres du FN qui, soit dit en passant, avait coutume de prendre ses repas dans une vaisselle nazie. Le Pen est allé vers lui, comme pour montrer qu'il ne lui tenait pas rigueur de la position de sa fille, et lui a demandé, avec un air de mystère :

« Savez-vous pourquoi le FN n'existe qu'en France ?

— Non, a répondu Philippe, surpris par la question.

— Eh bien parce que le destin a choisi. »

La volonté divine en quelque sorte...

30 août

Jean-Claude Mailly à Europe 1 : il est plutôt sympathique, avec ses cheveux blancs et son air juvénile. Il est le symbole même de l'impuissance syndicale. Un bloc de refus : refus de tout changement du temps de travail, de tout changement de l'âge de la retraite, de toute modification du code du travail, de la moindre substitution des accords d'entreprise à des accords de branche. Pourtant, il est intelligent, fin. Préfère-t-il la droite au pouvoir ? J'ai l'impression que oui : tout est plus facile si la droite gouverne, un syndicaliste est fait pour se confronter aux patrons ou à ceux qui le représentent. Pas à la gauche.

Le phénomène Macron. On peut vraiment parler de phénomène. Les sympathisants socialistes eux-mêmes avouent le préférer à Cambadélis, au moment où, à La Rochelle, les jeunes militants s'indignent au contraire de ses propos devant les patrons. Or qu'a dit Macron ? Quelle a été sa phrase exacte ? Qu'il fut un temps où les « socialistes ont cru qu'on pouvait travailler moins », et que ce n'était pas une bonne idée. Il est vrai que depuis des années, les socialistes ont laissé à la droite la valeur travail, vrai aussi qu'ils ont cru que travailler moins favorisait le partage du travail. On se rappelle la création, en 1981, d'un ministère du Temps libre. Apologie du loisir face au travail, travail devenu secondaire par rapport au bonheur personnel... Bref, autant d'inepties, propagées par les enseignants et les militants qui ont donné des socialistes une image d'inefficacité et d'amateurisme.

Macron est devenu le symbole du contraire : symbole de modernité, de jeunesse, d'ouverture. Je m'amuse à relever les éloges dont la presse aujourd'hui le couvre : d'une « jeunesse insolente et intraitable », il donne un « coup de vieux » à tous les autres ministres ; « hors code », « il bouscule les dogmes au moment où beaucoup, à droite et à gauche, s'enlisent ».

Et dire qu'il est hué par les jeunes socialistes, alors qu'il incarne une nouvelle gauche, celle du possible.

2 septembre

Confession de François Hollande à Françoise Fressoz, du *Monde*, dans un livre qui vient de paraître : il regrette d'avoir annulé, après son arrivée à l'Élysée, la TVA sociale décidée par son prédécesseur. En effet, la hausse des taux de 19,6 à 21,2 % aurait sans doute évité les hausses d'impôts auxquelles a dû procéder le gouvernement Ayrault à l'automne 2012. Pourquoi avoir refusé, et avec quelle vigueur, cette augmentation de la TVA qui pouvait, après tout, être bénéfique au nouveau président ?

Erreur de jeunesse, ou de débutant, plaide Hollande. Mais avouer une erreur, est-ce, pour un chef de l'État, le comble de la sincérité ou le comble de l'amateurisme ? Peut-on vraiment se repentir, quand on occupe une telle fonction ? Reconnaître une faute peut être en soit une bonne chose. Mais le faire, c'est aussi susciter le doute. Et donc s'enferrer davantage.

Comment Macron compte-t-il devenir roi ? se demande François Bazin dans ses carnets politiques. Macron, en tout cas, pousse ses avantages. Jeune, très jeune, populaire ou détesté, plus libre que ne l'ont été d'autres ministres de l'Économie avant lui, plus mûr aussi intellectuellement, à l'aise avec le monde des affaires dont il a une précoce expérience, il a la volonté, ancrée en lui, de faire changer la gauche, de la moderniser, certains diraient de la libéraliser. En tout cas de faire tomber ses dogmes, ses tabous, ses icônes.

Son visage, que j'observe depuis quelque temps avec une attention extrême, exprime beaucoup de choses. D'abord, en effet, sa jeunesse. J'ai vu quelques images de lui à la fin de la discussion parlementaire sur la loi qui porte son nom. Il avait parlé, lutté pied à pied, pendant des heures face à une commission redoutable. Pas une ride, lorsqu'il a repris la parole au banc du gouvernement, encore plus tard dans la soirée. Il faut avoir moins de quarante ans pour que la peau reste inaltérée, l'attention tout aussi aiguisée qu'au début. Macron est porté par la certitude, que j'appellerai « schrödérienne », de la réforme nécessaire à la reprise. Il croit en la victoire de cette gauche à laquelle beaucoup lui reprochent de vouloir porter un coup fatal. Lorsqu'on relit, comme je viens de le faire, les lois Schröder, on est frappé par la précision avec laquelle elles prévoient les moindres mécanismes pour garantir et fluidifier les règles du travail. C'est ce que Macron voudrait faire, si on le laisse aller aussi loin qu'il le veut.

Pour le reste, je ne me fais aucune illusion : ce n'est pas un hasard, chez un homme aussi intelligent, s'il a laissé tomber devant le Medef quelques phrases ambiguës sur les 35 heures. Ce n'est pas une maladresse, pas une improvisation malheureuse. C'est volontairement qu'il a choisi de brusquer le Parti socialiste sur ce sujet comme sur d'autres. Croit-il, ce faisant, aider Hollande ? Et s'il se fichait de l'aider ou non ? Si Macron roulait, finalement pour Macron ?

3 septembre

La photo d'un enfant mort, la tête dans le sable, habillé d'un polo rouge, d'un pantalon comme en portent tous les gosses de son âge, émeut le monde entier. Il s'agit d'un petit réfugié dont le bateau a chaviré, et que son père n'a pu retenir. Oui, l'image tire les larmes, elle nous remet tous en cause mais faut-il qu'une partie de la gauche, chez nous, en profite immédiatement pour s'en prendre au gouvernement qui, selon elle, ne fait rien pour les réfugiés ? Valls est pourtant allé à Calais avant-hier, pour annoncer la construction d'un centre d'abris avec l'aide de Bruxelles. La vérité est que la France n'est plus la destination première des migrants. Je ne sais s'il faut s'en réjouir. Trop de chômage, trop de crises sociales, trop de Front national aussi, notre pays a cessé d'être pour eux une destination rêvée. Ils préfèrent l'Allemagne, où Angela Merkel a été, en effet, la première à leur ouvrir les bras. La démographie de son pays le lui permet, comme le sombre remords que les Allemands ont enfoui en eux depuis la période nazie.

Contrairement à ce qui se passe chez nous, où droite et extrême droite attisent les inquiétudes, il n'existe pas chez les Allemands d'interrogations sur leur identité nationale. Les « autres » ne leur font pas peur parce qu'ils ne doutent pas d'eux-mêmes. Confiants dans leur avenir, ils sont prêts à partager ce qu'ils ont. Les Français doutent d'eux au point d'avoir peur de se voir prendre le peu qu'ils ont. Tout cela est dans leur tête, sans doute, mais solidement ancré. Aujourd'hui François Hollande et Angela Merkel viennent de rendre public un communiqué commun recommandant d'accueillir les réfugiés[1]. Trop tard pour la gauche française. Quant à la droite, elle-même très divisée, la voilà qui, après avoir encensé Merkel, se détourne d'elle. D'Alain Juppé à Nicolas Sarkozy la position de la chancelière est plutôt décriée. « Est-ce qu'on peut se contenter de ce message humanitaire qui consiste à dire que l'Europe est prête à accueillir ceux qui souffrent ? a estimé Juppé. Je ne le pense pas. »

Ainsi, sur le problème des réfugiés, l'opposition navigue entre deux attitudes contradictoires. Dans l'ensemble, à l'exception de NKM et de quelques rares autres, la droite se méfie de tout message humanitaire, qu'il vienne de Merkel ou de Hollande. La gauche, elle, trouve que l'accueil ne se fait ni assez vite ni assez bien, comme si « toute la misère du monde » avait droit de séjour en France. Comportement de part et d'autre irresponsable : on ne peut pas plus abandonner à leur sort des milliers d'êtres humains que les accueillir en masse.

Déjeuner terrible avec Jérôme Cahuzac chez Pierre Weill, que je n'ai plus revu depuis des années. Cahuzac a pratiquement tout perdu et sa réaction est de mettre en cause tout le monde, notamment le président de la République, dont il pense qu'il connaissait la vérité depuis le début. Hollande lui a-t-il demandé sa parole ? « Non, dit Cahuzac, jamais ! Il m'a simplement demandé, après un Conseil des ministres, si j'étais sûr de pouvoir aller jusqu'au bout. »

Nous lui faisons remarquer que cela a pu vouloir dire, dans l'esprit du président, trop pudiquement peut-être : « Si tu dis la vérité, dans ce cas tu tiendras, si tu mens, ce sera vite impossible. »

Ce compte suisse qui contient 800 000 euros, Cahuzac assure ne pas s'en être servi. Il l'a gardé, parce qu'il s'agissait d'un compte

1. « Les droits civils universels, a dit la chancelière, ont été jusqu'à présent étroitement liés à l'Europe, et à son Histoire, en tant que principe fondateur de l'Union européenne. Si l'Europe échoue sur la crise des réfugiés, ce lien avec les droits civiques universels sera cassé, il sera détruit. »

politique, constitué à la demande de l'équipe rocardienne ; tout le monde le savait, dit-il, et aussi Carcassonne, son ami. Quand nous lui disons que s'il entendait faire de son affaire une nouvelle affaire Stavisky, il ne s'y prendrait pas autrement, il explose : « Stavisky, sa photo a été placardée à côté de la mienne dans bien des journaux ! Alors... » Sous-entendu : je ne crains plus rien, je n'ai plus rien à perdre...

Je lui fais remarquer, que, dans ce cas, il aurait risqué d'avoir bien des tracas avec ses électeurs d'abord, et avec les autres parlementaires ensuite, s'il était réélu.

« Combien de temps cela aurait-il duré ? me répond-il. Quinze jours, comme Thévenoud. Après, tout le monde aurait oublié. En réalité, on ne voulait pas que je retourne au Parlement, parce que j'aurais pu devenir un adversaire meurtrier, parce que j'aurais pu révéler des tas de choses que personne n'avait intérêt à ce que je rende publiques. Je me croyais soutenu et je ne l'étais pas. »

Bref, le président l'a abandonné. Et son mensonge à la tribune ? Tout vient de là, c'est parce qu'il se sentait soutenu qu'il a osé mentir.

4 septembre

Club de la presse avec Florian Philippot... Visage blême, presque gris, lèvres trop minces, traits taillés à la serpe, ce type me fait peur. Il ne lui manque qu'un long manteau de cuir. Sorti de l'ENA, homosexuel, il n'est pas dans le moule du FN. Est-ce cette originalité qui lui a donné tant d'emprise sur Marine Le Pen – au point d'exaspérer un père, jaloux quelque part de cet homme jeune qui ne lui ressemble pas ? Pourtant, rien ou si peu de chose le sépare, lorsqu'on écoute son discours, de Jean-Marie Le Pen.

Ni le jugement qu'il porte sur le drame de cet enfant syrien mort sur le sable, face contre terre, dont la presse exploite selon lui sans vergogne l'image. (Le Pen, lui, a employé le mot « ignoble » pour condamner ce qu'il appelle la récupération du monde politique.)

Ni sa volonté de fédérer pêle-mêle et sans distinction toutes les raisons de mécontentement : agriculteurs, terroristes, migrants... Jusqu'à atteindre au pire des populismes.

Tout ce qu'il dit me hérisse, et surtout cette démagogie ruisselante. Dans sa bouche, les mots coulent avec rage, comme s'il ne croyait en rien. Il n'est ni tribun ni penseur, mais un gourou qui tente de prendre le dessus sur une Marine Le Pen que je croyais moins facile à instrumentaliser.

Je songe à ce que me disait Philippe Martel : « Le Pen pense qu'après l'avoir écoutée, Philippot videra Marine à son tour. » Je me dis ce soir qu'il n'a pas tort.

6 septembre

L'Allemagne accueille avec des cris de joie les réfugiés politiques syriens. La France, pendant de temps, est tout entière accrochée à la pensée, aux propos, aux lèvres de Marine Le Pen. Certes, l'Allemagne est prospère, et sa démographie en berne. Mais ces cris de joie à l'arrivée des migrants à Munich ou à Vienne, voilà qui ne doit rien aux calculs démographiques ou sociaux. Pendant ce temps, 54 % des Français s'opposent à tout accueil des réfugiés, politiques ou économiques. La France est un pays riche qui se sent pauvre, un pays étriqué qui se croit généreux.

15 septembre

Retour sur l'Allemagne et les réfugiés. Merkel leur a donc, de quelques phrases généreuses, ouvert les portes de l'Allemagne. Et puis l'immensité de la cohorte venue de Vienne à Munich, l'ouverture de la Hongrie, qui a volontairement laissé passer des milliers et des milliers de migrants vers le paradis allemand, sans d'ailleurs chercher à les enregistrer, ont été telles que Munich a été submergée par l'arrivée de 15 000 d'entre eux en un seul jour, samedi dernier. Et Merkel la pragmatique a choisi une semaine après ses belles phrases de fermer sa frontière avec l'Autriche et la Hongrie. Terrible volte-face au moment où elle est accusée d'avoir créé, sans pouvoir l'assumer, un terrible appel d'air pour les migrants.

18 septembre

Je suis allée assister, ce matin, au séminaire de réflexion des Républicains sur la question des migrants. Je n'y ai rien appris que je ne sache déjà, mais il m'a été utile d'écouter, avec attention, les propositions des uns et des autres.

À midi moins le quart, Nicolas Sarkozy arrive dans la salle par une entrée latérale, de son pas chaloupé. Éric Ciotti, qui est en train de parler à la tribune, en bafouille de confusion. Puis Sarkozy prend le micro. Il s'écarte beaucoup du discours qu'on lui a préparé, mais reprend en gros les arguments connus : création de *hot spots* de l'autre côté de la Méditerranée (comme s'il était possible pour la France seule d'aller annexer quelques kilomètres carrés de Syrie ou d'Égypte, passons...). Il dénonce les accords de Schengen, qui n'ont pas besoin des événements récents pour être mis à mal de toutes parts. Il a quelques mots relativement émus pour parler du malheur de ces familles. Il n'entre pas dans le détail du droit du sol, parle de prestations sociales, de l'aide médicale assistée... Bref, il tient un discours assez plat par rapport à ses autres déclarations.

S'il a décidé, aujourd'hui précisément, de s'exprimer publiquement c'est parce que François Fillon a publié son livre cette semaine, intitulé *Faire*, et qu'il a cherché à lui voler la vedette. Même chose vis-à-vis d'Alain Juppé qui publie, lui, un essai pragmatique sur l'éducation. Sarkozy se rappelle à leur bon souvenir, tout en leur assurant que la primaire sera ouverte. Tantôt, il s'efforce de les enfermer dans un programme dont lui-même aura décidé les grandes lignes. Tantôt, il organise un pseudo-référendum sur la politique migratoire par courriel auprès des militants. Les résultats, publiés ce soir, montrent que sur toutes les questions posées, Sarkozy obtient plus de 90 % de réponses positives. Une manière de lier les mains de ses futurs compétiteurs, qui enragent.

Remise de la Légion d'honneur à Jacqueline Franjou par Emmanuel Macron au ministère des Finances. Je ne l'avais jamais vu d'aussi près. Il a des yeux clairs dans un visage aigu, une jeunesse dans le regard, une sorte de défi dans l'œil, de gaieté aussi que je n'imaginais pas. Son discours est nourri de grands auteurs et de grandes lectures. C'est un homme sans doute hors du commun, je veux dire, hors du commun dans la France d'aujourd'hui. À l'évidence, il a beaucoup lu et, bien que son parcours ne soit pas linéaire, il a su donner très tôt une épaisseur à son personnage. Aujourd'hui, il est parti en guerre contre le statut des fonctionnaires, au point que le chef de l'État a été obligé sur-le-champ de le démentir ou, du moins, de prendre le contre-pied de cette déclaration intempestive. Macron a décidé de parler vrai, et il le fait sans Dieu ni maître. Hollande veut-il avoir auprès de lui un électron libre, de façon à arbitrer entre la droite et la gauche de son parti ? Toujours la stratégie de l'omelette coupée aux deux bouts, comme au bon vieux temps du PCF. Je crains, au contraire, qu'une déclaration comme celle de Macron ne fasse apparaître le chef de l'État comme incapable de définir sa propre ligne. Il pense avoir besoin de frondeurs d'un côté, de Macron de l'autre pour être au centre du jeu. Du coup, il semble n'être nulle part.

22 septembre

Élections législatives en Grèce. Tsipras a réussi son pari : il retrouve une nouvelle légitimité en se débarrassant de l'extrême gauche. Il a recueilli le même nombre de suffrages qu'au début de l'année, où il avait remporté tout feu tout flamme sa première victoire. Au prix de quelques sauts périlleux et autres habiles contorsions, il est arrivé à ses fins : ses opposants de gauche, qui ont quitté Syriza pour constituer un petit parti genre Front de gauche français, n'ont pas obtenu le nombre de voix nécessaires pour entrer au Parlement.

À Paris, Mélenchon, un temps dithyrambique à l'égard du nouveau président grec, en est resté muet, et l'on n'a pas davantage entendu Arnaud Montebourg, qui, début septembre, avait invité Yannis Varoufákis à sa fête de la rose.

Ainsi, pour en finir avec son extrême gauche, Tsipras a pris tous les risques. Y compris celui de perdre.

Même s'il m'est arrivé de penser le contraire, je suis convaincue aujourd'hui que la sortie de l'euro serait une catastrophe pour les pays concernés. Il aurait mieux valu, certes, ne pas mettre la charrue avant les bœufs, ne pas créer une zone euro avant d'avoir unifié bien d'autres choses, ou même restreindre cette zone aux pays fondateurs de l'Europe. Mais à partir du moment où l'on a procédé autrement, il faut tout faire pour favoriser son maintien et même sa consolidation.

27 septembre

Sophie de Closets me raconte la réunion de son club, le club Choiseul, où se retrouvent de jeunes P-DG de trente à quarante ans, avec Nicolas Sarkozy. Il a répondu aux questions de l'assistance avec une sorte d'agressivité et de décontraction qui a laissé ses interlocuteurs sans voix. À une jeune femme qui dénonçait l'inertie du monde politique, il a rétorqué : « Bouge tes fesses, entre en politique au lieu de critiquer les autres. »

La phrase a surpris. Le déjeuner fini, ses quelques partisans présents ont plaidé en assurant qu'il était énervé, fatigué, qu'il ne fallait pas le juger sur cette seule prestation. Les autres, déboussolés, ont juré qu'ils ne voteraient en aucun cas pour lui.

Aujourd'hui, réunion des Républicains pour soutenir Valérie Pécresse à la présidence de la future région Île-de-France. Tout le monde est là : Sarkozy, Juppé, Fillon. Au moins savent-ils encore afficher leur unité quand c'est nécessaire, alors que la gauche n'est toujours pas capable de le faire en Île-de-France. Les Verts et le Front de gauche iront seuls à la bataille, préparant une défaite collective de la gauche émiettée. Il est vrai qu'un immense fossé sépare désormais la gauche en deux, voire en trois parties : les socialistes de l'extrême, Mélenchon et consorts, les sociaux-démocrates, genre Martine Aubry, et les sociaux-libéraux, Valls et Macron. Au milieu des trois, Hollande se balade sans convaincre. Dans ces conditions, l'union de la gauche a cessé d'être un combat, elle est devenue un leurre.

3 octobre

Je suis de plus en plus intriguée par l'attelage Valls-Macron.

Hollande-Valls, c'est un duo complémentaire. Sur le fond, il n'y a pas tellement de problèmes entre les deux têtes de l'exécutif : quelles que soient les difficultés inhérentes aux rapports entre président et Premier ministre sous la Ve République, il est clair qu'entre François Hollande et Manuel Valls une sorte de complicité existe toujours.

Sur la définition d'un socialisme moderne, sur ses évolutions nécessaires et aussi sur ses archaïsmes, sur l'Europe et ses conséquences, sur la façon de gouverner enfin, les deux hommes ont trouvé une sorte d'équilibre... Hollande est connu comme un maître dans l'art d'arrondir les angles ; Valls se bat sur tous les terrains. Pour réussir à gouverner avec une majorité divisée entre frondeurs et orthodoxes, il doit naviguer entre les récifs.

Mais voici qu'un troisième personnage s'est immiscé dans l'intimité du couple exécutif. Jeune, séduisant, n'ayant pas peur de son ombre, doté de quelques expériences rares pour un socialiste, philosophe à vingt ans et banquier d'affaires à trente, Emmanuel Macron n'est pas tenu à la réserve nécessaire chez un Premier ministre. De cette liberté, il joue, et jouit pleinement. Il a l'oreille du président de la République et ne s'embarrasse pas des contraintes parlementaires et politiques dont Manuel Valls, lui, est bien obligé de tenir compte. Il ne se prive donc pas de parler des 35 heures, et de s'interroger, comme il l'a encore fait tout récemment, sur la « trop grande rigidité dans la définition horaire », ou encore de réfléchir tout haut au statut des fonctionnaires et au périmètre d'intervention de l'État. D'une déclaration à l'autre, il apparaît que le duo exécutif est bel et bien devenu un trio. Du coup, le Premier ministre et le Premier ministre bis tentent, par un vocabulaire légèrement différent, de se démarquer l'un de l'autre : le premier se veut « social-réformiste », le second tenant d'un libéralisme social, dont il assure qu'il est « de gauche ».

Il n'est pas sûr que, même si François Hollande s'en accommode, même si Manuel Valls affiche publiquement, bien obligé, sa solidarité avec le patron de Bercy, la majorité socialiste s'y retrouve. Lorsque Martine Aubry, avec sa brutalité coutumière, sort du silence qu'elle s'est imposé pour dire : « Macron, ras le bol », elle traduit les réticcnccs de bien des députés. Au moment où se joue une partie électorale qui s'engage mal pour les socialistes, les interventions du jeune ministre, qui ne perd jamais son sourire éclatant, justifient, même si c'est de leur part une conduite suicidaire, le refus du Front de gauche, des communistes, et même d'une partie des Verts, de consentir à tout rapprochement avec les socialistes sortants.

4 octobre

Extraordinaire lapsus de Fillon au micro d'Europe 1. Interrogé longuement sur ses sentiments à l'égard de Sarkozy, il s'énerve : « Oui, j'ai du ressentiment pour Sarkozy », répond-il. Trop beau pour être vrai. Je ne sais s'il s'en est aperçu sur le moment. Imparable, en tout cas.

6 octobre

Rencontre avec Henri Weber au siège du Parti socialiste, rue de Solférino. À la porte, les mêmes agents de sécurité, la même hôtesse depuis des années. Embrassades. Au deuxième étage, Weber reçoit dans un petit bureau d'apparatchik. Pourquoi est-il revenu à son âge y occuper un poste de conseiller ? Tout simplement parce qu'on ne se refait pas : Henri Weber reste, à ce moment de sa vie, le militant, le combattant qu'il a toujours été. Inutile de dire qu'il n'a aucun besoin matériel d'être là. Il y est par conviction, parce qu'il sent la gauche et le Parti socialiste malades, menacés, et qu'il veut tout faire pour empêcher la débâcle.

C'est Julien Dray, me raconte-t-il, qui a eu l'idée du référendum interne sur l'unité de la gauche. Référendum qui ne servira pas à grand-chose, puisque en vue des prochaines élections régionales, les Verts et le Front de gauche ont déjà fait alliance, en dehors du PS, dans le Nord - Pas-de-Calais - Picardie et la région PACA. En Île-de-France, où ils dirigent ensemble la région, Emmanuelle Cosse a trouvé le moyen de s'allier avec Corine Lepage !

L'opinion d'Henri Weber est que l'extrême gauche et les écologistes veulent profiter du passage à vide du PS pour tirer un trait sur le parti qui les domine depuis si longtemps. Un peu ce qu'a fait, au début de son ascension, Tsipras en se débarrassant du Pasok.

Nous parlons de l'état du pays.

« Lorsqu'il est arrivé à l'Élysée, me dit-il, Hollande a eu à faire face à une situation que l'on peut résumer en quatre ou cinq chiffres : 0 croissance. 10 % de chômeurs. Dette publique à 90 % du PIB. 73 milliards de déficit de la balance commerciale. 5,5 % de déficit global vis-à-vis des critères de Maastricht. Quand tu as de telles cartes dans ton jeu, qu'est-ce que tu fais ? Tu tires des bords. Hollande sait où il veut aller, depuis le début. Il sait aussi que c'est difficile, que les contraintes sont énormes et que la plupart d'entre elles sont internationales. Il conduit un voilier sur une mer déchaînée.

— Face à ces éléments en colère, a-t-il sous-estimé la tâche en prenant Ayrault à Matignon ?

— Hollande pense que, dans un gouvernement, il y a place pour six ou sept ministres stratégiques, pas plus. Pour les autres, il pense que l'administration suppléera à leurs défaillances. Les ministres sont alors de purs communicants. Il se soucie peu de leurs compétences ou incompétences. Mettre Montebourg à l'Industrie ! Lequel, à peine nommé, injurie les industriels au moment où la confiance est nécessaire ! »

Dans ces conditions Hollande sera-t-il candidat à la prochaine présidentielle ? Se représentera-t-il s'il risque d'arriver en troisième position ? L'échec de Jospin en 2002 était un accident politique. Aujourd'hui, Hollande pourrait-il prendre la responsabilité de se présenter, en toute connaissance de cause, si les sondages restent mauvais ?

Je fais remarquer qu'ils le donnent pour l'instant à 20 % environ d'opinions favorables, peut-être un socle de départ suffisant. Il me répond que les sondages présidentiels sont en réalité beaucoup plus mauvais, que François Hollande est crédité de 16 à 18 % des intentions de vote, pas plus. Loin derrière Marine Le Pen et Nicolas Sarkozy, si c'est lui qui se présente. Il n'exclut pas que Hollande soit contraint de se retirer, même si la règle veut que les hommes politiques finissent toujours par préférer se faire battre par le suffrage universel que par les sondages. S'il n'y va pas, qui ? Valls ? Celui-ci ne le cache pas : il sera fidèle à François Hollande jusqu'au bout, mais si celui-ci abdique, il prendra sa place.

J'en profite pour l'interroger sur Macron : rend-il, selon lui, un mauvais service à la gauche, en apparaissant comme l'électron libre du gouvernement ? Joue-t-il au contraire un rôle positif ?

Réponse claire d'Henri Weber :

« Non, dans l'état actuel des choses, Macron commet les erreurs d'un non-professionnel de la politique.

— Mais Hollande n'est-il pas derrière lui ?

— Non, les sorties de Macron l'exaspèrent, au contraire. Ni Hollande ni Valls ne le sortiront du jeu pour le moment comme ils l'ont fait pour Montebourg, Mais je te garantis qu'ils manifestent à son égard une grande mauvaise humeur. Manuel Valls le garde, conclut-il, mais il est irrité, comme nous tous. » Comme Hollande ? Je n'en suis pas si sûre.

7 octobre

Entretien avec Hervé Gaymard juste avant le comité d'investiture des Républicains qui se tient vers 19 heures. Il s'agit, me dit-il, de la première vraie campagne informatique : plus besoin de petites mains pour coller des timbres, plus de timbres à acheter, plus d'enveloppes, un ordinateur, un fichier, et tout est fait.

Les militants, aujourd'hui, semblent tous gagnés à l'idée de la primaire. Même Karoutchi qui a dit, l'autre jour, à La Baule[1] : « Je me rends compte que la primaire est indispensable à partir du moment où, vu le niveau élevé du FN, le premier tour ne nous permet pas de nous départager. »

Sarkozy, après avoir pris la présidence du mouvement, pensait alors l'éviter. Il lui est rapidement apparu qu'il ne le pouvait plus : c'était une séquelle de la lutte Copé-Fillon de 2013. Son ancien Premier ministre avait fini par arriver à faire acter dans la primaire dans le protocole de réconciliation.

Il y aura donc de onze à vingt-quatre bureaux par circonscription, selon leur importance et leur peuplement : par exemple, onze en Ariège et vingt-quatre dans la deuxième de Haute-Savoie. Les électeurs verseront deux euros pour aller voter. En attendant, il faut trouver de l'argent pour l'organisation du scrutin, et donc que le parti républicain se porte garant auprès des banques pour obtenir une avance. Sarkozy peut-il refuser de le faire, en arguant que le parti n'a plus d'argent ? Cela ne semble pas possible à Gaymard : ce serait, après avoir accepté le principe de la primaire, une façon de la torpiller qui ne passerait pas inaperçue. Gaymard ajoute : « Le candidat qui sera désigné par la primaire deviendra ipso facto le président des Républicains, pour éviter le dilemme Hollande-Aubry de 2012. »

Sage précaution, en effet.

Juppé est-il à l'abri d'un croche-pied ?

« Non, tout est possible. Par définition, rien n'est prévisible. »

---

1. Début septembre 2015, les trois principaux candidats républicains à la primaire se sont retrouvés à l'invitation de la tête de liste pour la région, Bruno Retailleau.

Nous parlons de Nadine Morano, dont Hervé croit savoir qu'elle vient d'adresser une lettre d'excuses au parti sur la « race blanche[1] ».

« Fillon, dans les instances nationales, me raconte-t-il, a défendu, pratiquement seul, Nadine Morano, en refusant ce genre de procès de Moscou. »

Et tout le monde s'est mis à se reprocher les innombrables petites phrases regrettables, depuis le Kärcher de Sarkozy jusqu'au pain au chocolat de Copé en passant par la « fuite d'eau » que représentent toujours, pour Sarkozy, les migrants.

« Le plus dangereux dans tout cela, c'est la dévaluation compétitive des mots », estime Hervé.

Sans doute veut-il parler de la surenchère en matière de termes injurieux. Mais les mots peuvent-ils être détachés du climat dans lesquels ils sont dits ? Celui dans lequel nous vivons y est hélas propice.

16 octobre

À Blois, pour le Salon du livre, lors du dîner à la mairie, je suis assise à côté de Jean-Noël Jeanneney, ironique et drôle. À ma gauche, Hervé Gaymard, dont je suis devenue, décidément, inséparable, raconte en détail la réunion de la commission d'investiture qui a exclu Nadine Morano. Il a trouvé Sarkozy dans un extraordinaire état d'agitation, invoquant d'entrée de jeu la non-réponse de Morano à sa mise en demeure. Michèle Alliot-Marie lui a fait alors remarquer que des échanges de mails ont eu lieu entre Nadine Morano et son équipe toute la journée. Et Sarkozy de bondir pour arracher un dossier entre les mains d'un de ses adjoints, qu'il brandit en hurlant : « Ça s'appelle une lettre, ça ? Rien n'est signé là-dedans, rien n'a la moindre valeur ! »

1. Nadine Morano avait parlé de la France comme d'un « pays de race blanche ». Elle avait été, pour cela, sanctionnée par son parti. En réalité, elle ne s'excusera pas, et perdra, de ce fait, la direction de la liste républicaine dans le Grand-Est.

C'est dire qu'il n'a pas cherché un moment à apaiser les choses, et hâté, tout au contraire, la rupture. Hervé Gaymard semble penser, malgré toutes les mises en garde sur le trucage possible de la primaire, que Juppé s'en sortira et que Sarkozy ne pourra pas l'entourlouper. Bayrou pense le contraire, moi aussi. Et d'ailleurs, trois jours après Blois, Sarkozy, prenant vraiment les enfants du bon Dieu pour des canards sauvages, fait savoir benoîtement que les Républicains ne parviendront pas à animer dix mille bureaux de vote (chiffre pourtant déjà accepté et par le bureau politique des Républicains et par la commission d'organisation de la primaire).

Si Juppé, suivi par tous les candidats à la primaire, a protesté immédiatement, en parlant pratiquement de rupture de contrat, c'est parce que derrière cet argument technique se cache une volonté politique : moins il y a de bureaux de vote, et moins nombreux seront les sympathisants qui pourront se déplacer. Or Sarkozy ne peut compter que sur le vote des militants pour supplanter son principal challenger, lequel doit miser sur les sympathisants pour l'emporter. Bref, Sarkozy a tendance à choisir le nombre de bureaux de vote et le scrutin qui l'avantage. Les autres ne sont pas dupes.

Après un débat avec Michel Winock sur Mitterrand qui aurait pu durer des heures, je signe mon livre aux côtés de Jean-Louis Debré, qui signe le sien sur Chirac (lequel, me confie-t-il, ne va pas bien du tout). Jean-Louis Debré accepte de me ramener dans sa voiture à Paris, et nous faisons donc une heure et demie de route ensemble. À propos de Sarkozy, Debré se dit qu'il a bien eu raison, la suite de l'histoire l'a prouvé, de refuser, au Conseil constitutionnel, la validation de son budget de campagne. En pleine affaire Bygmalion, le Conseil aurait été totalement discrédité s'il l'avait entériné. Il semble, si l'on en croit les dernières évaluations, que la campagne ait coûté en réalité plus de 50 millions. Mais, contrairement à mon attente, Jean-Louis Debré ne me paraît pas très favorable à Alain Juppé.

« Il est bien seul », me dit-il.

Que faire alors ? Il n'est pas moins réservé envers Fillon. Peut-être, c'est du moins l'impression que j'ai, Debré croit-il que la séquence de la primaire ne se passera pas comme prévu, que quelque chose surviendra auparavant qui en dérangera le cours. Mon interprétation peut n'être pas la bonne.

Il quittera le Conseil constitutionnel en mars prochain. Il a déjà écrit (c'est Jean-Luc Barré qui l'éditera) le livre relatant sa vie au Conseil, mais ne sait pas encore quelle suite prendra sa vie après son départ. Il ne peut ni ne veut refaire de la politique, et exclut de rejoindre, comme tant d'autres, un cabinet d'avocats. Il s'interroge sur son existence future, non sans une certaine angoisse, me semble-t-il.

Méconnu au début de son mandat, le personnage de François Hollande le reste trois ans plus tard. Avec d'énormes zones d'ombre sur ce qu'il pense en réalité, sur ce qu'il croit, sur sa conception de la démocratie socialiste, du dialogue social. Vit-il ce qui lui arrive avec indifférence ou douleur? Rien n'y paraît. Sauf peut-être l'autre jour, quand, après une cérémonie de remise de la Légion d'honneur, il m'a confié furtivement, derrière une colonne : «Eh bien tu vois, on ne cède pas et ça finit par passer», avec le geste de balayer devant lui des tonnes de gravats ou de poussière.

La scène dans le grand salon de l'Élysée est presque désormais historique. Vendredi dernier, François Hollande remettait à Michel Rocard la plus haute distinction de l'ordre de la Légion d'honneur, la grand-croix. Entre ces deux hommes, qu'une génération sépare, dont l'un, Michel Rocard, a voulu, dans les années 1970-1980, incarner un nouveau socialisme, et François Hollande, qui s'efforce à son tour, quelle que soit la crispation d'une partie de sa majorité, de le faire évoluer, il y a eu, ce jour-là, comme une vraie rencontre politique, au-delà des années. Un constat commun en tout cas : les réformes sont difficiles, mais nécessaires, celles de la société française, celle du socialisme surtout. «Vous avez cherché à apaiser la société et à réformer la France», a dit François Hollande en guise d'hommage au récipiendaire. Et, montrant le bout de son nez, il a ajouté : «Nul besoin de rupture pour réformer.» Phrase qui va plus loin, évidemment, qu'un discours de remise de décoration, celle-ci fût-elle accrochée sur la poitrine de Michel Rocard.

Changement ou immobilisme ? Rupture ou consensus ? Un programme choc pour bouleverser l'ordre établi, ou des réformes menées avec fermeté, mais sans précipitation ? Au pas de charge ou à petites doses ? À moins de dix-huit mois désormais de ce qui est, sous la Ve République, l'échéance capitale, le débat s'ouvre, à gauche et à droite, sur ce sujet parmi ceux qui se préparent à faire acte de candidature et dans leurs équipes.

À droite, François Fillon et Alain Juppé affirment des positions résolument contraires. « Apaiser, rassembler et réformer », c'est ainsi qu'Alain Juppé résume sa volonté d'action dans le premier des trois livres qu'il vient de publier en marge de sa campagne. Pour François Fillon, au contraire, la seule méthode est celle de la rupture : le discours de rassemblement est désormais inutile, explique-t-il, tant les camps sont tranchés. Même Fillon apparaît désormais plus libéral que Sarkozy, les différences entre les deux leaders de la droite ne porte donc pas tant sur le fond que sur la forme. Sur le rythme aussi : François Fillon propose d'aller au pas de course, dès les trois premiers mois du quinquennat. Pour lui, on ne redonnera pas confiance aux Français sans leur montrer que « dans un laps de temps très court, il est possible de prendre une batterie de décisions importantes dont les premiers effets apparaîtront aussitôt ». Alain Juppé préfère, lui, pour ne pas ajouter à la division des Français et fragiliser plus encore notre équilibre social, administrer des réformes au goutte-à-goutte.

Jacques Attali a ouvert, dimanche, le même débat à gauche. Pour lui, comme pour Fillon, il faut un choc pour la réforme, car, explique l'ancien conseiller du président Mitterrand, la France, dans son histoire, n'a su évoluer que par à-coups. Les petits pas ne parviennent pas à faire avancer la société. Son ambition, il l'a expliquée dimanche devant les caméras de BFM-TV, est d'alimenter jusqu'à l'élection un vaste débat public, qui devrait dégager un programme de réformes, que le nouveau président aura à cœur d'appliquer dans les trois mois suivant son élection. Ce qui n'est pas fait dans les trois premiers mois, affirme Attali, n'est jamais fait.

François Hollande a, on le sait, il l'a d'ailleurs démontré, une conception plus calme, peut-être trop, de la réforme. Ne démontre-t-il pas *a contrario* que tout ce qu'on n'a pas accompli dans les premiers cent jours de pouvoir est encore plus difficile à faire par la suite, voire infaisable ?

En réalité, c'est d'abord en chaque Français que se pose la question : chacun voudrait à la fois la vitesse et la sagesse, la rupture et la continuité, bref que tout change sans que rien ne change. Jusqu'où les Français sont-ils prêts à accepter pour eux les réformes qu'ils recommandent volontiers pour les autres ? Entre l'enlisement et le grand soir, que préfèrent-ils vraiment, et leurs leaders politiques avec eux ?

21 octobre

Hollande a beau dire et faire, répondre aux questions d'Yves Calvi au petit matin, ou à celles du *Chasseur français* : les sondages restent effroyables, et son image continue de se dégrader. La dernière qualité que voulaient bien lui reconnaître les Français était qu'il inspirait de la sympathie. Eh bien, c'est terminé : son capital de sympathie est dilapidé lui aussi. Qu'est-ce qui lui vaut cette descente aux enfers ? Au Conseil économique et social, pour la grande conférence sociale, il avait pourtant démontré la continuité de sa pensée : social-démocratie, pacte de responsabilité, réforme du code du travail. Mais on persiste à dire qu'il n'a pas de cap.

Quant à Manuel Valls, certains de ses amis envisagent, pour lui, un départ de Matignon « à la Chirac », c'est-à-dire avec tambour et trompette. C'est curieux, je ne vois pas Valls démissionner pour prendre ses distances avec Hollande et se présenter, s'il en a la possibilité, en 2017. Je pense que son inquiétude est autre : elle est de voir arriver le mois de septembre 2016 sans que Hollande ait annoncé, en tout cas à lui, s'il serait ou non candidat. S'il ne l'est pas, il faudra alors organiser à toute allure une primaire.

Longtemps, les adversaires de François Hollande ont dit qu'il n'en faisait pas assez, que son silence était assourdissant. Et voici qu'on l'accuse aujourd'hui, de manière tout aussi assourdissante, de trop parler.

L'« effet Gaspard Gantzer » ? De la « gantzerisation » des esprits, comme l'écrit André Bercoff dans *Le Figaro*... Je n'y crois pas le moins du monde. Imagine-t-on réellement François Hollande arrivant à l'Élysée le matin en traînant les pieds, jusqu'à ce qu'il se fasse remonter le moral par le jeune Gaspard Gantzer, baptisé deus ex machina du président. Quelle que soit son influence, ce n'est jamais un conseiller, fût-il particulièrement audacieux et inspiré, qui élabore tout seul, dans le secret de son cabinet, la stratégie de l'homme d'État pour lequel il travaille. Ce n'est pas Jacques Séguéla, même s'il a tendance à laisser croire le contraire, qui a fait élire Mitterrand. Tous les communicants avaient déserté depuis longtemps le bureau de Jacques Chirac lorsque celui-ci a été élu en 1995. Ils n'ont pas empêché Édouard Balladur d'être battu. Quant à Nicolas Sarkozy, s'il avait certes autour de lui une foule de conseillers de tous poils, il n'a jamais en réalité suivi autre chose que son tempérament. Lequel l'avait porté au pouvoir avant de l'en écarter, au moins momentanément.

C'est aussi le cas de François Hollande. Cet homme est dur comme un galet, disent Stéphane Le Foll et Jean-Christophe Cambadélis, sans que l'on sache si c'était là un compliment ou une critique. En politique, aucun doute, c'est un compliment. Le tempérament de ce galet est d'abord d'encaisser les coups, ce qu'il fait depuis le début de son mandat, puis de faire front. À sa manière, à son allure que l'on jugera comme on veut.

La vérité est que François Hollande est bien, aujourd'hui, président et candidat à la fois. Rassemblement et apaisement : il reprend déjà les mêmes thèmes qu'en 2012, en somme. Le problème, son problème, est qu'en trois ans les choses ont changé : la France a eu l'occasion de se diviser souvent depuis le début du quinquennat, l'insécurité est là, au-dedans et en dehors du pays, la guerre est de l'autre côté de la Méditerranée, la reprise traîne en longueur, les impôts ont irrité tout le monde, la gauche s'est divisée entre gauche de gouvernement et gauche d'affrontement, de Jean-Luc Mélenchon à Philippe Martinez. Les élections régionales qui viennent auraient pu, à condition que chacun mesure ses responsabilités, être une occasion de retrouvailles. Las, la gauche les abordera dans un complet désordre, comme pour être encore plus sûre de sa défaite.

François Hollande ne se pose pas la question de savoir si, pour la présidentielle de 2017, il part trop tôt ou trop tard. Il a en réalité devant lui beaucoup moins de temps que l'on ne croit. Pourquoi ? Parce qu'il a choisi de faire de l'inversion de la courbe du chômage la condition de sa future candidature. C'est éventuellement une porte de sortie qu'il s'est réservée, mais c'est surtout un engagement qui le contraint à annoncer la couleur dès la rentrée 2016.

S'il ne dit pas assez tôt qu'il renonce, il plombera la candidature de celui qui, à gauche, sera bien obligé de le remplacer, qu'il s'agisse de Valls ou de quelqu'un d'autre : il prendra alors une lourde responsabilité, ce dont il est, je suis sûre, conscient.

Il est, en fait, en situation de plus grande urgence qu'on ne le pense : il lui faut se battre dès maintenant pour imposer sa candidature, s'il est en situation de le faire. Dans un an, il sera trop tard.

À la suite des violents incidents qui se sont produits à Air France, un titre choc s'étalait ce dimanche à la une du *JDD*. On y voit un Philippe Martinez[1] courroucé, presque défiguré, le visage barré par une phrase menaçante : « Tout va exploser ». Le nouveau leader de la CGT a annoncé, ce qui était attendu, que son syndicat ne se rendrait pas à la quatrième (et avant-dernière ?) conférence sociale de François Hollande. Ce qui pose la question de l'avenir du dialogue social dans notre pays. Dialogue plus difficile, en tout cas, que ne le pensait le chef de l'État lorsqu'il lançait, en juillet 2012, la première conférence sociale de son quinquennat. Au bout de trois ans, il faut convenir que c'est un échec, même si beaucoup d'accords ont été signés dans les entreprises.

Pour justifier son absence, Philippe Martinez a avancé nombre d'arguments : le refus de prendre part à l'une de ces grands-messes où ministres et patrons, dit-il, « s'entendent devant les caméras sur le dos des salariés ». L'ordre du jour non plus ne lui convenait pas : la CGT entendait parler des salaires et du temps de travail,

1. Philippe Martinez a été élu secrétaire général de la CGT après la démission forcée de son prédécesseur Thierry Lepaon.

tandis que le sujet retenu était, avant tout, celui de la création du compte personnel d'activité.

Prétexte évidemment que tout cela : appuyée par l'extrême gauche et défendue par Jean-Luc Mélenchon, la CGT a choisi, une fois de plus, la politique d'opposition frontale avec le pouvoir.

Le dialogue social est-il pour autant condamné ? François Hollande, comme souvent optimiste, est décidé à contourner, pour le moment, l'obstacle Philippe Martinez. D'ailleurs, l'accord signé vendredi dernier sur les retraites complémentaires, trois jours avant l'ouverture de la conférence sociale[1], semble lui donner raison : les réformes sont possibles, même si la CGT ne les vote pas, ou fait mine de ne pas vouloir les signer [2].

Pourtant le véritable objectif de François Hollande, lorsqu'il prône et continue de prôner le dialogue, va au-delà de la négociation purement sociale. Il s'agit surtout d'une attitude politique. Le dialogue est pour lui un mode de gouvernement, et aussi une condition de survie. Car le durcissement de la CGT intervient à un moment décisif. Ou bien François Hollande sera parvenu, à la fin de son mandat, à imposer une social-démocratie à la française. Ou bien il échouera, et l'opposition, si elle arrive au pouvoir en 2017, bouleversera, plus encore, si on lit bien les différents programmes de ses leaders, les règles du jeu social.

J'ai interrogé Philippe Martinez à ce sujet au *Club de la presse* : il s'est insurgé du fait que je paraisse le désigner comme le principal responsable du retour de la droite au pouvoir, alors que le seul coupable, selon lui, est François Hollande. Son jeu est évident, dans tout cela. Il veut tenir le rôle du porte-parole des pauvres, du secrétaire général de la lutte des classes.

Si la gauche continue ainsi, elle ne s'en sortira pas, j'en suis aujourd'hui convaincue. Le Parti socialiste est sans doute déjà

1. L'accord a été signé par trois centrales syndicales, la CFDT, la CFTC et la CFE-CGC avec le Medef.

2. François Hollande a fait état, dans son discours d'ouverture de la conférence sociale, du millier d'accords qui ont été signés dans les branches professionnelles en 2014, des 30 500 accords signés dans les entreprises. En 2013, la CFDT a signé 94 % des accords d'entreprise, FO 90 % et, précision importante, la CGT 85 %. Chiffre considérable si on considère le battage de la CGT sur son opposition frontale au gouvernement.

mort, quels que soient les efforts de Cambadélis pour le maintenir en vie.

25 octobre

Portrait d'Emmanuel Macron dans *L'Obs*, qui titre à la une : «Le dynamiteur», avec cette question : «Macron va-t-il trop loin?» Son ascension dans le firmament des ministres les plus populaires est fulgurante et il semble recueillir l'assentiment de la droite et de la gauche. Pourtant, je reste persuadée qu'il risque à tout moment, pour Hollande, de devenir contre-productif. Qu'il se taise un peu, c'est la chose à obtenir de lui. Il n'y a pas seulement la gauche de la gauche à surveiller, mais aussi les réactions de Matignon. Ce que je pensais il y a déjà plusieurs semaines est plus vrai que jamais : un réformateur à Matignon, c'est très bien. Deux, c'est peut-être trop, surtout si le second parle beaucoup, voire trop.

Le Point, de son côté, consacre sa couverture à Alain Juppé avec cette interrogation : «Au pouvoir, serait-il courageux?» L'hebdomadaire publie une photo sur deux pages que je trouve éloquente entre toutes : elle montre Alain Juppé, souriant, parler en aparté avec un interlocuteur qu'on ne voit pas, tandis que Sarkozy le regarde du coin de l'œil, sérieux, tendu, presque inquiet. Certains clichés en disent plus long que bien des éditoriaux.

Élections régionales : le PS garderait trois régions, l'Île-de-France serait indécise, le FN l'emporterait dans le Nord, peut-être en PACA, et les Républicains auraient tout le reste. Je pense à ces chers écolos qui sabotent la gauche en étant persuadés d'avoir raison. On ne les reverra sans doute pas au pouvoir avant longtemps.

29 octobre

Jacques Attali au *Club de la presse*. J'éprouve des sentiments mitigés à son égard. L'homme est imaginatif, intelligent, bien sûr. Pas un de ses papiers ou de ses livres qui me laisse indifférente, il a toujours un point de vue original, une façon d'appréhender et de déchiffrer la réalité à travers son filtre, presque magique par moments. En même temps, quelle suffisance, quelle certitude d'être le plus rapide, le plus brillant, le plus savant, et quelle volonté de le faire savoir !

Nous parlons de son dernier livre, *Peut-on prévoir l'avenir ?*, mais surtout du rapport qu'il vient de remettre à François Hollande, sur les mesures qui devraient sauver la France. À vrai dire, il ne croit plus que Hollande puisse s'en sortir, et il insiste sur le fait que 70 % des Français ne veulent plus de lui, comme d'ailleurs les mêmes ne veulent plus de Sarkozy. « Depuis des années, constate Attali, les présidents ne sont pas élus, ce sont leurs adversaires qui sont battus. Il faudra bien un jour sortir de cette fatalité absurde. » D'où sa prévision : un jour – il parle de 2017, mais cela pourrait être plus tard – les Français éliront un inconnu. Je n'en crois pas un mot.

Selon lui, la seule solution pour Hollande serait qu'il profite du remaniement, après les régionales, pour annoncer quatre ou cinq grandes réformes.

« Il ne pourra pas les faire passer, il n'a plus de pouvoir aujourd'hui, mais il pourra au moins en définir les principes, faire sa campagne là-dessus. Ce serait sa seule chance d'être réélu, et une fois réélu, de les mettre en œuvre dans les trois mois. »

Attali n'y croit guère, apparemment. En revanche, qu'un homme sincère se lève et dise aux électeurs : voilà ce que je vais faire, les dix idées que je mettrai en œuvre, et il pourrait sans doute gagner, sans faire de surenchère électorale. La sincérité, arme ultime, la seule arme peut-être du leader politique à venir. Mais s'il décrit la France comme un grand pays, capable de redevenir le premier en Europe (« Aucune raison que l'Allemagne soit devant nous... »), il considère les Français comme un peuple nostalgique, tourné vers le passé, et souvent incapable de s'ouvrir aux nouveaux venus, aux nouvelles idées, au nouveau monde. La contradiction qui nous mine.

1er novembre

Entendu hier soir à Public Sénat les mêmes confrères que d'habitude, Bruno Jeudy, Christophe Barbier, David Revault d'Allones, répéter pour la millième fois, en parlant de Hollande : « Il n'imprime pas. » Je ne sais pas exactement ce que recouvre cette expression. Il « n'imprime pas » parce que les journalistes ne répercutent pas ses propos ? Ou parce qu'il n'a rien à dire et ne dit rien, parle trop ou pas assez ? Dans la bouche de ces journalistes, l'expression date du début du quinquennat : il était à peine élu, selon eux, qu'il n'« imprimait » pas. Ainsi en ont-ils conclu d'emblée, deux mois après son arrivée à l'Élysée, qu'il n'arriverait à rien. Il est vrai que les nouveaux venus ont vite montré qu'ils étaient des amateurs...

Tout s'est joué, au fond, au meeting du Bourget avant le vote. Son discours portait en lui l'incapacité de Hollande de tenir des promesses auxquelles il ne croyait pas lui-même. Celles-ci l'ont aidé à conquérir l'Élysée, mais non pas à s'y imposer.

8 novembre

Dîner hier soir chez Jean-Luc Barré dans son nouvel appartement de l'Île-Saint-Louis. Au cours de la soirée, Jean d'Ormesson multiplie les anecdotes, de sa voix inimitable. Dont celle, irrésistible, sur ce parlementaire qui, refusant l'augmentation des impôts décidée par le Front populaire, se lève de son siège de député ou de sénateur et, enlevant sa montre, de valeur, la secoue sous le nez de Léon Blum en lui disant : « Vous voulez me prendre ma montre, est-ce cela que vous voulez ? » Réplique de Léon Blum : « Je n'en voudrais pas, monsieur, elle retarde ! » C'était un temps où il se passait des choses au Parlement.

Le dîner a été plus qu'agréable, complice. Albin Chalandon n'a dit que quelques mots, mais a été chaque fois original et inattendu, d'Ormesson a échangé quelques propos avec Philippe Barret, mon mari, sur des auteurs grecs ou latins, sur Aristote et sur Voltaire. Nous avons parlé bien sûr, mais en toute fin de soirée, de l'actualité politique. Nous étions huit et, parmi les invités, seuls Carole Barjon et nous étions, quoi que sans illusion, plutôt à gauche, les cinq autres manifestement ancrés à droite. Mais personne, apparemment, hormis Jean d'O et peut-être Catherine, qui m'apparaît plus que nuancée, ne voterait en faveur de Sarkozy. Deux seulement, mais à condition que les circonstances s'y prêtent, soutiendraient Hollande, s'il se représentait. À la question de savoir qui serait favorable à Manuel Valls s'il était candidat, toutes les mains, sauf celle de d'Ormesson, sont levées. « C'est un homme d'État, voilà pourquoi ! » m'a glissé Albin à l'oreille, tandis que Catherine s'est contentée de dire qu'elle l'aimait beaucoup. Quatre d'entre nous seulement se sont déclarés prêts à voter pour Alain Juppé.

Alors que 75 % des Français ne veulent ni d'un retour de Nicolas Sarkozy, ni d'un second mandat de François Hollande, une nouvelle candidature du président sortant est-elle envisageable ? Carole et Catherine la tiennent pour certaine. Je suis convaincue, quant à moi, que s'étant donné à lui-même une porte de sortie, il ne se représentera que s'il a réussi à inverser le cours de choses : celui à la fois du chômage et de sa popularité. Sinon, ce sera Macron ou Valls.

« Impossible, me répond Carole, la gauche exploserait.

— Mais elle est déjà en miettes, lui dis-je. Au contraire, ce serait peut-être le signal d'une recomposition politique entre la social-démocratie et le centre. »

J'ai dit cela un peu au hasard, mais quelque part, je sais que cela pourrait être possible. Pas probable, mais possible.

13 novembre

Il a beau, comme tout le monde, prendre des années, il ne change pas. Hier, sur France 2[1], François Bayrou est apparu tel qu'en lui-même : éternel en quelque sorte. Pas vraiment différent, en tout cas, de celui qu'il était lorsqu'il s'est présenté pour la première fois à l'élection présidentielle en 2002. Et plus que jamais persuadé qu'il existe une voie entre libéralisme et socialisme, et que mieux vaut avancer à petits pas que de tout détruire par de grandes secousses. Deux Français sur trois préfèrent la réforme plutôt que la révolution, le consensus au choc des idéologies, la négociation à la crispation.

À la fin de l'émission, la moitié, ou presque, des téléspectateurs lui ont décerné de nouveau – bien qu'il se soit déjà présenté trois fois – le brevet de présidentiable : 49 %, ce qui n'est pas rien. Nicolas Sarkozy et François Hollande s'en contenteraient.

Il ne voulait pas de la droite de Nicolas Sarkozy, mais il a échoué à convaincre François Hollande, qu'il a pourtant soutenu, de lui faire sa place. Il est donc tombé de cheval. Durement, mais pas longtemps : remonté en selle – parce que cette race d'hommes politiques est increvable –, il a conquis la mairie de Pau, et le voici, de nouveau, au centre du jeu.

Il a été clair sur ses intentions politiques. Si les Français se retrouvent, en 2017, obligés de choisir entre François Hollande, Nicolas Sarkozy et Marine Le Pen, il sera « dans la responsabilité de celui qui ne peut pas accepter que la France n'ait que ce choix-là ». Formule un peu compliquée pour dire quelque chose de simple : si ces trois-là se retrouvent dans la lutte finale pour la présidence, il se présentera, sûr d'être un espoir pour les Français qui ne veulent ni de l'une ni des autres.

Il confirme en revanche qu'il apporterait son soutien à Alain Juppé dans la mesure où le maire de Bordeaux n'est pas intrinsèquement lié au mouvement républicain, ce qui pourrait lui permettre de se situer au-dessus des partis. « J'aimerais bien, a lâché

1. Invité de David Pujadas dans l'émission *Des paroles et des actes*.

Bayrou dans un soupir, un président qui puisse parfois donner raison à l'opposition... » Un président rassembleur, en somme.

14 novembre

Cent vingt morts, des otages, une mise à mort méthodique, systématique, menée par des commandos armés, pas même cagoulés, puisque chacun des tueurs avait l'intention d'actionner la ceinture d'explosifs qu'il portait autour de la taille. Peu leur importait d'être reconnus.

Les mots me manquent pour exprimer ce que je ressens face à un tel drame. Effroi, horreur. Effroi lorsque je me suis rendu compte que ma fille Stéphanie habitait tout à côté des bistrots où tant de malheureux ont été abattus en terrasse. Horreur, toute la nuit, à force d'apprendre le nombre de morts, de blessés. Tristesse, peur, angoisse, à l'idée qu'une sorte de guerre vient de se déclencher, en France, à Paris, ce 13 novembre 2015. Après avoir commencé en Amérique, à New York, le 11 septembre 2001.

Une guerre oui, mais laquelle en réalité ? Une guerre sans fronts, sans lignes de combat, sans armée rangée en ordre de bataille. Une guerre faite par des commandos qui ne redoutent pas la mort – qui la souhaitent même parfois, pour des raisons religieuses – et peuvent surgir à tout moment de la foule.

Quelle importance, par rapport à cela, les élections régionales, le G20, la COP21 et tout le reste ?

Je n'oublierai jamais comment nous sommes passés d'un coup, cette nuit-là, de la vie à l'horreur. Ni l'intervention de François Hollande en pleine nuit, luttant contre l'émotion, et même, m'a-t-il semblé, l'envie de pleurer. Sobre, pourtant, sans en faire trop. Quelle épreuve incroyable pour une présidence qui se voulait normale !

À vrai dire, ce qui m'obsède c'est la réaction des Français. Aujourd'hui, des manifestations spontanées ont eu lieu, bien que les rassemblements soient interdits par les lois d'exception, pour clamer : nous n'avons pas peur. Bien que préférant rester chez moi sans sortir, je me suis forcée à aller me balader à Saint-Germain, quartier qui pourrait donner bien des idées à un djihadiste. Je m'y suis promenée longtemps. À la terrasse des cafés, quelques vieux anarchistes de mon âge prenaient plaisir à se montrer, pour conjurer le sort.

Combien de temps nous faudra-t-il pour sortir de cette guerre qui n'en est pas une ?

Rien d'autre, dans la vie politique, ne me semble d'une importance comparable à ce péril mortel qui, désormais, nous menace chaque jour.

15 novembre

Parmi les responsables politiques reçus par François Hollande à l'Élysée dès hier, Nicolas Sarkozy a été le premier. Une longue conversation, de plus d'une heure, suivie d'une déclaration correcte, quoiqu'un peu grinçante, de Sarkozy au bas du perron. Il n'empêche : l'image de l'actuel président, accueillant son prédécesseur (cette fois, il est allé l'attendre à la porte de sa voiture), est politiquement forte. Ils ne s'épargnent pas, ne s'aiment ni ne s'estiment, et voilà qu'ils se retrouvent pour donner aux Français une vague idée d'unité nationale.

Sur la forme, rien à dire : ce défilé à l'Élysée a été une belle démonstration démocratique, celle d'un pays dont tous les leaders ont, depuis hier, appelé, dans un bel ensemble, à la résistance à la barbarie.

Hollande a jusqu'à demain[1] pour formuler des propositions sécuritaires consensuelles, assez en tout cas pour que l'opposition

1. Date choisie pour la réunion du congrès à Versailles, députés et sénateurs réunis : en vertu de la modification constitutionnelle établie par Nicolas Sarkozy (article 8 modifié le 25 juillet 2008), le président de la République peut désormais s'adresser aux parlementaires réunis en congrès. Jusqu'à présent, le président ne pouvait avoir de contact avec les représentants du pouvoir législatif, indépendant par nature de l'exécutif. La communication ne devait pas être suivie d'un débat. François Hollande a fait un pas de plus dans les échanges entre législatif et exécutif en autorisant les porte-parole des groupes parlementaires à s'exprimer après son départ de l'hémicycle.

ne se sente pas incomprise et que la majorité ne se divise pas. Cela ne va pas être commode. Sur une question comme celle de la sécurité, des distances infranchissables séparent les propositions de certains socialistes de celles de la droite de Marine Le Pen et de Nicolas Sarkozy.

16 novembre

Après être intervenu à la télévision, profondément ému, indigné, retenant des larmes de chagrin et de colère, le chef de l'État s'est adressé, trois jours plus tard, aux parlementaires, réunis dans l'urgence à Versailles, sur un ton qui n'avait plus rien à voir avec celui de la nuit du 13 novembre. Il faut dire que, de tous les rites de la République, celui du congrès de Versailles est réellement surdimensionné. Autant par la cohorte de voitures amenant le millier de ministres et de parlementaires – accueillis par Catherine Pégard, qui embrasse tout le monde sans distinction d'appartenance politique – que par l'entrée monumentale et les escaliers de marbre volumineux, sans parler de la dramaturgie.

François Hollande, vêtu de gris, doit, pour parvenir à la tribune, arpenter un long, très long, couloir dallé de marbre noir et blanc, encadré par la garde républicaine. Précédé d'un « Monsieur le Président de la République » crié à voix de stentor par un officier de la garde, il grimpe les quelques marches qui l'amènent, sur fond de tapisserie vert d'eau, à faire face à tous les parlementaires, disposés dans l'hémicycle par ordre alphabétique. Ceux-ci ont observé, à la demande de Claude Bartolone, qui préside la séance, une interminable minute de silence – comme l'a fait la France à midi ce jour-là. Pas un bruit dans les travées quand le chef de l'État prend la parole. À la tribune, au premier étage, une grande partie des ministres, Christiane Taubira, un peu boudinée, avec une écharpe rose, Stéphane Le Foll, plus grand, plus massif, Manuel Valls tendu, comme d'habitude.

« La France est en guerre », ce sont les premières paroles de Hollande, qui insiste sur sa volonté de réunir, à cette occasion, le congrès «pour répondre avec détermination face à l'attaque ignoble dont notre pays a été la cible».

Je le regarde : droit, ne perdant pas un centimètre de sa taille. Les grands moments lui vont bien : il était parfait en 2014 sur les plages de la Libération. Rien à dire non plus, aujourd'hui, sur son attitude, ni martiale ni impériale, il est simple et réservé à la fois, sans emphase et sans vulgarité. Il parle des Français, «un peuple ardent, valeureux, courageux qui ne se résigne pas» et des victimes, dont le «seul crime, dit-il, était d'être vivantes». Suit une défense et une illustration de l'engagement de la France au Mali, en Afrique, en Irak. «Il faut faire davantage, ajoute-t-il, la Syrie est devenue la plus grande fabrique de terroristes que le monde ait connue.»

La veille, j'ai eu au téléphone Gaspard Gantzer. Assez naturellement, je lui ai demandé si Hollande allait faire ce qu'il fait le mieux : une synthèse entre les positions de la gauche et de la droite sur la sécurité. «Vous avez tort, il n'est pas question, m'a-t-il, de faire une synthèse : c'est le président qui fixe la règle, les autres le suivent. Il ne va pas accepter telle ou telle position de Nicolas Sarkozy et de la droite.»

Gantzer croyait-il à ce qu'il me disait ? En tout cas, aucun doute, dans son discours, Hollande fait plus que tendre la main à la droite, il se retrouve, comme naturellement, sur son terrain : rétablissement des contrôles aux frontières, prolongation de l'état d'urgence pour trois mois, assignations à résidence envisagées, perquisitions, déchéance de nationalité en cas de binationalité, expulsion plus rapide des étrangers. C'est sur l'augmentation générale des moyens de police, de justice et de douanes qu'il prend ses adversaires de court : la droite n'en attendait pas tant. À gauche et à droite, chacun entend le président marteler qu'entre le pacte de stabilité et le pacte de sécurité, il a choisi délibérément le second. Il y a quelque chose d'un peu surréaliste dans cette annonce : depuis des mois et des mois, il parle de réduction du déficit, et là, d'un coup, passe à autre chose. En tout cas, ce nouvel engagement est assez bien ressenti.

En revanche, la modification constitutionnelle qu'il propose est nécessaire, selon lui, parce que les articles de la Constitution ne permettent pas de répondre exactement à la période d'exception que nous vivons : l'article 16 implique une paralysie des pouvoirs publics. Ce n'est pas le cas : aujourd'hui ils fonctionnent, et très bien. Quant à l'article 36, il concerne l'état de siège, qui n'existe pas davantage. Il faudra donc trouver, au-delà de la période des trois mois pendant lesquels on peut étendre l'état d'exception que nous connaissons, un système juridique nouveau. Cela passe par une modification de la Constitution.

Je me demande en l'écoutant s'il tend un piège à l'opposition : celle-ci ne pourra pas se prononcer contre un régime d'exception quel qu'il soit. Mais, pour Sarkozy, Juppé ou Fillon, voter sur un texte proposé par le président quelques mois seulement avant l'élection présidentielle peut s'avérer redoutable.

Le discours, très applaudi, s'achève. Il a été habile mais il s'est adressé aux élus, pas aux Français. De ce point de vue, Jean de Boishue a trouvé le discours présidentiel un peu court. Échange de SMS entre lui et moi, sur le moment : « Il manque le volet : je vais vous expliquer ce que l'on doit faire contre une subversion intérieure. Ce guide à l'égard des bonnes gens, c'est à mon sens ce qui lui manque. Ce n'est pas son genre. C'est peut-être son point faible. C'était celui de Chirac. Mais personne en France ne sait plus faire ça : aider les gens à traverser l'Histoire. »

Il a peut-être raison, mais je le trouve sévère : l'ensemble du discours m'a paru d'une grande tenue. La *Marseillaise* entonnée à voix forte par le millier d'hommes et de femmes debout dans l'immense et solennel hémicycle marque la fin de cette séquence à haut risque pour le président, qui, face à une Assemblée où l'opposition était, on s'en doute, sur le qui-vive, a trouvé, de l'avis de tous, le juste ton.

François Hollande est-il ainsi parvenu, sans l'avoir cherché, à donner à sa présidence une nouvelle dimension ? Il est trop tôt, et presque indécent sans doute de poser la question. La douleur et la colère des familles des victimes sont encore présentes. Dans les rues de la France entière, les bougies allumées, les fleurs, les rassemblements, témoignent du choc ressenti par la population dans son ensemble.

Ce n'est pas seulement parce que, dans l'intervalle, avec l'art du déminage qui est le sien, François Hollande a su parer les attaques.

C'est aussi parce qu'il a su écouter à la fois son opposition et sa majorité.

En affichant sa détermination, le président a imposé lundi son style. Mais le plus dur est encore devant lui.

17 novembre

La séance des questions à l'Assemblée nationale a tourné à l'étripage généralisé. Et moi qui parlais d'unité nationale ! Il est vrai que la première question posée par ce couillon de Glavany a mis le feu aux poudres. Mais le charivari qui a suivi, le fait que Manuel Valls soit plusieurs fois hué, que l'opposition, déchaînée, refuse de se lever pour saluer l'action des forces de l'ordre, tout a été indigne et consternant.

18 novembre

Je sais maintenant, après en avoir parlé avec Hervé Gaymard, comment le triste spectacle d'hier a été orchestré. Tout a commencé le matin, au cours de la réunion des Républicains présidée par Nicolas Sarkozy. Il n'a pas eu, paraît-il, de mots assez rudes, à la limite de l'inconvenance, contre le discours prononcé la veille par François Hollande. On se demande bien pourquoi cette violence, Hollande allant finalement dans son sens, mais peut-être justement a-t-il peur de cela. Au bout d'une heure, Nicolas Sarkozy quitte le siège du parti pour aller s'adresser au groupe parlementaire. Là, remontage de bretelles en série, mots assassins contre son successeur, appel à la résistance générale.

Et voilà comment ces parlementaires, décidément aux ordres d'un personnage qu'ils disent ne pas aimer, se sont livrés en séance à un chahut indigent et malvenu. Au point que Xavier Bertrand, qui n'est pourtant pas un sympathisant de Hollande, a quitté l'hémicycle en condamnant de façon expressive les débordements de ses collègues.

Sarkozy ne s'est pas illustré par son sang-froid et son sens de l'État dans un moment si particulier de notre histoire nationale. Il a réagi avec une inutile agressivité. Je ne vois pas en quoi il peut tirer avantage de ce comportement infantile. Marine Le Pen, somme toute, m'a paru plus digne que lui.

20 novembre

L'intervention répétée des pères, mères, amis, cousins, frères, voisins des terroristes arrêtés ou en passe de l'être, dans toutes les télévisions, d'information continue ou généralistes, m'est devenue, en quelques jours, insupportable. J'en ai assez, plus qu'assez, de ce festival de personnes éplorées, proches des meurtriers du vendredi 13, qui s'épanchent, à longueur de journée, sur leur sort.

Tout commence par les voisins qui n'ont rien vu, rien de rien, et soulignent à quel point la famille de tel kamikaze était sans problèmes, gentille, hospitalière et tout et tout. La mère faisait du baby-sitting le soir, le père était charmant. Les enfants, cela faisait longtemps qu'on ne les avait pas vus, mais avant, ils avaient l'air très bien, très corrects, vraiment. Mardi, le frère aîné des Abdeslam était en boucle sur BFM TV, pour exprimer sa stupeur devant le comportement aberrant de ses cadets et demander, sans grande conviction, à son frère Salah de se rendre à la police, afin qu'il puisse avoir une chance, peut-être, de faire la preuve de sa faible implication dans le drame de vendredi dernier. Tout en soulignant que le frère en cavale avait des parents, abattus, tristes surtout de ne pas avoir de nouvelles de leur petit. Puis ce fut le tour du père d'un autre de ces assassins : il expliquait là encore que rien, vraiment rien ne pouvait laisser présager que son fils aurait pu se livrer à des actes aussi monstrueux. Bien sûr, il regardait les vidéos djihadistes. Bien sûr, de temps en temps, il disait : « Je vais tout faire péter... » Mais enfin, pas de quoi s'inquiéter.

Autre séquence médiatique dont, franchement on aurait pu se passer : l'interview de Jawad Bendaoud, l'homme qui a fourni à Saint-Denis une planque aux terroristes, parce qu'un ami le lui avait prétendument demandé et qu'il lui avait gentiment obéi, logeant les «potes» de son copain sans poser de questions. Son arrogance envers ceux qui l'interrogeaient n'avait d'égale que l'ampleur de son casier judiciaire : huit ans de prison pour coups mortels.

La cerise sur le gâteau, si l'on peut dire, a été le témoignage d'une femme étroitement enveloppée d'une sorte de niqab sophistiqué, interwievée après l'assaut donné à Saint-Denis contre le repaire des terroristes. Elle trouvait, cette jeune femme, que la police avait vraiment mis trop de temps pour venir à bout de cette poignée de terroristes, et tout cela en faisant beaucoup de bruit, en dérangeant beaucoup de monde, en pleine nuit. Même s'il s'agissait pour elle de préserver son anonymat, d'où ce niqab que beaucoup, dont moi, ont trouvé provocateur, mieux eût valu qu'on ne lui donne pas l'occasion de paraître devant les caméras, pour regretter que son sommeil ait été troublé par les forces de l'ordre...

Les victimes du Bataclan, du Stade de France, du Petit Cambodge et de tous les autres lieux attaqués méritent davantage de respect.

28 novembre

Entrevue décevante avec Alain Juppé. Il m'a donné rendez-vous dans son bureau du 98 rue de l'Université, bureau provisoire puisqu'il s'établit bientôt, me dit-il, dans un local plus vaste (celui où il me reçoit ne paie évidemment pas de mine), boulevard Raspail.

Je suis accueillie gentiment par Gilles Boyer que je ne connais pas, sauf par ses tweets que je vois passer. Il me parle directement, clairement, de la période difficile qu'ils traversent. «Tout est à recommencer», me répète-t-il à plusieurs reprises, en soupirant et souriant à la fois. Il n'a pas besoin de m'en dire plus. D'abord cette période est sinistre, tout est bouleversé dans notre façon de vivre, collective ou individuelle, plus rien ne tient ou pas grand-chose, de notre modèle social que nous pensions admirable. Les attentats qui ont coûté la vie à cent trente de nos jeunes en ont démontré toutes les limites. Et ils ont eu pour répercussion politique – c'est à quoi pense Boyer – que l'avance de Juppé dans les sondages s'est rétrécie au profit du président des Républicains qui a eu à défendre et exprimer la position de son parti. Conséquence : Nicolas Sarkozy a pris d'un coup une sérieuse avance sur son rival. Oui, tout est à recommencer, il faudra du temps à Alain Juppé pour reprendre le dessus.

Je connais celui-ci depuis trente ans ou plus. Je l'ai vu en tant que Premier ministre lutter sans succès contre les syndicats durant l'hiver 1995, puis contraint d'accepter la dissolution imposée par Chirac, avant de devoir quitter ses fonctions. La « tentation de Venise », le Canada, la condamnation pour les emplois fictifs de la ville de Paris, je n'ai cessé d'être attentive à la suite de son parcours. Je me suis réjouie qu'il ait repris sa place dans le jeu politique. Pourtant, rien dans son visage lorsque j'entre dans son bureau étriqué ne laisse apparaître qu'il me connaît si peu que ce soit.

Je ne recherche évidemment pas à trouver avec lui la moindre complicité. Mais enfin, un soupçon d'empathie... Nombreux sont les hommes ou les femmes politiques qui, aujourd'hui, me considèrent autrement, même si je n'ai pas été dans leur camp. Tant d'années passées ensemble valent bien un signe, même léger, de reconnaissance mutuelle. Eh bien non, pas avec Juppé. Je le regarde avec attention : ses traits ont vieilli, ses cernes sous les yeux se sont marqués, mais de sourire, pas le moindre. J'étais pourtant animée à son égard des meilleures intentions qui soient avant de franchir la porte de son bureau, jusqu'à penser voter pour lui au cas où François Hollande serait trop mal parti en 2017. Mais quelle douche froide !

Il fait comme si je venais pour publier son interview dans je ne sais quel journal de province, sans même me demander de mes nouvelles depuis la dernière fois où nous avons déjeuné ensemble, le 11 septembre 2001, jour des attentats de New York. Rien, pas un mot personnel. Il attaque d'emblée le bilan économique de

François Hollande, sur lequel il est très sévère. Rien de surprenant. « Il a très mal démarré », assène-t-il, en revenant sur les cafouillages du début de la présidence. Ce sur quoi je suis prête à lui donner raison, mais il ne sollicite pas mon avis.

« Le changement de cap est venu tard, poursuit-il, et puis la loi Macron [il fait un geste qui veut dire : si minuscule qu'elle soit] a divisé la majorité. Les résultats : croissance en berne, chômage – les seuls bons chiffres ont été diffusés le mois dernier, on ne connaît pas encore ceux de ce mois-ci[1], les déficits se sont creusés, la dette atteint 100 % du PIB... »

Les chiffres tombent de la bouche de Juppé, raides comme des couperets. Il les récite comme s'il était en train de passer un examen ou se trouvait à la tribune d'un meeting.

Il continue sur le CICE, qui aurait dû donner de l'oxygène aux entreprises, mais qui n'a pas été utilisé à bon escient, ni pour l'emploi, ni pour les investissements.

« Bref, conclut-il, les Français n'ont aucune visibilité sur les trois à quatre ans qui viennent. Et c'est cela pourtant qu'il leur faut. Si je suis très sévère, c'est que l'image de la France à l'extérieur est nulle. Songez qu'il y a moins de dix ans, l'Allemagne était en situation de moindre compétitivité. Quant à l'Europe, elle a perdu tout crédit. Fabius ne s'y intéresse pas une seconde. Le gouvernement a attendu le mois de novembre pour se préoccuper de la question de Schengen. Quant on sait que Frontex dispose de 80 millions d'euros pour quarante mille kilomètres de frontières maritimes et que trois cents personnes y travaillent, il faut bien convenir que Schengen a échappé aux dirigeants européens. L'Europe a totalement abdiqué en matière de sécurité. »

Sur le reste de la politique étrangère – Iran, Russie, Turquie... – le bilan lui paraît tout aussi « catastrophique ».

Une certitude donc : sur le constat, il partage les critiques de Sarkozy. Ce sur quoi ils s'opposent, c'est sur la façon de les formuler. Mais non sur l'analyse de tout ce qui ne marche pas.

1. Publiés le lendemain de cette conversation, ils annoncent 40 000 chômeurs supplémentaires, le bond mensuel le plus important depuis 2012.

Les réformes nécessaires ? Il les énumère maintenant, et je comprends qu'il s'agit de son programme : fiscalité, code du travail, indemnisation dégressive du chômage, abrogation de l'ISF, retraite à soixante-cinq ans, aide médicale d'État réservée aux urgences... J'en connais par cœur les grandes lignes et ne suis parfois pas loin de les approuver. Mais il pourrait, devant moi, faire l'économie de tant de bons arguments. Pour quoi, pour qui est-il en train de plaider ? Il n'a nul besoin de s'évertuer à ce point à tenter de me convaincre.

Je l'oriente sur la primaire des Républicains. Il a l'air de faire confiance aux équipes en place pour l'organiser. Sur le nombre de bureaux de vote, l'argent distribué aux candidats pour leur campagne, tout cela a l'air réglé. « Il ne faut pas croire que la primaire divise le parti, me dit-il, il aurait éclaté au contraire depuis longtemps si elle n'existait pas. » En d'autres termes : les déchirures existantes seront mises entre parenthèses jusqu'à l'automne prochain. Si ces débats, autorisés, ne se déroulaient pas à l'intérieur du mouvement, il y a longtemps que chacun aurait pris ses distances. La primaire comme garante de l'unité des Républicains, ce point de vue est original, et probablement assez juste.

Il regarde une première fois sa montre. Près de nous, Gilles Boyer a compris que la fin de l'entretien était proche. Il ne reste plus à Alain Juppé que le temps d'évoquer Nicolas Sarkozy, en disant qu'il se montre nerveux envers Balladur et Raffarin restés pourtant très calmes jusqu'ici, et d'une extrême violence à l'égard de François Hollande.

« En ce qui me concerne, Nicolas Sarkozy est prévenant, sur le mode : il n'y a que nous deux qui comptons. » Ni l'un ni l'autre n'y croit, mais les apparences sont sauves. Sarkozy emploie cette formule avec tout le monde, Juppé n'en a pas l'exclusivité et il n'est pas sûr qu'il en ait le bénéfice.

7 décembre

Le Front national, premier parti de France. C'est la confirmation du premier tour des élections régionales. Tous y ont contribué : la droite, qui ne se définit que contre et par le FN ; la gauche, restée trop longtemps insensible aux problèmes de sécurité ; les médias, qui n'ont cessé d'enfoncer le clou.

La vérité est que la gauche et la droite n'ont pas su quoi répondre au Front National. « Nous ne sommes plus audibles », comme l'a reconnu Juppé aujourd'hui. Sans sursaut, de la gauche comme de la droite, nous n'arriverons pas à conjurer le mal. Et de sursaut, je n'en vois pas puisque Nicolas Sarkozy a annoncé qu'il n'y aurait pas le moindre retrait républicain pour barrer la route aux candidats de Marine Le Pen.

9 décembre

Venu soutenir Virginie Calmels en Aquitaine, Nicolas Sarkozy s'est lancé dans une nouvelle opération séduction envers les électeurs du FN. L'idée qu'il ait attendu d'être dans le fief de Juppé pour développer une ligne politique qu'il sait contraire à la sienne ne manque pas de sel. Juppé ne peut pas ne pas prendre cela comme une attaque frontale, dans la perspective de la primaire. Mais cette main tendue aux électeurs de droite partis vers le Front national me paraît aussi inutile que contre-performante. Ce n'est pas en présentant ce choix comme « républicain » et en quelque sorte acceptable qu'il stoppera l'hémorragie des électeurs de droite. Au contraire il conforte dans leur décision ceux d'entre eux qui ont voté pour Marine Le Pen avec mauvaise conscience.

Au moment où deux de ses candidats, Christian Estrosi et Xavier Bertrand, ont tant besoin des voix de la gauche pour être élus, Sarkozy aurait dû jouer en finesse. Je sais qu'il a peur des triangulaires, qui ont toujours été dévastatrices pour la droite. Il pense qu'en tirant à boulets rouges sur le Parti socialiste, et en ramenant à lui du même coup les électeurs FN, il augmente ses chances dans ce type de situation. Sauf qu'en PACA et dans le Nord, Estrosi et Bertrand ont appelé les socialistes à la rescousse. Martine Ouaknine, conseillère municipale d'Estrosi, me confiait hier, dans un soupir : « Sarkozy ne nous aide pas », tandis que Xavier Bertrand, à bout de nerfs, s'exclamait au micro de Jean-Pierre Elkabbach ce matin : « Qu'ils se taisent, bon sang, qu'ils se taisent tous ! »

Faut-il donc prévoir, aussitôt après cette séquence régionale, une autre séquence qui pourrait s'intituler : comment se débarrasser de Sarkozy ?

14 décembre

Lors de la séance finale de la COP21, les représentants de cent quatre-vingt-quinze pays ont réservé une ovation majestueuse à Laurent Fabius qui venait, au bout de quinze jours de débats, de confrontations, d'arriver à un accord sur le climat. Lorsque la salle comble s'est levée d'un bond en criant sa joie et que le ministre français a tapé de son petit marteau vert sur la table de conférences, face à ses interlocuteurs, j'étais, comment dire, fière de lui, fière de mon pays. Hollande est aussitôt monté à la tribune. Il me semblait que lui aussi éprouvait pour Fabius à la fois de l'admiration et de la gratitude. Admiration pour avoir su, inlassablement, pendant tous ces jours, entendre les uns et les autres, concilier les inconciliables à force d'intelligence et d'astuce. Gratitude aussi, car à qui d'autre pouvait-il confier une telle organisation ? Lorsque Ségolène s'était proposée pour conduire cet immense maelström, prudent, Hollande lui avait préféré Laurent Fabius.

L'enjeu était de première importance : après l'échec du sommet sur le climat de Copenhague, il fallait être fou pour risquer l'aventure d'un énième sommet climatique. Hollande a pourtant eu le courage de revendiquer pour la France la tenue d'une assemblée mondiale. Et Fabius, lui, l'a portée jusqu'au succès.

Je me demandais cependant, en les regardant s'enlacer et se féliciter à la tribune, quelles pensées les animaient l'un envers l'autre. Fabius, on le sait, n'a eu pendant longtemps, et peut-être même aujourd'hui encore, que peu de considération pour François

Hollande, dont il raillait l'art des petites phrases, le goût du compromis, des petits coups tordus et des grandes reculades. Par comparaison, on se disait en regardant Fabius, sa distinction, son élégance, qu'il aurait fait un superbe président, s'il n'avait pas été assassiné par son propre parti – et peut-être par Hollande lui-même. « Oui, c'est vrai, me disait cruellement Catherine Nay samedi soir, entre Fabius et quelqu'un qui ressemble à un poney du Shetland, il n'y a pas photo. »

Mais, de fait, entre Fabius et Hollande, depuis trois ans, il n'y a pas eu l'ombre d'un désaccord public, les deux hommes étant assez intelligents l'un et l'autre pour l'éviter. Et si Fabius a excellé dans la mission qui lui a été confiée, c'est qu'il l'a trouvée à sa mesure. Quel bonheur pour lui en fin de carrière que cette réunion internationale dont il a été, pour la seule fois de sa vie, le président ! Le « Mister President » de cent quatre-vingt-quinze chefs d'État. Une revanche sur ce qu'il n'a pas pu être parce qu'il était le premier de la classe, auquel tout souriait, parti si vite et si fort pour être finalement entravé par les siens et la crainte qu'il leur a toujours inspirée. Son caractère, sa façon de traiter les autres, son air patricien, son humour jugé insupportable par les gens auxquels il s'adresse, sa richesse aussi, ses dons pour apprendre et retenir, l'ont toujours classé à part. Et de tout ce qui faisait sa supériorité, depuis sa jeunesse, on ne lui a rien pardonné, l'âge venant.

15 décembre

Au deuxième tour des élections régionales[1], le Front national a été endigué, mais non pas éradiqué. Au contraire : il a été victime

1. Sept régions à droite, dont deux, PACA et Nord - Pas-de-Calais - Picardie, obtenues après retrait des listes socialistes ; cinq à gauche ; une aux indépendantistes corses. La gauche était à la tête de toutes les anciennes régions à l'exception de l'Alsace. Elle a « sauvé les meubles », et s'est surtout imposée comme rempart au FN. Une décision qui prend le contre-pied exact de celle de Nicolas Sarkozy, avec sa consigne du ni-ni, ni désistement ni retrait, mettant sur le même pied le FN et le Parti socialiste. Nathalie Kosciusko-Morizet qui, avec Jean-Pierre Raffarin, avait été la seule à s'opposer au président des Républicains, a été la première sanctionnée,

de ce qu'une partie de la presse, ignorante du Front républicain, appelle une alliance de circonstances entre la gauche et la droite. Jean-Pierre Raffarin explique, dans *Le Monde* d'aujourd'hui, que Hollande a réalisé là un « coup de maître », conforme à ce qu'attendent les Français de leurs hommes politiques : il a arbitré pour ce qu'il a déclaré être l'intérêt supérieur des Français, et pas l'intérêt du Parti socialiste, lequel a perdu deux de ses bastions historiques, le Nord-Pas-de-Calais et la région Provence-Alpes-Côte d'Azur. Les bastions de Pierre Mauroy et de Gaston Defferre.

Le front républicain a marché parce que la gauche s'est résignée à voter pour la droite. En souffrant mille morts certes, mais elle l'a fait. Dans une situation analogue, la droite appellerait-elle ses électeurs à voter de la même façon ? La question n'est pas indifférente pour la future présidentielle. Imaginons Hollande au deuxième tour face à Marine Le Pen. Cette hypothèse n'a rien d'invraisemblable. Les électeurs de droite feront-ils comme l'a fait la gauche, en 2002, en votant pour Jacques Chirac contre Jean-Marie Le Pen ? Combien préféreront le cheminement inverse ? La « porosité » des électorats frontistes et sarkozistes jouera-t-elle en faveur du FN ? N'y aurait-il de front républicain que lorsque le PS accepte de se faire hara-kiri ?

Xavier Bertrand et Christian Estrosi ont affirmé qu'après cette campagne, plus rien pour eux ne serait comme avant. Ils ont vu les électeurs de gauche se mobiliser en leur faveur, alors qu'ils n'avaient plus de poste, de place ou de rôle locaux à espérer. Ils ont vu des gens déboussolés voter FN par misère, par abandon, avec cette impression que personne ne faisait rien pour eux. Xavier Bertrand est sorti bouleversé de cette campagne. Son visage a changé, littéralement changé, sous l'effet de tout ce qu'il a appris de la politique en quelques semaines. L'ambitieux vient de renoncer, il en a pris l'engagement, à sa mairie de Saint-Quentin et à son poste de député, il a même assuré qu'il ne serait pas candidat à la primaire des Républicains. Même réaction pour Estrosi, lequel dit vouloir associer les électeurs de gauche à sa victoire, en tentant

---

par Nicolas Sarkozy, et a dû, dès le lundi, abandonner sa place de numéro deux du mouvement.

d'imaginer comités et ententes pour leur trouver un rôle. De ces deux hommes dont l'un, Estrosi, était un de ses plus solides et plus aveugles soutiens, et l'autre, Xavier Bertrand, un ancien et brillant ministre de la Santé, Nicolas Sarkozy a dit aujourd'hui, avec mépris : « Il faut attendre qu'ils dessoûlent, ça leur prendra deux mois. »

Peut-on envisager pour autant la formation d'un gouvernement d'union nationale ? 70 % des Français déclarent qu'ils n'en seraient pas mécontents. Mais si les partis pouvaient renoncer à leur agressivité, aussi inefficace que maladive, les choses iraient déjà mieux.

Et François Hollande, comment se porte-t-il pendant ce temps-là ? Pas si mal. Assez bien, même. Ces élections régionales auraient pu lui porter un coup fatal. Il s'en sort, au contraire, comme le phénix, presque ressuscité. La gauche n'a pas remporté une grande victoire, certes. Loin de là. Mais les cinq régions qu'elle a conservées ou conquises lui ont fait éviter le pire.

L'air de rien, entre une inspection de porte-avion et l'ovation mondiale qui a marqué la réussite de la conférence de Paris sur le climat, le chef de l'État a bien été à la manœuvre. C'est lui qui, dès le soir du premier tour, avec Manuel Valls, a choisi le retrait des listes socialistes en PACA et en Nord - Pas-de-Calais - Picardie, faisant la démonstration, saluée comme on l'a vu, par Jean-Pierre Raffarin, qu'il a su privilégier l'intérêt national sur celui de son parti. Et il est parvenu à couper la droite en deux entre les « bons » et les « méchants », les Républicains d'un côté, et ceux auxquels on défend de se réclamer de la République de l'autre.

L'art de François Hollande a été d'intervenir sans le montrer, comme s'il était absent, sur le terrain de la politique intérieure sans jamais avoir participé à la campagne électorale, sans jamais apparaître comme son général en chef, laissant au contraire Manuel Valls et Jean-Christophe Cambadélis se charger du mouvement des troupes sur le terrain. Ce qui ne l'empêche pas, tout au contraire, de profiter, in fine, de deux réussites du duo, si on peut parler de duo, Valls-Cambadélis : la réconciliation du PS avec la majeure partie des écologistes. Et l'éclatement de l'extrême gauche entre les partisans de Mélenchon, laissés sur le bord de la route, et les communistes de Pierre Laurent, qui ont rejoint entre les deux tours le camp socialiste.

C'est assez pour que François Hollande puisse envisager, autrement que dans un rêve, la reconstitution d'une gauche plurielle, à laquelle plus grand monde ne croyait. Assez aussi pour qu'il puisse croire à ses chances de s'engouffrer dans le « trou de souris » politique qu'il attendait. Tout de même, cette formule, un « trou de souris », dont il a usé, en dit long sur l'état de la gauche et du président lui-même à dix-sept mois de l'élection présidentielle.

23 décembre

Conversation éclairante avec Alain Bergounioux. Nous parlons de Raffarin, qui a proposé une action commune sur le chômage, et de Valls qui lui a répondu aussitôt : « Chiche ! » Et puis de Cambadélis, reparti sur le chemin de la gauche plurielle.

Que fera Valls ? Négociera-t-il avec Raffarin ? « Non, me répond Bergounioux qui me ramène à la réalité. Il l'écoutera sans rien négocier. » On voit bien tous les obstacles. Le groupe parlementaire socialiste, ou plutôt une partie de ses membres, s'oppose à une simplification des conditions d'embauche et de licenciement. « Contre ce projet, il y a aura les frondeurs, mais pas seulement. Martine Aubry est maintenant une ennemie déclarée du gouvernement. Elle est furieuse du découpage régional. Elle pense que la Picardie, ajoutée au Nord - Pas-de-Calais, a fait perdre la gauche. Elle était très hostile à cette modification, elle en tient Valls pour responsable, et fera tout, désormais, pour lui nuire. Quand on pense à l'avalanche des mesures sécuritaires que s'apprête à annoncer le gouvernement, notamment la déchéance de nationalité pour les binationaux, on imagine le rôle qu'elle jouera bientôt dans cette cohorte. »

Nous refaisons l'histoire : tant qu'à se rapprocher du centre, pourquoi Hollande ne l'a-t-il pas tenté plus tôt ?

« Parce que les exigences de Bayrou étaient excessives, me répond Bergounioux. Il voulait en particulier que Hollande organise un référendum sur la proportionnelle. Hollande pensait qu'après une élection présidentielle, une élection législative, un référendum, c'était trop. Il a préféré, comme toujours, prendre les choses par petits bouts. Mais sans jamais aller jusqu'au bout», conclut-il, maussade.

Nous parlons des erreurs du Parti socialiste et de la gauche depuis plus de vingt ans. Il me cite une phrase du discours de politique générale de Laurent Fabius, en 1984. Fabius, alors Premier ministre, promettait la création des entreprises en un mois, comme Valls aujourd'hui. Vingt ans de perdus.

«Même chose pour la réforme des collèges, ajoute-t-il, de 1988 à 2015, et aucun des problèmes n'a été traité.»

Il pense, comme moi, que l'union nationale s'impose dans la situation où nous sommes. Mais qui la décidera ? La droite pense à sa réélection, la gauche aussi.

27 décembre

En inscrivant dans son projet de réforme constitutionnelle la déchéance de la nationalité française pour les binationaux condamnés pour terrorisme, Hollande fait voler la gauche en éclats, du fait qu'il s'agirait de toucher au droit du sol. Le débat est en train d'enflammer la majorité, qui n'avait vraiment pas besoin de cette nouvelle secousse. Un déchaînement d'une force inouïe : Jean-Marc Ayrault prend la tête de la rébellion, sans doute parce qu'il n'est plus Premier ministre et qu'il ne peut pas souffrir Valls. L'ami de Hollande, Julien Dray, s'en mêle à son tour, sans doute parce qu'il n'a jamais été ministre.

Pourquoi Hollande a-t-il pris le risque de cette mesure ? D'abord parce qu'il l'avait annoncée lors de son discours à Versailles, et que toute la gauche, encore sous le coup de l'attentat du Bataclan, avait applaudi debout ce discours. Ensuite parce que c'est une condition nécessaire à l'adoption par le congrès de cette révision. Une grande partie de la droite en faisait la condition de son vote. A-t-il, dans un coin de sa tête, l'idée de créer une nouvelle majorité sur ce clivage-là ? Il semble dans ce cas que ce n'est pas le bon moyen, les centristes faisant sans doute partie, au moins quelques-uns d'entre eux, des récalcitrants. J'observe cependant que des opposants à l'intérieur de la gauche sont les mêmes qui réclamaient la déchéance de nationalité pour Gérard Depardieu lorsqu'il a choisi l'exil fiscal ! Il s'agit ici de lutter contre le terrorisme.

30 décembre

François Hollande, que ma consœur Maryse Burgot me décrivait ces jours-ci comme n'ayant jamais été aussi confiant en lui, s'adresse ce soir aux Français quelques semaines à peine après les attentats du 13 Novembre.

Il lui sera difficile de donner aux derniers douze mois une image sereine et apaisée, même s'il est apparu au plus grand nombre, dans sa réaction à ce drame national, à la hauteur de sa fonction. Dans le bilan positif, le président mettra l'accent sur les progrès, en partie à son initiative, de la coalition internationale contre Daech entre pays qui, de la Russie aux États-Unis, en passant par la France et l'Iran, ont décidé de s'unir pour faire reculer l'islamisme radical. Il évoquera aussi, bien sûr, parmi les succès de l'année, l'accord réalisé en décembre sur le climat, qui a vu pour la première fois dans l'Histoire plus de cent quatre-vingt-dix chefs d'État venus de toute la planète signer un texte commun.

Mais pour le reste, que de difficultés ! Bagarre au sein de la gauche sur la déchéance, droite elle-même divisée sur le sujet, accusant François Hollande de vouloir faire un coup politique. Et nécessité dans le même temps de donner une lueur d'espoir aux Français sur le chômage, la reprise économique, l'allègement fiscal... Je lui souhaite bien du courage.

2016

3 janvier

Les vœux présidentiels. Première partie excellente, je le trouve déterminé. Lorsqu'il parle de la France qui a su « résister », des Français, dont il se déclare fier, il ne bute pas, ne cherche pas ses mots. Comme avant son élection. Je viens de visionner la fameuse tirade des « Moi, président... », à laquelle il doit sa victoire en 2012. Il n'avait pratiquement pas repris son souffle, pas hésité une seconde tout au long des trois minutes où il a littéralement assommé Sarkozy. Quand, depuis lors, François Hollande a-t-il retrouvé ce souffle, cette éloquence ? Je n'ai pas le souvenir d'un tel morceau de bravoure.

5 janvier

Le débat ou plutôt la querelle sur la déchéance de la nationalité, appliquée aux binationaux condamnés pour actes de terrorisme, confine à l'indécence. Les cent trente morts du 13 Novembre méritent mieux qu'une polémique insensée, parfois incohérente, sur ce sujet. Au moment où les Français, inquiets, attendent des hommes politiques qu'ils les protègent, ils se déchirent sous leurs yeux. Au moment où la raison devrait conduire à se poser ce qui est, aujourd'hui, la seule question qui vaille : comment lutter ensemble contre cette maladie mortelle qu'est le terrorisme ?

Comment s'en donner les moyens ? C'est la passion partisane qui l'emporte.

La polémique enfle de jour en jour, d'autant plus violente qu'elle fracture le même camp politique – la gauche. Ressurgissent, en plein drame, tous les bons vieux tabous d'une gauche pour qui « sécurité » est un mot insultant. Une gauche capable de développer à l'infini des thèses sur le droit du sol, tout cela imprescriptible et sacré. François Hollande se voit même accusé par ceux qui, hier, le trouvaient trop discret, de vouloir établir un pouvoir personnel, le sien.

Évidemment la menace de déchéance de la nationalité française ne dissuadera aucun terroriste de se faire sauter la cervelle, ni de faire sauter celle des autres. Elle sera sans effet sur les fanatiques. Mais elle a une portée symbolique : empêcher celui qui a tué des Français de se dire français. Peut-on, loin des phrases toutes faites, s'en indigner ?

Fallait-il pour autant en inscrire le principe dans la Constitution ? Cela me paraît plus discutable. Il aurait mieux valu l'éviter, mais Hollande a sans doute pensé difficile de faire autrement, par crainte de voir un nouvel article du Code civil sur la déchéance de la nationalité repoussé par le Conseil constitutionnel. Autant de retard pris dans l'application des nouvelles mesures de sécurité.

Oui, le Parti socialiste peut mourir, comme l'a dit d'une phrase, il y a quelques semaines, Manuel Valls. Mais qu'il se déchire et se détruise ainsi, pour de fausses valeurs, c'est à pleurer.

9 janvier

Je comprends mal la stratégie de Macron. Il avait donné en novembre dernier une interview au *Monde*, passée à peu près inaperçue au milieu de la grande agitation suivant les attentats du 13 Novembre, interview dans laquelle il prenait l'exact contre-pied de Valls qui venait de plaider, à l'Assemblée nationale, qu'« aucune excuse sociale, sociologique et culturelle » ne pouvait justifier le terrorisme. Macron s'était hâté de faire savoir au contraire que la société française portait « une part de responsabilité » dans la radicalisation des terroristes à l'origine des massacres du 13 Novembre. En clair : l'égalité n'existe pas dans les banlieues, l'ascenseur social s'y est arrêté, et la défiance, partout, installée. Il n'a pas tort, pourquoi se démarquer du Premier ministre dans une période aussi difficile ?

De même, était-ce le moment de dire, comme il l'a fait avant-hier[1], que « tout n'a pas été fait pour l'emploi » ? Le lecteur moyen ne peut qu'en conclure qu'au bout de presque quatre ans, Hollande en est encore à se demander ce qu'il faut faire concernant le chômage.

De son côté, Christiane Taubira annonce qu'elle est hostile à la déchéance de nationalité. On n'attendait pas d'elle autre chose. Mais si elle est contre, elle devrait en tirer les conséquences et quitter le gouvernement. Macron, lui, au moins, a terminé son interview au *Monde* en se déclarant solidaire du gouvernement sur la déchéance des binationaux. Il n'aurait plus manqué que cela ! Je me demande toujours, à la veille du vingtième anniversaire de la mort de Mitterrand, ce qu'il aurait fait, en une telle circonstance. Je crois connaître la réponse : il n'aurait pas pris Taubira dans son gouvernement. Et peut-être pas non plus Macron.

Quel capharnaüm ! Les ministres ne cessent de faire connaître leurs opinions divergentes, quand Hollande vise l'union nationale. Avant cela peut-être faudrait-il d'abord que le gouvernement donne l'exemple. On raconte que la dernière interview de Macron aurait été relue par Hollande. Difficile, si cela est vrai, d'y comprendre quelque chose.

12 janvier

Quoi qu'il fasse, qu'il coure la France dans tous les sens ou qu'il publie un livre à succès, la courbe de popularité de François Fillon demeure étale. Loin, très loin derrière celle de Juppé et de

1. *Le Monde*, daté du 7 janvier 2016.

Sarkozy. Pourquoi ? Il n'a sans doute toujours pas trouvé sa place au sein de la droite. Proche de Philippe Séguin, dont il a été le premier lieutenant longtemps, il aurait dû clairement affirmer ses références gaullistes vis-à-vis de ses rivaux. Or il a repris le credo libéral, sur lequel on attendait de sa part une inflexion sociale. Au-delà de cette dimension purement programmatique, n'est-ce pas aussi le fait qu'il apparaît dans l'esprit des Français comme un très bon numéro deux, mais pas comme un authentique leader ? Est-il desservi par son personnage, son style hobereau de province, qui paraît toujours un peu étriqué, son visage beau mais sans grand caractère, sa propension à toujours réfréner, derrière sa bonne éducation, la violence qu'il porte en lui, et que j'ai vu s'exprimer quand Chirac ne l'a pas nommé Premier ministre en 2002, ou quand Jean-François Copé l'a évincé à la présidence de l'UMP en 2012 ? Dans la lutte Juppé-Sarkozy, pour le moment, il n'a pas sa place. Il ne lui reste plus pour la trouver qu'à attendre que l'un des deux trébuche, ou soit empêché par l'âge ou la justice.

13 janvier

Déjeuner avec Jean-Pierre Raffarin. Curieux, comment cet homme pour lequel, d'emblée, en 2002, je n'ai éprouvé aucun coup de foudre (c'est un euphémisme), a changé d'image. Après la réélection, avec plus de 80 % des voix, de Jacques Chirac face à Jean-Marie Le Pen en 2002, j'attendais, et bien d'autres avec moi, que Chirac fasse leur place dans le gouvernement à quelques personnalités d'ouverture, ne serait-ce que pour tenir compte de la multitude des voix de gauche qui s'étaient portées sur lui au deuxième tour de la présidentielle. Il avait choisi Raffarin comme Premier ministre et s'était gardé d'ouvrir davantage sa porte.

Depuis cette date, Raffarin a beaucoup évolué. Il est à la fois moins rond et plus sage, moins pressé et plus aigu dans ses analyses. Son visage même me semble plus ouvert, sa voix moins bonhomme. Et puis, même s'il s'est rapproché de Sarkozy, sa fidélité à Chirac ne s'est jamais démentie.

Il arrive très en retard à notre déjeuner, suivi par une équipe de France 5 qui fait son portrait pour une émission politique, et aussi de sa fidèle Cécile Ozanne.

Les caméras filment quelques minutes pendant lesquelles nous ne disons rien ou pas grand-chose, et la conversation commence lorsque les cameramen quittent le salon où nous nous sommes isolés. Il dresse un triste constat de la société française actuelle fracturée par des problèmes majeurs, comme le chômage et la montée de la violence.

« Longtemps, m'explique-t-il, les erreurs de la gauche ont fait le bonheur de la droite, et vice versa. Nous sommes entrés dans un autre monde où ces erreurs profitent avant tout au Front national. »

Au point de porter Marine Le Pen au pouvoir ? Il pense, comme moi, qu'elle est à même de gagner, que le rejet de Sarkozy et de Hollande est tel dans le pays qu'elle pourrait en bénéficier. « Si Hollande est en seconde position à l'élection de 2017, certains électeurs de droite ne voteront pas pour lui. Ils préféreront le FN. Et si c'est Sarkozy, une partie de la gauche s'abstiendra. Conclusion, Marine peut très bien être élue. Les Français n'aiment pas la personnalité de Sarkozy, même s'ils comprennent sa politique. En revanche, ils détestent la politique de Hollande, mais pas forcément le personnage. Notre seule chance, ajoute-t-il, est que nous arrivions à faire la preuve, les uns et les autres, que la politique sert à quelque chose. »

Voilà pourquoi il a, le premier, proposé à Valls un pacte contre le chômage. Celui-ci, dans un tweet enthousiaste, avait accepté. Pourquoi ce pacte n'a-t-il pas été mis en œuvre ? Il se penche vers moi pour me confier avec tristesse, feinte ou réelle, que Hollande ne veut pas d'ouverture au centre, ni sur l'emploi ni sur autre chose. Celle proposée par Raffarin, et acceptée par Valls, ne se fera donc pas. Ce n'est pas de son fait, c'est ce qu'il veut que je note. « Hollande ne fait pas un pas vers moi sur l'emploi, au contraire, insiste-t-il. Il déroule son plan de Versailles, la déchéance, etc., sans envisager le moindre échange avec qui que ce soit sur la politique économique. »

Contrairement à Valls, juge-t-il, qui tente, au contraire, sans avoir le moindre mot contre Hollande (la précision est d'importance), de « lier mesures sur la sécurité et mesures contre le chômage ». Tout cela arrive bien tard, dit encore Raffarin, « l'ouverture doit se faire tout de suite ».

Avant l'emploi, le débat à l'Assemblée nationale se cristallise sur la déchéance de nationalité. Jean-Pierre Raffarin l'admet pour les binationaux : « Je la comprends, mais je m'en méfie. On sait où ça commence, on ne sait pas où cela s'arrête. Je suis prêt à la voter, mais pas à fournir une bouée de sauvetage à Hollande. C'est donnant donnant, il faut faire avancer en même temps les solutions pour l'emploi. »

Est-ce aussi ce que veut Sarkozy, en approuvant les projets sécuritaires du gouvernement ?

« Non, dit Raffarin, d'abord cette mesure sur la déchéance est la sienne, il l'a proposée en premier, il ne va pas voter contre sous le prétexte que Hollande la défend aujourd'hui. Mais il n'a pas le même objectif que moi : lui, il veut rejeter Hollande vers la droite, jusqu'à ce que sa majorité se fracture... »

Je l'interroge sur ses rapports, précisément, avec l'ancien président.

« C'est le plus fort, me répond-il, celui qui travaille le plus, qui comprend le mieux les problèmes, mais il y a des choses chez lui auxquelles je ne me fais pas. En marge de journées parlementaires, il s'en va coucher dans un hôtel "Relais et Châteaux", nous laissant en plan. Et il file au Parc des Princes le soir des élections régionales. »

Sarkozy a-t-il encore envie de se lancer dans l'aventure politique ? « Oh, soupire Raffarin, j'ai eu l'impression que Carla le désire plus que lui. J'ai eu une conversation avec lui en décembre. Je lui ai recommandé d'abandonner 50 % de son bilan, de ne pas justifier tout ce qu'il a fait. Il m'a répondu : "Je le sais bien, mais je n'y arrive pas." Si je doute de lui, c'est que notre société est fragile, que les épreuves sont lourdes et qu'il ne faut surtout pas y ajouter de brutalité. Mais il a un besoin viscéral de contredire les autres, de se mesurer à eux. Il a besoin de critiquer, d'assaillir ses interlocuteurs. Au point que je l'entends souvent dire du mal de gens sans le penser véritablement. »

Bref, Sarkozy serait un faux méchant, et Hollande un faux gentil ? « Pas tout à fait. Sarkozy est un teigneux, proteste Raffarin, mais avec des gens qu'il choisit et qu'il respecte, il peut vraiment se montrer très ouvert intellectuellement Mais il est vrai que son approche des autres est trop égocentrée.» Je lui demande si la volonté de vengeance est dominante, chez Sarkozy. «Oh, me dit-il, c'est la même chose, l'égocentrisme et la vengeance, c'est un peu la même chose...»

Et Alain Juppé? «Je suis sans illusions sur Juppé, me répond-il. Lui non plus n'a pas changé; il est plus raide, plus entêté encore que Sarkozy. Mais il me semble que c'est le plus solide, le plus sérieux pour affronter une grave crise. Il n'a pas changé. Mais il tire sa force de l'antisarkozisme. Comme s'il y avait deux marques à droite aujourd'hui : Sarkozy et les antisarkozistes. Juppé fait le plein des antisarkozistes. Moi, conclut-il, je me trouve dans le même camp que Ciotti[1], et je ne travaille pas avec Macron, dont je suis pourtant plus proche. Il y a quelque chose qui ne va pas dans le fonctionnement de notre vie politique.»

18 janvier

Hollande, au Conseil économique et social, rend publiques ses mesures sur le chômage. La polémique surgit immédiatement entre droite et gauche sur les emplois aidés, les fonctionnaires etc. Pas moyen d'en sortir.

21 janvier

Rencontré François Bayrou en fin de journée, dans son bureau de la rue de l'Université. Dans cette grande pièce, presque mansardée, il est tout seul, en train de lire un livre – celui d'Alain Juppé je pense. Tranquille, comme s'il était dans son salon.

1. Éric Ciotti, député et président du conseil général des Alpes-Maritimes, est spécialiste des questions de sécurité au parti Les Républicains (LR).

À propos de Juppé, Bayrou est toujours décidé à ne pas se présenter contre lui s'il est candidat. D'abord parce que son élection permettrait de reconstituer un centre, un « centre qui tienne la route », comme l'UDF des temps heureux. « Mais je maintiens, annonce-t-il, mon interrogation sur le principe de la primaire : c'est une machine à surenchères. »

Le paysage de la future primaire est fixé dès maintenant : Juppé et Sarkozy seront face à face. Et Fillon ? Il est écrasé entre les deux, sans espoir, sauf accident, de prendre la place de l'un ou de l'autre. Nous évoquons sa phrase, l'autre jour : « Si jamais je suis battu, je quitte définitivement la politique. » Phrase inutile, absurde presque. D'abord parce que personne n'y croit, ensuite parce que si l'on y croyait, on s'en ficherait comme d'une guigne. « Et puis, me dit Bayrou avec une sorte de flamme, comment croire à cela, comment dire cela ? La politique, c'est une passion. On ne met pas un terme à une passion. »

Je le regarde : il aime toujours la politique, « comme au premier jour », me dit-il, lui qui a tout de même connu le pire et le meilleur. Il n'est pas lassé, pas une seconde il ne regrette d'avoir bâti toute sa vie autour de la politique. Je ne peux pas m'empêcher de lui dire que moi non plus. « La seule chose qui a changé, c'est, me dit-il, que je ne crois plus un mot de ce que disent les uns et les autres. » C'est un peu mon cas, car je pense souvent, en interviewant un homme politique, quel qu'il soit, que je suis capable de faire les réponses en même temps que je formule mes questions. Apparemment, pourtant, nous supportons cela très bien. Le discours politique me manquerait si je n'en écoutais pas, même pour le critiquer.

Alors, Juppé ? « L'affaire n'est pas encore jouée. Pour être élu il faut être romanesque et romantique. Pour le moment... » Cela ne change rien à sa détermination : il ne se présentera pas contre lui : « Cela n'aurait aucun sens. Je ne vais pas faire un match avec Juppé ! S'il fait une bonne campagne, à quoi servirait de me friter avec lui, alors que pas grand-chose ne nous sépare ? J'ai de l'estime pour lui, je m'entends bien avec lui, et même son humour me fait rire. »

Je lui raconte ma rencontre récente avec Juppé qui, réellement, ne m'a pas fait rire du tout. Il ne semble pas surpris, d'abord parce que la froideur de Juppé à mon égard ne l'étonne pas, ensuite parce que, en effet, la froideur est, si l'on peut dire, son péché mignon ! Bayrou poursuit avec un geste qui signifie qu'il faut dépasser cela : « De toute façon, si sa campagne marche, il n'y a pas de place pour moi. Je prends les choses au sérieux, je n'en suis pas à vouloir me faire plaisir. Le pays est dans une situation tragique, ce n'est pas le moment de faire n'importe quoi. La seule chose à faire est de reconstituer le centre. » Tragique, vraiment, la situation française ? « La plus grande défaite est celle de l'Éducation nationale », assène-t-il. C'est en effet un domaine qu'il connaît bien puisque qu'il a eu à le gérer en tant que ministre. Il ne l'a pas plus que les autres révolutionné. Il me raconte l'enterrement, auquel il a assisté la veille, d'un de ses meilleurs amis de jeunesse avec lequel il fit toutes ses études secondaires. « Nous étions cinquante, me dit-il, fils de fermier, d'instituteur, d'épiciers. Tous nous avons fait quelque chose de notre vie. Mon copain était prof de fac, d'autres sont devenus de brillants directeurs de sociétés. Pourrait-on en dire autant aujourd'hui ? Tu sais bien que non. Notre système social, ajoute-t-il, enferme les gens dans des situations dont ils ne peuvent pas sortir. Le ciment de notre nation est au point zéro. L'idée qu'on peut chercher à s'insérer dans la société en travaillant n'a plus cours. »

Nous changeons de sujet. Hollande peut-il selon lui s'en sortir ? « C'est fini, me dit-il, son ressort intérieur est foutu. Je le regardais il y a quelques jours présenter son plan pour l'emploi. Il n'y croit pas lui-même. »

Au point de ne pas se présenter ?

« Il se présentera. Ne serait-ce que parce qu'il n'y a personne d'autre. S'il n'y va pas, qui ira ? Valls ? Impossible, le bilan de Hollande est aussi celui de Valls. Il n'aurait aucune chance. »

Est-ce si sûr ? Après tout, Valls n'est là que depuis plus d'un an, il pourrait très bien plaider qu'il n'est pas responsable des deux premières années du quinquennat et qu'il a tout fait, au contraire, pour réparer les dégâts commis. Mais enfin, je reconnais que ce ne serait pas d'une efficacité assurée. Macron ?

« C'est une bulle médiatique. Moi-même, j'ai été outré de l'entendre dire hier que, parfois, un patron souffrait plus que les salariés. Dire cela, franchement, c'est de la provocation. »

Provocation à l'égard de qui ? De Manuel Valls sans doute. Il n'échappe pas à Bayrou que, depuis quelques semaines, toutes les fois que Valls dit quelque chose, Macron plaide exactement en sens inverse. La seule interrogation que nous ayons, l'un et l'autre, est de savoir s'il a reçu le moindre accord de Hollande pour se comporter ainsi. « De toute façon, s'il se présentait, il ferait 3 % des voix », tranche Bayrou.

Est-ce la fin de la social-démocratie, comme Alain Bergounioux l'écrit cette semaine dans *La Revue socialiste* ? « C'est la fin en tout cas de la période de 1971, celle de l'élaboration du programme commun de la gauche. La social-démocratie, c'était le keynésianisme, et il est fichu, lui aussi. Oui, cette forme de socialisme est terminée. »

Il revient sur François Hollande qu'il juge « très décevant », et me répète ce qu'il m'avait dit à une autre occasion : « Il a fait une terrible erreur. Il a cru que la présidence française était une fonction politique. C'est une fonction historique. Il n'a pas été à la hauteur de l'Histoire. »

26 janvier

Je sors bouleversée, il n'y a pas d'autre mot, de mon heure de conversation avec Olivier Faure. Il est depuis des années un militant socialiste assidu, dévoué, devenu député jeune encore, présent, charmant, beau de surcroît, ce qui ne gâte rien. J'ai voulu le rencontrer aujourd'hui car j'ai été surprise de voir qu'il s'opposait avec la dernière vigueur à la déchéance de nationalité.

Ce n'est pas un frondeur, il appartient à la génération Hollande tout en ayant passé quatre ans aux côtés de Martine Aubry. Je l'attends dans son bureau au troisième étage de l'Assemblée nationale, en parlant avec son assistante, lorsqu'il pousse la porte. Il a pris dix ans, ses cheveux ont blanchi, il est livide. Et ses yeux, naguère pétillants, drôles, paraissent éteints. Dieu que la politique fait souffrir, me dis-je en le regardant.

Nous entrons dans le vif du sujet, sur lequel je ne partage pas sa position. « Cette déchéance est un excellent instrument de propagande pour Daech », me dit-il. Je lui demande pourquoi, car je ne m'attendais pas à cet argument. Il s'explique : « Ces gens ne méritent pas d'être français, dit-on, mais alors, cela veut dire qu'ils méritent d'être marocains, algériens ? C'est cela, le message envoyé au reste du monde ? »

Il pense, comme beaucoup d'autres, que lorsqu'il s'est adressé au congrès à Versailles, Hollande était persuadé que le Conseil d'État retoquerait l'inscription de la déchéance de nationalité dans la Constitution. Or le Conseil n'y a pas vu d'objection, il était donc obligé de continuer. Je ne crois pas vraiment – et le lui dis – à cette version des faits, mais peu importe. Que Hollande ait espéré ou non que le Conseil d'État trancherait à sa place, cela ne change rien au fait que le Parti socialiste est désormais profondément divisé. Hollande aura-t-il la majorité sur le texte ? « Je n'en sais rien, ça change tout le temps ; il n'a pas de majorité sur le fond, mais l'obtiendra peut-être au forceps. »

Sur le fond, niveau auquel il se situe, il affirme que la division créée par cette notion de perte de la nationalité est profonde et sans doute durable. Et puis pourquoi introduire la loi sur l'état d'urgence dans la Constitution ? « Elle ouvre une brèche sur le plan des principes, et on ne sait pas où les choses s'arrêteront. Si Sarkozy succède à Hollande, si Le Pen succède à Sarkozy, où va-t-on ? Il restera une suspicion générale sur les Français d'origine étrangère. »

Je lui réponds que cette suspicion subsistera en effet sur les terroristes étrangers, mais sur les terroristes seulement. Je vois bien que je le choque. Il votera contre la déchéance, lui, le gentil député, le gentil militant, quoi qu'on lui dise. Pire, même s'il ne me le dit pas, il en veut, il en voudra durablement à Hollande d'avoir coupé le parti en deux.

« Difficile pour un socialiste d'avoir dans la même semaine la déchéance de nationalité, et puis d'entendre Macron à Davos parler des 35 heures devant la finance mondiale qui le félicite chaudement. Et puis, comme si cela ne suffisait pas, Valls s'emporte contre le rapport de Bianco sur la laïcité. Laïcité dure, laïcité molle. Valls n'a pas fait cet éclat n'importe où, il l'a fait au CRIF, dans des termes d'une violence inouïe. Était-ce vraiment utile, cette polémique ? »

Face à ce malaise, qui est le sien, qui le touche au plus profond de lui-même, Olivier Faure craint une jonction entre la gauche dure et les déçus de Valls et de Hollande. « Entre la gauche militante et la gauche populaire... »

Il poursuit, maintenant sur un terrain qui, quoi qu'il en dise, le rapproche des frondeurs : « On a tout accordé aux patrons, la disparition des heures supplémentaires payées, bref le contraire de ce que Hollande a dit pendant toute sa campagne. »

J'en profite pour l'interroger sur Macron. Quel est son rôle ? Est-il vrai que Manuel Valls ne le supporte plus ? Au passage, nous évoquons la première loi Macron. Était-il nécessaire, comme on me l'a dit à Matignon et comme je l'ai cru, d'employer le 49.3 pour l'imposer à l'Assemblée ? Olivier Faure me confirme qu'après des heures et des heures de discussion, en commission, dans l'hémicycle et même à la buvette, la loi Macron avait bel et bien une majorité possible à l'Assemblée nationale. Parce que Macron avait négocié un accord avec les « frondeurs ». Manuel Valls a voulu passer par le 49.3 pour en quelque sorte lui rabattre le caquet, pour qu'il ne se croie pas tout permis. Une façon de lui taper sur les doigts, en somme. « Macron a râlé, tout en restant modéré devant la presse. »

Quel est le but de tout cela ? se demande-t-il, désolé. Reconstruire une majorité ? Mais Hollande n'aura pas le temps de le faire avant l'élection présidentielle. « Mieux vaut-il perdre en rassemblant son camp, ou perdre en le divisant ? » s'interroge-t-il tout haut. Ou bien encore : « Hollande pense-t-il gagner avec la droite et contre son propre camp ? »

Est-ce cela, le PS pour lequel il s'est battu ? Pour rester à gauche, a-t-il l'air de penser, « on se raccroche au compte pénibilité, au compte personnel d'activité, aux cinq cent mille formations, mais de toute manière, le milieu économique ne nous accorde pas sa confiance. »

Il a le sentiment que trop d'occasions ont été perdues. « Il fallait profiter du rapport Gallois de 2012 pour expliquer ce que serait la France dans le monde différent où l'on s'apprêtait à entrer. De même que l'on aurait dû faire un bilan plus sévère du quinquennat Sarkozy, pour donner tout son sens à notre propre action. Oui, insiste-t-il, ce qui a manqué, ce qui manque toujours, c'est l'explication de la mutation. » Il cite le rapport Pisani-Ferry, sous Ayrault, et le séminaire gouvernemental qui a suivi, sur la France des années 2025, autres occasions perdues de se demander quels moyens, quelles réformes étaient nécessaires pour accompagner la France dans ces années-là...

« Je l'ai dit, poursuit-il, à Hollande et à Ayrault à l'époque. Tous les mois les Français vont payer, sans savoir pour quoi ils paient ; la moindre des choses est de le leur dire, et comment l'État va employer leur argent. L'expression "boîte à outils" a fait beaucoup de mal au président. Ce n'est pas son rôle. C'est le travail d'un exécutant. Pas celui d'un grand ingénieur. »

Même déficit, pense-t-il, sur la politique de sécurité. Manuel Valls a prononcé, après les événements de *Charlie*, un discours exceptionnel au Parlement. À Versailles en novembre dernier, Hollande a parlé des moyens de la lutte, mais pas d'une France mobilisée pour cela. Il ne suffit pas d'appeler au vivre ensemble. Il faut expliquer, convaincre davantage : « Hollande pêche par une trop grande habileté, une volonté de préserver ses propres marges d'action, il garde de son expérience de premier secrétaire du PS une préférence pour clore les débats plutôt que les ouvrir, ou encore montrer le chemin. Il n'ouvre rien et de quoi finalement fait-il la synthèse ? »

Ce qui m'émeut, c'est de sentir, pendant qu'il parle, toute la souffrance qu'il éprouve. En trois ans, les socialistes sont revenus en quelque sorte à la phase finale du gouvernement Sarkozy. Pour lui, un tel retour en arrière sur la nationalité, la politique économique, les 35 heures est tout simplement insupportable. Il ne sait que répondre à toutes les interrogations qui sont les siennes : comment se passera l'élection de 2017 ? Avec Hollande, sans Hollande ? Il remarque simplement qu'à l'occasion de toutes les élections présidentielles, quelque chose d'inattendu est arrivé.

À droite, s'agira-t-il de la montée de Bruno Le Maire ? À gauche, y aura-t-il un autre candidat ? Pense-t-il à Macron, à Valls ? Il voit en tout cas ses rêves s'envoler. « Si Hollande perd en 2017 – et je vois difficilement comment il pourrait gagner –, le Parti socialiste n'y résistera pas. Oui, conclut Olivier Faure comme Manuel Valls, le Parti socialiste peut mourir, s'il n'est pas déjà mort. »

Je m'en vais, touchée par la véritable douleur qu'il a exprimée devant moi.

Ce matin, j'ai vu pendant une heure Hervé Gaymard dans un café du boulevard Saint-Germain proche de l'Assemblée nationale, celui où Jacques Chirac venait il y a quelques années boire un verre en échappant à ses gardes du corps.

Gaymard est déjà engagé tout entier dans la future campagne de Juppé. L'organisation de la primaire, apparemment, ne lui cause pas de souci. Les présidents des conseils départementaux sont en train de se mettre en place, la haute autorité du vote dispose de son financement autonome. Le sujet le plus coriace semble être l'UDI, qui souhaite dans les trois prochains mois voir désigner ses candidats aux législatives. Dans ce cas, c'est le président du parti, Nicolas Sarkozy, qui distribuerait les investitures, ce dont ne veut à aucun prix Alain Juppé, évidemment. (Le souvenir des soixante-trois sièges attribués par Martine Aubry aux Verts en 2011, alors que Hollande, déjà candidat officiel du parti, n'avait pas eu voix au chapitre, est encore dans toutes les têtes.) Pas question qu'Alain Juppé l'accepte. Mais l'heure est plutôt, me dit Gaymard, au travail de fond : le projet européen, l'enseignement, l'emploi. Je lui demande si Alain Juppé a toujours l'intention de soumettre au Sénat, en 2017, s'il est élu, un certain nombre de textes avant les députés, qui les voteraient après, une fois élus dans la foulée de l'élection présidentielle. Visiblement, il y a hésitation sur ce sujet. Laquelle ?

« Ce qui pousserait à agir ainsi, c'est le temps gagné. À ceci près que, sur tous les angles forts des textes, nous risquons de déclencher des polémiques avant le scrutin législatif. Ce n'est pas le moment idéal. »

Nous avons parlé jusqu'ici calmement. Au moment d'en venir au débat prévu sur la révision constitutionnelle, je sens Hervé

Gaymard plus nerveux. Il ne tarde pas à me dire pourquoi, avec cet air glacé qu'il prend lorsqu'il est en colère : « Dans cette histoire, aucun doute, Hollande a voulu tendre un piège à l'opposition, il a fait un petit calcul, Valls aussi. Rien que pour cela, je ne voterai pas la déchéance de nationalité. »

Si la droite se divise sur la forme et que la gauche traîne les pieds, le pire est à craindre pour la réforme en cours. Je retiens surtout le ton avec lequel Hervé Gaymard m'a dit cela, presque dégoûté devant ce qu'il appelle une « entourloupe ».

28 janvier

Cambadélis, ce matin. Son diagnostic est net, sans appel : « Désormais, les thèmes de la gauche traditionnelle sont minoritaires à gauche. » Autrement dit : les frondeurs sont une minorité au PS. Deux conclusions : la première c'est que toute une partie, minoritaire, de la gauche se radicalise. Tandis que l'autre se décompose. Eh bien, pour un premier secrétaire du PS, quel constat !

Et lui, là-dedans ? « Moi, dit-il, je suis juste au milieu... »

La situation est désormais assez facile à comprendre : certains, comme Manuel Valls, sont favorables à une clarification. Il faut se séparer d'une gauche « tradi », minoritaire, pour aller vers une reconstruction. Quant aux autres, ils veulent se séparer du courant « néolibéral » pour prendre des positions encore plus à gauche. Le problème est qu'aucune de ces deux gauches n'est en mesure, seule, de gagner aucune des élections en vue, ni présidentielle ni législatives. Unies, elles peuvent à la rigueur envisager un deuxième tour, mais pas séparément. La gauche libérale et la gauche radicale peuvent certes aller chacune de leur côté, mais elles savent qu'elles sont condamnées, dans ce cas, à la défaite.

Je m'aperçois que ce discours, qui me paraît juste, fait l'impasse sur la candidature de François Hollande. Qu'en sera-t-il si la fameuse courbe ne se retourne pas ? Cambadélis me répète ce qu'il m'a dit la dernière fois que je l'ai vu : le chômage, pour Hollande, c'est « une poire pour la soif ». C'est ce qui lui permettra de ne pas se représenter si sa stratégie échoue. Dans la réalité, le chômage n'est pas un critère aussi clair qu'on le croit. On pourra toujours dire que certaines catégories travaillent davantage, et puis la tendance s'inversera forcément.

Bref, Cambadélis pense que Hollande sera candidat. Sinon, qui à sa place ? Manuel, bien sûr, « qui pense que personne n'existe derrière Hollande à part lui ». Anne Hidalgo ? Je l'interromps : parce qu'elle pense vraiment à se présenter à la présidentielle ? Eh oui ! Il semblerait même qu'elle ne pense qu'à cela, elle fera de la résistance si c'est Valls. Mais Cambadélis croit possible de la calmer : après tout, elle a besoin d'être investie par le parti pour conserver la mairie de Paris, ce qui devrait l'obliger à se tenir tranquille.

Je profite de notre rencontre pour lui demander des éclaircissements sur ce que m'a dit Raffarin l'autre jour : qu'ayant fait une proposition de travail en commun sur l'emploi, Valls lui a répondu « chiche » par un tweet immédiat. Est-ce Hollande qui aurait mis un veto à cette tentative ? Cambadélis me le confirme. Il ajoute même qu'il n'y est pas pour rien. C'est lui qui, quelques secondes après le tweet, a téléphoné au président pour le mettre en garde sur l'effet qu'aurait, sur le parti, un tel rapprochement. « Le Guen, me dit-il, avait bien concocté avec Raffarin une position commune sur l'emploi. Et tout s'est passé comme ils en étaient convenus : déclaration Raffarin, tweet de Valls. J'ai appelé tout de suite François. Je lui ai dit : “Le candidat à la présidentielle qui fait la synthèse entre Valls et Raffarin, c'est Juppé, et pas toi. Travailler avec le centre, d'accord, mais si c'est sur le chômage, tu colores ta politique à droite, et en plus tu te dépossèdes du problème.” »

Cambadélis est intervenu de la même façon sur la première version de la déchéance de nationalité, envisagée uniquement pour les binationaux. « J'ai dit que le texte ne passerait pas tel quel auprès des socialistes, parce que pour eux, c'était remettre en question le droit du sol. » Il a obtenu gain de cause et évité un vote négatif des instances du PS : il ne sera désormais plus question de binationaux dans le projet discuté à l'Assemblée nationale.

En attendant, il est urgent de refaire la gauche.

Je comprends qu'il s'agirait d'une sorte de retour à la gauche plurielle, dont lui, Cambadélis, a l'habitude. Il l'a forgée pour Jospin et se tient prêt à le refaire pour Hollande.

Mais Hollande, lui, que pense-t-il de cette stratégie? «Pour le moment, il n'a pas envie d'abattre ses cartes. Il est plus patient que tout le monde ne le croit, il a plus de sang-froid aussi.» Il n'est pas décidé à ouvrir vers le centre, ou à maintenir le cap à gauche, tant qu'il ne sait pas qui sera candidat à droite. Si c'est Sarkozy, Bayrou se présentera. Inutile donc de faire des ouvertures au centre. Si c'est Juppé, ce dernier sera obligé, pour la primaire, de prendre des orientations à droite, et, dans ce cas, Hollande pourra tenter d'ouvrir à une partie des centristes.»

Jusque-là, c'est-à-dire jusqu'à l'automne prochain, Hollande laissera Valls procéder à une «centrisation», et Cambadélis poursuivre ses travaux vers une gauche unitaire. «En espérant, ajoute mon interlocuteur, que dans l'intervalle, on ne se foute pas sur la gueule, Manuel et moi.»

Pourquoi, à son avis, cette haine inextinguible des électeurs de droite envers Hollande? Cambadélis en rend en grande partie responsable le mariage pour tous.

«Il aurait fallu faire les deux réformes sociétales emblématiques de la gauche (mariage pour tous, vote des étrangers) dès le lendemain de l'élection. Mais Hollande a craint, et à mon sens il avait raison, que les Français lui reprochent de ne pas s'attaquer, d'abord, au chômage. Résultat : nous avons laissé la droite catholique se mobiliser, en dehors des partis, qui sont restés prudents. Et nous l'avons payé cher.»

Nous discutons des chances respectives de Sarkozy et de Juppé. «Sarko pense que le pays est à droite, et qu'il est le seul candidat possible pour agréger l'extrême droite et la droite extrême. Pour Juppé, il s'agit d'entraîner l'autre droite et le centre. Mais il le fera difficilement dès le premier tour de la primaire.»

Cambadélis me démontre sans difficulté que la formation arrivant en troisième position éclatera de toute façon. Si c'est le FN, celui-ci se brisera entre Marine et Marion, si les Républicains et l'UDI ne sont pas seconds au premier tour, ils exploseront aussi. Et si c'est le Parti socialiste, il se divisera. Le paradoxe, dans ce cas, est que la gauche de la gauche sera perdante. Le PS se retrouvera avec quatre-vingts élus, parmi lesquels un ou deux frondeurs seulement. En revanche, cent à cent vingt députés Front national feront leur entrée au Parlement. Le risque est que, dans ce tripartisme-là, la gauche en soit réduite, comme elle l'a fait en PACA et dans le Nord, à devoir voter avec la droite pour lutter contre l'extrême droite. Ou à disparaître tout court, comme dans ces deux régions. Il conclut d'une phrase : « Le PS sera alors aux Républicains ce que les radicaux de gauche étaient aux socialistes : des supplétifs. »

En attendant, le moral n'est pas très haut chez les « hollandais ». Il paraît qu'ils se sont réunis hier à l'Assemblée nationale. Commentaire d'un sortant : « C'était Prozac pour tous ! »

31 janvier

Je regrette d'avoir dit un jour à Europe 1 que Christiane Taubira avait « le melon ». Car elle a quitté le gouvernement dignement. D'abord parce qu'elle s'en va sur une question de fond, la déchéance de nationalité, dont elle pense, à tort ou a raison, qu'elle est une atteinte au droit du sol insupportable pour elle. Je sais maintenant comment se sont passées les choses avec Hollande.

Ils en parlaient depuis le début janvier. Hollande ne souhaitait pas le départ de Taubira et pensait qu'il serait possible à celle-ci, ne partageant pas l'avis du gouvernement, de siéger à son banc pendant toute la discussion parlementaire. Vendredi dernier, elle a eu une dernière conversation avec le chef de l'État et lui a dit que non, décidément, elle ne pouvait rester au gouvernement. Hollande lui a demandé d'attendre jusqu'à son retour d'Inde, pour acter sa démission le mercredi matin en présence de Valls avant le Conseil des ministres.

Elle s'en est allée sur sa bicyclette, l'après-midi, très applaudie au passage par le petit personnel, elle qu'on dit si dure avec les hauts fonctionnaires, lesquels ont déserté d'ailleurs, les uns après les autres, son cabinet. Arrivée à New York aujourd'hui, elle est assaillie de micros lui demandant ce qu'elle pense de Hollande, ce méchant type qui l'a vidée. Elle s'indigne : elle n'a rien contre Hollande, au contraire, elle a de l'estime pour lui et il n'est pas question qu'elle se présente à une éventuelle primaire de gauche.

Son départ fragilise-t-il le président ? Oui, parce qu'il donne l'impression de tout avoir fait pour la retenir et ne pas y être parvenu. Non, parce que l'opposition se serait élevée, pendant toute la discussion au Parlement, contre la présence de la garde des Sceaux hostile au projet de révision constitutionnelle. Il est peut-être mieux pour lui qu'elle soit partie.

En réalité, tout se joue maintenant au Parlement. Si la révision est votée, ce sera un succès pour Hollande. S'il perd, ce sera un lourd, très lourd désaveu, qui à mon avis handicapera toute la suite du quinquennat.

Pendant ce temps-là, Juppé, en pleine forme, a monté sans s'arrêter les cent vingt marches de la butte Montmartre pour aller rejoindre, dans un bar, ses jeunes supporters. C'est *Le Parisien dimanche* qui le raconte ce matin : chemise à carreaux, sans cravate évidemment, il a fait la démonstration que ses soixante-dix ans ne l'empêchaient pas de gravir sans s'essouffler les escaliers de la Butte, comme dit la fameuse chanson. Juppé revendique déjà deux cents comités départementaux, et mille cinq cents jeunes membres.

« Si vous êtes président, lui a demandé une jeune fille en s'emparant du micro, croyez-vous que vos cheveux vont repousser ?

— Là, on n'est plus dans le domaine du rationnel mais de la foi », a-t-il répondu du tac au tac.

Pas mal.

2 février

Je sors d'une longue conversation avec François Hollande tout à l'heure, en fin de soirée. Surprise de sa forme, que j'ai trouvée excellente, et de son extrême lucidité : je ne sais pas comment cet homme résiste à l'avalanche de mauvaises nouvelles qui tombe sans arrêt sur lui, tout en ayant une conscience exacte que le monde d'aujourd'hui n'est plus du tout celui d'hier. Que nous sommes dans une société radicalement nouvelle. Et que, peut-être, il prêche dans le désert.

Je l'attendais dans le salon gris et or qui jouxte son bureau, celui qu'occupait au début du quinquennat Aquilino Morelle. Sur la table basse, devant moi, l'album de photos de l'AFP, un ouvrage sur la mort de Louis XIV, un recueil de photos du Mont-Saint-Michel, et sur une autre table basse, à l'angle du canapé, l'album sur François Mitterrand que j'ai préfacé pour Fayard.

Lorsqu'il entre par la porte communicante tandis que Gaspard Gantzer arrive de l'autre côté de la pièce, il est frais, comme s'il s'était amusé toute la journée, sans l'ombre d'une fatigue au coin des yeux. Je lui dis d'entrée de jeu que je ne suis pas là pour lui parler de Christiane Taubira, encore que le livre qu'elle vient d'écrire...

« Et dont elle ne m'avait pas parlé, m'interrompt Hollande, elle ne l'a fait que le vendredi, jour de notre dernière rencontre, qui a réglé immédiatement les choses.[1] »

Je pose au président une première question, pour lancer la conversation, sur les rapports Valls-Cambadélis, le premier incarnant la modernité tandis que le second s'efforce de rattraper comme il le peut les Verts et les communistes.

« Ils sont chacun dans leur rôle, sourit-il. Nous avons perdu les Verts parce que Duflot ne pouvait pas supporter Valls. Au début du quinquennat, malgré leur faible résultat à la présidentielle, ils représentaient un mouvement qui trouvait sa place. Ils le terminent dans un éclatement général. Ce n'est pas faute d'avoir essayé de les garder : Manuel Valls leur a même proposé un ministère de l'Écologie, qu'ils ont refusé, alors qu'ils auraient eu à prendre une place essentielle dans la préparation de la COP21 et de la conférence sur le climat. C'est Fabius et Ségolène seuls qui l'ont dirigée. Demain, d'autres Verts peuvent nous rejoindre. Dans le remaniement qui vient, je ferai entrer des écologistes si je le peux. Lorsque Duflot a quitté le gouvernement pour être libre de sa décision en

1. Il s'agit de *Murmures à la jeunesse*, un texte qui condamne sans réserve le projet de déchéance de nationalité.

2017, je lui ai dit : “Ce n’est pas parce que les Verts sont au gouvernement qu’ils ne peuvent pas présenter un candidat.” Le contraire est vrai aussi, ce n’est pas parce qu’ils n’y sont pas qu’ils sont habilités à se présenter. « Alors oui, continue François Hollande, ces morceaux de gauche, Cambadélis essaie de les réunir. On ne peut pas imputer au président de la République le fait que la gauche soit à ce point désespérée. Ça ne m’amuse pas, mais le risque est renforcé de voir la gauche absente au deuxième tour de la présidentielle. »

Il a prononcé cette dernière phrase comme si ce risque ne le concernait pas du tout. En simple observateur de lui-même, en quelque sorte.

« Si remaniement il y a... », poursuit-il.

À mon tour de l’interrompre :

« Ah, il y aura donc un remaniement ?

— Nous ouvrirons une porte aux écologistes. Car leur opposition n’est pas de nature économique, les Verts ne demandent pas de changement de ligne, ils peuvent donc entrer au gouvernement s’ils le veulent. »

J’insiste : une passerelle est-elle encore possible entre les deux gauches ?

« Et encore, s’il n’y en avait que deux ! m’interrompt-il, en se mettant aussitôt à énumérer ses multiples courants. Il y a la gauche extrême, celle qui était il y a quelques années la gauche de Besancenot et qui est devenue celle de Mélenchon. Une gauche incompatible avec la social-démocratie. Une autre gauche qui voudrait infléchir la politique économique du gouvernement, qu’elle soit moins sécuritaire, moins favorable aux entreprises, une gauche de la demande plutôt que de l’offre ; et puis la gauche des droits de l’homme, qui ne se préoccupe pas d’économie. Elle pense que le monde n’a pas changé, que le mondialisme, le fondamentalisme, n’existent pas, alors que nous sommes en guerre. Oh, pas une guerre classique, assurément, mais une guerre tout de même, qu’il faut bien appeler par son nom. Oui, ce quinquennat a été marqué par la guerre, pas les guerres coloniales des années 1960, mais celles du Mali, de la Syrie, de l’Irak. Nous ne sommes plus en guerre contre des dictateurs, mais contre des ennemis dont le combat a revêtu une forme nouvelle, le terrorisme. Cent trente morts, ajoute-t-il en évoquant les attentats du 13 Novembre, appuyant sur le nombre des victimes, et cette gauche fait comme si rien ne s'était passé ? Au fond, derrière ce refus, il y a l'idée que le monde est trop dur pour que la gauche tente de le gouverner. C'est un monde trop sale pour elle. »

Donc, la gauche est plus que divisée, elle est mourante. Que faire ? François Hollande reste cependant bizarrement confiant. Après cette charge contre la gauche qui lui a donné ses voix en 2012, je me demande comment, par qui il pourrait être élu la prochaine fois. Il est convaincu, en croisant les doigts sans doute, que la gauche s'unira à nouveau à l'approche de l'élection présidentielle.

« Lorsqu'ils verront arriver le risque d'une droite dure, ou libérale, Sarkozy, Juppé, et peut-être même Fillon, ils changeront d'avis. »

À ce moment de sa démonstration, il fait une digression : « On a l'impression, me dit-il, que Sarkozy et Juppé ont une revanche à prendre : celle de Sarkozy contre celui qui l'a battu. Mais chez Juppé, les choses vont peut-être plus loin : il a une revanche à prendre, depuis plus longtemps, sur tous ceux qui sont passés devant lui, qui l'ont longtemps distancé. »

Nous revenons à la gauche éclatée : comment va-t-elle réagir ? Il s'interroge : « En laissant exercer le pouvoir par d'autres qu'elle, en se disant : "Restons loin du pouvoir parce qu'il nous révulse, parce que nous ne voulons pas faire le sale boulot", le risque existe que d'autres fassent le boulot, plus salement encore. À quoi sert la gauche si elle n'est pas en état de protéger le pays, si elle ne le protège pas en faisant les réformes nécessaires tout en respectant le modèle social ? Car enfin, insiste-t-il, on n'a pas touché aux retraites, contrairement à ce qui a été fait dans plusieurs pays, on n'a pas licencié en masse les fonctionnaires. Avant, c'est vrai, les Français avaient l'habitude de voir la gauche réaliser une petite réforme sociale, puis quitter bien vite le pouvoir : le Front populaire a fait les congés payés, puis a disparu. Il y a eu la Sécurité sociale, avec de Gaulle, au retour de la guerre puis, bien vite, la gauche s'est noyée dans la troisième force[1]. Un petit tour de réforme, et puis s'en va. Dans l'esprit de bien des gens, la gauche, c'est cela.

— Alors, quelle chance de la réunir, de la retrouver, cette gauche ?

— Il faut lui montrer qu'elle mérite mieux que cela, que c'est un honneur de gouverner la France.

— Certes, mais si la révision constitutionnelle ne passe pas, quel échec !

— Si elle ne passe pas, me déclare-t-il avec vigueur, elle sera retirée. Si elle passe, ce sera mieux pour le pays, cela montrera qu'on peut se réunir pour marquer une volonté commune. Si elle échoue, ce sera un affaiblissement, pas seulement pour le pouvoir, mais pour tout le monde. »

Le dira-t-il publiquement ? Oui, il le dira. Mais seulement en cas d'échec. Peut-être pourrait-il s'exprimer avant ? Il ne l'envisage pas pour le moment.

À une intonation de sa voix, je sens qu'il ne croit pas, ce soir, à l'adoption du texte constitutionnel. Je lui redemande s'il compte s'adresser aux Français dans l'hypothèse où elle serait refusée. Il m'assure qu'il leur dira alors ce qu'il pense de la classe politique, de sa faiblesse, de sa petitesse.

Nous parlons ensuite de la déchéance de nationalité.

« Personne ne se souvient, me dit-il, qu'en 2005, cinq personnes ont été déchues de leur nationalité, que de 2002 à 2007, Chirac a procédé à des déchéances, on fait semblant de s'apercevoir seulement que cela existe. En réalité, la droite ne veut pas d'une réforme constitutionnelle proposée par la gauche. »

Je lui fais remarquer que la gauche semble n'en pas vouloir non plus. Nous revenons sur le congrès de Versailles : « Ce n'est pas un cadeau, pour moi, d'avoir à affronter cette situation. Il fallait montrer qu'après ce massacre, la France était unie. Le congrès était nécessaire. »

---

1. Coalition sous la IVe République du MRP, mouvement centriste chrétien, du Parti socialiste SFIO, de l'UDSR et des radicaux, pour soutenir le régime contre l'opposition des gaullistes et des communistes.

Il m'avoue s'être demandé, avec une sorte d'horreur, le 13 novembre au soir, après le massacre du Bataclan, comment allaient réagir les Français. Par de violentes manifestations contre le pouvoir, incapable d'avoir prévu ces meurtres, ou par une frayeur monstre face au terrorisme ? Horrible soirée, sur laquelle je vois bien qu'il ne veut pas s'étendre. J'ai compris, sans qu'il aille plus loin, qu'elle restera le moment le plus épouvantable de son quinquennat.

« Je ne pouvais pas aller à Versailles, continue-t-il, en disant simplement que j'augmentais les moyens de la police et de la gendarmerie. Il fallait un acte fort. C'est ainsi que j'ai parlé de déchéance de nationalité. Tout le monde a approuvé sur l'instant. Trois mois plus tard, les gesticulations politiques ont repris. »

Embrasement à gauche, embarras à droite.

Il porte un jugement plutôt bienveillant sur Emmanuel Macron : « Il peut être pressé, maladroit, mais il est loyal et honnête... Il n'est pas dans le calcul, moins encore dans la manœuvre. Oui bien sûr, admet-il, il a été happé par le système médiatique. Ce qui peut être mal ressenti par ceux qui veulent incarner, eux aussi, la modernité. »

Allusion claire à Valls, et à ses coups de colère à l'égard d'un ministre décomplexé, qui entend ne relever que du président, et à peine de son Premier ministre. Impression que cela ne déplaît pas vraiment à Hollande.

Nous changeons de sujet pour parler de ses relations avec Angela Merkel. Il convient qu'entre eux, la période d'apprentissage a duré quelques mois.

« Elle était, cette période, nécessaire et inévitable. Pour moi, qui voulais le renouveau de l'euro. Et pour elle, qui voulait se montrer inflexible, car les élections l'attendaient en Allemagne. Disons que jusqu'à l'automne 2013, les relations étaient certes cordiales, mais difficiles ; nous cherchions les compromis, je suis arrivé à tordre le pacte de stabilité, elle n'a pas cédé sur l'orthodoxie. Il faut dire que Mario Draghi[1] m'a beaucoup aidé, nous a beaucoup aidés. À partir

1. Mario Draghi est président de la Banque centrale européenne. Pendant l'été 2012, il a assuré la communauté internationale qu'il soutiendrait l'euro contre toutes les attaques, et de toutes les manières.

de la fin 2013, Angela Merkel s'est rassurée. Les sociaux-démocrates étaient désormais, après de nouvelles élections, dans son gouvernement. Elle était rassurée par sa victoire personnelle, par la coalition derrière elle, et aussi par mon attitude. »

Elle avait craint, après avoir elle-même soutenu Nicolas Sarkozy pendant la campagne de 2012, que Hollande ne lui rende la pareille en allant soutenir le SPD allemand en 2013. Hollande n'a pas bougé, ce dont Angela lui a été reconnaissante.

Que pense-t-il de ses variations politiques envers les migrants ? Merkel, après avoir décidé d'accueillir un million de réfugiés, demande aujourd'hui de favoriser le contrôle des frontières extérieures, de régler le problème avec la Turquie : « Je ne la lâcherai pas en ce moment, même si je considère qu'elle a lancé le signal, créé un appel d'air considérable, me déclare François Hollande. Il faut maintenant essayer de ralentir le flux. Elle cherchait à jouer un rôle historique. Elle avait réussi la stabilité de l'euro, elle pensait qu'avec cet appel aux migrants, elle, l'ancienne Allemande de l'Est, elle, la fille de pasteur, allait effacer en quelque sorte les horreurs du XXe siècle. Elle leur a dit : bienvenue, et l'Allemagne a été submergée. »

Nous reparlons du terrorisme. Sa certitude : le monde musulman s'est radicalisé et l'univers tout entier a basculé.

« Tout a commencé avec l'attentat de Merah à Toulouse en 2012. »

Un acte isolé ? Non, un acte qui en annonçait d'autres. Les voyages en Syrie commençaient, mais on ne le savait pas encore. Une partie de la gauche ne voit pas cette réalité, ne veut pas le voir, et préfère rester immobile, se cacher la vérité.

« Ce qui fait la gauche, pourtant, c'est le mouvement. Si la gauche "tradi" reste inerte, elle a perdu. »

Nous nous séparons sur ces mots. Gaspard Gantzer, qui assistait à l'entrevue, me raccompagne dans le hall de l'Élysée. Il ne cache pas son admiration pour la façon dont Hollande encaisse les chocs : « L'Histoire lui rendra justice », me dit-il. Et les Français ? J'en suis moins sûre.

3 février

Tout ce que j'entends dire me laisse penser que cette réforme constitutionnelle ne passera jamais devant le congrès. Le débat va commencer vendredi, et on ne sait toujours pas sur quel texte exactement on va voter : binationaux, Français, déchéance de la nationalité pour les uns, déchéance des droits pour les autres.

J'ai déjà évoqué l'angoisse du fidèle Olivier Faure, au PS. À droite même, la déchéance de nationalité est loin de faire l'unanimité. Jean de Boishue me dit la conviction de Fillon, qui est aussi la sienne : la déchéance est une atteinte et une discrimination insupportables. Je ne m'étonne donc pas qu'il prenne publiquement une position hostile au projet de Hollande. D'autant que Fillon n'est pas mécontent de refuser une réforme de la Constitution dont tout le bénéfice reviendrait au président de la République. Je ne puis m'empêcher de penser que Sarkozy est également dans sa ligne de mire : reçu par François Hollande, le chef des Républicains s'est déclaré favorable à la déchéance pour les binationaux. Fillon, en vue de la primaire, veut-il « capitaliser » sur son refus ? Croit-il en tirer parti pour faire monter sa cote ? Loin de lui cette idée, me dit-on, mais comment le croire ?

Quant à Juppé, le changement d'aile sur le sujet ne lui fait pas peur. Il a dit qu'il voterait la loi s'il était au Parlement (il n'y est pas), puis qu'elle lui semblait « inutile ». En réalité, j'entends encore Hervé Gaymard, proche de lui, dénoncer l'autre jour « une manœuvre grossière du président de la République » qu'il ne cautionnerait pas.

Pour y voir plus clair, j'appelle dans l'après-midi Yves Colmou à Matignon. Je le trouve assez sûr de son fait : oui, le texte a toutes les chances de passer. Il sera voté par une majorité simple à l'Assemblée. Et le Sénat ? Il jouera un rôle décisif. Son président, Gérard Larcher, semble avoir donné à Manuel Valls des assurances : le Sénat proposera un second texte, ficelé de telle façon qu'une majorité de socialistes pourra l'adopter. Quant à la droite, il lui sera difficile de le refuser.

Bref, tout cela durera jusqu'au mois de mars. Les états-majors de Daech doivent bien s'amuser lorsqu'ils voient que toute la vie politique française, après les attentats, se joue autour de ces parlementaires qui discutent à perte de vue sur une déchéance de nationalité dont ils se demandent si elle est conforme ou non au droit du sol.

5 février

Hier soir, Sarkozy sur France 2. Mieux vaut parfois apparaître distancé dans les sondages que de mener la course en tête. Du coup, Nicolas Sarkozy avait, hier soir, un avantage certain : celui d'avoir, depuis plusieurs semaines, sinon des mois, perdu la main. À entendre les commentaires, sa page était tournée, sa « magie » envolée, son charisme fini. Il est touché, peut-être, mais pas coulé. Nicolas Sarkozy est toujours là, et bien là.

Peut-être le fait qu'il soit apparu, dans les premières minutes de l'émission, comme un homme malmené par la vie politique l'a-t-il servi : plus vulnérable, il a semblé plus proche de ceux auxquels il s'adressait. Moins pugnace, il a gagné en sympathie. Plus attaqué, il a manifesté un calme dont on ne l'aurait pas cru capable, et une attention nouvelle aux questions et aux propos des interlocuteurs rangés alignés devant lui et qui ne lui manifestaient pas la moindre empathie.

Le tirage de son livre[1], devenu en quelques jours à peine un best-seller, dépassera de loin celui de François Fillon ou le manifeste d'Alain Juppé. Sans doute parce qu'il y a donné plus de place aux regrets qu'à la défense de son propre bilan, à ses échecs qu'à ses succès.

Certains téléspectateurs l'ont trouvé fatigué. Aucun, pourtant, n'a remis en cause son dynamisme ou son énergie. Tous les sondages comparatifs entre le début et la fin de l'émission sont formels : sur toutes les questions posées – a-t-il su tirer des leçons de son expérience ? Est-il capable de se réformer ? Se préoccupe-t-il des Français ? A-t-il des chances pour la présidentielle de 2017 ?

1. *La France pour la vie*, Plon, 2016.

– l'ex-président de la République a fait mieux que tirer son épingle du jeu, il a gagné des points, essentiellement parmi les Républicains (avantage non négligeable puisque ce sont eux qui vont voter à la primaire de novembre) mais aussi parmi l'ensemble des Français.

9 février

La loi sur la révision de la Constitution est votée par une majorité de 3/5 à l'Assemblée nationale[1]. Du côté de l'opposition, l'intervention de Sarkozy a été finalement entendue. Plus de la moitié des parlementaires LR et centristes ont approuvé le texte. Du côté du PS, un tiers des députés n'a pas voté. Difficile, dans les jours qui viennent, de ressouder une majorité aussi divisée. Encore faut-il que le Sénat vote le texte en des termes identiques à ceux de l'Assemblée. Aucune chance.

19 février

Sarkozy est-il finalement un handicap pour son mouvement ou un atout ? Il a suffi de sa mise en examen par le juge Tournaire pour que la question se pose jusque dans son entourage, parfois le plus proche. Comment résister à un coup pareil[2] ? D'autant qu'il semble bien que Copé, cette fois, ne l'ait pas raté : à l'évidence les juges en question n'ont pas inventé tout seuls leurs arguments

1. La réforme constitutionnelle sur la loi d'urgence et la déchéance de nationalité a été adoptée par 317 voix, 199 députés ont voté contre et 51 se sont abstenus. Les votes se décomposent ainsi : PS : 165 pour, 83 contre. Républicains : 111 pour, 74 contre. UDI : 25 pour, 4 contre.

2. Nicolas Sarkozy a été mis en examen par le juge pour dépassements de frais de campagne. Comme Jean-François Copé, en revanche, il sera entendu comme témoin assisté dans le procès Bygmalion.

favorables à la mise en examen, on les y a aidés. Interrogé par eux, Copé est sorti de son audition en simple témoin assisté.

Sarkozy étant ce qu'il est, cette nouvelle attaque peut le galvaniser. Mais si les militants qui lui sont favorables ne l'en aimeront que davantage, qu'en sera-t-il des autres ? Ceux, dans l'électorat de droite, qui voudraient tout bonnement gagner, désigneront-ils, à la primaire, un homme dont ils savent qu'une épée de Damoclès est suspendue au-dessus de sa tête ? Même si son avocat, Thierry Herzog, dont la chevelure, depuis le temps qu'il défend Sarkozy, a fini par blanchir, laisse entendre que d'autres, qui envisagent de se présenter aux suffrages des Français, ont été quant à eux condamnés, ciblant ainsi, sans le dire, Alain Juppé[1].

Mais c'est une autre épée, beaucoup plus lourde, qui menace Nicolas Sarkozy. Il s'agit de l'affaire, révélée par les écoutes téléphoniques, de la corruption ou tentative de corruption du juge dans l'affaire de l'arbitrage de Bernard Tapie.

Juppé s'est fendu d'une sorte de petit tweet de solidarité, l'assurant de son amitié fidèle, mais personne ne peut croire qu'il n'ait pas, une fois, hurlé de joie à l'abri des regards dans son bureau de la mairie de Bordeaux. Fillon, lui, n'a rien dit ; c'était préférable pour lui. Il se serait bien trouvé quelqu'un pour rappeler ses échanges avec Jouyet et cette recommandation pressante : « Coincez-le vite, sinon personne ne pourra le rattraper. »

20 février

Voilà que le gouvernement annonce, par la voix de Myriam El Khomri, une réforme du code du travail. Son objectif : lever les freins à l'embauche en instaurant plus de souplesse, plus de flexibilité dans les heures de travail, plus de contraintes exercées sur

1. Celui-ci a été condamné en 2004 par le tribunal de Nanterre pour les emplois fictifs de la ville de Paris à une peine de prison de dix-huit mois avec sursis, et à une peine de dix ans d'inéligibilité. La cour d'appel a réduit en décembre 2004 sa peine à quatorze mois avec sursis, assortie d'une peine d'inéligibilité d'un an.

les chômeurs pour qu'ils reprennent une activité. Cet éventail de mesures, semblables à celles prises naguère par Schröder en Allemagne, ne me choque pas dans l'ensemble. D'autant que le gouvernement insiste sur une contrepartie essentielle : une nouvelle Sécurité sociale, garantie par la création du compte personnel d'activité. Mais pourquoi une telle réforme, qui a tout de même de quoi tournebouler la gauche, surtout après les interminables débats sur la déchéance, est-elle annoncée aujourd'hui et de manière aussi brutale – par la menace, avant même que le débat ne s'engage, de recourir au 49.3 ? Et pourquoi confier cette tâche périlleuse à une débutante qui, il y a trois mois, ignorait encore la différence entre CDD et CDI ? Pourquoi n'est-ce pas Emmanuel Macron qui porte ce projet de loi ? Secret de polichinelle : Valls a dit stop. Valls n'a pas voulu être celui qui, dans le débat, devrait suivre Macron au lieu de le précéder.

Autant je crois cette réforme souhaitable pour l'économie française, autant venant de la gauche, elle me semble mériter qu'on la présente avec plus de précautions. Ni Chirac ni Sarkozy n'ont osé toucher au code du travail. Raison de plus pour que la gauche s'explique sur le sujet.

Ce que je crains surtout, c'est que cette politique devienne vite illisible. S'agit-il d'un simple coup médiatique, d'une « triangulation », selon le mot à la mode depuis que le bipartisme s'est transformé en France en tripartisme ? La triangulation hollandaise, ce serait, selon ses détracteurs, une tentative habile pour prendre des voix à la droite, donc la devancer et se présenter seul, dans ce cas, contre le Front national au second tour. Je préfère ne pas croire qu'il s'agit seulement de cela, et non d'une conviction profonde que la France ne s'en sortira pas autrement.

Je crois Hollande sérieusement convaincu que le débat sur le travail doit s'engager, ici et maintenant. Mais, de grâce, qu'il mette un peu d'huile dans les rouages ! Je suis sûre, en revanche, que pour Valls, il s'agit de réformes auquel il voudrait attacher son nom. Sûre aussi que son calcul n'a rien de tactique : il s'épuise, à force de convictions, celui-là !

Autre interrogation, née du remaniement. Pourquoi Hollande paraît-il chercher à affaiblir l'autorité de son Premier ministre en rappelant Jean-Marc Ayrault au gouvernement, ce qui ne peut guère lui faire plaisir, et surtout en maintenant cette dualité avec Emmanuel Macron ?

On les compare, on les oppose, on scrute les regards qu'ils échangent, parfois distants, parfois complices. On surveille leur ton, leurs phrases, leurs gestes. Avec cette arrière-pensée : lequel des deux est le plus dangereux pour l'autre, combien de temps se supporteront-ils, à quand le clash ? À vrai dire, Manuel et Emmanuel n'ont rien de commun, hormis la certitude qu'on ne peut faire avancer la France qu'en la réformant. Pour le reste, Valls est le plus souvent tendu, Macron affiche un perpétuel sourire. L'un a le visage souvent sombre, aux traits bien dessinés, une bouche, en cas de mauvaise humeur, prompte à se crisper. L'autre a un visage d'ange, aigu, candide, volontiers naïf. Au banc du gouvernement, à l'Assemblée nationale, Manuel Valls serre les poings, martèle ses phrases, convaincu et avide de convaincre. Au Parlement et ailleurs, Emmanuel Macron prend les choses avec plus de distance, s'attarde volontiers en compagnie de ses amis et adversaires, comme s'il n'avait rien à craindre d'eux, sachant qu'il les domine de son intelligence. Valls est accrocheur, tenace, pugnace, trop parfois. Emmanuel Macron a tout du surdoué, il touche à tout avec une égale virtuosité, s'amusant lui-même de son extraordinaire facilité.

La vraie différence entre les deux hommes tient à leur rapport avec la politique. Manuel Valls a toujours été un militant et il a enchaîné les fonctions politiques. Son cadet de quinze ans, Emmanuel Macron, n'a pas derrière lui un très long parcours : la vie lui a souri sans qu'il ait vraiment lutté pour se faire une place au soleil. L'engagement politique n'a pas été sa priorité. Il n'a qu'une seule fois adhéré au PS : c'était en 2007, à l'occasion de la campagne de Ségolène Royal. Sa carte n'est, dit-on, plus à jour.

Loin d'avoir été élevé dans le socialisme, Emmanuel Macron n'est pas un idéologue. Sa souplesse intellectuelle lui a permis de passer de Paul Ricœur à la banque Rothschild et de celle-ci au cabinet de François Hollande. De la philosophie à l'économie, du cabinet présidentiel à Bercy. L'itinéraire est singulier.

On comprend sans doute, en retraçant leur parcours, l'évidente ambiguïté des rapports entre Valls et Macron. L'un est un lutteur, l'autre un séducteur. Emmanuel Macron juge que la séduction est parfois plus efficace que le combat.

22 février

Jean-Pierre Chevènement, grippé, me reçoit à son domicile. Il ouvre la porte vêtu d'une robe de chambre rouge qu'il enlève aussitôt pour passer une veste. Il est égal à lui-même : sourire aigu, mèche de cheveux blancs sur le front, l'air juvénile malgré les rides au coin des yeux.

Nous ressentons tous les deux, à peine la porte refermée, la tristesse d'avoir à parler du monde tel qu'il va, alors que ce serait tellement mieux de parler du monde tel qu'il devrait être. Il aime beaucoup Hollande, ne dira pas un mot contre lui pendant toute notre conversation, ce qui ne nous empêche pas de disserter avec méticulosité pendant deux heures sur ce qui n'a pas marché. « Hollande récolte le fruit de choix antérieurs : l'élargissement de l'Europe, le transport de nos industries dans d'autres pays européens, Schengen, la monnaie unique. »

Comme moi, il fait remonter ses premières difficultés à mai-juin 2012, quand il n'est pas arrivé à renégocier le pacte de stabilité monétaire avec Merkel. Tout cela pour aboutir, aujourd'hui, à une Europe désintégrée, pessimiste, désenchantée.

Nous évoquons, bien sûr, la loi baptisée El Khomri. Elle a été présentée dans le mauvais sens, souligne Chevènement. On aurait dû insister en premier sur la représentation des salariés dans les conseils, sur la sécurité des travailleurs. « Le président protecteur, conclut-il, ne protège plus. »

Quant au monde, il lui paraît être dans un état de désordre et de confusion très inquiétant, notamment dans les pays arabes. « Nous avons nous-mêmes concouru à la déstabilisation avec toutes les opérations que nous avons menées. Longtemps, la France a eu un rôle particulier au Moyen-Orient, aujourd'hui, elle en a toujours un, mais pas dans le même sens. » Je comprends qu'il regrette la politique arabe de la France, chère à de Gaulle. « En septembre

2013, poursuit-il, j'ai dit à Hollande : "Évitez d'être à l'ouest de l'Ouest." »

François Hollande avait confié à Jean-Pierre Chevènement, au début de son quinquennat, une mission de rapprochement avec la Russie. Contrairement à tant d'autres hommes politiques français, Chevènement a d'emblée été favorable à une entente avec la Russie sur le Moyen-Orient. On sait à quel point, en France, pour la presse et les milieux politiques, un accord avec Poutine peut sembler inefficace et même répréhensible. Pourtant Chevènement a tout fait pour plaider en faveur de plus d'échanges, sinon d'un rapprochement. Lorsque Poutine a reçu Hollande le 1er février 2013, au Kremlin, Jean-Pierre Chevènement assistait à la rencontre. « Quelle est votre cohérence ? a demandé Poutine à Hollande. Vous combattez les djihadistes au Mali et vous les soutenez en Syrie ? » Hollande a répondu en évoquant la question des droits de l'homme bafoués en Syrie. Bref, la conversation ne les a pas fait avancer d'un pouce.

Nous reparlons, avant de nous séparer, de la situation de la gauche. « Nous assistons à la fin du cycle d'Épinay », conclut Chevènement tristement. Ce cycle qui les avait vus, lui et Defferre, rejoindre François Mitterrand, puis s'unir aux communistes pour prendre le pouvoir. La gauche ne sera plus jamais la même. Elle est à réinventer, mais par qui ?

25 février

Son bureau est un des plus beaux de Paris. Une grande table encombrée de papiers, des boiseries dorées, tout juste réhabilitées à l'intention du futur occupant des lieux. Le balcon ouvre sur les jardins du Palais-Royal. Une vaste terrasse, sur laquelle il m'est arrivé de déjeuner avec ses prédécesseurs Roland Dumas ou Yves Guéna, relie le superbe bâtiment du Conseil constitutionnel au ministère de la Culture. Cet endroit de rêve, Jean-Louis Debré vient de le quitter au terme du mandat de neuf ans que lui avait confié Jacques Chirac en 2007.

Dans l'intervalle, il y aura fait la preuve que point n'est besoin d'être un constitutionnaliste patenté pour repeindre à neuf une vénérable institution. Celui qui a été longtemps fils de... a gagné, en trente ans de carrière, un prénom. Il n'était pas, à en croire un autre de ses prédécesseurs, Pierre Mazeaud, jaloux ou malintentionné, le plus doué de cette fratrie de quatre fils, dont le père, Michel Debré, a écrit de ses mains, ou presque, la Constitution de la Ve République. On peut dire pourtant de Jean-Louis Debré, ancien juge d'instruction devenu conseiller municipal, conseiller général, puis député de l'Eure et maire d'Évreux, ministre de l'Intérieur enfin, qu'il aura occupé toutes les fonctions représentatives de la République. De tous les mandats qu'il a exercés, c'est à la présidence de l'Assemblée nationale de 2007 à 2012 qu'il s'est fait le plus d'amis. Des parlementaires aux huissiers, des journalistes aux questeurs, chacun a pu mesurer, pendant cinq ans, son affabilité pour ne pas dire sa jovialité, et son ouverture à tous les députés sans exception, dont ceux de l'opposition, qui n'ont jamais été aussi bien traités que par lui, au point que les députés de la majorité en étaient jaloux. En même temps que sa fidélité : fidélité aux principes républicains inculqués par son père, dès le plus jeune âge, et surtout fidélité à Jacques Chirac, qu'il a accompagné depuis les années 1990, épisode Balladur compris, jusqu'à aujourd'hui, où il reste le familier de l'ancien président de la République, affaibli et malade.

Jean-Louis Debré s'apprête à faire ses cartons. Il tirera la semaine prochaine sa révérence au Conseil constitutionnel. Un Conseil qui, avec les QPC[1], a changé de rythme : 80 % des décisions prises depuis sa naissance par cette institution l'ont été, me dit-il, par lui. Que d'anecdotes, que de souvenirs, que de portraits il brasse pendant l'heure et demie que je passe en sa compagnie. Nous parlons de François Hollande, qu'il a vu arriver à l'Élysée avec un vrai bonheur. Inutile de se demander pourquoi : il entretenait de si mauvaises relations avec Sarkozy qu'il ne pouvait en avoir que de meilleures avec son successeur. Celui-ci ne lui a jamais fait la moindre réflexion sur les décisions du Conseil.

1. Questions prioritaires de constitutionnalité.

Lorsque la fameuse taxe des 75 % a été retoquée par les neuf membres, aucune réaction n'est venue de l'Élysée.

« Hollande aurait pu me mettre en garde, d'un "Fais attention où tu mets les pieds" dont Sarkozy était coutumier. Quelques jours après l'annulation, à je ne sais quelle occasion, nous nous sommes croisés et il m'a dit simplement que j'avais joué mon rôle et qu'il le comprenait. »

Bref, avec Hollande, pas de psychodrame. Les relations de Debré avec Sarkozy ont été plus houleuses, c'est de notoriété publique. Elles n'avaient pourtant pas mal commencé.

« C'est moi qui lui ai vendu l'idée de la QPC : le contrôle de la constitutionnalité par des particuliers, raconte Debré. Il a tout de suite été d'accord avec le fait de donner un nouveau droit aux justiciables. Je l'ai mis en garde, en lui rappelant que la commission Balladur l'avait refusé, et que François Fillon lui était hostile. "Fais-moi une note, a-t-il conclu, je suis d'accord", ce qui prouve à quel point Sarkozy tenait compte de l'opinion de son Premier ministre. »

Tout avait bien commencé donc, mais la situation s'est progressivement dégradée entre les deux hommes. Après 2012, Sarkozy a néanmoins siégé au Conseil quatre fois. Jusqu'au jour où celui-ci s'est saisi des comptes de campagne du candidat Sarkozy. « Je lui ai demandé, dit Debré, de se mettre en réserve jusqu'à ce que la question soit tranchée. » On connaît la suite, et la colère de Sarkozy et de ses partisans lorsque le Conseil a pris sa décision de non-remboursement.

« Aujourd'hui, je me félicite de l'avoir prise. Je le dis à ceux d'entre nous qui ne l'ont pas votée : quelle serait l'image du Conseil si nous avions accepté ces comptes ? L'affaire Bygmalion aurait pu lourdement se retourner contre nous. »

Après avoir subi les colères de Sarkozy, il apprécie le calme de Hollande. « C'est un homme avec lequel on peut parler. Par exemple, je lui ai dit l'autre jour : "Attention, si tu continues sur cette voie, tu vas vraiment te retrouver en numéro trois au premier tour de la présidentielle." Il a noyé le poisson, mais m'a bien entendu. »

Lors des vœux de 2015, où le président de la République recevait les membres du Conseil constitutionnel, Jean-Louis Debré avait préparé un petit discours assez sévère. La veille, par « cordialité républicaine », il avait envoyé son texte à l'Élysée. Un collaborateur de François Hollande l'appela immédiatement, en laissant entendre qu'il allait trop loin, qu'il ne pouvait pas, dans un texte prononcé devant le président de la République, affirmer que les lois de sa majorité étaient illisibles.

« Je lui ai répondu que je ne changerai pas un mot de ce que j'avais prévu de dire, poursuit Debré. Durant la cérémonie, Hollande ne cille pas quand je prononce mon discours, et me répond sans avoir l'air de m'en tenir rigueur. Après cet échange, nous avons eu quelques apartés. Je ne pensais pas avoir prononcé un discours révolutionnaire, et estimais qu'il n'y a pas à faire de drame. "Je ne vois pas où est le problème", m'a-t-il assuré, faussement ou vraiment tolérant. »

Dans ces conditions, que manque-t-il à François Hollande, devenu le plus décrié sans doute de tous les présidents de la Vᵉ République ? Debré réfléchit. Ce qui lui manque, estime-t-il, c'est un souffle, une vision.

« Pour le cinquante-cinquième anniversaire de la Constitution de la Vᵉ République[1], j'avais décidé de réunir tous les ministres vivants de la Vᵉ République, sans distinction de partis ni de tendances. J'appelle François Hollande, et lui demande, évidemment, de se joindre à eux. Je me permets de lui conseiller de saisir cette occasion pour prononcer un discours essentiel sur la République, les institutions, la Constitution. "Je le sens très bien ce discours, lui dis-je. Je suis prêt à te l'écrire." Il me dit qu'il le fera lui-même. Le jour venu, il prononce évidemment un discours, mais pas du tout celui que j'attendais. Il a commencé par se défendre de vouloir instaurer une "sixième République", ce dont la presse le soupçonnait dans les derniers huit jours, puis il a parlé de la réforme du Conseil économique et social, dont tout le monde se fichait, et

1. En février 2013, 384 ministres étaient encore vivants sur les 579 ayant exercé des fonctions depuis 1958.

enfin du référendum d'initiative populaire. On était loin du grand discours républicain que j'espérais.»

En revanche le discours prononcé aux Invalides en hommage aux victimes du 13 Novembre avait, reconnaît Debré, de la hauteur de vue : «Il a su, ce jour-là, employer les mots qu'il fallait.» En effet, parmi les mystères de François Hollande, figure son éloquence. Une vraie éloquence politique, celle du discours du Bourget, pendant sa campagne, ou celle, plus tard, de l'éloge de Pierre Mauroy aux Invalides. Mais le reste du temps, son propos est trop souvent sans éclat, linéaire, banal. Quand est-il vraiment lui-même?

Sur la déchéance de nationalité comme sur le mariage pour tous, Debré déplore un excès d'amateurisme. Amateurisme non seulement du président, mais aussi et surtout de ceux qui l'entourent. «L'arrivée de Jean-Pierre Jouyet auprès de lui, de ce point de vue, a changé les choses. Dans la gestion quotidienne, il a imprimé sa marque. Mais c'était déjà trop tard.»

Quant à la situation de la droite, il la juge pathétique.

«Sarkozy? Ça ne marche plus. Juppé? Il faut qu'il bouge. Une campagne présidentielle, c'est long et difficile. J'ai vu s'effondrer Barre et Balladur. C'est d'ailleurs sur la faiblesse de Juppé que compte Bruno Le Maire. Quant à Fillon, son image n'arrive pas à bien se distinguer de celle de Sarkozy, dont il a été le Premier ministre pendant cinq ans... Et puis chaque campagne présidentielle a été gagnée sur des mots, des slogans : "La France pour tous", "La force tranquille", "La fracture sociale". Où sont les mots de la future campagne de la droite?»

Je demande à Jean-Louis Debré, avant de le quitter, s'il pense vraiment que François Hollande se représentera, alors même qu'il a répété, la semaine dernière, que sans résultats significatifs sur le chômage, il s'en abstiendrait. «Oh, me dit Debré, l'air un peu blasé, on n'a jamais vu un homme politique renoncer de lui-même au pouvoir.»

26 février

Martine Aubry vient une fois de plus de fracturer la gauche à grand fracas. Ce soir, au vu des dégâts provoqués par la tribune qu'elle a signée dans *Le Monde* avec une dizaine de ses compères, je prends plus que jamais conscience de ce que la cassure de la gauche, prévisible depuis la défaite de Lionel Jospin en 2002 et surtout depuis la primaire socialiste de 2011, est maintenant irrémédiable, et qu'elle change la physionomie de la fin du quinquennat.

Rien, à gauche, ne sera plus comme avant. Le texte de Martine Aubry[1] et ses acolytes marque bien la fin d'un cycle, celui que Jean-Pierre Chevènement appelait avant-hier le cycle d'Épinay[2]. Cette gauche-là, ce Parti socialiste faiseur d'unité, n'existe plus. Tout l'art de la synthèse de François Hollande ne pourra suffire à la ressusciter.

Je ne pense pas, contrairement à nombre de journalistes, que l'approche de 2017 explique cette rupture. Ce n'est pas, comme à droite en ce moment, un combat entre différentes personnalités qui se présentent chacune sous son meilleur profil pour défendre une même politique. Il n'est pas, ou pas seulement, ou pas encore, question d'ambitions élyséennes, mais bien de ligne politique. D'une guerre de religions entre deux gauches antagonistes.

Tant qu'il s'agissait de telle ou telle disposition plus « libérale-socialiste » que « socialiste-libérale », à ajouter ou retirer d'un projet de loi, le travail du dimanche ou la concurrence des autocars par exemple, les socialistes pouvaient, le vote terminé, se retrouver à la buvette de l'Assemblée nationale. On en est loin, si loin désormais que les escarmouches des premières années du quinquennat paraissent de la roupie de sansonnet en regard du vitriol que

1. Dans cette tribune, elle met en cause gravement l'action de Manuel Valls : déchéance de nationalité, critique de l'ouverture d'Angela Merkel aux migrants, future loi du travail. Un éreintage en règle du Premier ministre, attentant aux vertus et aux valeurs de la gauche.

2. Du nom du congrès socialiste qui, en 1971, permit à François Mitterrand de conquérir la direction d'un Parti socialiste rénové et, dix ans plus tard, d'entrer à l'Élysée à la tête de l'union de la gauche.

déversent aujourd'hui la maire de Lille et ses camarades sur Hollande et Valls.

Pour Aubry et les siens, deux tabous essentiels se sont trouvés, en quelques semaines, bousculés par Manuel Valls, à la hussarde, et par François Hollande, à sa manière. Le premier, avec la déchéance de nationalité, la constitutionnalisation de l'état d'urgence, conçue comme un élément-clef de la politique de sécurité, les obstacles à la libre circulation des migrants, a paru attenter ou presque aux droits de l'homme. Pour une partie de la gauche, pour la gauche chrétienne notamment, ce sont des principes sacrés, inaliénables. Vouloir opposer des critères d'accueil aux cohortes de migrants qui traversent l'Europe est proprement intolérable, un quasi-sacrilège. Martine Aubry se pose en rempart des valeurs de la gauche. Pour elle, pas de lutte contre le terrorisme qui doive primer, pas de sécurité qui vaille davantage que les vertus socialistes et leur socle idéologique.

Manuel Valls a touché à un autre tabou, de ce point de vue au moins autant mobilisateur que le premier : le droit du travail. Sans doute l'a-t-il fait sans grands mots pour envelopper les choses, avec au surplus la menace, d'un 49.3 sur un projet de loi non encore adopté par le Conseil des ministres, et non encore débattu au Parlement. C'est en effet une autre conception des relations sociales, une autre analyse de la question du chômage, un autre rapport au travail qui sous-tendent les mesures annoncées par le Premier ministre. On ne peut à la fois être l'instigatrice des 35 heures, la ministre qui a plaidé pour un partage du travail créateur d'emplois – mesure qui, au passage, n'a jamais eu sur le chômage les effets escomptés – et soutenir un discours sur la flexibilité et encore moins un assouplissement des procédures de licenciement destiné à favoriser l'emploi.

La guerre est déclarée entre une gauche désireuse d'exercer le pouvoir en tenant compte des réalités du monde, une gauche qui accepte de se salir les mains, et cette autre, dont me parlait François Hollande, qui préfère s'en abstenir par crainte de se corrompre.

Toujours est-il que dans l'état de division et de déliquescence où elle se trouve, la gauche fait la preuve qu'elle ne peut pas gouverner. La « clarification », qui, depuis l'échec de 2002, a bien trop attendu, est aujourd'hui plus que jamais nécessaire, car le temps est venu de tourner la page du socialisme des pères fondateurs. Il en va de la survie d'un parti socialiste qui, divisé, n'existe plus.

7 mars

Juppé se plaint, paraît-il, d'un déficit de popularité auprès des femmes. Est-ce l'affaire dite des juppettes[1] qui lui colle encore à la peau, par-delà les années ? Il est vrai que, contrairement à tant d'autres hommes politiques qui veulent plaire avant tout et surtout aux électrices, Juppé n'a pas sur elles l'œil frisé de Chirac, la voracité de Mitterrand, la séduction de Giscard, l'énergie de Sarkozy. Est-ce donc cela qu'attendent les femmes ? Le sérieux, l'humour froid, la distance, elles y sont réticentes, apparemment. Séduction et sécurité, c'est ce qu'elles recherchent d'abord chez un homme politique.

La pétition contre la loi El Khomri sur Facebook et Twitter a recueilli, en moins de temps qu'il n'en faut pour le dire, plus d'un million de signatures. Ceux qui l'ont signée n'ont pas lu le texte qu'ils condamnent, pour la raison qu'il n'existe pas. La première mouture a été retirée, la seconde n'est pas encore connue. Les jeunes qui descendent dans la rue, me dit mon petit-fils qui sera des leurs, ne retiennent du projet de loi qu'un seul aspect : alors que le chômage les frappe, eux, en priorité, on s'apprête à rendre les licenciements plus faciles ! J'essaie en vain de lui démontrer que cette mesure a pour but de faciliter l'embauche, que les protections sociales peuvent finir par aboutir à des résultats contraires à ceux espérés. Rien n'y fait.

1. En 1995, Premier ministre de Jacques Chirac, Alain Juppé intègre douze femmes dans son gouvernement qui compte quarante-deux ministres. Quatre d'entre elles sont ministres, huit secrétaires d'État et elles sont aussitôt baptisées « juppettes » par la presse. Six mois plus tard, huit des douze femmes sont remerciées et quittent le gouvernement. Leur éviction est apparue comme une démonstration du sexisme ordinaire, dont Alain Juppé a toujours eu à se défendre.

8 mars

Je dois l'avouer, malgré toutes les réserves que j'ai pu formuler dans ces carnets, je suis tombée sous le charme d'Emmanuel Macron, qui me reçoit à Bercy ce matin. Lorsqu'il vient me chercher dans le petit vestibule attenant à son grand bureau, je suis frappée, d'abord, par son extrême jeunesse. Je sais bien qu'en vieillissant, on a tendance à trouver que les jeunes ont l'air plus jeunes qu'ils ne le sont. Mais je suis surprise autant par son air de premier communiant malicieux que par la dizaine de ses collaborateurs qui l'entourent, encore plus jeunes que lui. Il y a à cet étage de Bercy une sorte de gaieté, que je n'imagine pas ailleurs, en ce moment, dans quelque lieu de pouvoir que ce soit. Bureau simple et moderne sur la Seine, il ne porte pas de cravate, ce qui lui va bien aux premières heures de la matinée. Sa secrétaire m'avait prévenue qu'il ne m'accorderait qu'une demi-heure, de 9h30 à 10 heures, et je m'étais dit, en acceptant le rendez-vous, que j'aurais à peine le temps de m'asseoir. J'imaginais un homme pressé; il est calme, paraît avoir tout son temps au contraire. Nous n'avons été interrompus, pendant la grande heure qu'il m'a consacrée, qu'une seule fois : lorsqu'il est sorti du bureau pour prendre un appel de son homologue finlandais.

Après ce long moment, son charme aidant (à mon âge, je me permets de céder à tous les charmes, ça n'engage à rien), je suis moins convaincue qu'il veuille systématiquement tailler des croupières à Manuel Valls. Il le fait certes, mais tout naturellement, sans le chercher, parce qu'il refuse de se plier aux codes de la politique. Ce n'est pas par hasard que les Français, au début de l'année, lui ont, selon un sondage Odoxa, décerné le titre de «meilleur ennemi de la langue de bois».

Je pense qu'il est profondément différent, pour quantité de raisons, de Valls, qu'il est en effet sur les questions de société particulièrement ouvert et foncièrement de gauche si cela a encore un sens. Un mélange détonnant, qu'il a l'air de concilier très bien en lui-même, mais riche de paradoxes, de contradictions génératrices de bien des affrontements avec ses collègues.

Nous commençons notre conversation sur la division de la gauche : Macron me semble à la fois plus résigné et plus optimiste que moi. Cette division a toujours existé, depuis Guesde et Jaurès, entre la gauche de l'idéal et celle de la réalité. Le curseur passe par l'articulation entre égalité et liberté. Il me semble au passage que cette formule le définit assez bien justement : il y a en lui un combattant de l'égalité et un amoureux de la liberté. Mitterrand, dans l'opposition, avait réussi l'union des deux gauches, mais il ajoute : « C'était dans l'opposition. Quand on gouverne, on ne fait pas l'union des gauches. Nous sommes arrivés en 2012 sur un malentendu : la réunification de la gauche contre Nicolas Sarkozy. Nous avons amorcé un redressement sans tirer toutes les conséquences d'un monde ouvert. Aujourd'hui, la gauche qui résiste aux changements est progressivement conduite à se marginaliser. La gauche doit prendre en considération le réel, donner plus de place au risque et à la liberté, lever les contraintes qui ne sont pas des protections, libéraliser les professions contingentées, créatrices d'inégalités. Sans renoncer à nos valeurs, il s'agit de façonner une société qui se soucie de justice et favorise l'égalité, une société ouverte aux valeurs universelles, à l'intérêt général. Oui, la gauche peut se retrouver. »

Ce qui est étonnant chez lui, et assez rare chez les hommes politiques parvenus à ce niveau, c'est une sorte de naïveté, qu'exprime très bien, d'ailleurs, son visage juvénile, aigu et mobile. « Le maintien de l'organisation ancienne, ce n'est pas la gauche, insiste-t-il. Il faut donner un sens au changement. Celui-ci ne doit pas se faire dans la brutalité, mais il ne faut pas non plus flatter la gauche dans un infantilisme maternisant. La gauche a toujours eu du mal à exercer le pouvoir, mais il n'y a pas d'escalier pour arriver automatiquement au paradis. »

On voit bien en quoi son discours peut plaire à François Hollande : c'est celui qu'il m'a tenu, en d'autres termes, plus prudents, lorsque je l'ai rencontré.

Un regret tout de même, me dit-il, dans le projet de réforme du code du travail : que l'on n'ait pas expliqué les prémisses intellectuelles de ces changements nécessaires. Façon de dire que pour faire cela, Manuel Valls n'est pas le meilleur ? Considère-t-il que lui, Macron, aurait mieux défendu l'affaire ? Il ne me le dit pas, mais c'est ce que je comprends.

Il croit néanmoins qu'un consensus est encore possible.

« Les Français sont un peuple politique, ils attendent des explications, il faut leur parler du monde tel qu'il est, et mettre ses actions en cohérence. Il faut réussir à réinstaller un discours d'explication, d'action collective. Oui, me dit-il en répondant par avance à une question que je m'apprêtais à lui poser, François Hollande a fait beaucoup, mais sans expliquer grand-chose. »

Il dit cela sans avoir l'air d'y toucher, mais je pourrais facilement en conclure qu'il a des divergences de méthode avec Hollande, auquel il se dit pourtant fidèle. Lorsqu'il affirme encore que « la dérive sécuritaire n'est pas le meilleur moyen de garantir la sécurité », j'imagine sans mal les discussions orageuses qu'il doit avoir avec Manuel Valls et qui doivent importuner celui-ci au plus haut point. Sur les soubresauts de ce quinquennat à un an de son terme, il lâche pour finir une autre phrase saisissante et bien ciselée : « Quand les ordres anciens meurent, ils se débattent. »

Évidemment, ce jeune ministre est hors normes. Il doit en exaspérer plus d'un, avec sa foi dans le changement nécessaire et son optimisme sur un monde en mutation qui fait peur à beaucoup. Sans parler de sa rapidité. À peine m'étais-je levée pour partir que déjà le bourdonnement du ministère reprenait. Deux jeunes gens arrivaient avec des dossiers sous le bras, un autre me raccompagnait à la porte, le téléphone se remettait à sonner. Macron, lui, continuait de sourire.

9 mars

Interview au bazooka de Sarkozy dans *Le Monde* contre François Hollande, et cette gauche qui, selon lui, décidément rate tout, y compris une réforme qu'il n'a pas osé faire lui-même.

Première manifestation des jeunes. Trois cent mille étudiants et lycéens se sont mobilisés contre la loi El Khomri dans toute la France. Ce n'est pas un drame, mais je comprends que, pour Hollande, qui a fait des jeunes la priorité de son quinquennat, leur mobilisation soit une épreuve. On a longtemps dit de l'UNEF qu'elle était une pépinière pour le PS. C'était pourtant aujourd'hui le gros des troupes dans la manif. Les jeunes socialistes ici et là levaient bien haut leurs drapeaux roses. Preuve qu'ils sont aujourd'hui séduits ou utilisés par la frange la plus radicale d'un parti coupé en deux, Manuel Valls n'a plus que le choix entre la défense d'une réforme lissée, acceptée par la CFDT, ou le recul en rase campagne.

11 mars

Longue conversation téléphonique avec Philippe Martel, qui vient de quitter le FN. La raison de son départ ? La tenue d'un séminaire autour de Marine Le Pen, entre des cadres ou des conseillers qu'elle avait elle-même choisis, organisé dans le but de « se dire les choses, d'échanger avec sincérité »... En réalité chacun, pendant deux jours, en a pris pour son grade. Notamment ceux qui jugeaient nécessaire de tout faire désormais pour attirer une partie des électeurs de la droite traditionnelle, tendre la main aux Républicains divisés par leur primaire, élaborer un programme économique solide, libéré de ses contradictions. « Je ne comprends pas la droite, je ne sais pas ce que cela veut dire, je ne les aime pas », aurait dit la principale intéressée, en s'en prenant à cette droite classique de gouvernement, à laquelle, en effet, elle n'appartient pas. D'où l'orientation donnée à ses nouveaux combats : la lutte, aux côtés des frondeurs et de la gauche de la gauche, contre la loi El Khomri et les réformes sociales-démocrates. Là voilà donc à la fois souverainiste, nationaliste et... socialiste !

17 mars

On voit bien le piège, il est total sur tous les textes débattus en ce moment au Sénat, à l'Assemblée nationale et dans la rue. Au Sénat, les sénateurs s'emparent à leur tour, bien après l'Assemblée, du texte sur la déchéance de nationalité. Ils reviennent sur le projet initial tel que Hollande en avait parlé à Versailles : déchéance pour les binationaux... Ils savent bien que la division de la majorité a amené à en changer la formulation. Les sénateurs ne sont pas mécontents d'ajouter leur grain de sel en faisant mine de défendre Hollande contre les siens.

Hollande est pareil à un animal chassé et poursuivi par la meute. On cherche à le ferrer de tous côtés. Au même moment, à l'Assemblée, la loi sur le travail est en train d'être détricotée. Abandonnées, comme prévu, les deux parties sur le licenciement économique et le plafonnement des indemnités prud'homales chères à Macron. Le texte qui sera proposé doit être acceptable par les syndicats (et les socialistes) «réformistes».

Mais cela ne fait pas vraiment reculer ni les jeunes ni la CGT. Tandis que, de l'autre côté, la droite souligne, par des tirs nourris, les renoncements du gouvernement et du président.

Le jeu est infernal. La droite aurait pu approuver certaines des mesures, elle ne le fait pas. Pas seulement pour des raisons de posture, mais parce qu'elle veut profiter de la faiblesse de Hollande pour l'achever. Peut-être la majorité finira-t-elle, mais à quel prix, par trouver un accord pour voter ce qui subsiste du texte, et ce ne serait déjà pas si mal. Le plus probable est qu'elle dénature encore plus la version proposée.

Dans cela, où est l'intérêt général ? Les hommes politiques sont à la manœuvre pour torpiller une réforme qu'ils savent pourtant essentielle, celle du droit du travail.

30 mars

François Hollande vient d'enterrer la réforme constitutionnelle, aucun accord ne pouvant se dessiner entre le Sénat et l'Assemblée nationale. Pas de révision, donc, ni sur l'état d'urgence ni sur la déchéance de nationalité. Échec complet de la tentative d'union nationale, lancée au congrès de Versailles, en novembre dernier. Au bout de quatre mois, la majorité n'existe plus, et l'opposition elle-même, tout en savourant le coup porté à Hollande, n'est pas en meilleur état. Sauf qu'elle a été assez habile, au Sénat, pour retourner contre le président ses propres arguments : celui-ci avait, dans sa première intervention, envisagé la déchéance pour les binationaux. Il a trop vite, sans doute, reculé devant la bronca de sa propre majorité, et Valls a proposé à l'Assemblée la déchéance pour tous. C'était une sorte d'entourloupe parlementaire, car chacun savait bien qu'un Français déchu deviendrait ipso facto un apatride. Tant pis, le Premier ministre a voulu trouver la solution pour sortir de l'impasse, les députés socialistes l'ont approuvé, et le texte a obtenu la majorité constitutionnelle à l'Assemblée. À ce moment-là, j'en suis sûre, Manuel Valls avait encore dans l'idée que les sénateurs pourraient, en retour, voter un texte approchant, que les socialistes pourraient adopter en deuxième lecture. Mais le président du Sénat, d'abord apparemment favorable à une solution de ce genre, a changé d'avis et le piège s'est refermé. Inutile de tenter de faire revenir à l'Assemblée un texte que les socialistes avaient précisément rejeté.

L'intervention de François Hollande à la télévision, hier, pour annoncer l'arrêt de la réforme constitutionnelle est bien loin de ce que j'en attendais, de ce qu'il m'avait lui-même annoncé qu'il ferait, dans le cas où il serait désavoué. Il devait mettre gauche et droite devant leurs responsabilités. Insister sur le mauvais coup porté à la République face au terrorisme. Il ne l'a pas fait, pas avec la force nécessaire en tout cas.

L'échec du président est aussi, par quelque bout qu'on prenne les choses, celui de la gauche, qui a laissé Martine Aubry, Christiane Taubira saboter de l'extérieur le projet et les « frondeurs » se déchaîner à la tribune.

31 mars

Juppé contre Sarkozy, le match est-il réglé ? D'un côté un candidat en tête des sondages. De l'autre, un ancien président entravé par la procédure judiciaire engagée contre lui. Le premier a pris le départ depuis plusieurs semaines, l'autre n'a pas encore fait connaître sa décision. Paradoxalement, c'est sans doute la position d'Alain Juppé, aujourd'hui, qui est la plus difficile à tenir. Huit mois le séparent encore de l'élection primaire. Jusqu'ici, il a bien calculé son temps : un premier livre sur l'éducation à la rentrée, suivi d'un second sur la place du secteur public. Il travaille sur le troisième, dont la publication est annoncée pour le mois de mai. Quelques déplacements, mais pas trop. Des discours, mais pas trop solennels. Tout semble aller à merveille pour lui.

À ceci près que le mieux est souvent l'ami du mal : sa haute tenue dans les sondages, où il est premier toutes catégories, est à double tranchant. S'il se tait, en réservant ses coups pour l'automne prochain, à la veille de la primaire, son silence deviendra assourdissant. S'il parle, il risque bien de se dévoiler trop tôt, risquant ainsi un recul dans les sondages, devenus la bible de la vie politique. On lui reproche son absence de réaction publique sur les attentats, mais, s'il parlait, il serait obligé soit de critiquer le gouvernement, ce qui ferait mauvais joueur, soit de l'appuyer, ce qui le ferait passer pour trop complaisant aux yeux de ses troupes.

Ses concurrents ne l'entendent pas ainsi, qui cherchent à l'obliger à sortir du bois dans lequel il souhaite se cacher plus longtemps. Et ses petits camarades ne l'épargnent guère : ainsi le mot « pépère » dont François Fillon qualifie son programme rejoint le « cheval de retour » que dépeint le premier secrétaire du Parti socialiste.

Et Nicolas Sarkozy ? La justice l'a-t-elle déjà mis hors jeu ? Une bonne partie des militants a plutôt tendance à considérer que tout nouvel assaut des magistrats est une preuve supplémentaire de l'acharnement juridique contre lequel son leader se défend depuis des années. Il est encore très populaire auprès des cadres et des militants. Alain Juppé est tenu à une course de lenteur. Dans cette compétition, Sarkozy a cette force de ne pas avoir encore déclaré sa candidature.

3 avril

La publication de l'interview de Manuel Valls dans le *JDD* clôt le débat qui avait surgi ces derniers jours sur son éventuel départ : il ne s'en ira pas, hélas pour lui peut-être. Hollande et lui resteront ensemble jusqu'au bout. Beaucoup de collaborateurs de Valls à Matignon doivent regretter qu'il y reste : s'il y avait une seule chance que la gauche soit présente au deuxième tour de la présidentielle, c'est que Valls la représente. Dans ce cas, en effet, il lui fallait quitter Matignon dès maintenant.

10 avril

Macron lance son mouvement. Prévisible. Bien sûr, il ne l'a pas fait contre la volonté de Hollande. C'est un pas de plus vers la décomposition de la gauche. Je le regarde ce soir sur France 2. Il est à l'antenne un peu moins décontracté que dans son ministère, mais après quelques instants de trac, il retrouve rapidement son assurance. Plusieurs choses à en retenir, intéressantes pour la suite. D'abord sa volonté de faire le bilan de la situation du pays, d'entreprendre une grande marche à travers la France. Son insistance à répéter qu'il ne s'agit pas pour lui d'une aventure personnelle – il le dit deux ou trois fois, trop pour ne pas être suspect. Sa volonté d'« annoncer des choix radicaux » : comment ne pas dire mieux que ceux-ci n'ont pas été faits ? Enfin, sa volonté d'ouvrir les débats essentiels à son sens : réussir face au numérique, la mondialisation etc. Et pour finir, son désir de franchir les frontières entre la gauche et la droite, afin de sortir des clivages d'un autre siècle.

Il a assuré, pendant ces dix minutes, qu'il était « bienveillant ». Ce qui ne l'empêche pas de tirer sur tout ce qui bouge encore : le PS notamment, obsolète, en ruine.

J'éprouve, à l'écouter, un sentiment ambigu. Il a raison de lancer son mouvement dès maintenant : il n'est pas encore touché par le discrédit de la classe politique, ni par celui des socialistes. Et en même temps, c'est un coup sans doute fatal pour Valls, englué, lui, dans le bilan du quinquennat. Et peut-être pour Hollande lui-même, même si celui-ci n'a pas voulu ni pu interdire à Macron de se lancer. Le président risque de se repentir de lui avoir laissé prendre son indépendance.

12 avril

Longue conversation avec Cambadélis ce matin. Il lance demain un appel à la gauche, appel qu'il prépare depuis longtemps. Il a appris par la presse avant-hier l'initiative de Macron. Hollande ne lui en avait-il pas parlé ? Non, il ne l'avait pas prévenu. « Il lui a donné son autorisation. À moi aussi, il l'a donnée. Il nous laisse faire tous, il pense qu'on perd beaucoup trop de temps, en politique, à construire des stratégies pour détruire celles des autres, et que cela ne sert à rien. Mitterrand disait, je l'ai entendu une fois : "Il faut être à flot pour utiliser les flux." François n'a pas oublié cette phrase. »

Cambadélis répète cette formule pour s'en délecter : « à flot pour utiliser les flux ». « Le problème, commente-t-il néanmoins, est que nous sommes en pleine décomposition politique. »

Sa certitude est absolue : Hollande va se représenter. Que se passerait-il d'ailleurs s'il ne le faisait pas ? Valls l'emporterait sans doute à la primaire, mais au prix d'une scission du PS : ni Anne Hidalgo ni Martine Aubry ne resteraient dans le parti. Dans ce contexte, lui, Cambadélis, entend recomposer le paysage politique. Son objectif stratégique est simple, encore qu'il ne paraisse pas facile aujourd'hui : rassembler la gauche avant qu'il ne soit trop tard.

Pourquoi avoir accepté le principe de la primaire socialiste en février dernier ? Je croyais que le président ne pouvait ni ne voulait en passer par là.

« C'est par habileté, m'avoue Cambadélis, qu'il l'a acceptée, en proposant qu'elle se tienne en décembre ou en janvier prochain. Ce faisant, il a contrecarré bel et bien le projet des opposants de gauche au PS. Les Verts, les frondeurs, et peut-être le PC avaient construit, sans doute autour de Montebourg, une primaire sans nous, sans le PS. Une primaire entre eux, quoi. Mélenchon leur avait déjà dit non, en annonçant qu'il se présenterait sans attendre d'être désigné par leur primaire. Et moi, j'ai empêché qu'ils la fassent tout seuls. Il y aura un candidat socialiste pur jus parmi eux, alors qu'ils n'en voulaient pas et croyaient me coincer dans un refus. Ils voulaient exister, sur le modèle de Syriza se détachant du Pasoc[1]. Ils ne le pourront pas. De plus, le candidat du PS qui se présentera, Hollande sans doute, a les plus grandes chances de l'emporter. »

Et Macron ?

« De deux choses l'une, me dit-il, Macron est soit Ségolène Royal, soit Michel Rocard. »

Je le regarde avec surprise.

« Soit il est comme Ségolène, qui a été d'abord instrumentalisée par Hollande, m'explique-t-il, pour se débarrasser de DSK et de Laurent Fabius lors de la primaire de 2002, s'échappant ensuite pour se présenter sans son consentement. Soit comme Rocard, s'il devient le chef de file de l'aile droite du PS, sur le modèle d'une gauche américaine, moderne. Autrement dit, est-ce que Macron est un leurre, travaillant pour le président, lui permettant d'être plus à l'aise sur sa gauche, tout en étant bordé à droite ? Ou est-ce qu'il lui échappe ? »

Je m'amuse à l'idée que le chef du PS ne sache pas ou paraisse ignorer les intentions du président qu'il veut servir.

« Au fond, son idée, continue-t-il, c'est Giscard. Celui qui s'est substitué au candidat classique. Mais Macron peut alors finir comme Jean-Jacques Servan-Schreiber, en turlupin. »

---

1. Le Pasoc est le parti socialiste grec d'où est issu le mouvement de contestation Syriza, dont le Premier ministre grec a été le leader.

Comment explique-t-il ce qui s'est passé en ce début d'année, avec l'échec de la révision constitutionnelle et la polémique interne au PS sur la déchéance de nationalité ?

« C'est un péché de gourmandise, me répond-il. François Hollande a pensé qu'il pouvait être l'homme de l'unité nationale, sans voir venir la division de la gauche. Il pouvait très bien constitutionnaliser l'état d'urgence sans évoquer la déchéance. Mais il a cru que la gauche de la gauche, face à la menace terroriste, allait le suivre. Ce n'a pas été le cas : le symbole de la déchéance de nationalité a été plus fort. »

Après ces huit semaines d'enlisement à l'Assemblée nationale et au Sénat, la crainte de mon interlocuteur est grande de voir arriver, devant ces mêmes assemblées, la discussion de la loi El Khomri sur la réforme du travail. Voilà le moment de lui demander comment cette loi a été si mal préparée, si hâtivement proposée à la discussion parlementaire, et comment elle a été retirée, retravaillée pendant quinze jours et ressortie complètement relookée. Ce qu'il me raconte est crédible, mais confondant : au texte préparé par les différents ministères concernés par la loi, Emmanuel Macron a ajouté un article. Pas n'importe lequel, celui qui à son sens aurait dû figurer dans la loi Macron 1, le plafonnement des indemnités de licenciement devant les prud'hommes. Manuel Valls, lui, aurait ajouté un second article sur les licenciements économiques. Tout cela bien sûr dans la perspective prioritaire de lever les freins à l'embauche. Le malheur a été qu'un collaborateur de Myriam El Khomri, hostile à l'adjonction de ces deux articles, claque la porte du cabinet, et fasse fuiter le texte dans *Le Parisien* avant même qu'il ait été transmis au Conseil d'État. Dès lors, la machine s'est emballée. L'article 30bis n'avait pas fait l'objet d'une concertation avec les syndicats. Cambadélis a été le premier à dire qu'il ne pourrait pas voter le texte en l'état. Celui-ci a été retiré, remanié, mais le mal était fait. Tout le monde y a pris part.

Déjeuner avec Henri Nallet, l'ancien ministre de l'Agriculture de François Mitterrand. Dès les premiers mots de notre conversation au café Le Bourbon, à deux pas de l'Assemblée nationale, il évoque sa rencontre récente avec Hubert Védrine à l'Élysée pour je ne sais quelle manifestation. « Je suis venu voir sombrer le *Titanic* », lui a dit Védrine alors qu'ils gravissaient ensemble les marches du perron.

Nous revenons en arrière, bien en arrière, pour parler de François Hollande. Nallet n'a pas oublié comment Lionel Jospin l'avait choisi pour lui succéder au Parti socialiste quand il est devenu Premier ministre en 1997. Il avait réuni pas mal de ses amis socialistes qui pouvaient prétendre au premier secrétariat du parti, mais Jospin les a arrêtés net, d'une phrase : « Ce sera Hollande parce qu'il est le plus intelligent de vous tous. » Parmi les présents, ce jour-là, beaucoup ont encore cette phrase coincée au milieu de la gorge.

« Il n'a pas beaucoup de convictions profondes, me dit Nallet en parlant du président. En dehors de l'Europe, sur laquelle il n'a prononcé aucun grand discours qui fera date. »

Je le sens passablement irrité par l'entourage élyséen : « Autour de lui, pas de personnalités très fortes. Or le pouvoir est tellement concentré à la présidence de la République qu'il faut des équipes de qualité. Jouyet est gentil, sympathique ; pas de ligne, pas de personnalité. »

Nous parlons évidemment d'Emmanuel Macron – de qui d'autre parler aujourd'hui ? À tort, je pensais que les deux hommes se connaissaient mal ou pas du tout. Non seulement Henri Nallet le connaît, mais il l'estime. Sans doute parce que Macron lui a demandé de l'aide, il y a quelques mois, pour l'orienter sur les meilleurs experts en matière de défense et d'éducation. Ce qui prouve qu'Emmanuel Macron a songé, plus tôt qu'on ne l'imaginait, à sortir de son rôle de ministre de l'Économie.

14 avril

Je rencontre, pour une interview télévisée, Valérie Pécresse. Évidemment, mes questions portent sur son arrivée à la tête de la Région Île-de-France. D'abord, progrès appréciable, elle n'a plus, accroché aux lèvres, son habituel sourire de façade. On la sent accrocheuse, armée, méthodique, bûchant ses dossiers, et ravie d'être là où elle est. Il faut dire qu'elle a conquis sa place de haute lutte contre Claude Bartolone, qui se remet difficilement de cet échec. Comme Christian Estrosi et Xavier Bertrand, elle a conscience de la dimension nouvelle de la région, de son rôle accru, sur les plans administratif et politique. En ce sens, la réforme régionale que la droite a tant combattue me paraît, comme à Marseille ou Amiens, avoir changé durablement la vie politique : peut-être la plus réussie des entreprises menées par la gauche depuis 2012. Elle s'est faite au profit de la droite !!

15 avril

François Hollande hier sur France 2 pour une grande émission baptisée *Dialogues citoyens*, une émission sur mesure, en quelque sorte. Et décevante.

« Être président, a-t-il dit avec un accent de sincérité qui ne trompait pas, c'est vivre avec la tragédie. » De ce point de vue, il n'a pas été épargné durant les quatre premières années de son quinquennat, marquées par la guerre et le terrorisme, des tueries collectives, des attentats, tous dictés par le fanatisme religieux ou politique qu'on ne pouvait imaginer au moment où il est entré à l'Élysée. Mais aussi parce que rien, jamais, n'a marché comme il le voulait. Bien sûr, il savait que la France était un pays difficile à gouverner. Et qui, mieux que lui, pouvait apprécier les fortes divergences à l'intérieur du PS, et la division toujours latente entre les deux socialismes, celui du possible et celui d'Alice au pays des merveilles ? Il reste que, malgré sa lucidité, car il est loin d'en manquer, rien n'a vraiment été conforme au schéma qu'il dessinait dans sa tête avant d'arriver au pouvoir.

18 avril

Rendez-vous à Matignon avec Manuel Valls. Lorsque je gare ma voiture dans la cour, un jeune policier s'approche pour me demander gentiment si c'est la première fois que je viens. Je me retiens de lui répondre que je connais Matignon depuis les années 1970, époque où je suppose qu'il n'était pas encore né. Je me contente de lui dire que je connais la maison. Il y a quelques années, je montais en courant la volée de marches qui mènent au bureau du Premier ministre, au premier étage. Aujourd'hui, je vais plus lentement.

L'âge ne rattrape pas, en tout cas, Manuel Valls. Depuis la dernière fois que je l'ai vu à l'Assemblée nationale, il a maigri. J'ai vu tant de Premiers ministres ici prendre des kilos en quelques semaines, parce que la nourriture est bonne, certes, mais aussi parce qu'ils ne font plus aucun exercice, déjeunant, dînant, couchant même parfois sur place. Les traits de son visage se sont creusés, je le sens concentré, mais étonnamment bien dans sa peau. Il me dira, au cours de la conversation d'une heure que j'ai avec lui, à quel point il est content d'être à Matignon, et savoure la chance qui lui a été donnée. Ce n'est pas un Premier ministre malheureux, il ne vit pas en enfer, mais il fait face avec détermination à ce qui ne dépend pas que de lui, attendant sans savoir quoi, agissant néanmoins, endurant et ferme, quand le monde politique s'effondre autour de lui.

Je lui demande, vaste sujet, son analyse du quinquennat en train de s'achever. Après avoir réfléchi trente secondes, il se livre à l'exercice avec une liberté que je ne croyais pas possible. Au point qu'au bout de quelques phrases, je m'arrête pour lui demander s'il est bien conscient que ses propos se retrouveront dans mon livre. Oui, il en est conscient, et apparemment il n'en a rien à faire. Il dit ce qu'il a à dire, sans fioritures ni arrière-pensées, j'en suis sûre, assumant totalement sa distance vis-à-vis de Hollande.

Sa première phrase ramène, naturellement, à la division de la gauche.

« Le quinquennat est la synthèse des difficultés de la gauche à exercer le pouvoir, ou plutôt à penser l'exercice du pouvoir, parce qu'elle y a été mal préparée. La primaire et la promesse de victoire en 2012 ont mis de côté les problèmes qui demeuraient : l'immigration, la sécurité, les choix stratégiques et budgétaires, la décentralisation. Il a fallu du temps à la gauche pour aborder ce dernier problème : majoritaires dans toutes les assemblées nationales et départementales, les socialistes n'étaient pas particulièrement impatients de voir les structures dont ils étaient les patrons évoluer, d'imaginer de nouveaux découpages, de renoncer au fameux mille-feuille administratif dans lequel chacun trouvait, finalement, sa place. Au lendemain de son élection, poursuit-il, François Hollande n'a pas voulu de confrontation avec Martine Aubry. Il n'y a pas eu de clarification nécessaire au sein du parti. Elle devait se faire à l'occasion de la campagne, elle n'a pas été faite. Tony Blair, par exemple, a rectifié la ligne du parti travailliste avant d'être élu. Après, c'est trop tard. »

Il n'épargne pas ses camarades qui ont trop souvent refusé à son goût de voir les réalités en face.

« Dans l'opposition, ils n'ont pas été courageux, ni sur les retraites, ni sur la réforme constitutionnelle que leur proposait le gouvernement [je me rappelle que Manuel Valls s'est prononcé en faveur de la révision constitutionnelle de Nicolas Sarkozy, et qu'il ne l'a pas votée uniquement par discipline de parti]. Hollande devenu président, il fallait dire la vérité sur l'économie et la croissance, telle que la révélait le rapport de la Cour des comptes. Nous avons également sous-estimé l'impact des plans sociaux. Le discours de politique générale de Jean-Marc Ayrault aurait dû être un discours plein de larmes. Et puis, autre choix stratégique essentiel : le tournant de la fiscalité. Rien n'est plus important pour les Français, surtout quand on leur dit que neuf d'entre eux sur dix seront concernés et que ce n'est pas vrai. »

À la fin de 2012, le rapport Gallois a donné au gouvernement un autre axe, qui a abouti plus tard au CICE et au pacte de responsabilité.

« Nous aurions dû dès ce moment souligner qu'il s'agissait d'un changement majeur de politique, nous appuyer sur la perte de compétitivité de l'économie française, commencer à parler de réforme du marché du travail. Il fallait dire clairement que nous devions changer de politique, assumer clairement ce tournant. Le diagnostic avait changé, il fallait l'assumer. »

Pour lui, à partir de là, les choses sont allées très vite.

« Dès l'été 2012, tout se déglingue. À la mi-août, je vois François Hollande deux fois. Une fois le 12, pour son anniversaire à Brégançon, la seconde dans le Var, deux jours plus tard, à l'occasion d'une cérémonie en l'honneur de pompiers tués quelques jours auparavant. Je l'ai senti inquiet de l'image qu'il avait donnée de lui pendant l'été. Sarkozy avait riposté sur la Syrie, puis il y avait eu les émeutes d'Amiens. Dès la rentrée, une élection partielle à Béziers donne un mauvais signal. »

Une autre raison, plus politique, aux difficultés précoces de la gauche au pouvoir : la campagne de Nicolas Sarkozy durant laquelle, bien qu'il ait échoué de peu, il était parvenu à mobiliser in extremis son électorat sur des thèmes durs.

« Si François Hollande a été gagnant dans le débat qui l'a opposé à Sarkozy, c'est Sarkozy qui a gagné auprès de son électorat sur deux points importants : l'assistanat et le vote des étrangers. Important, car cet électorat de droite restera très mobilisé. Il le sera encore plus après les hausses d'impôts et le mariage pour tous. Au surplus, dès l'automne apparaissent les premiers frondeurs. »

Valls n'a pas un mot, pas une phrase contre le président. Je ne le sens pas infidèle à lui, mais plutôt distancié. Il répond avec tranquillité à la question que je lui ai posée et qui sous-tend notre conversation : comment en est-on arrivé là ?

Nous abordons 2013.

« À l'automne, nous avons beaucoup parlé, lui et moi, notamment en marge de l'affaire Leonarda. C'est à ce moment-là que François Hollande m'a demandé ce qu'étaient à mon sens les rapports, sous la Ve République, entre le président et son Premier ministre. »

Pendant l'affaire Leonarda, de sinistre mémoire, Manuel Valls, ministre de l'Intérieur, était en pleine bagarre avec une partie des socialistes qui l'accusaient violemment d'avoir fait vider les camps de Roms. Est-ce à ce moment que Hollande le choisit – ou lui laisse entendre qu'il va le choisir – comme Premier ministre ?

« Oui, confirme-t-il, c'est aussi à ce moment-là que j'ai déclaré que je n'assumerais pas le désaveu du préfet de Pontarlier, qui, à mes yeux, n'avait pas démérité. »

Est-ce parce qu'il a fait la preuve de son caractère aux dépens du Premier ministre d'alors, Jean-Marc Ayrault, que Hollande a décidé de le choisir pour Matignon ? Pas de réponse sur ce point. Il préfère botter en touche.

Manuel Valls est arrivé à Matignon en mars 2014. Il a raison de dire que le changement de ligne s'est fait le 14 janvier, lors de la conférence de presse de Hollande, où celui-ci s'est, pour la première fois, réclamé de la social-démocratie. La nomination de Valls, trois mois plus tard, est venue confirmer cette volonté d'un nouvel élan, d'une nouvelle énergie. Le Premier ministre apporte une nuance toutefois : « La vraie clarification ne s'est pas faite au moment de la composition de mon gouvernement, mais plus tard, en août, avec le départ de Montebourg, de Filippetti et de Hamon. C'est à ce moment, en effet, que je fais devant le Medef mon discours sur l'entreprise[1]. Nous avons perdu du temps, se reproche-t-il. La fronde avait déjà commencé. Nous aurions dû aller plus vite et plus loin au cours du printemps 2014, notamment sur la loi travail. Si on ne l'a pas fait, c'est qu'on a cru que l'économie allait s'améliorer. Toute cette phase, de ma nomination au discours au Medef, a été trop longue. »

Il revient sur ses rapports avec François Hollande : « Je suis loyal envers lui, il ne peut pas en être autrement. Mais il aurait pu, moi à Matignon, prendre de la hauteur. Il y a sans doute chez lui un refus de théoriser, de donner du sens. »

Et à propos de Macron : « Non, on ne me l'a pas mis dans les pattes, m'explique-t-il. C'est moi au contraire qui suis revenu à la charge pour sa nomination. Il a eu ensuite assez de talent pour exister. C'est un solitaire, banquier d'affaires qui n'a pas eu de parcours collectif. Il n'a pas résisté à la pression médiatique. Je pense, quant à moi, que la décomposition de la vie politique est assez grave pour ne pas en rajouter. »

1. « J'aime l'entreprise » avait dit Manuel Valls, reçu par le Medef au cours de son université d'été.

Il s'interrompt quelques minutes, reprend : « Il a donné l'impression de trahir le président. Je ne sous-estime pas quelqu'un d'intelligent et de brillant. Mais si tout le monde commence à se tirer dans les pattes pour convenances personnelles, alors où allons-nous ? »

Il se rembrunit.

« Je suis inquiet de la situation politique du pays. C'est un pays pessimiste, frondeur, quelle réponse politique lui apporter ? C'est au président de le faire. Je suis très heureux et très fier d'être chef de gouvernement et serein parce que je fais mon travail. L'enfer n'est pas à Matignon. »

Où est-il alors ? À l'Élysée ?

« Le quinquennat fait que le président doit incarner à la fois la nation et gérer les problèmes du quotidien. On attend les deux du président. L'équation devient intenable. »

Je le quitte assez perplexe. Il m'a parlé de Hollande sans chaleur, mais sans la moindre aspérité. Avec distance, tout en disant « nous ». Il n'a parlé des erreurs du quinquennat qu'en en prenant sa part. Mais je suis incapable en sortant de Matignon de savoir si les deux hommes s'aiment ou non. Leur complicité est sans doute réduite aux acquêts, c'est-à-dire à ce qu'ils font en commun. Au-delà des sentiments, dont Hollande est plus avare que Valls, l'un et l'autre sont avant tout des combattants.

20 avril

Laurence Chirac, la première fille de Jacques Chirac, est morte. La fille cachée, la fille malade, anorexique, sans doute le tourment secret de Jacques Chirac depuis des années. Je ne la connaissais pas, mais ce que je sais, en revanche, c'est pourquoi, confronté à ce drame, il a eu tellement besoin de sa seconde fille, Claude. Je revois cette façon qu'il avait, de meeting en meeting sur le chemin de l'Élysée, de chercher Claude des yeux, comme si elle était la seule personne au monde à le rassurer. Et elle, sa façon d'être auprès de lui, peut-être pour lui faire oublier le drame de

Laurence. Ma propre fille ne m'avoue qu'aujourd'hui, et encore, avec quelles précautions, combien elle se sentait coupable d'être bien portante, de courir, rire, skier, alors que son frère était condamné à mort par une médecine impuissante. Claude a sans doute vécu cela. Quant à Bernadette, on peut tout lui pardonner, je pense, sa brutalité, sa férocité, pour avoir assumé le plus souvent seule la maladie de sa fille pendant que Jacques Chirac battait la campagne.

Le plus terrible est que Laurence Chirac, qui avait passé sa vie à refuser la nourriture, est morte de ce qu'on appelle une « fausse route », un morceau de fromage bouchant la trachée-artère quelques minutes, le temps de suffoquer, de s'étouffer et de mourir.

Je me demandais comment Jacques Chirac, dans l'état où il est, allait accuser le coup. Il a sangloté longuement, sur le cercueil de Laurence.

Terrible fin pour cet homme, qui était la vie, aujourd'hui confronté à la disparition de sa fille. Et à sa propre mort, qui approche.

24 avril

Alain Juppé au supplément du *Petit Journal* de Canal Plus. Il est souriant, sans avoir l'air de se forcer, ironique aussi.

Ce qui est nouveau : il ne se referme plus sur lui-même lorsqu'on lui pose des questions sur son personnage, longtemps cassant, glacé, parfois arrogant. « Je suis tout simplement timide », susurre-t-il avec un accent de vérité. Je remarque néanmoins, dès qu'il ne se surveille pas, qu'il reprend vite son air de premier de la classe, de « meilleur d'entre nous ».

28 avril

François Hollande recevait il y a quelques heures les organisateurs de l'Euro de foot, venus lui montrer le premier timbre à l'effigie de cette manifestation. Hollande, qui connaît bien et aime le foot, leur a révélé avec quelques sourires sa propre stratégie : celle du footballeur Palenka, dont la spécialité était de tirer des pénaltys en douceur. Le ballon s'élevait lentement, presque mollement, et entrait dans la cage sous un angle inattendu, imparable, comme une feuille morte. Quelques heures seulement avant cette comparaison footballistique, il avait risqué une plaisanterie du même acabit, chez Thalès, après la vente record des sous-marins français en Australie : « J'espère pouvoir voir ça dans dix ans. » La messe est dite, si j'ose dire : la campagne électorale de François Hollande a commencé.

2 mai

Je tenais absolument à suivre Nicolas Sarkozy dans un de ses déplacements, pour tester, en quelque sorte, l'état de sa combativité. Je me rappelle sa formidable remontée après l'épisode Balladur en 1995 : accueilli avec circonspection, sinon avec une méfiance hostile, par les fédérations RPR, il avait été ovationné deux heures plus tard. Aujourd'hui, nous voilà à Amiens.

Pas de meeting, une série de rencontres avec des jeunes d'un lycée hôtelier, des cadres du parti Les Républicains, avec lesquels il déjeune, puis des chasseurs et des pêcheurs dans la baie de Somme. Lorsqu'il sort de sa voiture, dans la cour du lycée, il va au-devant de ceux qui l'attendent avec un plaisir évident de serrer les mains, de rencontrer tous ces jeunes gens, garçons et filles, fiers d'être photographiés à ses côtés.

Son pas est plus lourd, mais c'est le même homme, porté par la même envie de vaincre, de surpasser ses adversaires, si nombreux.

On comprend tout de suite, évidemment, qu'il est en campagne. Pourquoi ne pas faire acte de candidature dès à présent ? Quand on lui pose la question, pendant le déjeuner, il répond : « J'ai hérité d'un mouvement en miettes en 2014. J'y ai mis de l'ordre. Je quitterai la présidence le moment venu : si je l'abandonne tout de suite, les mêmes causes entraînant les mêmes effets, la division s'y installera à nouveau. »

C'est habile de se présenter en rassembleur, d'autant que les militants et les cadres présents condamnent avec la plus grande sévérité les luttes fratricides de 2012-2013, dont ils ne se sont pas remis. D'ailleurs, précise-t-il, « si le mouvement avait été dans une autre situation, il n'est pas dit que je serais revenu ». Juste une phrase sur le Sarkozy qu'il est aujourd'hui : « Il n'y a pas un centimètre de ma peau, nous dit-il, qui n'ait pas de cicatrices. » Je le crois sincère et qu'il se vit comme un combattant couturé de mille blessures, qui a réussi à survivre dans un monde ravagé.

Son souci est d'apparaître à un tout autre niveau, au-dessus, au-delà, que les différents candidats à la primaire. Non seulement parce qu'il est mieux armé en tant qu'ancien président de la République pour reprendre place au sommet de l'État, mais aussi parce qu'il a plus d'autorité naturelle que chacun d'entre eux. Dès ses premières paroles, pendant le déjeuner, au milieu d'une cinquantaine de personnes tant acquises à sa cause, on comprend que sa campagne future aura précisément pour thème essentiel la crise d'autorité dans la France actuelle. Une France, ironise-t-il, qu'il ne reconnaît pas : celle de la Nuit debout (« Alors, dit-il, c'est le jour couché ? »), des zadistes de Notre-Dame-des-Landes, des associations subventionnées dans la jungle de Calais, des « gauchistes qui monopolisent la parole et la refusent à Finkielkraut ».

« J'avais annoncé que ce serait la chienlit, j'étais au-dessous de la vérité. Détruire, casser, est-ce tout leur programme ? »

L'assistance opine du chef.

Il éreinte l'ensemble des candidats de son camp favorables au recours aux ordonnances comme mode de gouvernement.

« Absurde, me dit-il. Après s'être battu pour faire élire une Assemblée représentative, dans laquelle la majorité soit la plus nombreuse possible, ça revient à dire : je n'ai pas besoin de vous tous, je vais gouverner par ordonnances. D'autant plus absurde que six mois plus tard, il faut rendre compte au Parlement de ces mêmes ordonnances. Et à ce moment-là, ce sera beaucoup plus difficile, parce que l'état de grâce sera terminé. »

Je retiens de sa tournée quelques piques très appréciées de son auditoire. Sur « Hollande qui ne parle que de Hollande, Valls qui ne parle que de Macron, et Macron qui ne parle que de Macron ». Sur François Fillon : « Je n'ai pas remarqué que mon Premier ministre m'ait supplié de le mettre hors de mon gouvernement. » Ou encore, preuve de la rancune tenace qu'il lui voue, sur François Bayrou : « Un type qui se trompe, c'est utile. Il va au nord, je vais au sud. » Succès assuré.

En dehors de cela, il apparaît beaucoup plus consensuel, du moins dans son discours, que Juppé ou Fillon, surtout lorsque ce dernier affirme vouloir « casser la baraque ». Au point qu'un des convives, à table, à Amiens, lui avoue ne plus le reconnaître et préfère « le Nicolas Sarkozy battant » à celui d'aujourd'hui.

« C'est un compliment, réplique Sarkozy. Cela veut dire qu'il y a plusieurs Sarkozy, lequel va-t-on prendre ? Vous me dites : identitaire ou rassembleur ? Je ne connais personne qui ne veuille pas rassembler pour être élu. Il faut rester humain, insiste-t-il, il y a de la souffrance dans ce pays. Il faut savoir préserver une part d'humanité. »

Il sait se montrer sans concession, lorsqu'il le faut, avec l'assistance. Il rabroue un jeune homme qui se déclare opposé à l'aéroport Notre-Dame-des-Landes, alors qu'il y est, quant à lui, favorable. Et il réagit aussi fortement lorsqu'un chasseur en colère lui dit : « Que les politiques nous foutent la paix ! »

« Arrêtez de prendre le monde politique comme un bloc. Laissez cela à Mme Le Pen. Une société sans politique ? Vous préférez des technocrates, des techniciens ? Ne vous vivez pas comme une citadelle assiégée. »

S'apercevant qu'il s'est emporté, il corrige : « Je ne m'énerve pas, j'explique. »

Il ne se force à rien, dit les choses comme elles lui viennent, ne cultive pas de posture. Il est lui-même, avec ses défauts et ses qualités. Ce qui n'est pas désagréable et même assez sympathique au moment où ses rivaux cherchent à imposer d'eux une image fabriquée. Je sais bien que, dans les sondages, Sarkozy ne remonte pas. Pourtant le personnage d'aujourd'hui m'apparaît plus intéressant que celui d'hier.

Pour finir, une vieille dame, venue faire dédicacer son livre, remporte un franc succès auprès de tous ceux qui se pressent autour de lui quand elle s'écrie : «Attention, vous êtes entouré de Judas.» Sarkozy fait semblant de ne pas entendre. «Comment s'appelle-t-il, déjà, ce Judas?» poursuit-elle. Elle fait mine de chercher... «Ah oui, j'ai trouvé, c'est François Fillon», s'exclame-t-elle d'une voix encore plus forte. L'assistance éclate de rire.

4 mai

Déjeuner au Quai d'Orsay, avec Matthias Fekl, le jeune secrétaire d'État chargé du Commerce extérieur auprès du ministère des Affaires étrangères de Jean-Marc Ayrault. Pas étonnant qu'il ne porte pas Manuel Valls dans son cœur. Il laisse entendre que la loi sur le travail a été, selon lui, mal préparée et mal médiatisée. Et que la déchéance de nationalité était une grave erreur. Il faut dire que, franco-allemand, il est lui-même binational.

10 mai

Manuel Valls annonce qu'il utilisera l'arme du 49.3 pour faire passer sans vote la réforme du travail. Il avait le choix entre le recul en rase campagne, l'abandon de la loi, donc des réformes du quinquennat, et le 49.3. Il a choisi le 49.3, et à mon sens c'était la seule chose à faire au point où on en était arrivé. Il en avait parlé bien avant que le débat commence. Il le fait aujourd'hui. Cinq mille amendements, une droite déchaînée parce que la loi ne va pas assez loin, une gauche divisée parce qu'elle va trop loin et menacerait d'après elle les intérêts des travailleurs, la situation devenait intenable pour le gouvernement.

11 mai

Scène inouïe aujourd'hui à l'Assemblée nationale : un petit groupe de frondeurs socialistes a rejoint les communistes, les parlementaires verts et ceux du Front de gauche pour déposer ensemble une motion de censure dite « de gauche » contre le gouvernement Valls. Un spectacle totalement inédit sous la Ve République, où l'on n'avait jamais vu une partie de la majorité élaborer un texte et tenter de le faire adopter contre son propre gouvernement. Raté, de deux voix ! Il n'y en eut que cinquante-six. Coup de com, coup de colère ou coup de bluff ? L'opération des « frondeurs » s'est dégonflée à 16 h 30, date limite du dépôt d'une motion de censure.

Ils voulaient lancer un avertissement au gouvernement, sans aller plus loin. Sans doute parce qu'ils savent qu'une mise à mort du gouvernement entraînerait une dissolution dont aucun d'eux ne sortirait vivant.

Une fois de plus, c'est un double échec. Le bruit et la fureur de cette après-midi ont démontré à la fois la faiblesse des frondeurs et la fragilité du gouvernement.

12 mai

Débat sur le 49.3. J'entends Jacob, dans l'hémicycle, piétiner le président de la République. Il salue d'une phrase, certes, la fidélité de Manuel Valls à François Hollande, mais c'est pour mieux les tailler en pièces l'un et l'autre. Il s'en prend à Emmanuel Macron, qui illustre le mieux, selon lui, la décomposition du gouvernement, ébrèche l'autorité de l'État et chercherait des fonds à l'étranger pour se présenter contre celui auquel il doit tout.

Le chef des Républicains à l'Assemblée n'en reste pas là ; il appelle aussi les frondeurs à « prendre leurs responsabilités » : que ceux qui veulent la fin de Hollande s'unissent, d'où qu'ils viennent, et votent la motion de censure. Un discours en forme d'hallali, doublé d'un plaidoyer pour la « grande alternance de

2017». La réforme du travail n'est pas son souci premier, d'autant que la droite a été incapable de la réaliser en dix ans de pouvoir.

Peu avant ces débats à l'Assemblée, j'ai croisé François Hollande au Récamier, où je retrouvais Tony Dreyfus et Alain Bergounioux, tandis qu'il déjeunait de son côté avec Ivan Levaï et Bernard Poignant. Visage bronzé, sourire aux lèvres, il est venu vers nous, naturel et sympathique. Pourquoi, en le voyant, l'ai-je senti moins confiant? Quelque chose dans ses yeux : une inquiétude, une sorte d'angoisse... Bergounioux, qui l'a rencontré la veille pendant une heure, a eu la même impression. Son regard m'a semblé trahir, du moins je le ressens ainsi, l'interrogation qui est la nôtre : comment tout cela finira-t-il?

Hollande s'est assis à la table près de l'entrée où tout le monde peut le voir, se prêtant aux selfies, pendant que nous continuons à parler sans qu'il puisse nous entendre. À Bergounioux, il a confié, hier, songeur : «Il faudrait mettre de l'ordre dans toutes les initiatives : Le Foll d'un côté, Cambadélis de l'autre, Macron ailleurs...» Comme si ce n'était pas à lui, précisément, de le faire! Une façon d'être spectateur de lui-même, intelligent, avisé et lucide, comme s'il n'était plus et n'avait jamais été l'acteur principal de sa propre histoire.

Il a changé de jugement sur Emmanuel Macron : Bergounioux l'a senti beaucoup plus critique, et peut-être plus inquiet. Attristé aussi par l'évolution de celui qui était le petit dernier, l'enfant génial de la bande. Beaucoup d'échos me reviennent d'ailleurs sur ce changement d'attitude à l'égard de Macron. Aux journalistes de l'AFP qu'il recevait la semaine dernière, il a répondu avec désinvolture que, derrière Macron, il y avait sa femme, omniprésente. La jeune journaliste qui lui avait posé la question a été outrée par la façon dont Hollande détournait les coups sur Brigitte Macron. En réalité, il semble qu'elle ne soit pas pour rien en effet dans la volonté d'émancipation de son mari. Hollande doit penser que décidément, en matière de trahison, il aura tout connu. Un constat qui le désarme plus qu'on ne le croit. Son idée de la nature humaine a dû changer, en quatre ans.

18 mai

Violence partout. Rennes, Nantes, Paris. Partout la même formation : une vingtaine de jeunes ou moins jeunes en cagoules, masques à gaz, foulards sur le visage. Une haine que l'on sent mortelle, un refus total du monde tel qu'il va. Sur la place de la République, j'ai vu, en passant (vite) un jeune homme vêtu d'un tee-shirt sur lequel était écrit, comme un titre de gloire : « Nous sommes ingouvernables ». Tout est dit !

1er juin

Conseiller politique de François Hollande, Bernard Poignant, ancien maire socialiste de Quimper, occupe, au cinquième étage dans l'aide droite de l'Élysée, un des plus petits bureaux du palais présidentiel. Dans son pigeonnier, séparé du bureau de François Hollande par une volée d'escaliers vétustes, cet ancien agrégé d'histoire qui a voué sa vie au chef de l'État écrit à la main (pas d'ordinateur dans la pièce) de vertigineuses et passionnantes études sur l'évolution du vote socialiste depuis la Ve République (« Un vote très peu stable en réalité, de 20 % à 32 % »), reçoit tous ceux qui ont un message à faire passer discrètement au président, fait le lien avec le Parti socialiste et assure bien d'autres missions politiques. Sa vocation : humer l'air du temps. Eh bien, justement, aujourd'hui, il ne voit rien venir. Ce qui se passera dans quelques jours, dans quelques heures, bien malin qui peut le savoir. Lors de la réunion du cabinet présidentiel, une phrase du secrétaire général de l'Élysée a dominé l'ordre du jour : « L'économie s'améliore, la politique se détériore. »

Et c'est bien le cas en effet : au moment où, par deux fois, l'INSEE révise à la hausse les chiffres de la croissance française, où la consommation repart, où le chômage est en baisse depuis deux mois, blocages sociaux, accès de violence, grèves et inondations se multiplient et rendent obscure la lecture des prochaines semaines. Quel est le calendrier politique prévisible ? Étant donné,

Poignant me le confirme, que Hollande et Valls n'ont jamais été plus près l'un de l'autre depuis deux ans : pas question de céder à la CGT. Pas question de retirer l'article 2 de la loi El Khomri, loi qui arrive en discussion au Sénat le 13 juin. Elle y restera deux semaines. La deuxième lecture à l'Assemblée nationale doit commencer le 4 juillet. C'est là où tout risque de se compliquer en cas de motion de censure déposée par une partie de la gauche. Si elle était votée, Valls serait contraint de partir. Que ferait dans ce cas le président de la République ? Désignation d'un nouveau Premier ministre ? Ce ne pourrait être que Cazeneuve. Dissolution ? « C'est le noir complet », me dit Bernard Poignant.

Nous parlons de Philippe Martinez, de sa radicalité, de ses liens possibles avec Mélenchon. Poignant me donne une précision d'importance sur la fédération syndicale CGT de la chimie, à la pointe des combats. Celle-ci a rejoint, sur le plan international, la Fédération syndicale mondiale, créée en 1945. Le plus radical des rassemblements syndicaux. Il a tenu son congrès de 2004 à Damas et celui de 2005 à La Havane. Son secrétaire général est un Grec, version Syriza canal historique, si on peut dire, qui est resté d'extrême gauche quand Tsipras a pris son virage européen. Ce sont des durs entre les durs, ce qui explique le blocage au-delà du raisonnable des raffineries et la radicalité des mouvements. Au surplus la perspective des élections professionnelles de 2017 exacerbe la compétition entre une CFDT réformiste et une CGT radicalisée. Si la CFDT dépasse la CGT dans les secteurs où celle-ci a établi ses bases, tout peut changer. Et si le jusqu'au-boutisme cégétiste lui assurait au contraire la victoire sur la CFDT ? Ce serait la fin du dialogue social.

Et maintenant, le plus difficile : que va faire Hollande ? Quelles pistes devant lui ? Le choix est entre le renoncement ou l'écrasement dès le premier tour. « Il y pense beaucoup », dit Poignant, confirmant mes réflexions de l'autre jour où, en rencontrant par hasard le président au Récamier, j'ai noté cette inquiétude, profonde, dans ses yeux.

2 juin

Enterrement, ce matin, d'André Rousselet, à Sainte-Clotilde. Tant de souvenirs... Je le revois, tout récemment directeur de cabinet de François Mitterrand à l'Élysée, entrant dans la salle des fêtes du palais, derrière François Mitterrand, le jour de l'intronisation de celui-ci en 1981. Princier, la démarche élégante, décontractée. Je n'ai pas oublié non plus ce jour où il me demanda si je voulais bien être nommée à la présidence de la Haute Autorité de la communication audiovisuelle – moi, affolée à cette perspective, et lui, me disant que tout compte fait, je n'avais pas le choix. Lui encore à moto, à Beauvallon, amenant sur le siège arrière une foule d'enfants, dont les miens, à qui il offrait le plus beau jour de leurs vacances. Lui, m'apprenant sans succès à conduire un scooter, me récupérant dans les buissons au bord de la route, et concluant que l'expérience ne serait plus recommencée.

La maison de Simone et Antoine Veil, chez qui je passais souvent avec Philippe Barret une partie du mois d'août, était à quelques mètres seulement de celle d'André Rousselet. Les deux couples se voyaient beaucoup, jouaient au bridge, déjeunaient et dînaient chez les uns et les autres. Souvent, vers midi, Rousselet arrivait chez eux, jugeait de l'humeur de Simone, et se mettait à parler de François Mitterrand, comme il le faisait toujours, avec chaleur, respect et tendresse. Il connaissait, bien sûr, l'hostilité de Simone Veil envers Mitterrand, il s'amusait à l'asticoter, un long moment, avant qu'elle ne finisse, submergée par l'indignation, par lui dire que « son » Mitterrand était un méchant homme. André Rousselet repartait, sans se fâcher, sourire en coin. C'était sa façon à lui de concilier des amitiés inconciliables.

On retiendra de lui l'aventure Canal Plus, où il a laissé l'impérissable souvenir d'un patron unique. Et sa fin, surtout, où il a été mis en minorité par ceux dont il avait fait la fortune : « Balladur m'a tuer. »

François Pinault et sa femme assistaient à son enterrement. Pas Bolloré...

12 juin

Alain Juppé invité de la nouvelle émission politique de TF1. Très réservé au début, peu souriant, il a entendu de longues minutes les jugements des Français à son égard : sérieux (c'est-à-dire ennuyeux), trop libéral, trop vieux, rigide, technocrate. Il doit trouver cela insupportable, à la longue : « Voulez-vous que je monte sur la table ? » a-t-il demandé lorsque Gilles Bouleau a répété pour la énième fois qu'il n'était pas drôle.

TF1 a beau avoir prévenu ses téléspectateurs longtemps en avance qu'on allait voir ce qu'on allait voir, la mécanique de cette nouvelle émission n'est pas de nature à en révolutionner le concept. En conclusion, on demande à Juppé quels sont le plus grand défaut et la plus grande qualité qu'il se reconnaît. Grand défaut : l'impatience, dit-il, et effectivement, face aux questions péremptoires d'Agnès Verdier-Molinié, il s'est agacé deux ou trois fois de s'entendre accuser par elle de ne pas prévoir le renvoi immédiat de deux millions de fonctionnaires. Sa qualité première : l'efficacité. C'est précisément celle que les Français lui reconnaissent le moins.

La métaphore qu'il a utilisée avec François Hollande le jour où ils inauguraient ensemble la cité du vin de Bordeaux vaut, me semble-t-il, pour lui d'abord : « Il y a des vins, avait-il dit à cette occasion, qui vieillissent bien. » Plutôt pince-sans-rire, toujours, semble-t-il, au deuxième degré, facilement agacé par les certitudes de ses interlocuteurs, il demeure distant. C'est cela précisément qui fait dire à Nicolas Sarkozy que Juppé perdra la primaire : la distance que Juppé met entre lui et ses interlocuteurs, fussent-ils ses amis. Sur le fond, il n'essaie pas du tout de rivaliser avec la tornade Sarkozy. Lorsqu'il parle d'identité française, il est à mille lieues de lui. Si on ne veut pas de guerre civile, il faudra bien, dit-il, trouver avec l'islam des « accommodements raisonnables », comme on le dit paraît-il au Canada, et trouver avec les musulmans de France un chemin commun.

Il ne cherche pas à séduire la frange des Républicains la plus à droite. Il n'est pas homme à infléchir son discours au gré de ceux qui l'écoutent.

Reste un déficit d'autorité par rapport à Sarkozy. Pour plaire aux Français, qui attendent du président une autorité qu'ils se hâtent de critiquer, Juppé aurait-il intérêt parfois à parler plus fort ?

14 juin

La violence est partout, chez les casseurs dans les manifestations, chez les hooligans en marge de l'Euro de foot. L'état d'urgence est ridiculisé. Les intérêts particuliers prennent le pas sur l'intérêt général : la CGT lutte pour garder des positions de force dans le monde syndical, prenant la loi El Khomri comme prétexte, et les usagers des services publics en otages, parfois consentants. Les politiques sont frappés d'impuissance et leur parole dévaluée. La « majorité silencieuse », celle des citoyens résignés ou apeurés, inquiets ou indifférents, reste absente.

Tout cela est-il dû à un refus global, déterminé, de voir le monde tel qu'il est ? À ce que mon ami Marc Ferro appelle l'aveuglement ? Comment expliquer autrement, dans cette période où le terrorisme est un danger plus grand qu'il ne l'a jamais été, que tant de rassemblements de toute nature, revendicatifs, festifs, perturbent les déplacements des habitants des grandes villes, mobilisent les forces de police qui auraient tant à faire ailleurs ?

Aveuglement aussi de ceux qui refusent les évolutions inéluctables d'un monde ouvert, qu'on le veuille ou non, à la compétition, à l'innovation, à la mondialisation.

15 juin

Longue conversation avec Bruno Le Roux dans son bureau de l'Assemblée nationale. Il a vu mardi soir, comme toutes les semaines depuis deux ans, le président de la République avec les autres très hauts cadres du PS. Comment était-il ?

« Très froid, comme il l'est dans les circonstances les plus difficiles. Il pense que le pouvoir est englué jusqu'au 31 juillet par la loi El Khomri. Qu'il est inutile de tenter quelque chose avant cette date. »

Le pire, évidemment, est que la CGT se déchaîne au moment où les indicateurs économiques passent au vert. Impossible d'exploiter cette remontée dans les conditions actuelles. Même les quelques réussites à inscrire à leur actif, le gouvernement et le président ne peuvent pas les exploiter. Le chef de l'État est inaudible lorsqu'il ose déclarer que « ça va mieux ».

En pleine tourmente, la question se pose plus que jamais de savoir s'il peut encore être candidat à sa propre succession. Bruno Le Roux se livre à des calculs qui le confortent dans son idée : oui, Hollande est le seul candidat possible à gauche.

« S'il n'était pas candidat, le PS exploserait. Cambadélis, Valls et moi allons nous battre pour le faire réélire, nous ne saurions pas comment faire élire quelqu'un d'autre à sa place. »

Si j'ai bien compris, Hollande n'est peut-être pas, aujourd'hui, le meilleur candidat pour son parti. Mais il est le seul.

22 juin

Déjeuner avec Antoine Rufenacht, ancien directeur de campagne de Jacques Chirac en 2002, qui a désormais choisi Sarkozy. Il plaide qu'entre les deux hommes, au fond, il n'y a pas tellement de différences. Il joue, pour m'étonner, la complainte du sergent recruteur. Fruit d'une belle éducation bourgeoise, il s'encanaille sur le tard avec Sarkozy. Mais il sait bien qu'au royaume des voyous, Chirac compris, il n'a jamais eu la moindre chance.

C'est l'anti-Baroin en quelque sorte. Annoncé comme futur Premier ministre de Sarkozy, celui-ci a pris fait et cause pour l'ancien président de la République. Pas seulement parce qu'il déteste Alain Juppé qui l'avait éliminé de son gouvernement, avec les « juppettes », en 1995. Mais aussi parce que sa carrière n'est depuis des mois pensée qu'à travers le prisme de la présidentielle qui vient : pendant tout le temps où la situation chez Les Républicains était obscure, où personne ne savait bien qui, du troupeau des candidats, allait parvenir au but le premier, il s'est retiré sur un poste stratégique, celui de président des maires de France. Il savait qu'à cet endroit, il pouvait être pour l'un ou l'autre un précieux allié. Mais il sait aussi qu'il ne faut pas trop attendre pour choisir son cheval, faute de quoi on reste au paddock : il a donc choisi Sarkozy.

« Et puis, me dit un de mes interlocuteurs, en voilà un qui n'ennuiera pas trop Sarkozy, s'il est Premier ministre. Il ne lui fera pas d'ombre. »

23 juin

Jeudi soir, vers 21 heures, un commando cagoulé s'est attaqué au siège de la CFDT et a dégradé sa façade : les cagoulards ne se sont pas attaqués cette fois à l'hôpital pour enfants Necker. Ils ont mis à sac, quoi, un temple du capitalisme ? Une grande société multinationale ? Non, la CFDT. Personne n'a suggéré que l'attaque ait pu venir de la CGT. Chacun a néanmoins pu lire un graffiti peint à la bombe sur ce qui restait de la devanture de la CFDT : « Collabo ». C'est-à-dire collabo avec Hollande et Valls. Ce que pense la CGT, les casseurs l'ont écrit.

24 juin

Le doute s'installe, je le sens, autour de Manuel Valls : ses amis, y compris les anciens « rocardiens » avec lesquels je dînais hier, craignent qu'il ne s'enferme dans une sorte de gouvernance brutale. Le moyen de faire autrement ? Il se bat sur tous les fronts, seul ou presque. On deviendrait brutal à moins.

25 juin

La Grande-Bretagne a choisi de quitter l'Europe. La classe politique française peut respirer ; avec David Cameron et Boris Johnson, elle a trouvé pire qu'elle : la classe politique anglaise !

2 juillet

Michel Rocard est mort aujourd'hui. Je ne comprenais pas tout ce qu'il disait, car son débit de mitraillette a longtemps rendu ses propos réformateurs difficiles à suive. Peu importe : il a incarné cette gauche chrétienne, militante, qui irritait tellement Mitterrand parce que, disait-il, elle ne voulait pas se salir les mains – et notamment pas en gouvernant avec les communistes. François Mitterrand l'a-t-il désigné en 1988 parce qu'il pensait qu'il serait le meilleur Premier ministre de son second septennat ou pour « lever l'hypothèque » qu'il faisait peser, c'est-à-dire pour se débarrasser de lui une fois que son action à Matignon l'aurait rendu impopulaire ? J'ai ma petite idée. En tout cas, paradoxe, ces deux hommes qui ne s'aimaient pas ont très bien gouverné ensemble : jamais les cotes de Mitterrand et de son Premier ministre n'ont été aussi hautes que pendant les trois années où Rocard est resté à Matignon. Et après Rocard, les choses ont bien mal tourné, d'Édith Cresson au suicide de Bérégovoy.

Pour évoquer Rocard, débat avec Nicole Notat et Jean-Paul Huchon, l'ancien directeur de cabinet de Rocard à Matignon, sur le plateau de LCP. Nicole Notat déplore que le combat entre Mitterrand et Rocard, sur lequel radios et télévisions, depuis hier, mettent l'accent, ait fait oublier la façon de ce dernier de gouverner, ce qu'elle appelle la « méthode Rocard ». Elle regrette, à titre d'exemple, la façon dont, aujourd'hui, la réforme du travail a été présentée au Parlement : « Le contraire de ce qu'aurait fait Rocard, sans concertation, sans mise en scène, sans explication. » Jean-Paul Huchon proteste : Valls est plus « régalien » que ne l'était Rocard, plus sécuritaire aussi, mais dans sa ligne. Et Macron ? Trop tôt pour savoir s'il est l'héritier véritable de Michel Rocard, non ?

« Partout en Europe aujourd'hui émergent des nouveaux venus, signe que la classe politique va mal, me répond Nicole Notat. Tout est possible, et assez vite, vous verrez. »

10 juillet

L'Euro de foot s'achève. Ouf ! À part une violente bagarre entre supporters russes et anglais imbibés de bière ou de vodka à Marseille, tout s'est bien passé. Une surveillance parfaite des fan-zones, où des dizaines de milliers de supporters n'ont pas craint de se regrouper.

Une surveillance présente, efficace, autour des grands rassemblements. Un total succès.

14 juillet

Je pleure en entendant ce soir égrener le nombre des morts à Nice. À Nice, « ma » ville, sur « ma » Promenade des Anglais, l'horreur, l'attaque d'un 19 tonnes fou, écrasant sur son passage les familles venues, comme chaque année depuis presque un siècle, admirer le feu d'artifice allumé sur la mer. La baie des Anges devenue la baie des Morts... L'émotion me submerge. Il me paraît effrayant que cette ville faite pour le soleil et le bonheur ait été choisie pour cible. À l'heure où j'écris, tard, très tard dans la nuit, la thèse d'un tueur solitaire est retenue. Il aurait laissé plus de quatre-vingts corps, que des nappes blanches, apportées des restaurants et des hôtels du bord de la plage, recouvrent déjà.

Quelques coups de téléphone à Nice. Bernard ? Heureusement, il était resté chez lui. Lola ? Elle avait emmené le fils d'une amie voir le feu d'artifice. Celui-ci à peine terminé, elle a décidé de rentrer. Le camion est passé à quelques centimètres du petit garçon. Il lui a fallu quelques minutes pour comprendre qu'elle venait d'échapper à un massacre. Les autres amis d'enfance? Heureusement, ils ne s'étaient, cette année, pas déplacés.

Tant de cadavres, tant de sang devant cette mer sur laquelle la nuit tombe, tant de malheur.

15 juillet

Il s'agit bien, en tout cas à cet instant de l'enquête, d'un acte isolé, le fait d'un conducteur de poids lourds arabe, qui n'était pas radicalisé, autant qu'on le sache, dont le nom n'apparaissait nulle part dans le fameux fichier S. Le «mode opératoire» laisse entendre pourtant qu'il a bel et bien suivi les instructions de Daech : viser les infidèles, les écraser, les tuer par tous les moyens.

C'est peu de dire que la traditionnelle interview de François Hollande hier matin, avant le massacre, est apparue, dans les heures qui ont suivi, totalement décalée. Il s'y félicitait de la bonne tenue de l'Euro de foot, de la sécurité qui y avait été assurée, il s'y faisait rassurant, annonçait la levée de l'état d'urgence et on avait envie de croire, avec lui, que le pire était passé. Quelques heures plus tard, c'étaient le chaos, la peur, la course éperdue pour échapper au camion, la terreur sur Nice.

Dès ce matin, Alain Juppé a affirmé, sur BFM, que «si tous les moyens avaient été pris, le drame n'aurait pas eu lieu», et qu'il y a eu défaillance du renseignement territorial. Pourquoi Juppé, dont ce n'est pas le genre, pourquoi lui en premier, et sur ce ton? Ne pouvait-il pas, au lieu de se précipiter devant micros et caméras, laisser au moins s'écouler le temps du deuil? J'entends l'explication des commentateurs : il n'a pas voulu, à quelques semaines de la primaire, laisser sur la sécurité le champ libre à Nicolas Sarkozy. Il est naturel, bien sûr, qu'opposition et majorité, surtout dans un drame de cette ampleur, survenant après celui du 13 novembre dernier, se demandent quelles mesures supplémentaires prendre pour assurer aux Français le maximum de sécurité. Naturel aussi qu'elles s'affrontent et se confrontent. Mais comme cela, à chaud, l'émotion pas encore retombée ? Nul doute que demain, après-demain, d'autres, dans l'opposition, reprendront le réquisitoire de Juppé. L'union nationale n'a pas existé une seule seconde.

Au lieu de rechercher, ensemble, comment une démocratie peut résister à ses ennemis, comment adapter la loi aux périls terroristes, comment élaborer une forme différente de Patriot Act à la française et quelles précautions prendre pour que l'État de droit ne se transforme pas en État sans droit, les divisions s'installent et les insultes volent. Terrible spectacle que cette désagrégation de la classe politique.

L'élection présidentielle devait se jouer sur la reprise de la croissance et l'inversion de la courbe du chômage. Elle se jouera sur la peur et la sécurité.

20 juillet

Tant de polémiques, tant de mouvements de menton pour dire que tout aurait pu être évité. La police municipale, sa responsable elle-même, prétendent que la police nationale n'était pas assez nombreuse dans un premier temps, puis qu'elle n'était finalement pas présente là ou elle aurait dû l'être, à l'entrée du périmètre de surveillance. Christian Estrosi a fait valoir qu'il avait prévenu, avant le massacre, de l'insuffisance des forces de l'ordre réquisitionnées. En ce 14 Juillet, elles étaient, il est vrai, réparties sur tout le territoire. S'il avait peur, pourquoi ne pas avoir décalé ou même annulé le feu d'artifice ?

Tout cela est minable et dérisoire. Évidemment que tout n'a pas été fait pour éviter l'attentat, puisqu'il a eu lieu. Évidemment aussi qu'il faut faire le point sur d'éventuelles défaillances. Faut-il le faire de cette façon ? En s'écharpant, en s'accusant parce que l'élection primaire républicaine a lieu dans quelques semaines ? Dans la ville où le FN atteint des scores uniques, il est clair qu'Estrosi, tout élu avec les voix de la gauche qu'il ait été, a pensé, lui, tout simplement, à sauver politiquement sa peau, et celle de ses proches (dont le maire qui l'a remplacé). La meilleure défense, c'est l'attaque. Mais que Valls se soit fait traiter d'assassin par une foule haineuse pendant la cérémonie du monument aux morts à Nice, ça c'est trop. Trop pour lui mais surtout pour les Français qui ont besoin, une fois de plus, même s'ils jugent la classe politique médiocre, d'un rassemblement plus que d'une série de règlements de comptes.

26 juillet

Hélas mes craintes étaient en deçà de la réalité. Un prêtre a été égorgé, ce matin, devant des religieuses, pendant qu'il disait la messe à Saint-Étienne-du-Rouvray. Je connais bien cette ville, elle faisait partie autrefois de la circonscription de Roland Leroy. Tous, le bar-tabac, les services publics, le maire, étaient communistes dans le temps. Le maire l'est resté. Il a aujourd'hui été le premier à avoir rendu hommage au vieux curé en pleurant. Horreur. On ne peut pas protéger toutes les églises, tous les parcs d'attractions, toutes les discothèques, toutes les Promenades des Anglais de France.

30 juillet

Puisqu'il faut bien faire de la politique, puisque tout le monde, à droite et à gauche, en fait, il est manifeste qu'une fois de plus Sarkozy domine le lot. Juppé a le premier condamné le pouvoir socialiste, et puis il est parti aux Antilles, ou je ne sais où. Le Maire et Fillon n'ont pas été audibles, je serais même incapable de citer quelque phrase que ce soit venant d'eux. Le seul qui a pris sur son temps puis qui a formulé ses propositions, c'est Sarkozy. Une fois de plus, c'est son rôle de président du premier parti d'opposition qui lui donne son importance. Mais, il l'a dit, il occupe ce poste parce que personne n'a voulu en prendre le risque. Aujourd'hui, il profite d'un parti qu'il a remis d'aplomb pour se faire entendre haut et fort. Qui pourrait lui en faire le grief? À ceci près qu'il pourrait dire les mêmes choses en ménageant la cohésion nationale. On voit bien que, sur beaucoup de points, en matière de sécurité, Hollande et Valls sont en train de revoir leurs grilles de lecture. Les hommes politiques y gagneraient tellement si, dans ces temps horribles, ils savaient répondre aux angoisses des Français en s'unissant. Jamais ils ne seront pardonnés d'avoir fait passer leurs petites ou leurs grandes querelles avant le besoin de rassurance des Français.

9 août

Le gouvernement ne prend pas de vacances cette année, et François Bayrou non plus. Nous nous retrouvons aujourd'hui, dans Paris à peu près vide, dans son bureau de la rue de l'Université. Depuis plusieurs jours, je l'entends, de radio en télévision, intervenir, de manière calme, sur la « guerre » de France. Il le fait sans hurler, sans trépigner, comme s'il voulait montrer que pour se faire entendre, il n'est pas nécessaire de crier. J'en ai conclu que, dans l'attente de la primaire républicaine, il n'a pas changé. Si Sarkozy est désigné, il se présentera. Et il fera en revanche équipe avec Juppé si celui-ci gagne.

Si celui-ci gagne… Je n'aurais peut-être pas mis de « si » devant ma phrase il y a encore quelques semaines. Pourtant que se passe-t-il ? Qu'est-ce qui explique son passage à vide ? Il se remue, visite tous les départements, y compris ceux d'outre-mer. Déjà, ceux qui hier assuraient avec certitude que l'affaire était « pliée », que rien n'empêcherait Juppé de gagner la primaire, puis d'être président en 2017, font, comme les bourgeois de Calais, le siège de la villa de Carla où Sarkozy est en vacances avec elle, omniprésente. L'objectif : se faire pardonner, à tout hasard. Ce qui m'amuse, c'est que lui qui sait tout sur tout le monde doit bien rigoler en voyant revenir en rangs pressés ceux qui annonçaient son élimination. Passons.

Il est 4 heures de l'après-midi, Bayrou est à son bureau où il a décidé de passer son mois d'août. Son analyse est claire : la gauche sera, elle est déjà, éliminée du combat de la future présidentielle. Plus personne n'écoute plus François Hollande. Ce n'est pas que Bayrou le trouve nul, ni même plus mauvais qu'un autre dans une telle situation, mais il a, me dit-il, perdu totalement le contact avec son électorat. Les professeurs ? Ils se jugent, comme d'habitude, humiliés par les différentes réformes, encore plus humiliés que ce soit une débutante, une femme de surcroît, qui ait hérité du ministère de l'Éducation nationale auquel rien ne la préparait. Une partie d'entre eux continue de condamner la réforme du collège, et « plus encore, me dit-il, d'être sanctionnés s'ils ne sont pas d'accord ». Et puis, surtout, ils ne peuvent plus supporter l'idée qu'ils aient tant placé d'espoirs dans le quinquennat de Hollande et que leur attente ait à ce point été déçue. Et puis les résultats, en voie d'amélioration au début de l'année, sont à nouveau mauvais : croissance zéro, mauvais chiffres du commerce extérieur, menace du Brexit et remontée du chômage. Comment pourrait-il en être autrement ? Quel est le patron qui aurait envie d'embaucher alors que la CGT a été dans la rue pendant tout ce printemps, où la loi sur le travail a dû passer au forceps ? Peut-être bien, me répond-il, mais enfin c'est ainsi. C'est avant, me dit Bayrou, qu'il fallait « changer de gouvernance », avant qu'il fallait élargir sa majorité vers le centre en se débarrassant des pesanteurs de la gauche. Nous en revenons à ce qui est, à son avis et aussi celui d'une grande partie de la gauche, l'erreur initiale du quinquennat. Ce chemin-là, en tout cas, est désormais, croit-il, fermé à François Hollande. Il n'y aura pas de retour en arrière, pas de réconciliation, ni avec lui ni avec qui que ce soit de centriste.

« Mélenchon aussi est en perte de vitesse. La gauche tout entière est atteinte par le mal. »

Et à droite ? Bayrou pense avoir vu juste depuis le début : en acceptant une primaire, organisée par Nicolas Sarkozy, Alain Juppé a choisi une mécanique montée délibérément contre lui. Peut-être ne pouvait-il pas faire autrement, puisqu'il avait, avant que Sarkozy ne reprenne le parti, accepté cette règle du jeu. Il lui était difficile de revoir ses positions après que Sarkozy lui eut donné raison.

Bayrou reste persuadé qu'il aurait pu au contraire se présenter à la présidence de la République sans attendre, dès la fin 2015. Personne alors n'aurait plus osé faire acte de candidature.

Et l'impopularité de Nicolas Sarkozy? « Elle demeure, mais les thèmes qu'il développe, notamment en matière de sécurité, aujourd'hui précisément, sont en parfaite adéquation avec l'électorat de la droite républicaine. C'est l'ADN du parti Les Républicains. »

Je lui demande comment, dans ce contexte, il explique les ratés d'Alain Juppé depuis l'attentat de Nice. D'abord crier plus fort que les autres contre la défaillance de la sécurité, puis plonger dans le silence le temps d'un voyage électoral outre-mer, puis reparaître et tenir, au contraire, un langage de raison. Bayrou m'arrête : d'abord il semble que les propos de Juppé sur la tuerie de Nice lui aient été arrachés, au tire-bouchon, au cours de l'interview donnée le 15 juillet à Europe 1. Ensuite, la position de Juppé est aujourd'hui extrêmement difficile. Sa ligne est d'ouvrir au centre, mais il doit auparavant se faire désigner par la droite à la primaire. D'où son embarras actuel.

Juppé peut-il s'effondrer, comme le prédisent depuis longtemps les sarkozistes pur jus ? « S'effondrer, non, mais il est certain que le climat actuel, angoissé, tendu, où les Français demandent à être rassurés, va remettre Nicolas Sarkozy à l'avant-scène de la politique. » D'autant qu'il a bien bâti sa rampe de lancement pour la fin août.

« L'envie de séduire, l'envie de conquérir, Sarkozy les a, avec passion. Il sait que la politique n'est pas un exercice purement rationnel. »

Bref, Bayrou pense que certes Sarkozy demeure impopulaire parmi les Français, mais juge que le « maelström énergétique d'aujourd'hui » est bon pour lui et qu'il saura l'utiliser. En politique, c'est le plus décidé qui finit par l'emporter.

Mais cette primaire, sur laquelle nous écrivons, nous parlons tous depuis des lustres, intéresse-t-elle toujours, aujourd'hui, les Français ? Rien n'est moins sûr. D'ailleurs, dès le mois de juin, on a bien senti qu'elle ne passionnerait pas autant qu'on le croyait la majorité des électeurs. Ceux qui à gauche par exemple affirmaient vouloir participer à la primaire, pour désigner Juppé, plus compatible que Sarko, à leurs yeux, avec leur morale républicaine, disent clairement aujourd'hui qu'ils ne se déplaceront pas, que cela ne servira à rien, et qu'avec Sarkozy à la manœuvre, la cause est déjà entendue.

J'imagine ce que va donner cette campagne pour ces sept ou huit hommes (la candidature de Sarkozy n'est plus un secret pour personne) qui se retrouveront sur un plateau de télévision en train de confronter leurs idées, d'ailleurs voisines, sur ce qu'il convient de faire pour ramener croissance et sécurité en France. Je dis « sept ou huit hommes » car je ne pense pas qu'il y aura, parmi eux, une femme. Nathalie Kosciusko-Morizet est trop indépendante à leur goût, si ouverte aussi aux bons sentiments de gauche que chacun dans son propre mouvement la dépeint comme le comble de l'emmerdeuse. Elle ne m'avait pas fait cette impression, quand je l'avais vue dans sa mairie, à 7 heures du matin par un froid glacial. Mais je ne suis pas bon juge du degré exact de « gauchisation » qui lui est reconnu par l'électorat traditionnel de la droite. Sept hommes donc, dans un même marigot, bonne chance à chacun. Pour lasser les Français, on ne peut inventer mieux.

Pendant que nous parlons, je me demande évidemment le désir secret de Bayrou : il a déjà dit que cela n'aurait pour lui aucun sens de se présenter contre Juppé. Dans le fond de son cœur, il me semble que son envie véritable serait d'aller à la bataille contre Sarkozy et contre Hollande à la fois. Ne serait-ce pas sa plus grande chance, que de se faufiler entre une gauche devenue inaudible et une droite représentée par Sarkozy ?

« J'irai, dans ce cas », confirme Bayrou, pas malheureux à cette idée. « L'élection, ajoute-t-il, se jouera sur les capacités des uns ou des autres à rendre confiance au pays. »

Je m'étonne : quelle gageure, pour un homme politique, quel qu'il soit, de vouloir rendre l'espoir à un pays menacé d'attentats, de guerre intérieure, à qui de profondes épreuves sont désormais promises. « Il faut une démarche roborative. » Je ne doute pas qu'au moment où il lâche cette formule, il pense qu'il y parviendrait, à donner du sens à la politique, à redonner du cœur aux Français, mieux que personne.

D'ailleurs, nous faisons ensemble les comptes. Il accorde entre 27 et 28 % des votes à Marine Le Pen, moins de 25 % à l'ensemble de la gauche. Reste donc à se partager, entre Sarkozy et lui, puisque c'est le cas de figure qu'il décrit (sans y croire encore tout à fait) 47 à 48 % des voix. Dans son esprit, tout est possible, même la victoire. Tout de même, le jeu en vaut-il la chandelle, le jeu politique, ce jeu de massacre permanent dans lequel les dirigeants, à quelque parti qu'ils appartiennent, sont lynchés avant même de prendre possession de leur bureau ? « Oui, répond-il sans hésiter. Les difficultés sont telles qu'on peut au contraire parler aux Français à la hauteur. »

14 août

La course de lenteur devient une course de vitesse : entre Juppé et Sarkozy, qui des deux, alors que maintenant l'échéance se rapproche, gagnera les faveurs des électeurs de la droite à la primaire ? Sarkozy n'a pas mis fin au suspense sur sa candidature, mais le doute n'est plus permis, ne serait-ce que parce qu'il a déjà loué son futur QG de campagne dans le 7e arrondissement de Paris. Une fois de plus, son énergie, intacte, se lit sur son visage : œil décidé, conquérant, qui saisit son interlocuteur et ne le lâche pas. Incroyable presque, comme si l'échec et plus encore le temps n'avaient pas de prise sur lui. En une quinzaine de jours, il n'a cessé de multiplier les interviews à la presse écrite ou télévisée, européenne ou française : *Le Point*, *Valeurs actuelles*, *Le Monde*, tous s'arrachent sa prose. Il semble éprouver un malin plaisir à accorder des entretiens en les ponctuant de quelques « Si je suis candidat, bien sûr » auxquels il ne croit pas lui-même.

Alain Juppé est plus discret : il a annoncé sa rentrée politique le 27 août à Chatou. Il a pourtant été obligé lui aussi de presser le pas face à l'assaut médiatique de Sarkozy. Au bout de ces quelques jours d'intense communication de l'un à laquelle a fini par répondre l'autre, précédant le jour fixé par lui-même pour sa rentrée. Le climat de l'automne n'est plus celui du printemps. Tant qu'il s'agissait des problèmes économiques, terrain sur lequel se situaient tous les candidats à la primaire avant le 14 juillet, aucune réelle différence ne se faisait sentir entre le programme de l'un ou de l'autre, à peu près tous militant contre les 35 heures, tous en faveur d'une baisse de 75 à 150 millions des impôts, donc des dépenses publiques.

Mais les temps ont changé depuis l'année dernière. 237 Français ont été assassinés. Le chiffre est dans tous les esprits. Face à cette sinistre réalité, apparaissent, dans une simplification nouvelle, deux attitudes opposées à propos de la lutte contre le terrorisme.

Ce n'est pas tant sur les mesures immédiates à prendre que les deux hommes marquent leurs distances. La différence entre Juppé et Sarkozy me saute aux yeux, surtout après avoir lu les interviews que Juppé vient, après Sarkozy, de réserver au *Point*. C'est une question de ton et de tempérament. Lorsqu'il reçoit, au cap Nègre, les journalistes de *Valeurs actuelles*, la sérénité de Nicolas Sarkozy les surprend. Et surtout cette certitude, laborieusement acquise après son échec de 2012, qu'un lien fort l'unit aux Français, que rien n'est perdu tant que ce lien-là est maintenu. Évidemment, le succès de son livre qu'il dédicace depuis près d'un an dans les grandes librairies de province comme dans les supermarchés lui a permis, de manière presque souterraine puisqu'il ne se présentait pas en candidat, de refaire son chemin et, surtout, de se persuader de sa popularité retrouvée. Eh oui, c'en est fini, du moins à ses yeux, de Sarkozy maudit, haï, détesté, celui dont les sondages disent toujours qu'avec Hollande, il est l'homme le plus rejeté par les Français. Eh bien, à ces chiffres, à ces sentiments, il ne croit plus, tant il a, d'un bout à l'autre de la France, vu défiler devant lui des lecteurs enthousiastes : ceux-ci lui ont redonné une confiance en lui qu'il n'avait plus. Dans les attentats, Sarkozy se retrouve une légitimité, y compris parce que la France est en guerre, celle de vouloir changer l'État de droit. Il dit, choquant certaines oreilles, que l'État de droit n'a rien à voir avec les Tables de la Loi de Moïse, et qu'il est en cas de péril extrême «évolutif». De fait, la plupart des thèmes abordés par Sarkozy en fin de mandat, de 2010 à 2012, qui ont suscité de violentes polémiques, sont aujourd'hui devenus presque banals. La question de l'identité, des frontières de Schengen, de l'islam politique, qu'il avait placée, de lui-même, au cœur de la campagne de 2012, prennent aujourd'hui une force nouvelle. Reste donc la remise en cause de l'État de droit. C'est sûr : Sarkozy n'arrondira pas son discours, ne fera pas les yeux doux au centre, accablera les socialistes au pouvoir dès qu'il en aura l'occasion. Il ajoute même à ses thèmes favoris un mot-clef, le mot « guerre ». Une guerre à livrer au Moyen-Orient, y compris avec l'aide des Russes, à livrer en France également. Autrement dit, il dramatise à l'extrême une situation déjà dramatique. C'est à ce prix, croit-il, qu'il séduira, comme il l'avait fait en 2007, une partie de l'électorat du Front national.

Alain Juppé, c'est bien différent. Presque un cas d'école que cet affrontement entre deux leaders de la droite qui sollicitent la même onction auprès des électeurs. Là où Sarkozy parle de guerre, Juppé appelle à la modération. Là où l'ancien président de la République dresse un tableau apocalyptique de la France, affaiblie, ployant sous le joug d'un pouvoir inefficace, Alain Juppé décrit la France comme un pays touché, éprouvé, mais fort et résolu, capable de trouver en lui-même une harmonie. Le premier parle guerre et mesures exceptionnelles, le second plaide le sang-froid et la détermination. Comme l'a résumé, d'une phrase, Sarkozy : « Juppé défend l'identité heureuse, ce n'est pas ma conception. »

Les Français, toujours partagés entre pessimisme et bonheur, entendront-ils davantage le discours apocalyptique ou la promesse de l'aube ? À suivre...

Remerciements

Mes remerciements vont à Jean-Luc Barré, qui m'a accompagnée dans l'aventure de ce livre, et à Philippe Barret, qui m'a supportée tout ce temps-là, dans les deux sens du terme.

Je tiens également à exprimer ma gratitude à toute l'équipe des Éditions Robert Laffont.

Table

Introduction 7

2012 13
2013 115
2014 173
2015 293
2016 403

Remerciements 489

La photocomposition de cet ouvrage
a été réalisée par
GRAPHIC HAINAUT
30, rue Pierre Mathieu
59410 Anzin

Imprimé en France par CPI
en septembre 2016

Dépôt légal : octobre 2016
N° d'édition : 55547/01 – N° d'impression : 3018603